井上　亘　著

古代官僚制と遣唐使の時代

同成社　古代史選書　16

目 次

序章 マツリゴト覚書──所・座・ミコト……1
一 「家」から「国家」へ 1
二 「着座」と「神迎え」 5
三 「ミコトモチ」と「ヨサシ」 8

第Ⅰ部 古代官僚制と統治技術

第一章 律令官制成立史再考……19
はじめに 19
一 青木和夫「浄御原令と古代官僚制」 19
二 内廷─外廷論 21
三 唐制継受論 22
四 批判と総括 24
五 「六官」説批判 26

第二章　日本古代官僚制の本質……35
はじめに　35
一　長屋王家の家政機関　36
二　神奈備種松邸と藤原実資家　39
三　八省の内廷諸官司　41
四　唐の家政機関との比較　42
五　家政機関の発展　44
六　「官」の生成過程　45
七　「朝堂院」の形成　47
八　「天皇大権」の成立　52
九　家政＝内廷から外廷＝国家へ　54
おわりに――日本古代官僚制の史的意義　57
第三章　国府と郡家――地方官衙の形成……65
はじめに　65
一　「官」の形成過程　67
二　「館」とはなにか　71

三　巡行と饗応　74
おわりに　78
第四章　「寄人」考──古代家族と編戸の実態……85
はじめに　85
一　「子」の考察──「寄人＝女系親族説」の検証　87
二　単独寄人の考察──「寄人＝下層農民説」の検証　90
三　「分析」の考察──「寄人＝析出戸口説」の検証　93
四　「寄人」の考察──動く戸口　96
五　「同党」の考察──「戸」の外縁　104
六　「嫡子」の考察──集合世帯としての「戸」　106
おわりに──「戸」の向こうにみえてくるもの　110
第五章　中国籍帳と御野国戸籍……123
はじめに　123
一　雲夢睡虎地秦簡・居延漢簡　123
二　長沙走馬楼三国呉簡　127
三　敦煌・吐魯番文書　129

四　大宝二年御野国戸籍　134
おわりに　139

第Ⅱ部　遣唐使の時代と学術

第六章　唐からみた古代日本……147
一　唐の対日認識　147
二　唐が知り得た日本の情報　156
小　結　163

第七章　倭習漢語としての国号「日本」……167
一　「日本」国号の成立　168
二　偽りの「日本」　170
三　禰軍墓誌と「日本」　173
四　「日本国ハ倭国ノ別種ナリ」　183
おわりに　193

第八章　禰軍墓誌「日本」考……199
一　「禰軍墓誌」解題　199
二　「日本」条注釈　203

三 「日本」条解析 207
結 語 215
第九章 古代日本の講学とその来源——「漢字文化」の受容と変容……223
一 「読者」と「講者」——『学令』先読経文条の意味 223
二 漢代画像石講学図解 225
三 学令講学式の形成過程 232
四 漢文訓読と講学 238
五 「講学」から「講書」へ 245
結 語 252
第十章 「変若水」考——元正天皇「養老行幸」をめぐって……267
はじめに——女帝の世紀 267
一 元正天皇と養老行幸 268
二 「醴泉」と「変若水」 271
三 立春「若水」考 272
四 「月夜見の持てる変若水」 276
おわりに 281

第十一章　御体御卜考――古代日本の亀卜……287
はじめに　287
一　『延喜式』にみる「御体御卜」　287
二　『宮主秘事口伝』にみる「御体御卜」　290
三　『新撰亀相記』にみる「御体御卜」　300
おわりに――「古意」と「漢意」との間　313

終章　漢字文化圏の形成……331
一　「支配」の方法――漢字文化とはなにか　331
二　「読書」の方法　334
三　「著作」の方法　337
四　「類聚」――学術情報の処理方法　339
五　日本の漢字文化　341
結　語　345
あとがき

古代官僚制と遣唐使の時代

序章　マツリゴト覚書——所・座・ミコト

〈古代〉をどうとらえるか。この問題を「歴史・思想・宗教その他」の視点から考える。これが私に与えられた課題である。[1] いずれも上代文学の作品論において近年とくに重視されてきている視点のようであり、個々の研究成果を客観的に述べることがもとより望ましいが、私はその任にない。ただ目下、自分が直面している問題と所与の課題との折り合いをつけ、思うところを率直に述べて責めを塞ぎたい。

古代のマツリゴトなる語は政事と祭事とを包括した。それは当然、古代にあって歴史的必然性と宗教的裏づけとをもち、それゆえに思想的当為でもあったといえよう。こうしたありようの由来を総体的に論じ尽くすことは困難であるが、まずは政事と祭事とが現実に交錯するその場と実践とにおいて考えてゆくのがよいであろう。この視点に関わる近年の研究領域として政務・礼制・祭儀の三者がある。本章は、所与の課題をマツリゴトの問題に集約し、これを右の視座と、権力や支配をめぐる自分の思考との関わりにおいて述べる覚書、あるいは断章にすぎない。

一　「家」から「国家」へ

古代のマツリゴトの場とは、宮都であり、国府であり、郡家《ぐうけ》にほかならない。こうした場の形成について、私は最近「内廷—外廷論」という考え方に注目している。

表1　「所々」一覧表（＊カッコ内は神奈備種松邸の所見）

長屋王家	藤原実資家＊	令制関連官司	大内裏所々
政所・務所・司所	政所	＜中務省＞	蔵人所
帳内司	侍所	左右大舎人寮	滝口
主殿司（寮）	随身所	縫殿寮	内舎人所
机立司	雑色所	画工司	内豎所
大炊司（寮）	進物所	＜宮内省＞	進物所
膳司・菜司	膳所	大膳職	御厨子所
酒司・御酒醸所	大盤所	木工寮	御書所
主水司・水取司	小舎人所	大炊寮	一本御書所
氷司	修理所	主殿寮	内御書所
縫殿	別納所	典薬寮	大歌所
染司	厩司（御厩）	正親司	内記所
綿作司	牛飼所（牛屋）	造酒司	侍従所
工司	（大炊殿）	鍛冶司	画所
御鞍（具作）所	（御炊）	官奴司	作物所
鋳物所	（御厨子所）	園池司	楽所
鏤盤所	（酒殿）	土工司	内侍所
銅造所	（贄殿）	采女司	糸所
嶋造所	（作物所）	主水司	校書殿
書法所	（鋳物師所）	主油司	薬殿
仏造司	（鍛冶屋）	筥陶司	納殿
斎会司	（織物所）	＜大蔵省＞	御匣殿
薬師処	（染殿）	典鋳司	酒殿
馬司（寮）	（擣物所）	掃部司	贄殿
犬司・鶴司	（張物所）	漆部司	
税司	（縫物所）	縫部司	
御田司・御薗司	（糸所）	織部司	

内廷―外廷論は、天皇宮を中心とする家産制的な内廷機構と、豪族私邸などに点在した外廷機構とが、大化改新によって統合され、前期難波宮や藤原宮よりみられる内裏と朝堂院の関係を形成したという議論で、これはやがて内廷＝天皇、外廷＝貴族勢力として概念化され、君主制×貴族制の論争へと発展した[2]。しかし宮都の発掘が進展し、皇位継承の問題から皇子宮《ミコノミヤ》の研究が開発され、さらに長屋王家が大量の木簡などとともに発見されるに至って、内廷―外廷論は新たな局面を迎えた。

木簡によって知られる長屋王家の家政機関は、多種多様な部署＝司・所から成る大規模な組織で、各部署に帳内《トネリ》を配置し、家政全般を政所《まんどころ》の家令が統轄していた[3]。これは一条朝の右大臣藤原実資[4]や、宇津保物語が描く紀伊の長者、神奈備種松の家政機関にかなりよく対応し[5]、また令制の内廷官司や[6]、西宮記にいう内裏の「所々」とも多く対応する[7]。東宮坊にも舎人監・主膳監・主蔵監、主殿署・主書署・主漿署・主工署・主兵署・主馬署の三監六署があり、国家的収取に依存しつつ、自給的な運営が行われていた[8]。さらに造東大寺司などの令外官や国府にもこうした所々が付属し、(9)よく似た組織を至るところにみることができる。それら個々の異同はさておき、われわれはそこに古代の権力というものの、ある種フラクタルな重層構造を認めざるをえないであろう。そしてそれら個々の組織は、一つの官から派生・分化した所の集合体として構成されているのである。

こうした司や所から成る組織の形成過程の一斑を、われわれは大嘗祭悠紀・主基行事所の事例について観察することができる。貞観儀式によると、(10)行事所の設置は検校以下の官人の任命、着座、行事始から成り、業務に必要な人員や物品などを取り揃えると同時に、出納所から小忌所・細工所・女工所・楽所・大炊所などの所々を次々に発足させてゆく。公卿や弁官が行事官人を兼務する点で蔵人所などに近く、太政官制に依存して物品を調達する点で東宮坊などに近いが、要するに、司や所は行事の内容にしたがって設置されるのであり、必要に応じて増置されえたのである。長屋王家の場合、三位の位階を得て家令所＝政所を置き、支給された帳内の管理のために帳内司を、経済基盤の管理のために御田司や御園司を、そして生活や信仰の要求に応じてさまざまな司や所を増置していったのであろう。

またこのような経営体は、その主人の地位によって家や宮となり、時に職とも呼ばれた。藤原宮木簡にみる「皇太妃宮職」は皇太妃の宮の家政機関であり、(11)光明皇后の家政機関「皇后宮職」は、やがて紫微中台・坤宮官として国政の中枢機関にまで成長する。(12)さらに宮は国に准ずる機関をもちえた。和泉宮の経営のために設置された和泉監は、東宮坊の三監と組織を同じくしながらも、その正税帳によると国司と職掌を同じくし、後に和泉国となる。(13)こうしてみると、職・官・監・国などの行政組織の核に宮・家があったことがわかってくる。これは、日本のオホヤケ（公）の核にヤケ（宅）があることとまさに対応しているのである。(14)

もとより歴代遷宮の慣行も、宮が移るのではなく、皇位が皇子宮を渡り歩くのであって、天皇宮の核は皇子宮にほかならない。(15)天皇を「某宮で天下を治めた（知天下）天皇」と呼ぶのも、天皇とその宮との一体性を物語っている。(16)

では、律令体制が天皇宮の家政機関の発達した組織なのかといえば、事はそう容易ではない。天皇宮の政所は太政官でなく、宮内省とみるべきで、職員令にみる宮内卿の職掌が食物の出納および官田の管理に限られていることも、長屋王家木簡の様態から推して政所とみるにふさわしい。また天武天皇の殯宮で、宮内・大舎人・兵衛・内命婦・膳職の順に誄を奉じた点も[17]、このような見方を裏打ちする。大政官・法官・理官・大蔵・兵政官・刑官・民官が奉誄したのは、その翌日以降であった。

実はこの奉誄記事こそが内廷と外廷とを区分する根拠なのであるが、この区分が厳密でないことはすでに指摘されている[18]。例えば、大蔵省は食物でない物品を扱う内廷官司を多くしたがえる点で、宮内省と対称的といえる[19]。しかしこの奉誄記事は、宮内・大舎人以下初日の面々が高松塚古墳壁画の男官女官群像を彷彿とさせることと相俟って、官制の発達過程について一定の示唆を与えているように思われる。

種松邸の政所では家司・家預が年間の生業・養蚕のことを定め[20]、長屋王邸では家令・帳内の上日を政所で集計し[21]、さらに式部省に上申したと思われるが[22]、こうした包括的な家政が分化して外廷官司を形成した（ゆえに唐の三省のような官制はなじまない）との見通しも、十分に成り立つのではないか[23]。すなわち、内廷の分化・発達としての外廷の形成である。

天皇宮はその南庭を拡大して内裏と朝堂とに分化した[24]。そこへ朝参することになった官人の人事を管掌する官司として法官＝式部省が成立し[25]、また、官人の氏姓を審理する官司として理官＝治部省が成立する[26]。このように律令官人化政策が進展する一方で[27]、公地公民制の施行にともなう訴訟の増大から刑官＝刑部省が成立し[28]、同様に財政その他の管理業務の拡大から民官＝民部省が成立する[29]。太政官はこれら諸官の政務を決裁し、これを施行する機関として成立したのであり（後述）、その官司機構を体して設計された場こそが朝堂院であった。

朝堂院＝太政官院は、東側三堂に太政官・中務省から成る立法府、西三堂に親王と弾正台・刑部省から成る司法府、南側六堂に弁官と六省から成る行政府を配置し、整然と政務を処理した「国家」の箱庭である[30]。またその東西第一堂に大臣と親王の座を置く点は、前代の皇子・大臣が国政に参与した伝統を継承している。すなわち前代の大夫《たいふ》合議制下では、皇子宮や大臣・大夫の家が個々の家政を運営する一方で国政をも分掌し、かかる宮や家を経営する主たちが、天皇宮に参集して国政を合議していた[31]。蘇我大臣家が「宮」を称したように（皇極三年十一月紀）、これら宮・家の実態は本質的に異なるものではなく、また雄略天皇が磯城県主の家を天皇宮に似ているといって焼いた話（雄略記）、さらには発掘されている豪族居館の規模からすれば[32]、地方豪族の家も同様であったかもしれない。

従来、太政官は大夫合議制を継承し[33]、いわゆる天武朝の六官や令制八省の官制は大夫—伴造制を継承したものとされてきた[34]。そのように外廷官司の形成を考える場合でも、その核にあったのはやはり宮や家という家政機関であり、ここでも内廷から外廷への発達という流れが確認されるのである。

このように古代の国家権力は家政機関を核とした重層構造としてとらえられるのであるが、これとよく似たことは、古代国家が解体して成立する「中世国家」でも観察される。例えば鎌倉殿の政所は、御家人を司る侍所を包摂しつつ、裁判を専当する問注所を分化させ、やがてその別当が執権として専制化し、その別当家の内管領が恐怖政治を行う[35]。ここでは明らかに政所が国家を立ち上げているのであって、こうした一致を単なる偶然としない国家史の視座が、今求められているのではないか。平安以降にみられる太政官の権力集中と八省の衰退、その太政官に寄生する形での蔵人所の発展と実務機関の家職化——政所への回帰とでもいいたい潮流は確かに認めうるだろう。これがさらに中世の「職《しき》」の体系や[36]、近世の「役《やく》」の体系などといわれる流れとどう関わってくるのか[37]、興味は尽きないと思うのである。

二 「着座」と「神迎え」

以上は、従来の唐制継受一本槍の官制研究に対して、内廷—外廷論の視座から国家権力の形成をとらえ直したものだが、法典継受を国家の成立と同一視するような見方に対しては、これとは別の視座も提示されてきた。法に対して礼を重視する立場がこれである(38)。

　法も礼も広く制度史研究の範疇に収まるが、礼は法を施行すべき国家秩序を身体の実践によって設定・維持する論理であり、礼制研究はその論理の解析により国家秩序を明らかにする点で、古来の有職学と意義を異にする(39)。その対象となる儀式は神仏君臣、さらに国家間の礼にわたり、今や主だった儀式は研究し尽くされた観がある。そうした個別的成果を統括して、礼制全体を構築する仕事は今後に託されているといってよく、本章では行論に即した二三の事例を述べるにすぎない。

　礼制研究も唐礼継受を問題としてきた点で、法制研究の手法と何ら変わりはなく、継受の過程で生じた差違に注目する点も同様である。例えば、中国の朝賀は「受朝」と表記されるのに(40)、孝徳紀では「観賀正礼」とし(41)、告朔《こうさく》も中国ではせいぜい「聴朔」というのに対して、日本では「視告朔」という(42)。これは、見ることを知る（領有する）ことと同義とした「国見」の伝統によるのであろう(43)。また朝賀と即位儀とはもとよりほぼ同儀であるが(44)、日本では、百官の拝礼を受けることとともに、天皇が高御座に着座する即位そのものが重視された。これは、高千穂の峰を象る高御座《タカミクラ》に即くことで、天孫降臨神話を再演し、現神《あきつみかみ》としての即位を儀礼的に表現したものとされる(45)。このような即位が年頭の朝賀、さらに毎月の告朔においてくり返された(46)。人麻呂が草壁皇子の殯宮に歌う時、日女《ヒルメノ》命が天武天皇を神の命と神下したかのように語るのも(47)、飛鳥浄御原宮に「神ながら、太敷きまして」即位するさまが、実際そのようであったからであろう。

　着座を就任儀礼としたのは天皇に限らない。前述の大嘗祭行事所でも任官・着座・行事始というように、古代の官人は任官しただけではなく、所定の座に着く儀式を経なければ政務を行えなかった。こうした事例は太政官から国司に至るまで認められ、中国の冊書《さくしょ》のような書面ではなく、座の獲得という形で就任を認証していたのであり、かかる座と官との一体的関係が、座の礼を公式な礼として発達せしめた。

朝堂の座に着いた百官は、親王や太政大臣の参入には下座、左右大臣や所属する官司の長官には動座の礼をとった。古代の官人は、仏像よろしく台座の上にあぐらをかいて政を聴いたから、下座は台座から下りて立つことをいい、動座は難解だが、座ったまま相手の方に向き直ることをさしたと思われる。例えば大臣が参入すると、式部官人が「右大臣藤原朝臣」と声をあげ、百官がそちらに向き直る。大臣が歩く向きを変えると、また声があがり、その方を向く（この声の合図を称位といい、その名告り方を喚辞というが、これはプラカードを立てて歩くようなもので、武家の旗差し(48)に通ずるものがある）。これが親王だと座を下りて迎えた。この礼の本質は、大臣や長官といった官の関係にある上司には座（＝官）を離れず、親王や太政大臣には座を放棄するという点にある。こういう礼が省・寮・司にまで細かく定められ、官の秩序を立てていたのである(49)。

ところで、官人の就任は書面でなく着座で証明されたと述べたが、国司には任符《にんぷ》という書面が下された(50)。では国司は例外かというと、そうではない。国司の就任儀礼はやや複雑で、境迎《さかむかえ》、任符奉行、印鎰《いんやく》受領、所々見参《げざん》、供給《くごう》、着座、神拝《じんぱい》、行事始から成るが、任符の確認とともにやはり着座を行っている。なおこの儀式はよほど面白いので、いま少しふれておきたい(51)。

赴任した国司は国境で在庁官人等の出迎えを受け（境迎）、国司の権力の象徴たる印鎰を受領し、国府の税所《さいしょ》・大帳所・朝集所・健児《こんでい》所・国掌所などの所々の名簿を受け（所々見参）、三日間の饗応を受ける（供給）。さらに、吉日を選んで国庁の座に着き、部内の神々を祭って（神拝）、行事始となる。ここで注目したいのは、境迎と伊勢講などのサカムカエ、そして供給と三日厨《みっかくりや》との対応である。前者は伊勢などへの代参者を送迎するもので神迎え的な性格を有し(52)、後者は荘園や公領に検注や勧農・収納にきた使者を饗応するもので、マレビトへのもてなしとされている(53)。右の式次第は平安後期にみえるものだが、境迎や供給などは大宝令にもみえ（戸令集解国郡司条所引古記）、また記紀や風土記には巡幸する天皇に御饗《みあえ》を奉ったという伝承が数多くある。例えば、播磨国では景行天皇がそこここで御食《ミケ》を受け、腰を落ち着けた地に高宮・酒殿・贄殿・室《むろ》を建て、その室の地は館（ムロツミ）村と呼ばれたという（『播磨国風土記』賀古郡条）。さらに屯倉《ミヤケ》の収納に派遣された山部小楯を記紀が国司（宰）といい（顕宗即位前紀・清寧記）、雑徭がかかるミコトモチの巡行に徴発された徭役を淵源とし、[54] 出雲国府が意宇郡家に近接ないし駐在していたとみられる事例などから、[55] 次のような推論が導き出されるのではないか。

国司制の成立が七世紀後半、国府の成立が八世紀前半の第2四半世紀に下るとすると、国司は長く国府をもたなかったことになるが、本来、国司は百姓の雑徭による迎送や供給を受けながら部内を巡行し、郡（評）家に駐在して諸政を聴いた。その際に、マレビトを迎える郡家では饗応する室《むろ》を設け、これを国司の館《たち》と称した。こうした過渡的なありようは、西欧中世の「移動宮廷」にも似て、[56] 一所に留まっていては部内を支配できなかったためではないかと思われる。

なお、書紀には安羅が倭の国使のために高堂を新たに起て、倭が高句麗の国使のために館を起てたとあり（継体二十三年三月紀・欽明三十一年四月紀）、六世紀にはマレビトのための堂や館の築造が認められる。また、記紀などに散見する「新室《にいむろ》」とは、神迎えの御饗を奉るための宮であり、大嘗宮が祭儀のためだけに新築され、その直後に解体されるように、神が降臨する神籬《ひもろき》としての宮は神を迎えるためだけに建てられた。[57] 建物を荘厳するのは常在の仏の坐す寺であり、そういえば朝堂院や国府が寺院伽藍に似ているのも単なる類似ではないのかもしれない。[58]

三　「ミコトモチ」と「ヨサシ」

国司は天皇のミコトモチて任国を治めたが、天皇は何を根拠に天下を知ることができたのか。続紀宣命では天つ神の依任《ヨサシ》によるといい、祝詞には高天原なる男神《カムロキ》・女神《カムロミ》のミコトモチてとみえるが、[59] 天皇の国家支配が天神の依託に基づくとする思想は、その淵源が天孫降臨神話にあるにせよ、天皇権力の直接の根拠ではなかった。大化前代の天皇は群臣の推挙を受けて即位したのであり、それは王権が神権でなく、群臣の総意に基づくことを意味している。[60] ここに、いわゆる貴族制論がよって立つ根拠もある。では宣命や祝詞、また記紀にいう天神依託思想は、単なる文飾なのか。

ここで天皇と貴族、天皇と神の関係が問題になる。いずれも難問であって、容易に決着しがたいが、結論をいえば、いわゆる律令国家は専制君主制であり、神権的王権の国家であったと考える。

その論拠をあげれば、群臣の推挙が孝徳朝以降は譲位にとってかわられたこと、[61] 参議・奏宣権を有した大夫の権限が大臣と納言から成る太政官にのみ限定され、それらの任免権を天皇が掌握したこと、[62] したがって前代の大夫合議制は解体され、内裏の南庭＝朝堂院で百官の政を統轄する機関として再編されたといえること、[63] さらに都城制を導入して皇子宮や大夫らの家を京内に移住せしめ、前代の政治・経済的拠点としての機能を王権の管理下においたこと、[64] そしてかかる過程において確立された天皇権力の思想的根拠として、天神依託思想が立ち現れてくること、などである。

ここにいう天神依託思想は、信ずべき記事としては孝徳紀よりみえはじめ、天智朝にはその諡号「天命開別天皇」にみるような一種の天命思想として定着したと考えられる。[65] 天智が定めた「不改常典」というのも、皇位継承法などではなく、かかる神権国家として天神に依託された天皇が国家を統治するというような意味であろうと私は考えているが、この天神依託思想こそは、前代の大夫合議制の推挙にとってかわる天皇の正統性の根拠であった。

このような思想が成立する背景には政務構造の変動があった。前代の大夫制下では国政を分掌する大夫の人格を通して、天皇の命令が下達された。ところが、皇子宮や大夫の家の政治的機能が朝堂院に集約されると、天皇の勅命は朝座をもつ全官人の前で宣制される言葉《ミコト》＝法《ノリ》として発令されるようになる。天智朝で太政官を発足するにあたって、右大臣となる中臣連金が「命《ミコト》モチて神事を宣《の》る」とあり、かれは祝詞も宣読しているから、天神依託思想は祝詞のような形で百官の前に提示されたものと推測される。しかも、右の神事宣命→太政官設置という次第は、その太政官が神意に基づいて発足したことを強く印象づけている。[66]

　では天皇と神との関係はどうであったか。これは難問中の難問であって、そもそも天皇に知天下を司令した神格の正体さえ明確でない。そこで祭儀を通してその関係をうかがうと、[67]新嘗祭は神座に新穀を進めてともに飲食するもので、前述の神迎えの御饗の儀礼と本質的に変わりはない。また進膳・共食からなる次第は、中国の時享《じきょう》や郊天《こうてん》の祭りにも対応する。時享とは四時、つまり春夏秋冬に宗廟を祭る儀で、秦漢以降は木主（位牌）、それ以前は父祖に扮した親族を尸《シ》として飲食を捧げ、ともに食した。また、郊天などの祭りでも同様に、皇帝は天帝に飲食をすすめ、ともに飲酒することで神恵を授かるものだが、入境儀礼で飲食が重視されることからも、天皇と神との共食は神恵《ヨサシ》をうけ、神命《ミコト》を体現する意義を有したと考えられる。ゆえに天神依託ないし天命開別という思想も、この祭義に根拠をもつものと思われるが、新嘗の新室にいかなる神が迎えられたかは依然不明である。中国では祖先のために宗廟を置き、天神地祇のために祭壇を設けて、歴代その制を重大な論議の的としてきたのに対して、日本では陵墓を管理し、神祇官庁で神祇を祭ったとはいえ、天皇親祭は新嘗祭（神今食《じんごんじき》）の祭神一神のみであって、王権が天神という以上、祭神は天神であったと受け止めるほかはない。

　しかしこのことがかえって日本古代の神観念というべきものを暗示しているともいわれよう。草木言語の混沌において、神々の名を定め、これを整然と祭ることは、強大な権力がこれを成しうることであって、神々を統括し整序することは困難であり、国司の職掌の筆頭に「祠社」をあげ、神祇官が官社の祝（神主）に幣帛を託して祭らせるという素朴な中央集権の形をとったのも、ゆえなしとしない。[68]神は百物をもたらし（ヨサシ）、人はその百物と力役とをもって王に仕え奉《まつ》る。ゆえに、王は人を治めるために、神を祭らねばならない。こうしたヨサシ―マツリ（依奉《いぶ》）の関係が神と人と王との間を規定していたのであり、天皇は名もない天神のヨサシを天命として国家支配を正統化していたのである。[69]

国見と国讃《ぼ》めとが一体として語られたように、みることと名づけることとはともに知ることであり、神の名を定めることは神を把握することにほかならない。ゆえに記紀の神統譜は画期的意義を有したに違いない。しかしこの試みも結局、天皇の祭神を制定するには至らない。[70] 万葉の女性の名告りがその身を委ねる意志を伝えたように、名は身と一体とされ、[71] かかる禁忌が戸籍の施行を遅延せしめたとみる説もある。[72] 後に名簿《みょうぼ》（名刺）を捧呈することは従属を意味し、[73] 前述の見参や滝口の名謁《なだいめん》なども、同様の意味であろう。称名《しょうみょう》の流行もかかる名の禁忌と無関係ではあるまい。部民廃止詔が王臣の名に基づく支配を問題としたように、[74] 名は土地とも深く関わる。いずれにせよ、古代の権力やその支配というものも、政事や祭事の慣行とその思想とに根強く規定されていたとはいえそうである。

以上、マツリゴトについて考えるところを漫然と述べてきたが、これらは最近刊行した拙著や拙稿に論じたことどもをふまえつつ、これを敷衍したものであって、かなり大胆な提言をも含んでいる。つまりこの断章は、これからの研究指針の大体をまとめた私個人の序章であり、諸賢の参考に資する点があれば幸とすべき覚書でしかない。

註

（1）本章は學燈社『國文學』四四巻一一号（一九九九年）の特集「古代——立体交叉的に見直す」に寄稿したものである。転載にあたり、紙幅の関係で割愛した補注を復し、章節を加えるなどの手直しをした。

（2）拙稿「律令官制成立史再考」（『日本史研究』四四〇号、一九九九年。本書第一章）参照。

（3）奈良国立文化財研究所編『平城京長屋王邸宅と木簡』（吉川弘文館、一九九一年）九七～一一二頁参照。

（4）渡辺直彦「藤原実資家『家司』の研究」（『日本古代官位制度の基礎的研究（増訂版）』吉川弘文館、一九七八年）参照。

（5）寺崎保広『長屋王』（吉川弘文館、一九九九年）一七五～一七八頁参照。
（6）東野治之「内廷と外廷」（『長屋王家木簡の研究』塙書房、一九九六年）参照。
（7）菊地（所）京子「『所』の成立と展開」（『論集日本歴史3平安王朝』有精堂、一九七六年）参照。
（8）荒木敏夫『日本古代の皇太子』（吉川弘文館、一九八五年）第三の一参照。
（9）近藤毅大「八世紀における『所』と令外官司」（『史学雑誌』一〇六巻三号、一九九七年）、佐藤宗諄「律令的地方支配機構の変質」（『平安前期政治史序説』東京大学出版会、一九七七年）、竹中康彦「八世紀における国司をめぐる諸相」（『ヒストリア』一四九号、一九九五年）など参照。
（10）『儀式』巻二、拙著『日本古代朝政の研究』（吉川弘文館、一九九八年）第四章第三節参照。
（11）『木簡研究』三号（一九八〇年）一七頁。拙著『日本古代の天皇と祭儀』（吉川弘文館、一九九八年）前篇第三章参照。
（12）岸俊男「光明立后の史的意義」（『日本古代政治史研究』塙書房、一九六六年）。
（13）拙著前掲註（11）『日本古代の天皇と祭儀』一一九頁参照。
（14）吉田孝『律令国家と古代の社会』（岩波書店、一九八三年）Ⅱの五参照。
（15）拙著前掲註（10）『日本古代朝政の研究』五三頁参照。
（16）仁藤敦史『古代王権と都城』（吉川弘文館、一九九八年）序章第三節参照。
（17）『日本書紀』朱鳥元年九月条。以下、天武紀などと略称。
（18）東野前掲註（6）「内廷と外廷」参照。
（19）拙著前掲註（11）『日本古代の天皇と祭儀』終章第一節、二九八頁参照。
（20）岩波古典大系本『宇津保物語』吹上の上、三三九～三四三頁。
（21）寺崎前掲註（5）『長屋王』一六九～一七〇頁参照。
（22）弘仁式部式諸司進禄并給条。拙著前掲註（10）『日本古代朝政の研究』第三章第一節、一六九～一七一頁参照。
（23）太政官制と唐の三省との比較については、石母田正『日本の古代国家』（岩波書店、一九七一年）第三章第三節参照。
（24）拙著前掲註（10）『日本古代朝政の研究』第一章第一節および第四節参照。

(25) 式部省は唐の吏部に比して太政官への従属度が著しく高いが(坂上康俊「日・唐律令官制の特質」『奈良平安時代史論集』上、吉川弘文館、一九八四年)、かかる特質も、政所から舎人(帳内)司や侍所が派生するようなあり方にその由来があると説明されよう。
(26) 熊谷公男「治部省の成立」(『史学雑誌』八八巻四号、一九七九年)。
(27) 熊谷公男「天武政権の律令官人化政策」(『日本古代史研究』吉川弘文館、一九八〇年)参照。
(28) 刑部省の成立については福原栄太郎「孝徳朝の『刑部尚書』について」(『日本歴史の構造と展開』山川出版社、一九八三年)、その機構については石尾芳久『日本古代法の研究』(法律文化社、一九五九年)第七など参照。
(29) 民部省の成立に関する専論は寡聞にして知らない。押部佳周『日本律令成立の研究』(塙書房、一九八一年)第一部第一章、一〇〇～一〇一頁など参照。
(30) 『儀式』巻九・朝堂儀、延喜式部式朝堂座条。拙著前掲註(10)『日本古代朝政の研究』序章、三頁。また拙稿前掲註(2)「律令官制成立史再考」(本書第一章)註(33)参照。
(31) 拙著前掲註(10)『日本古代朝政の研究』第一章第三節など参照。
(32) 都出比呂志「古墳時代の豪族居館」(岩波講座『日本通史』2所収、一九九三年)参照。
(33) 関晃「大化前後の大夫について」(『大化改新の研究』下、吉川弘文館、一九九六年)など参照。
(34) 笹山晴生「『難波朝の衛部』について」(『日本古代衛府制度の研究』東京大学出版会、一九八五年)など参照。
(35) 佐藤進一『日本の中世国家』(岩波書店、一九八三年)など参照。
(36) 上横手雅敬『日本中世政治史研究』(塙書房、一九七〇年)第一章第二節、戸田芳実『日本領主制成立史の研究』(岩波書店、一九六七年)第六章など参照。
(37) 尾藤正英「江戸時代とはなにか」(岩波書店、一九九二年)I参照。
(38) 西本昌弘『日本古代儀礼成立史の研究』(塙書房、一九九七年)第一編参照。
(39) 拙著前掲註(11)『日本古代の天皇と祭儀』終章第三節、三〇九頁参照。
(40) 例えば『大唐開元礼』(汲古書院影印)巻九五～九八の「受朝賀」の儀。

(41) 白雉元年紀、拙著前掲註(10)『日本古代朝政の研究』一一三頁参照。
(42) 一条兼良『公事根源』(改訂増補故実叢書二三所収)正月条、新川登亀男「日本古代の告朔儀礼と対外的契機」(『史観』一一二号、一九八五年)など参照。
(43) 関和彦『日本古代社会生活史の研究』(校倉書房、一九九四年)第三章など参照。
(44) 拙著前掲註(10)『日本古代朝政の研究』序章第一節参照。
(45) 和田萃「タカミクラ」(『日本古代の儀礼と祭祀・信仰』上、塙書房、一九九五年)参照。
(46) 大津透「古代天皇制論」(岩波講座『日本通史』4、一九九四年)、拙著前掲註(10)『日本古代朝政の研究』一七五～一七六頁参照。
(47) 万葉集一六七番歌、神野志隆光『古事記と日本書紀』(講談社現代新書、一九九九年)一三九～一四九頁参照。
(48) 石井進『鎌倉幕府』(中央公論社、一九六五年)参照。
(49) 以上、拙著前掲註(10)『日本古代朝政の研究』第四章第一節および第三章第一節による。
(50) 市大樹「国司任符に関する基礎的考察」(『古文書研究』四七号、一九九八年)参照。
(51) 『朝野群載』国務条々事ほか、拙稿「国司就任儀礼の特質」(『ヒストリア』一六七号、一九九九年)参照。
(52) 桜井徳太郎「サカムカエ」(『日本民間信仰論(増訂版)』弘文堂、一九七〇年)。
(53) 『世界大百科事典』3(平凡社、一九八八年)「宴会」項、本書第三章第三節(七四～七五頁)参照。
(54) 吉田前掲註(14)『律令国家と古代の社会』Ⅶ参照。
(55) 『出雲国風土記』巻末記。山中敏史『古代地方官衙遺跡の研究』(塙書房、一九九四年)三八七～三八八頁、八木充「国府とその構成」(『日本古代社会の史的展開』塙書房、一九九九年)参照。
(56) マルク・ブロック『封建社会』Ⅰ(みすず書房、一九七三年)六一頁参照。
(57) 拙著前掲註(11)『日本古代の天皇と祭儀』後篇第一章第四節参照。
(58) 同前拙著前篇第一章注(36)参照。
(59) 文武以下の即位宣命、大殿祭・鎮火祭・鎮御魂斎戸祭の祝詞および出雲国造神賀詞。金子武雄『続日本紀宣命講』(東京図

書出版、一九四四年)、『延喜式祝詞講』(武蔵野書院、一九五一年)など参照。
(60) 神野志前掲註(47)『古事記と日本書紀』一六七頁参照。
(61) 拙著前掲註(11)『日本古代の天皇と祭儀』四八頁参照。
(62) 拙稿「大夫制冠位考」(『史聚』三二号、一九九九年)参照。
(63) 拙著前掲註(10)『日本古代朝政の研究』終章第三節参照。
(64) 仁藤前掲註(16)『古代王権と都城』第三編第三章など参照。
(65) 以下、拙著前掲註(11)『日本古代の天皇と祭儀』後篇第一章第五節による。
(66) 天智十年正月紀。なお、「命宣神事」の傍訓は「命ニシテ」とするが、おそらく宣命の意と解して大過なく、本文のように訓読した。
(67) 以下、拙著前掲註(11)『日本古代の天皇と祭儀』後篇第一章第四節による。
(68) 同前拙著『日本古代の天皇と祭儀』後篇第二章参照。
(69) 同前拙著『日本古代の天皇と祭儀』後篇第一章、一七一～一七二頁参照。
(70) むしろそれは神の浄化を促した仏教との習合によって達成される。竹岡勝也『近世史の発展と国学者の運動』(至文堂、一九二七年)参照。
(71) 阿部武彦『氏姓』(至文堂、一九六六年)一三九～一四一頁ほか。
(72) 杉本一樹「戸籍制度と家族」(日本の古代11『ウヂとイエ』中央公論社、一九八七年)。
(73) 中田薫「『コムメンダチオ』と名簿捧呈の式」(『法制史論集』二、岩波書店、一九三八年)参照。
(74) 狩野久「部民制・国造制」(前掲註(32)『日本通史』2所収)参照。

第Ⅰ部

古代官僚制と統治技術

第一章　律令官制成立史再考

はじめに

本章は、律令官制成立史において重要な意義をもつ、青木和夫の古代官僚制形成論の提唱とその継承の過程とを学説史的に再検討して、「戦後歴史学の総括」という所与の課題の一端に応えつつ、その克服すべき点を明らかにして、新たな展望を提示しようと試みたものである。なお、報告では展望に関する卑見をやや詳しく述べたが、本章では克服の方に重点をおき、展望についてはは割愛せざるをえない。紙幅の都合と、卑見はすでに公表してあることからの配慮である。(1)

一　青木和夫「浄御原令と古代官僚制」

一九五四年（昭和二十九年）に発表された青木和夫の「浄御原令と古代官僚制」は、周知のごとくその前半部で近江令の否定論を提起して大きな論争を巻き起こしたのであるが、(2)その支証とされた後半部への反響はそれよりもだいぶ遅れて六〇年代に入ってから本格的な展開をみたようである。後半部は、現在も律令官人制の議論に継承されている官位相当制の成立と、「六官」から「八省」へと見通した律令官制の成立史とからなるが、ここで注目するのは前者ではなく、当然後者である。

　青木の律令官制成立説の論点はおよそ三つ。すなわち、

　①二月、制二冠十九階一。（中略）是月、詔二博士高向玄理与釈僧旻一、置二八省百官一。

右の大化五年紀にある「八省百官」を舞文とみなし(3)、次に、

　②甲子…壬生事（大海宿祢菖蒲）、諸王事（浄大肆伊勢王）、總宮内事（直大参県犬養宿祢大伴）、左右大舎人事（浄広肆河内王）、左右兵衛事（直大参当麻真人国見）、内命婦事（直大肆采女朝臣竺羅）、膳職事（直広肆紀朝臣真人）。

　乙丑…大政官事（直大参布勢朝臣御主人）、法官事（直広参石上朝臣麻呂）、理官事（直大肆大三輪朝臣高市麻呂）、大蔵事（直広参大伴宿祢安麻呂）、兵政官事（直大肆藤原朝臣大嶋）。

　丙寅…刑官事（直広肆阿倍久努朝臣麻呂）、民官事（直広肆紀朝臣弓張）、諸国司事（直広肆穂積朝臣虫麻呂）、大隅・阿多隼人、倭・河内馬飼部造。

　丁卯…百済王（良虞）、国造。

右に摘記した朱鳥元年九月紀の天武奉誄記事から「六官」制の存在を指摘し、さらに、

　③庚辰、以二皇子高市一為二太政大臣一。以二正広参授丹比嶋真人一為二右大臣一。并八省百寮皆遷任焉。辛巳、大宰・国司皆遷任焉。

右の持統四年七月紀の「八省百寮」をもって「八官」制成立の画期とみなすものである。

　ここで問題としたいのは、右の②をめぐる青木の次の指摘である。

「ともあれ確実なことは、後の八省のうち六官は天武朝末期にすでに存在してゐたのに反し、中務・宮内の二者は

まだ草昧の渾沌の中にあり、(4) 後に両者の被管となつた諸官司は独立の存在だつたらうといふことである。（中略）更に誄の順序に何らかの意味があるとすればそれは恐らく、最初の日に誄した諸官は翌日以降に誄した大政官その他六官とは一線を画して居り、前者は天皇氏一族の家政機関的なにほひがし、後者は大和朝廷の公的行政機関の発達した姿らしいことで、一度大化改新の洗礼を受けてゐる以上は前者と雖も天皇氏の私的機関とは断言しえないけれども、大宝令官制の如き朕即国家的な行政機構へは、まだ一段の飛躍を必要とする。」

今から考えると、この文章はその後の研究の方向を決定づけた重大な指摘であった。本章では、その方向性を大きく二つに分けて追跡してゆこうと思う。

二　内廷―外廷論

のちに青木自身が補足し、別の論文ではその支証としたように、(5) 青木論文で「天皇氏一族の家政機関的なにほひ」がすると述べた中務・宮内二省は「内廷」、太政官・六官は「外廷」として概念化され、この視座は井上光貞(6)や八木充(7)によって継承・展開された。とくに八木は「大弁官」「宮都」の問題にひきつけて、大きな成果を収めた。

すなわち、八木はまず太政官・大弁官併存説を提唱し、納言が宮内卿を兼務した例から天武朝の太政官を内廷的、六官と国司を管轄した大弁官を外廷的と性格づけた。ゆえに、太政官―弁官―八省体制の成立は、内廷と外廷の一元化としてとらえられることになる。さらに八木は、「内裏」を内廷、「朝堂」を外廷とする岸俊男の概念化をもひきつぐ形で、(8) 孝徳朝の難波宮において大化前代の豪族私邸の政務＝外廷機構が朝堂に集約されたとし、これを実現した大化改新を内廷と外廷の統合・一体化として位置づけたのである（宮都五段階発展説の提唱(9)）。八木の所説、とくに後者の内裏・朝堂説は直木孝次郎によって継承・敷衍され、(10) 狩野久により若干の修正意見が出されて今日に至っており、(11)

拙著も基本的にこの視座を継承している。

しかし八木による青木説の展開は、次に述べる石母田正や早川庄八のさらなる展開によって、若干違った方向へ進むことになるのである。

まず石母田は、中務・宮内の八省編入に関して青木が「朕即国家」といい、井上が「天皇即国家」の体制の確立といった評価を反転させて、これを「国家が天皇制の一部を機構内に編成した」ものとみなし、そのうえで「官人貴族層全体の、すなわち階級としての『共同利害』をまもる機構としての国家」という有名な定義を下した(12)。しかしこの評価の反転によって、論理的なねじれが生じた点は覆いがたく、いまだその問題点は解消されていないように思われる(13)。ともあれ、この石母田説によって君主制か、貴族制かという論争が大きな進展をみせたことは、学史的に銘記されねばなるまい(14)。

このように〈内廷―外廷〉論は外廷による内廷の吸収、というところにまで行き着いたわけであるが、次の早川説へとすすむ前に、ここで青木論文が喚起したもう一方の視座、すなわち〈唐制継受〉論について、その流れを大まかに述べておかねばなるまい。

三　唐制継受論

唐制継受の問題はすでに戦前、中田薫らにより比較法制史の立場から四等官制や官制をめぐって議論されており(15)、青木論文の発表後は内藤乾吉によって天武朝の六官と隋の六部との対応が指摘されていた(16)。

これを本格的に展開したのが井上光貞である(17)。井上は、太政官―大弁官―六官の成立を近江令に引き上げたうえで、「私は青木氏の六官説を全面的に妥当とおもう」と述べ、

④詔曰、凡内外文武官、毎年、史以上属官人等、公平而恪懃者、議㆓其優劣㆒、則定㆓応㆑進階㆒、正月上旬以前、具記送㆓法官㆒。則法官校定、申㆓送大弁官㆒。

右の天武七年十月紀で法官が大弁官の被管とみられることから、大弁官―六官の系統は唐の尚書―六部制を継受したものとみなし、

⑤摂津大夫従三位高向朝臣麻呂薨。難波朝廷刑部尚書大花上国忍之子也。

左大臣正二位石上朝臣麻呂薨。（中略）難波朝衛部大華上宇麻乃之子也。

さらに右にあげた孝徳朝の刑部・衛部という所見から（『続紀』和銅元年閏八月・同養老元年三月条）、大化の段階において六部継受の淵源が認められることを示唆しつつ、[18] 門下省の侍中と納言の職掌の対応などから、官制継受の流れを明らかにした。井上の方法は職名や職掌の対応によって継受の関係を想定するというやや単純なものであったが、[19] 結論の明快さや体系性には目を瞠るものがあり、ここに、律令官制成立史は大きな画期を迎えたといえよう。そして、これに文書発給の系統論を加味して井上説を全面的に批判したのが、これも著名な早川庄八の論文であった。[20]

早川は周到な予備的考察を行ったうえで、天智朝から浄御原令に至る官制の流れを検証したのであるが、主要な眼目は天武朝官制の位置づけにあるといってよいであろう。かれは、八木の太政官・大弁官併存説を全面的に承認し、六官が国政審議権を分有したこと、六官は大弁官よりもむしろ太政官と連絡し、大弁官は外官を管掌したことを指摘した。その支証が詔勅の発給経路の検討であって、詔書・勅旨についてみると、通常の発給系統に対して簡略な経路があり、それらは詔書・勅旨のいずれも弁官を飛ばす形で設定されている。その一方で、勅符のように弁官が天皇の勅を諸司、とくに外官にそのまま施行する経路もある。この弁官の地位の曖昧さが天武朝の大弁官に由来すると考えるわけで、この点については森田悌や吉川真司の徹底的な批判もあるが、[21] 制度史研究や古代国家論に文書発給の視座を加味した功績はきわめて大きいといわねばなるまい。

早川説は、井上説とともに青木論文に端を発した官制成立史の到達点を示すものといえようが、このような流れに対しては、周知のように、多くの批判や修正意見が提出されてきた。次にそれらを総括し、研究の現況を確認しておきたい。

四　批判と総括

右に紹介してきた諸説は、井上説が六七年、石母田説が七一年、早川説が七二年といずれも七〇年代前半までに収まり、律令官制成立史の大枠もこの時期に定まったといってよい。しかしこれ以降はその枠組の細部をめぐって個別実証が進展し、やや論点が錯綜して混沌としてきた観もないではない[22]。

七五年に岸俊男の朝堂に関する画期的な論文が発表され（前掲註（8））、また宮都などの発掘調査が目覚ましく進展したこともあって、内裏・朝堂に関わる〈内廷—外廷〉論は模様眺めの様相を強めてゆく一方、比較法制史を中心とした〈唐制継受〉論は、七〇年代までの社会経済史の流れにとってかわった制度史研究の盛行を背景に、活況を呈するに至る。むろんそれらのすべてを網羅することは困難であるが、大まかな傾向に基づいてこれを四つの流れに整理しておこうと思う。

まず第一に、八木の太政官・大弁官併存説、およびこれを承けた早川の天武朝納言説に対しては七〇年代に批判が相次ぎ[23]、八〇年代には「納言」そのものの検討も進展して[24]、天武朝の太政官をめぐる八木・早川説は、現在ほぼ否定されているといってよいようである。

第二に、孝徳～天智朝官制、とくに史料①の大化五年の官制改革をめぐる研究が進展し、前代の大夫—伴造制を母体としつつ、唐風の官制を継受した経緯等が明らかにされている[25]。

第三に、本章の主題たる六官の成立論であるが、これは八〇年代前半にかけて盛んに議論された[26]。総じて唐令との比較を中心に諸官の職掌の分析を深化させたものといえるが、七世紀後半の国制の発展と照合して個別官司の成立を考える新しい視座も発明されてきた[27]。

最後に、中務・宮内省の成立に関する研究をあげる[28]。これは六官から八官（八省）へと見通す場合の焦点となる問題であるが、論調としては太政官と宮内官の併存は長く続き、大宝令に至って中務省の新設とともに八省が成立したという流れに落ち着くであろう。

このように議論百出、職掌の比較を徹底し、その対象を唐のみならず、隋や周または百済などに拡大し、そこから抜け落ちる特質を固有法と定めつつ、さまざまな官制の組み合わせが検討されてきた。しかしその一方で、従来の枠組そのものに対する批判もなされてきた。

まず内廷—外廷論批判についてみると、東野治之は徴税に占める宮内・大蔵省の役割から内廷・外廷の未分化を確認し[29]、古瀬奈津子は日中の内廷・外廷概念を比較して、日本のそれは史料的根拠に欠けるとした[30]。これらは内廷・外廷なる概念規定そのものを考え直すもので、出るべくして出たものといえよう。

次に唐制継受論批判であるが、右にみてきたようにその後の職掌比較の深化や分析の徹底が、すでにその内在的批判とみなしうる。また外在的批判としては、法典継受を国家の成立と同一視するような論調を批判し、法に対して「礼」を重視した西本昌弘の所説[31]、また井上の唐制継受論、早川の文書発給論に加えて政務の実態を重視した吉川真司の所説（吉川前掲註（21））などがあげられよう。さらに関晃を起点とし、石母田や早川により展開された、太政官を貴族の牙城とする貴族制論についても、長山泰孝や倉本一宏による抜本的な批判が示されており[32]、総じて従来の研究の視座は、根本的な見直しを迫られたまま留保され、新たな進展にむけた打開策を模索している情況にあると思われる。

そしてその打開策は、研究の始源に立ち帰って検討し直す以外にはありえないであろう。最後に、その点に関する卑見を述べてみたい。

五　「六官」説批判

さて、このようにみてくると、青木論文がものの見方そのものを変えた画期的な論文であったこと、またその六官説も全然疑われることなく継承されてきたことがよくわかるのであるが、一方で、その指摘が一人歩きして思わぬ大きな展開をみせ、そのような展開にもともとの指摘が堪えられるのかという素朴な疑問も涌いてくる。つまり青木の指摘は、史実として遍く認定されてよいのかという、より根本的な疑義である。

六官説が支持されてきた要因は、大別して二つあると思う。一つは太政官―六官の系統が唐の尚書六部制とよく対応する点、二は史料②の奉誄記事を論拠とする点である。しかしその後の研究の進展は、これらの点についても、実は不利な条件を提示してきている。

まず令制官制には唐制だけでなく周・隋・百済などの影響も認められ、かつ職掌も六部ばかりでなく、九寺・五監を複合したものであるとの分析結果は、六官＝六部説の根底を揺さぶるものである。また天智・天武朝官制の大半に、前代の大夫―伴造制を母体とした前身官司があるとの所見は、史料①に対する評価および青木の「草昧」説に見直しを迫るものといえる。さらに前期難波宮の遺構が明らかとなり、これが孝徳朝であるならばいうに及ばず、天武朝であっても、その広大な規模や十四ないし十六もの朝堂と六官との隔たりは大きく、考古学が提供する遺構を念頭において官制の形成過程を考えねばならぬ段階にきているといえる(33)。しかし右にあげた唐制継受論の動揺などは青木説の派生部分であり、前身官司の存在や朝堂院の遺構なども状況の不利を告げるものにすぎない。六官説の不動たる所以は、やはり奉誄記事にあるのである。

そもそも本章で注目した二つの視座も、奉誄記事の観察から派生したものであったが、それは、はじめにみたように、「家政機関的なにほひ」とか、「公的行政機関の発達した姿らしい」といった感覚的な観測から出たもので、何ら論証をともなったものではない。いかに前人未発とはいえ、かかる観測に基づく六官の発見が不動の定説とされてきたこと自体問題であるが、奉誄記事そのものについても、実は他に解釈の余地が残されているのである。

その根拠として、第一に史料②の「總宮内事」が宮内官と同義であるとは断定できないこと、第二に八省の序列は一定ではないこと、第三に天武朝段階で内廷・外廷の分化を想定することの問題点、などがあげられる。

第一点は東野治之や荊木美行がすでに指摘していることであるが[34]、そもそも奉誄儀礼においては死者に近い者から遠い者に及ぶのが一般である[35]。ゆえに甲子条にみえる諸官の関係、例えば膳職が宮内官の埒外にあったかどうかは即断できない。日常の食事の奉仕は、それとして別に誄を奉ずるに足るからである[36]。

第二点も右と関連し、また最も重要な点である。吉川真司によると[37]、律令官司の序列「司次」は通常、職員令の登載順序に従い、「各司の重要性や格付け、天皇との親疎」等は反映されないが、三省申政・行幸鹵簿・諸司奏事などにおいては司次を逸脱する場合がある。その行幸鹵簿の類例として、大粮申請文書とともに奉誄記事があげられ[38]、それらは「天皇への奉仕の親疎」によるとされている。すなわち鹵簿や奉誄においては太政官―八省の司次が後退し、別の原則、この場合は天皇との親疎が優先される。ゆえに奉誄記事の序列は、天武朝官制の司次と必ずしも一致するものではない[39]。原則が異なる以上、天武朝官制の管掌関係も不明とするほかなく、六官の実在も証明することはできない。つまり奉誄記事の司次は、天皇に近い官司から遠い官司へと並べかえたというにすぎないのである。

さらに第三点は甲子条を内廷、乙丑条以下を外廷とみなすことに関わる。すなわち八木の内廷―外廷論によれば、天皇宮を中心とする内廷と、豪族私邸等に分散していた外廷とは孝徳朝の難波宮において統合され、その後外廷が独立したとされている。ところがこの外廷独立説は八木の大極殿に対する誤解に基づくことが明らかにされており（狩野前註（11））、一方その前段階の内廷・外廷統合説は、前期難波宮＝孝徳朝説の有力化もあって、支持を集めている。そうなると、天武朝における内廷―外廷分化説は宙に浮く形となる。つまり八木説の問題が青木説に飛び火するわけで、実際、前文でふれたように内廷―外廷未分化説も提唱されている。もちろん甲子条は内廷的、それ以下は外廷的といいうるが、このことと国制の問題とは別問題とするのが穏当であり、この点もまた第二点の所見を裏づけるものといえるようである[40]。

以上はすべて先学の成果をもって六官説を批判したもので、要するに機は熟していたといえる。そして六官説の唯一の根拠が奉誄記事である点にむしろその弱点があり、そこから派生した内廷―外廷論の展開が翻ってその問題点を暴いた。奉誄において内廷的官司が先んじ、外廷的官司がこれに続くのは、この場合、太政官ではなく、天皇との関係が優先されるためにすぎないのである。

かくして天武朝の六官が確たる根拠を失うとなると、これまでの図式は大きな変更を余儀なくされるであろう。律令官制成立史は、大夫制・政策展開・朝堂院の形成、また冠位制・朝政・天皇権力などさまざまな支点から構想されねばならないと考えるが、今後の展望は今後の研究に委ね、本章は戦後の律令官制成立史研究における青木説の継承と克服、六官説の否定という内容をもって結論とする。

註

（1）拙著『日本古代朝政の研究』（吉川弘文館、一九九八年）。以下「拙著」と略称。なお、本章は一九九八年度日本史研究会大会「戦後歴史学の総括」における報告をもとに成稿したもので、報告時に付した副題「〈六官→八省〉説批判」を割愛したほか、会場での質疑等でいただいた御教示を参考にした。この場をかりて、御教示を賜った方々に御礼申し上げたい。

（2）青木和夫『日本律令国家論攷』（岩波書店、一九九二年）。なお大津透による書評（『史学雑誌』一〇二巻九号）参照。

（3）坂本太郎『大化改新の研究』（至文堂、一九三八年）四二五頁、および津田左右吉「大化改新の研究」（『津田左右吉全集』

三、岩波書店、一九六八年、一八七頁。初出一九二九～一九三一年、改稿版一九四七年）の指摘に負っている。

（4）この「草昧の渾沌」の語がいかなる状態をいうものか実はよくわからないが、坂本太郎が大弁官について「併し未だ左右の別を冠してあらはれず、従つて諸省分掌の制度もなかつたらしく、すべて草昧の姿を持つてゐることは争はれぬ」と評した語などをうけたものであろうか（青木前掲註（2）『日本律令国家論攷』五〇三頁）。

（5）青木前掲註（2）『日本律令国家論攷』三二二頁、同「律令財政」（同上書、初出一九六二年）二一一頁。

（6）井上光貞「律令体制の成立」（『日本古代国家の研究』岩波書店、一九六五年。初出一九六二年）四九二～四九三頁。

（7）八木充「太政官制の成立」（『律令国家成立過程の研究』塙書房、一九六八年。初出一九六三年）二二九頁。

（8）岸俊男「古代宮都概観」（『日本古代政治史研究』塙書房、一九六六年。初出一九六三年）。従来、一九七五年発表の岸「朝堂の初歩的考察」および「都城と律令国家」（ともに『日本古代宮都の研究』岩波書店、一九八八年）が「朝堂」研究の出発点として記念されてきたが、その前提をなした岸と八木の研究も今後は注意されるべきであろう。

（9）太政官・大弁官併存説については、八木前掲註（7）「太政官制の成立」、宮都五段階発展説については、「律令制都宮の形成過程」（八木前掲註（7）『律令国家成立過程の研究』、初出一九六六年）二二九～二三二・二三八～二三九頁。同「大和国家機構と都宮」（『山口大学文学会志』一六巻一号、一九六五年）参照。

（10）直木孝次郎「難波遷都と大化改新」（『飛鳥奈良時代の研究』塙書房、一九七五年。初出一九七一年）。また同「大化改新私見」（『難波宮と難波津の研究』吉川弘文館、一九九四年。初出一九七八年）参照。

（11）狩野久「律令国家と都市」（『日本古代の国家と都城』東京大学出版会、一九九〇年。初出一九七五年）。「八木は、大極殿―朝堂の成立を、太政官の成立にひきつけて理解してしまったために、大極殿は太政官執務の殿舎として浄御原宮で成立したと誤解してしまった」という指摘ばかりでなく（二二八頁）、前期難波宮の宮殿配置にみる特徴を、小墾田宮に淵源するものとした指摘なども（二三一頁）、八木説の継承にとって重要であろう。

（12）石母田正『日本の古代国家』（岩波書店、一九七一年）二一八～二二〇頁。なお、石母田は明記していないが、朕即国家の語は青木前掲註（2）「大宝令官制の如き朕即国家的な行政機構」、天皇即国家は井上後掲註（17）「太政官成立過程における唐制と固有法との交渉」の語（「八省を統理する太政官は、国家の大政ではなく、天皇即国家の大政を掌るものとなった」六三頁）を対象としたものと思われる。むろん、ともに著名なルイ一四世の豪語を、天皇制の評語に移した曖昧な表現にすぎない。

(13)　その矛盾については、拙稿「『天武系』王権再考」（『日本古代の天皇と祭儀』吉川弘文館、一九九八年）第一節に詳論した。

(14)　天皇専制・貴族制をめぐる高橋富雄と関晃以来の学説史については、古瀬奈津子「天皇と貴族」（『日本古代王権と儀式』吉川弘文館、一九九八年。初出一九九一年）、また吉川真司「貴族制論」（『日本古代史研究事典』東京堂出版、一九九五年）などを参照。

(15)　中田薫「養老令官制の研究」（『法制史論集』三上。岩波書店、一九四三年。初出一九三七年）。中田論文は、八省の名称と職掌を尚書六部の模倣と認めつつ、八省が六部のごとき太政官内の部局ではなく、独立の官司であること、九寺は正官で六部は潤官とみるべきこと、八省の長官・判官の呼称が六部ではなく九寺のそれに対応することなどから、八省は九寺（卿）に擬すべしとした（六一八〜六一九頁）。また、坂本は唐制の影響の緩和、固有精神の活動を近江令官制の特徴としている（坂本前掲註（3）『大化改新の研究』、四二七・五〇七頁）。

(16)　内藤乾吉「近江令の法官・理官について」（『中国法制史考証』有斐閣、一九六三年。初出一九五七年）。内藤は六官に隋の六部、法官に百済の内法佐平の影響を指摘する。隋・百済官制の影響を認める見方は、石尾芳久「近江令官制に認められる隋官制の影響」（『関西大学法学論集』一六巻四・五・六合併号、一九六七年）をはじめ、根強いものがある。

(17)　井上光貞「太政官成立過程における唐制と固有法との交渉」（『日本古代思想史の研究』岩波書店、一九八二年。初出一九六七年）、また同書四八二頁以下参照。またその大要は「固有法と律令制」（『信濃』一七巻一〇号、一九六五年）に既出。なお同「日本の律令体制」（『岩波講座世界歴史』古代6、岩波書店、一九七一年）、『わたくしの古代史学』（文芸春秋社、一九八二年）二四六頁なども参照。

(18)　次註にみるように、井上は民部の改称と開皇三年の都官から刑部への改称とに注意している。これによれば、五八三〜六四八年（敏達十二〜大化四）の間の隋唐官制継受を示唆するものの如くである。

(19)　井上の論証の中核部分を示すと、「この太政官―大弁官―六官の組織は何によって考案されたのであるか。結論を先にいえば、近江令の制定者は、唐の三省のうち、尚書省の、厳密にいえば尚書都省の、左右僕射の下におかれた左右丞・左右司郎中を範として大弁官なる官員を作ったとみてよいであろう」として唐令と養老令にみる職掌を比較し、「彼此を対照すれば、近江令の左右大臣が唐の左右丞相、大弁官が左右丞・左右司郎中、そして六官が唐の六部にあたることは明白である」と断定する（井上前掲註（17）『日本古代思想史の研究』五二〜五三頁）。また「近江令が六官を制定したのは、唐の尚書省の六部を模倣したからであろう」として、法官＝式部省、理官＝治部省とする内藤乾吉説を紹介し、「この二官のほかの四官がいかなるものであったかをうかがうに足る史料はない。しかし右の二官が六部中の吏部・礼部とだいたい職掌を同じくする事実と、名称上の対応関係とから、兵部—兵政官—兵部省、民部（貞観二十三年以後は戸部）—民官—民部省、刑部（開皇三年以前は都官）—刑官—刑部省の関係を想定することができるであろう」と推定する（同上書五四〜五五頁、傍点筆者）。しかし名称と職掌の相似はすでに中田も認めており、そのうえで八省の独立性などからこれを九卿に擬したのである。なお、卑見は拙著一九四〜二〇〇頁に述べた。

(20) 早川庄八「律令太政官制の成立」（『日本古代官僚制の研究』岩波書店、一九八六年。初出一九七二年）。また「大宝令制太政官の成立をめぐって」「任僧綱儀と任僧綱告牒」（ともに同前『日本古代官僚制の研究』、初出は一九七九年・一九八四年）、『続日本紀』（岩波書店、一九九三年）第一〜二講など参照。

(21) 森田悌「勅符式と太政官制」（『平安時代政治史研究』吉川弘文館、一九七八年。初出一九七六年）、吉川真司「律令太政官制と合議制」「勅符論」（ともに『律令官僚制の研究』塙書房、一九九八年。初出は一九八八年・一九九四年）。

(22) その危惧は一九七八年、すでに長山泰孝によって予言されていた（「太政官制の成立について」『続日本紀研究』一九五号、二四頁）。

(23) 野村忠夫「大弁官の成立と展開」（『律令政治と官人制』吉川弘文館、一九九三年。初出一九七二年）、柳雄太郎「太政官における四等官構成について」（『日本歴史』三二四号、一九七五年）、森田悌「太政官制成立の考察」（『日本古代律令法史の研究』文献出版、一九八六年。初出一九七九年）。

(24) 斎藤真人「納言成立考」（『國學院雑誌』八三巻四号、一九八二年）、押部佳周「天智朝の官制」（『日本律令成立の研究』塙書房、一九八一年。初出一九七七年）、東野治之「大宝令前の官職をめぐる二、三の問題」（『長屋王家木簡の研究』塙書房、一九九六年。初出一九八四年）、荊木美行「納言官の変遷について」（『初期律令官制の研究』和泉書院、一九九一年。初出一九八七年）。

(25) 八木充「孝徳期と天武・持統期の政治史的意義」（八木前掲註（7）『律令国家成立過程の研究』）、笹山晴生「『難波朝の衛部』について」（『日本古代衛府制度の研究』東京大学出版会、一九八五年。初出一九七八年）、東野治之「大化以前の官制と律令中央官制」（東野前掲註（24）『長屋王家木簡の研究』、初出一九七八年）、同「四等官制成立以前における我国の職官制度」（同前、初出一九七一年）、福原栄太郎「孝徳朝の『刑部尚書』について」（『日本歴史の構造と展開』。山川出版社、一九八三年）、荊木美行「孝徳朝の官制をめぐる二、三の考察」（荊木前掲註（24）『初期律令官制の研究』、初出一九八八年）。

(26) 佐藤宗諄「律令太政官制と天皇」（『大系日本国家史』1、東京大学出版会、一九七五年）、直木孝次郎「大蔵省と宮内省の成立」（『飛鳥奈良時代の考察』高科書店、一九九六年。初出一九七六年）。森田前掲註（21）「勅符式と太政官政」および註（23）「太政官制成立の考察」、押部前掲註（24）「天智朝の官制」、鬼頭清明「日本の律令官制の成立と百済の官制」（『日本古代の社会と経済』上、吉川弘文館、一九七八年）、井上光貞「カバネ・位階・官職」（『東アジア世界における日本古代史講座』六、学生社、一九八二年）、請田正幸「七世紀末の兵政官」（『ヒストリア』八一号、一九七八年）。黒田達也「天武朝の官制についての一考察」（『日本政治社会史研究』上、塙書房、一九八四年）、武光誠「律令太政官制の形成」（『日本古代国家と律令制』吉川弘文館、一九八四年、第二章）、倉本一宏「律令制成立期の『皇親政治』」（『日本古代国家成立期の政権構造』吉川弘文館、一九九七年。初出一九九三年）。

(27) 石上英一「大蔵省成立考」（前註（26）『日本古代の社会と経済』上）、熊谷公男「治部省の成立」（『史学雑誌』八八巻四号、一九七九年）。なお国制の展開とともに、より確かな編年を提供する制度として冠位制の変遷があるが、これと官制を照合して論じた研究は著しく乏しいようである。この問題に関しては拙稿「大夫制冠位考」（『史聚』三二号、一九九九年）で論及した。

(28) 黛弘道「中務省に関する一考察」（『律令国家成立史の研究』吉川弘文館、一九八二年。初出一九七一年・一九七五年）。福原栄太郎「『中務省の成立』をめぐって」（『ヒストリア』七七号、一九七七年）。荊木美行ａ「中務省成立の背景」、ｂ「宮内官の成立と展開」（ともに荊木前掲註（24）『初期律令官制の研究』。初出一九八六年・一九九一年）。

(29) 東野治之「内廷と外廷」（東野前掲註（24）『長屋王家木簡の研究』。初出一九八〇年）。

(30) 古瀬奈津子「中国の『内廷』と『外廷』」(古瀬前掲註(14)『日本古代王権と儀式』。初出一九八八年)。
(31) 西本昌弘「畿内制の基礎的考察」(『日本古代儀礼成立史の研究』塙書房、一九九七年。初出一九八四年)。なお、『古文書研究』四七号所載の拙評を参照されたい。
(32) 長山泰孝「古代貴族の終焉」(『古代国家と王権』吉川弘文館、一九九二年。初出一九八一年)、倉本一宏「律令貴族論をめぐって」「議政官組織の構成原理」(ともに倉本前掲註(26)『日本古代国家成立期の政権構造』。初出一九八七年)。
(33) 林部均「飛鳥浄御原宮の成立」(『日本史研究』四三四号、一九九八年)、拙著第二章第三節参照。なお、延喜式の朝座配置はこの点で示唆的である(本書四九頁の図1参照)。従来、朝堂院図はタテに割って左右の配置を問題としてきたが、ヨコに割って南北を加え、東側三堂、西側三堂、南側六堂としてみると、東に太政官と中務省から成る立法府、西に弾正台と刑部省から成る司法府、南に弁官以下の行政府、という大まかな三権分立のまとまりがみてとられる。むろん延喜式の配置をそのまま奈良・飛鳥時代へと遡及させることはできないが、朝堂院が九世紀には政治の場としての実質的意味を後退させることなどから、右のまとまりを朝堂配置の原則として認めてよいとすれば、かかる原則は、君主権の分化としての官僚制の分掌体系の成立という問題に(石母田前掲註(12)『日本の古代国家』一七〇頁)、有効な示唆を与えるであろう。
(34) 東野前掲註(29)「内延と外延」、荊木前掲註(28)b「宮内官の成立と展開」参照。
(35) 拙稿「元正政権論」(拙著前掲註(13)『日本古代の天皇と祭儀』)第一節。
(36) 青木は膳職の独立、「總」字の付加をもって宮内官の未成熟を弁じ(九八頁)、これを支持する見方も根強いが(福原前掲註(28)「『中務省の成立』をめぐって」、小林泰文「令制宮内省の成立」『日本古代史論苑』国書刊行会、一九八三年、加藤謙吉「大和政権の職務分掌組織と官制整備の実態」『日本学』一八号、一九九一年、など)、いずれも奉誄儀礼の特殊性を顧慮したものではない。
(37) 吉川真司「律令官司制論」(『日本歴史』五七七号、一九九七年)。
(38) 行幸鹵簿の司次は乗輿を中心に〈前陣…公卿―中務―太政官史―式部―治部―民部―兵部等〉、〈後陣…大舎人―大蔵―宮内等〉と続き(御禊行幸。拙著序章第二節参照)、大粮申請の日付は〈宮内―中務―治部―大蔵―刑部―民部〉という司次を示している(山田英雄「天平十七年の文書をめぐって」(『日本古代史攷』岩波書店、一九八七年)。

(39)　むろん官制の未発達から、天武朝当時に機能の論理による太政官を中心とした司次は存在せず、奉誄記事の司次のみが存在したとみることも可能である。しかしそれは太政官制の否定に等しく、結局、宮内官をその埒外におくこともできないわけであるから、六官説にも理がない。

(40)　なお、青木は冠位変遷表を掲出して位階区分が天智までは六、天武以降は八であるとし、六は周礼以来の中国官制の影響、八は八色姓と関連するとして、自説を補強しているが（青木前掲註（2）『日本律令国家論攷』三二一頁）、天智朝以前にも八を基準とする例は数多くみられる。六官＝六部説の有力な根拠とされる内藤前掲註（16）「近江令の法官・理官について」も一方で、「八の数を尊ぶ風」から近江令段階に八官であった可能性を示唆している。

第二章　日本古代官僚制の本質

はじめに

日本古代官僚制は「二官八省」からなる。[1]すなわち、神祇官・太政官の二官、中務省・式部省・治部省・民部省と兵部省・刑部省・大蔵省・宮内省の八省であり、この八省の下にはさらに「職」「寮」「司」と呼ばれる諸官司が置かれていた。

一方、唐の官制は「三省六部」制である。[2]すなわち、中書省・門下省・尚書省の三省、その尚書省（都省）の管轄下にある吏部・戸部・礼部と兵部・刑部・工部の六部であり、この六部はさらにそれぞれ四つの曹に分かれて二十四曹を構成した。また、上記の三省に秘書省・殿中省・内侍省を加えて「六省」ともいい、この他に太常寺・光禄寺・衛尉寺・宗正寺・太僕寺・大理寺・鴻臚寺・司農寺・太府寺の「九寺」、国子監・少府監・軍器監・将作監・都水監の「五監」などの諸官司が置かれた。

一般に、日本の律令制は唐の律令を継受したものであるが、日唐の律令官制は一見してかなり違っている。本章は、このような日本の古代官僚制の本質を新出資料の分析をもとに論証し、それが日本史全体に占める史的意義についても展望する。

一　長屋王家の家政機関

一九八八年八月、奈良・平城京長屋王邸宅跡から発見された三万五〇〇〇点にのぼる木簡群は、史上「長屋王の変」（七二九年）で知られる古代政治家の日常生活を現代によみがえらせたばかりでなく、その家政機関の様相をつうじて古代官僚制の研究にも多大な貢献をした。(3)

家政機関とは家政の事務を処理する事務所のことで、親王と三位以上の臣下の家に設置され、家令―家扶―家従―書吏の四等官構成を基本とした。(4) また、親王と五位以上の官人には「帳内」「資人」と呼ばれる舎人が朝廷から派遣され、親王の帳内はその官位に応じて一六〇～一〇〇人、臣下の資人は一〇〇～二〇人置かれた。これまで、奈良時代の家政機関の内実については、このような令の規定のほか、微々たる所見しかなかったが、長屋王家木簡はこれに多くの知見を追加したのである。

一般に、日本古代の木簡は、（1）文書・記録木簡、（2）付札・荷札木簡、（3）その他（習書木簡など）に分類され、平城宮木簡などはそのほとんどが（2）の荷札であるのに対し、(5) 長屋王家木簡は（1）の文書・記録簡の比重がすこぶる高い。文書木簡は家政機関宛ての文書で、（Ⅰ）主に人や物の移動を指示するものと（Ⅱ）各地の所領から物品を進上するものに大別され、記録木簡は（Ⅲ）邸内に米を支給した伝票と（Ⅳ）家政機関の官人の勤務評定（考課）に関するものに分かれる。このうち、（Ⅲ）の米支給伝票が約半数を占め、その記載によって邸内の構成員がわかるほか、文書木簡の記載からは、家政機関を中心とする邸内外の事務系統が知られる。いくつか例をあげると、(6)

15（表）雅樂寮移長屋王家令所　〔平群朝臣廣足／右人請因倭儛〕
（裏）故移　十二月廿四日　少屬白鳥史豊麻呂

少允船連豊

これは（Ⅰ）の例で、治部省所管の雅楽寮から長屋王家令所宛てに、平群広足という舞人を送るよう請求した木簡である。表の「A移B」が〈発信者（A）→受信者（B）〉の関係をあらわし、裏の「故移」が書き留め文言、その前に用件が書かれ、発信した日付の下に発信者（雅楽寮の官人）の署名がある。

48（表）耳梨御田司進上　〔芹二束　智佐二把／古自二把　河夫毘一把〕　右四種進上婢
（裏）間佐女　　今月五日太津嶋

これは（Ⅱ）の例で、耳梨御田司が芹などの野菜を進上したもの。「A進上…」（Aが…を進上する）という書式をとり、以下、その品物を持参した人名（婢の間佐女）、発送の日付、発送責任者の署名と続く。宛先がないのは送り先が自明であるためで、当然それはこの木簡の出土地点、つまり長屋王家の家政機関ということになる。なお、Aの発送元は多く邸外にある所領または出先機関で、ここから長屋王家の経済基盤を推察できる。

81　　石川夫人進米一升　　受乙女／　十一月廿日廣嶋
125（表）○帳内司飯一升受
（裏）○……
127（表）○膳司荷持一口米七合五夕
（裏）○受比奈万呂／十一月廿二日廣嶋
169（表）○水取司廝一人米半升　受石万呂　○
（裏）○土塗廝五人〔米五升／　七月廿五日〕〔甥万呂／家令〕○
170（表）○牛乳煎人一口米七合五夕受稲万呂
（裏）○　十月四日大嶋

187　○縫殿女二口米二升受加毛女十二月十八日君万呂　○

161（表）鋳物所　鋳物師二人　雇人一口　四升　○
（裏）右三人飯一斗二升〔受□万呂／閏月十二日〕　山万呂　○

166（表）工司　工五口米五升　受道嶋　○
（裏）　□月十一日書吏　○

172（表）○畫師四口帳内二口飯一斗
（裏）○十一月廿六日〔受得末呂／　少書吏〕

136（表）鶴司少子〔虫万呂　國嶋／田人〕　右三人飯六升／受　○
（裏）得万呂　／十月廿五日　老　○

129　○御馬屋犬二口米一升〔受乙末呂／古万呂〕

これは（Ⅲ）米支給伝票で、支給先の職名または人名、人数、米の数量、受取人の名前、日付、支給者の署名からなる。その支給先は、石川夫人（長屋王の妻）といった邸内の住人から、帳内司、膳司（荷持）、水取司・土塗（廝）、牛乳煎人、縫殿（女）、鋳物所（鋳物師）、工司（工）、画師、鶴司（少子）といった邸内で働く人々や御馬屋の番犬に至るまで、邸内のほぼすべてを対象とし、したがってここから長屋王家の内情をつぶさに知ることができる。なお、木簡の上または下に多く孔があいているのは、そこに紐を通し伝票を整理して帳簿を作ったためである(7)。

最後に（Ⅳ）の考課木簡であるが、「上日」とは出勤日のことで、この上日をもとに勤務の評価を定め、それを式部省に送って昇進の資格を得た。この木簡で注目すべきは、ここにみる出雲安麻呂が正倉院文書「山背國愛宕郡計帳」（七二六年）に、

205　□（无カ）位出雲臣安麻呂〔年廿九／山背國乙当郡〕　上日〔日三百廿／夕百八十五〕「并五百五」

男、大初位下出雲臣安麻呂、年肆拾貳歳　正丁、眉黒子、北宮帳内

とみえることで、年令の記載から一三年の間に「无位」から三階上の「大初位下」に昇進していたことがわかる。[8]

このほかに、（2）付札・荷札木簡、（3）習書木簡などもあるが、ここでは省略する。

以上のような木簡の記載から、長屋王家の家政機関についてまとめると、およそ以下のようになる。まず、家政機関の中心に「長屋王家令所」「（奈良）務所」「政所」「司所」があり、そこに「家令」「書吏」「政人」「司人」「小子」が勤務していた。家令所と務所・政所・司所を別の部署とみる説もあるが、むしろこれは同じ家政機関をさまざまにいい換えたものとみるのがよく、また小子は雑用に使われた年少者で、政人・司人は一般には事務官をさす語であるが、長屋王家ではトネリをさしたものらしい。[9]なお、長屋王家には二つの家政機関が存在し、その一方は長屋王本人、もう一方は妻の吉備内親王のもので、長屋王の家令所が邸内の事務を一括して処理していたとみられる。

次に、この家令所の下にさまざまな「司」や「所」が置かれていた（本書二一頁の「所々」一覧表参照）。まず、邸内各所に配置されたトネリを管理する「帳内所」があり、また衣食住関係の部署として「主殿司」「嶋造所」「机立司」「大炊司」「膳司」「菜司」「酒司」「水取司」「氷司」「縫殿」「染司」「綿作所」などがあり、手工業関係として「工司」「鞍具作司」「鋳物所」「鏤盤所」「銅造所」、仏教関係に「書法所」「仏造司」「斎会司」、その他「馬司」「犬司」「鶴司」があるほか、「税司」「御田司」「御薗司」といった経済関係の部署も多数置かれていた。

二　神奈備種松邸と藤原実資家

このような家政機関の様相は、すでに指摘されているように、平安中期の『宇津保物語』吹上上巻の絵解に紹介されている神奈備種松の邸宅とよく似ている。絵解とは物語に付随した絵の説明で、そこに次のように書かれている。[10]

これは牟妻にある種松の家。……邸内は四面八町で、築地をめぐらせてある。その壁に沿って、一面ごとに大きな檜皮葺の倉が四十棟ずつ建ててあり、総じて百六十棟ある。……これは政所で、家司《けいし》たち三十人ほど、預《あずかり》たち百人ほどが集まって、今年の農業や養蚕のことを会議している。……進物所では、鵜飼・鷹飼・網元たちが毎日の贄（魚肉）を送り届ける。……御厩は良馬二十頭ずつ西と東に建っていて、預たちが馬に秣をやっている。その側に鷹を十羽ほど飼っている。牛屋には良い牛が十五頭ほど、衣服を着せて並べてある。これは大炊《おおい》殿で、……所々（各部署）の雑仕たちや使人が下男に櫃を持たせて、米を量って受け取っている。……これは御炊《みかしぎ》で、銀の鼎と甑で北の方と主人のご飯を炊いている。御厨子所の雑仕女がみな襷をかけて働いている。……これは酒殿で、十石ほど入る瓶を二十ほど並べて酒を造っている。酢・醤・漬物も同じように作っている。贄殿などもある。これは作物所《つくも》で、細工（職人）が三十人ほどいて、沈・蘇芳・紫檀などの材木を使って破子《わりご》・折敷・机などをさまざまに製作している。轆轤師たちがいて、同じ材料を使って食器を作っている。……これは鋳物師《いもじ》の所で、男たちが集まり、たたらを踏み、鋳型を使って鋳物を作ったりしている。……ここは鍛冶屋で、銀や金の鍛冶二十人ほどが色々な物、たとえば馬や人（の細工）や折櫃などを作っている。ここは織物の所で、機織りの器械をたくさん置き、織り手が二十人ほどいて、色々な織物を作っている。これは染殿で、御達《ごたち》（女工）十人ほど、女《おみな》子《ご》（見習いの娘）二十人ほどが、大きな鼎を置いて染草を煮ている。人ごとに盥を置いて、染め物をしている。……これは擣物《うち》の所で、御達五十人ほど、女子が三十人ほどいる。……これは張物の所で、大きな檜皮屋のなかに、袙と袴を着た女が二十人ほどいて、色々な衣服を張る。これは縫物の所で、若い御達が三十人ほどいて、色々な物を縫っている。これは糸の所で、御達が二十人ほどいて、糸を繰り合わせている。……これは寝殿で、北の方が住んでいらっしゃる。……女房が十人、女童が四人、下仕えが四人いる。ここには所々の別当の御達がずらりと座って、預（各部署）の事を報告している。ここには主人である種松さまがいらっしゃる。その御前に男たちが二百人ほどいて、話をしている。

この神奈備種松家にみる「所々」の名称は、長屋王家の「司」「所」のそれと驚くほど一致し、長屋王家の家政もこんなふうに運営されていたのではないかと思わせる。

しかし、『宇津保物語』は畢竟作り物語、フィクションである。現実の貴族の家政機関については、一条天皇の時代の藤原実資の事例が知られている。(11) その日記『小右記』から知られる家政機関の概要をまとめると、まず、実資は九九〇年に三位となる以前に「宅司」という家政機関をもち、(12) その「政所」のほか、すでに「雑色所」「随身所」「侍所」などの「所」を設置していた。そして三位になった後、家令以下の職員を置く一方、令外の「家司」「知家事」「案主」「出納」といった職員をも置き、これらの職員を「政所」に収容するとともに、「侍所」「厩司」「随身所」「雑色所」「進物所」「膳所」「大盤所」「小舎人所」「修理所」「別納所」「牛飼所」といった「所々」を設置した（本書二頁〔表1〕の「所々」一覧表参照）。このほか、「家人」と呼ばれる人々が実資の家に奉仕していた。

以上、貴族（王臣家）の家政機関をみてきたが、その特徴はなんといっても、自己完結した自給自足の世界を構築していた点にある。

三　八省の内廷諸官司

そして、「八省」のなかの、いわゆる内廷諸官司にもこれと似た情況を指摘することができる。職員令によると、中務省の被管に中宮職・左右大舎人寮・図書寮・内蔵寮・縫殿寮・陰陽寮・画工司・内薬司・内礼司の一職六寮三司があるが、これは長屋王家のなかに妻の家政機関があり、帳内司・書法所・画師・縫殿・薬師処などがあったことと符合する。また、宮内省の被管にも大膳職・木工寮・大炊寮・主殿寮・典薬寮・正親司・内膳司・造酒司・鍛冶司・官奴司・園池司・土工司・采女司・主水司・主油司・内掃部司・筥陶司・内染司の一職四寮十三司があるが、これも、長屋王家の膳司・机立司・大炊司・主殿司・薬師処・酒司・鍛冶・奴婢・嶋造所・工司・主水司・掃守・轆露師・染司などと符合する。さらに、大蔵省の被管には典鋳司・掃部司・漆部司・縫部司・織部司の五司があるが、これも長屋王家の鋳物所・掃守・縫殿・染司などと対応している（以上、本書二頁〔表1〕の「所々」一覧表参照）。

一方、皇太子の家政機関である東宮（春宮）坊には舎人監・主膳監・主蔵監・主殿署・主書署・主漿署・主工署・主兵署・主馬署の三監六署があり、(13)これも長屋王家の帳内司・膳司・主殿司・書法所・主水司・工司・馬司などと対応している。

また、平安時代以降になると、皇室にも「所」が設置されるようになるが、(14)その名称をみると、内舎人所・内豎所・進物所・御厨子所・御書所・一本御書所・内御書所・大歌所・内記所・侍従所・画所・作物所・楽所・内侍所・糸所・蔵人所・滝口・国史式所・校書殿・薬殿・納殿・御匣殿・酒殿・贄殿とやや特殊なものが多いが、従者や衣食住の管理のほか、学芸に関する「所」があるとみれば、基本的な性質は同じだといえるだろう。

以上は天皇・皇太子・親王・王臣家の家政機関がよく似た関係にあるという現象を指摘したにすぎない。この他にも造東大寺司などの令外官や国府にもこうした所々が付属したことが知られているが、(15)問題はむしろ、この現象がなにを意味するかにある。

四　唐の家政機関との比較

まず、上に指摘した現象の性質を把握するために、唐の家政機関との比較を試みる。

唐にも太子以下の家政機関に関する規定があり、(16)それによると、東宮官には太子三師・三少（太少師・傅・保）や太子賓客のほか、詹事府以下、二坊三寺十率府の官制が備わり、これらはほぼ天子の三省六部九寺五監十六衛の官制に対応していた。詹事府は尚書都省、左右春坊は門下・中書省、家令寺・率更寺・僕寺の三寺は九寺五監、左右衛率府・衛率府・清道率府・監門率府・内率府の十率府は十六衛（左右衛・驍衛・武衛・威衛・領軍衛・金吾衛）にそれぞれ相当する。また、左春坊の被管に崇文館・司経局・典膳局・薬蔵局・内直局・典設局・宮門局があるほか、二坊と並んで、宮人を管理する内坊と内官があり、家令寺には食官署・典倉署・司蔵署、僕寺には厩牧署が付属する。このように、唐の東宮官は国家のミニチュアのような形をとっていた。

このほかに親王府、三師・三公府、嗣王府、上柱国以下帯文武職事府などがあり、「礼」の思想に基づいて漸次、官制が簡素になる。すなわち、親王府は傅（師）以下、諮議・友・文学・祭酒といった非事務官のほか、長史・司馬が事務を統轄し、その下の掾が功曹・倉曹・戸曹を、属が兵曹・騎曹・法曹（・士曹）をそれぞれ管轄し、さらに貴族の子弟が仕える親事府・帳内府を置いた。これが三師・三公府になると、長史・司馬・掾・属のほか、功曹・倉曹・兵曹の三曹のみとなる。唐では五品まで「府」を置くことができたが、四品以下になると、諸曹を置かず、概ね数人の事務官を置くのみとなる。

このように唐の家政機関をみると、東宮官については国家官制を投影する明確な意図がみられるが、親王以下については基本的に事務官を置くのみであった。そのうえで日本の家政機関をみてみると、上に指摘した天皇・皇太子・親王・王臣家の類似は、天皇の内廷を模倣した結果というよりは、むしろ反対に国家官制のなかに家政機関的要素がそのまま残されており、それで王臣家が家政機関を立ち上げると、自然と似た形になるとみた方が正しいであろう。ここに、日本の官制の原始性を検出することができる。

五　家政機関の発展

日本の官制に家政機関的要素が残されているということを、別の角度から裏づけてみる。家政機関はその主人の地位によって「宅」「家」「宮」となり、時に「職」とも呼ばれた。藤原宮木簡に、

（表）皇太妃宮職解　卿等給布廿端　〔□□〔日下ヵ〕／□□〕（以下欠）
（裏）慶雲元年□〔十ヵ〕……／…（以下欠）[17]

とある「皇太妃宮職」は、皇太妃（後の元明天皇）の宮の家政機関であり、また聖武天皇の皇后である藤原光明子の家政機関は「皇后宮職」という。この皇后宮職は、

神龜元年（七二四）、聖武皇帝即位、授二正一位一、爲二大夫人一。生二高野（孝謙）天皇及皇太子一。……天平元年（七二九）、尊二大夫人一爲二皇后一。……勝寶元年（七四九）、高野天皇受禪、改二皇后宮職一曰二紫微中臺一。妙二選勳賢一、並二列臺司一。寶字二年（七五八）、上二尊号一曰二天平應眞皇太后一、改二中臺一曰二坤宮官一。[18]

とあるように、七二九年に藤原光明子が皇后となって設置された後、七四九年に「紫微中臺」となり、七五八年には「坤宮官」となる。紫微中台とは、

制二紫微中臺官位一。令一人、正三位官。大弼二人、正四位下官。少弼三人、従四位下官。大忠四人、正五位下官。少忠四人、従五位下官。大疏四人、従六位上官。少疏四人、正七位上官。[19]

とあるように、三位相当の長官、判官までがすべて五位以上という「八省」より格の高い官司として設置され、「坤宮官」に至っては「乾政官」と改称された太政官と並ぶ地位にまで達した。これらは周知のとおり、藤原仲麻呂が権力を掌握する足場とした官司であるが、ここに、「皇后宮職」という家政機関が「紫微中台」さらには「坤宮官」へと国

政の中枢機関にまで成長する過程をみることができる。

また、地方ではこういう例もある。七一六年、珍努宮（和泉宮）を経営するために河内国の大鳥・和泉・日根の三郡を統合して「和泉監」が設置されたが[20]、この和泉監は東宮坊の三監（上述）と組織を同じくしながら、正倉院文書「和泉監正税帳」（七三七年）によると、実質上は三郡を管理する国司にほかならず、事実、七五七年には「和泉国」となる[21]。つまり、「宮」の家政機関である「監」が「国」になっているのであり、「国府」の管下にある郡の官舎を「郡家」と呼んでいたこととあわせて、地方でも同じ現象がみられたわけである。

このように、「職」「台」「官」「監」「国」「郡」といった行政組織の核に「宮」「家」「宅」という家政機関が存在したことが判明したわけだが、これはまさに日本語の「公」（オホ・ヤケ）の核に「宅」があることと見事に符合している[22]。つまり、日本の「公」の観念は、元来、「ヤケ」という私有や家政を意味する概念を拡大したものにほかならないのである。

六　「官」の生成過程

では、「官」「職」の核に「宮」「家」があるとは、一体どういうことなのであろうか。このことを一般的に考える、つまり理論化するために、公私それぞれの官の生成過程、つまり「官」や「家」がどうやって立ち上げられるかを確認しておこう。

まず、「長屋王家令所」の設置過程は、およそ以下のようであろう。長屋王は七〇九年に三位となり、家令所を設置する資格を得た後、この家令所を中心に、朝廷から支給された舎人の管理のために「帳内司」を置き、経済基盤の管理のために「御田司」や「御薗司」を置き、生活や趣味・信仰の要求に応じて「主殿司」「膳司」「書法所」「仏造司」

など、さまざまな司や所を設置していったのであろう。反対に、もしかれが鶴や犬を飼わなければ、鶴司や犬司などは必要ないわけである。この想定に異論はなかろう。

次に公的機関の設置過程を、「大嘗祭行事所」の儀式をつうじてみてみよう。

大嘗祭は即位した天皇が行う一代一度の新嘗祭であり、一時期の廃絶期を挟んで、古代から現代の平成天皇に至るまで継続している祭儀である。その大嘗祭を行うために、古代では「行事所」という官司を新設した。その行事所の発足過程は、以下のとおりである。(23)

まず大・中納言二人と参議一人を「検校」(長官)とし、「行事」(次官)の四位と五位、「判官」と「主典」、官掌と使部・直丁を任命する。このうち、行事には弁官を、判官には官史(弁官の被官)を、主典には太政官の史生を含めるというように、この行事所には太政官の議政官と弁官局、すなわち事務方の官人が要所に組み込まれており、四等官を完備しかつ三位相当の長官をもつ、「八省」より上級の、非常に格の高い官司であったことがわかる。

次に、行事所で「着座」の儀式を行う。検校が西面、行事・判官が南面、主典が東面して着席する。なお、この時点では任命されていない「所々」の預(責任者)は北面の座につくことになっていた。このようにただ座るだけの「着座」の儀式こそ、日本古代の官僚たちの就任儀礼にほかならない。(24)

かくして、「政始」の運びとなる。まず、案文用の「翻旧」(反故)、それから韓櫃や紙・筆・墨・硯を調達する一方、官人の給食「百度《ももと》」や行事の運営費にあてる正税稲および調庸などを請求する。また、文書の発給に必要な行事所の「印」を製作して諸国へ布告し、さらには官人に下賜する「多毎物《ためつ》」の用立てや甕の買い上げを行う。そして、備品を買い揃えるために必要な市の「估価帳」などを取り寄せ、大舎人など、行事の遂行に必要な人員を揃える。このように、一つの官司を立ち上げるにあたって、必要不可欠なモノや人をまさに一から揃えてゆく。

このあと、「所々」の発足へと移る。出納所、斎場、小忌所、細工所、女工所、楽所、風俗楽所、和舞所、大炊所と、大嘗祭特有の行事に関わるものから炊事・出納といった日常業務に至るまで、それぞれの専門部署が次々と設置されてゆく。

以上、行事所が発足する過程は、官人の任命・着座・政始の三つからなり、その政始の手続の一つとして「所々」が設置されている。この大嘗祭行事所の記事は、八省より格の高い「官」の生成過程を余すところなく記述した貴重な資料であり、これによって、一つの「官」から「所」や「司」が派生し分化するという事実を知ることができる。

このように、家政機関も公的機関も同じつくりであること、いいかえれば、これらの「官」は、長屋王にしろ、行事所にしろ、一つの包括的な権力主体から派生・分化した「所」の集合体として構成されていたことがわかる。

七 「朝堂院」の形成

以上、「家」や「官」の構造的な相似性を指摘した。では、官の集合体である「官制」はどうであろうか。実は、律令官制そのものについても同じことが指摘できる。それは「朝堂院」の形成過程を観察すると、よくわかる。

朝堂院とは、王宮(内裏)の南庭を拡張して、太政官と八省の「朝堂」(官舎)を配置した施設で、その広大な庭の北に天皇の座る大極殿があり、庭の東側に大臣、納言・参議(以上、太政官)、中務省の三堂、西に親王、弾正台、刑部省の三堂、南に弁官・少納言、式部・兵部省、大学寮(式部省被管)、民部省、治部省、大蔵省・宮内省の六堂を配置する。(25) 興味深いことに、この配置は大まかにみると東の立法府、西の司法府、南の行政府という構成になっているのだが、これはもちろん、近代的な三権分立の理念をあらわすものではなく、あくまでも政務上の便宜による。

朝堂院での政務(朝政)について簡単に紹介しておくと、(26) 朝政は「常政」「大臣聴政」「弁官宣」からなる。常政は各官司が個別に行う政務で、大臣の指示を仰ぐべき案件は各官司から弁官に申請しておく。その後、大臣が入場し、弁官が大臣の前に進んで、大臣の決裁を仰ぐ。これを人臣聴政といい、大臣の決裁をへた案件を施行するのが弁官である。以上の手続はすべて口頭で行われ、その文言も大体決まっていた。また注目すべきは、常政の段階では庭に背を向けて政務を行うが、大臣聴政は総員庭の方を向いて、そのやりとりを聴いていたことである。これは、大臣の決裁を朝堂院内にいる官人全体で承認するという意味をもっていたと考えられる。なお、以上の記述は、主として九世紀の儀式書によるが、九世紀の段階ではすでに朝堂院での政務は衰退していたことが明らかであるから、この内容は八世紀段階にさかのぼるものと考えられる。

この朝堂院という施設は、現在のところ、古代日本特有のものである。確かに、唐にも「皇城」という官庁街があり、文書のやりとりがしやすいように、三省六部や九寺五監といった官庁はみなそこに集中して置かれていた[27]。日本の朝堂院も一見、この皇城をまねて作られたもののように思われるが、実はそうではない。

そう断言する理由は次のとおり。第一に、皇城は朝堂院のような庭を中心とする施設ではない。第二に、皇城は文書行政の便宜から官舎を集中させたものであるが、七世紀の日本はいまだ口頭政務の段階にあった。第三に、口頭で政務を行う場合、各官司が政務の場を共有した方が意思の疎通をはかりやすい。ゆえに、朝堂院が庭を取り囲む形で朝堂を配置するのは、中国の伝統的な建築様式を取り入れつつ、口頭政務に適合した様式を採用したものといえる。第四に、朝堂院は、隋唐帝国の出現という東アジア情勢の変化を背景に、朝鮮三国（高句麗・百済・新羅）や日本がこれに対処するため共通の課題としていた「権力集中」の実現をあらわす施設にほかならない。この第四の点について、少し詳しく説明を加えておこう。

飛鳥時代、当時の大和政権は氏姓制度を基礎に、各豪族が「部民」「部曲」と呼ばれる私有民と「田荘」という私有地をもち、その支配関係を通じて国政を分掌する体制を築いていた。すなわち、天皇（大王）宮において有力豪族（大夫＝マエツギミ）が国政を合議する「大夫（合議）制」の下、諸氏族が「伴造」として政務を分担した「大夫―伴造

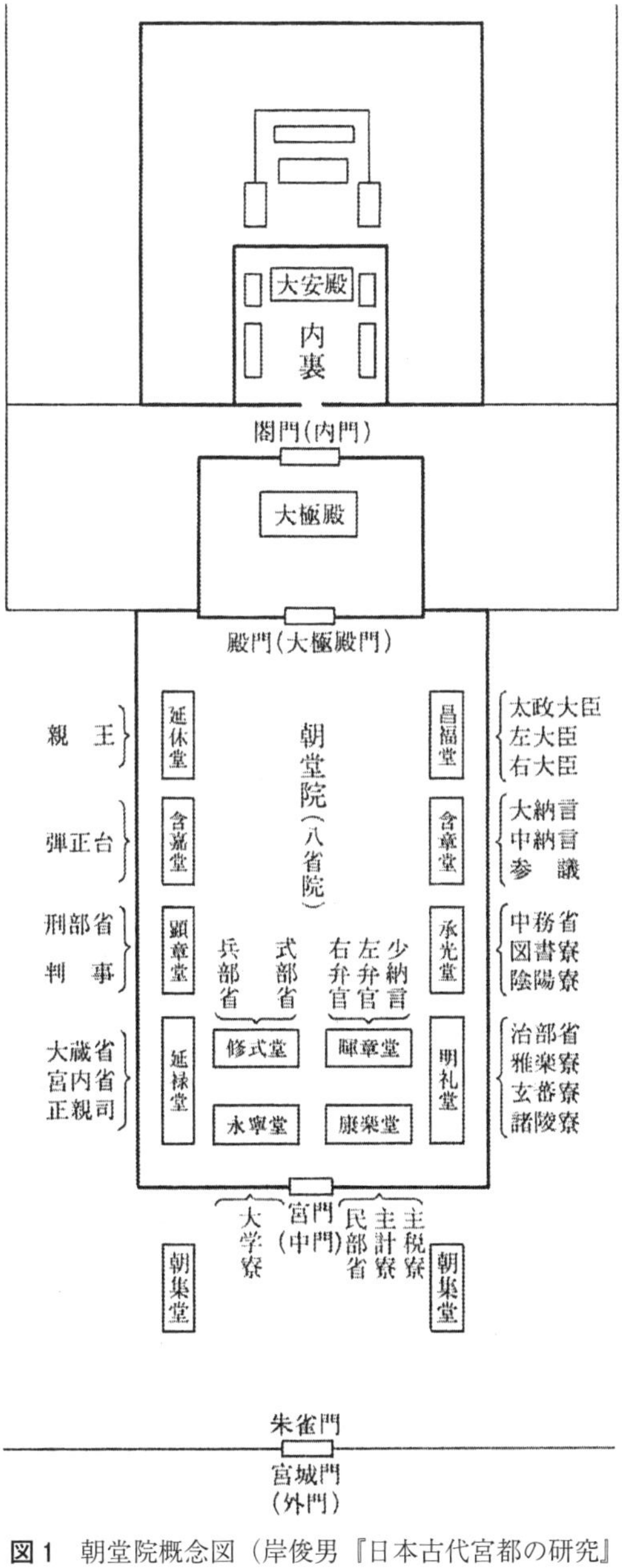

図1　朝堂院概念図（岸俊男『日本古代宮都の研究』岩波書店、1988年、292頁より）

制」をとる一方、地方の豪族を「国造」に任命して、統治権を与えるかわりに政務・軍務の分担や物品および舎人・采女などの貢納を義務づける「国造制」を敷いていた。このような原始官制の下では、国政機関は王宮のなかに集中して置かれたのではなく、各豪族の家（豪族私邸）に点在していた。つまり、この段階の官司はもともと豪族の「家」にほかならなかったのである。

また、これに対応して、王宮も天皇の代ごとに移動した。これを「歴代遷宮」といい、埼玉県・稲荷山古墳出土「辛

亥年」(四七一年)銘鉄剣に、

獲加多支鹵(ワカタケル=雄略)大王寺在二斯鬼宮一時、吾左(佐)二治天下一。

とあるのをはじめ、『古事記』(七一二年成立)に推古天皇を指して、

豊御食炊屋比賣命(推古天皇)坐二小治田宮一、治天下……。

というように、天皇の名を呼ぶ時には宮の名も呼ぶならいであった。歴代遷宮は一見、代ごとに遷都したようにみえるが、実際にはそうではない。上記の王と宮の名の一体的な関係からもわかるように、王は自分の宮から動かず、かわりに王位が王族の宮(皇子宮)を渡り歩いたのであって、王宮(天皇宮)の核もまた王族の「宮」にほかならなかった。当時の王族は「名代・子代」と呼ばれる私有民をもち、その支配構造は豪族たちの「家」のそれと基本的に同じであった。

このようなありようは、七世紀に入って大きく変化しはじめる。推古朝には、聖徳太子と蘇我馬子の共同統治の下、冠位十二階や憲法十七条などを制定する一方、王宮(小治田宮)の南庭を拡大して「朝堂」を置き、大夫・伴造らに「朝参」を義務づけた。さらに、大化改新(六四五年)で蘇我氏を滅亡させた中大兄皇子と中臣鎌足および孝徳天皇は、冠位十九階の制定とともに大夫—伴造制を再編成して「八省百官」を設置し(六四九年)、前期難波宮に一四以上もの朝堂を含む広大な朝堂院を造って、ここにほぼ全ての官人を収容した[28]。この朝堂院は、持統朝の藤原宮(六九四年)において最大規模に達し、以下、平城宮(七一〇年)や平安宮(七九四年)へと受け継がれてゆく。

つまり、豪族の「家」に点在していた国政諸機関を、天皇の「宮」の庭に集約する形で「権力集中」を実現したものが朝堂院であり、また、このような律令官制の成立過程と、「官」の核に「宮」「家」「宅」があるという上記の検証結果とは見事に照応することがわかるだろう。ここに、日本の古代官僚制の独自性があるのである。

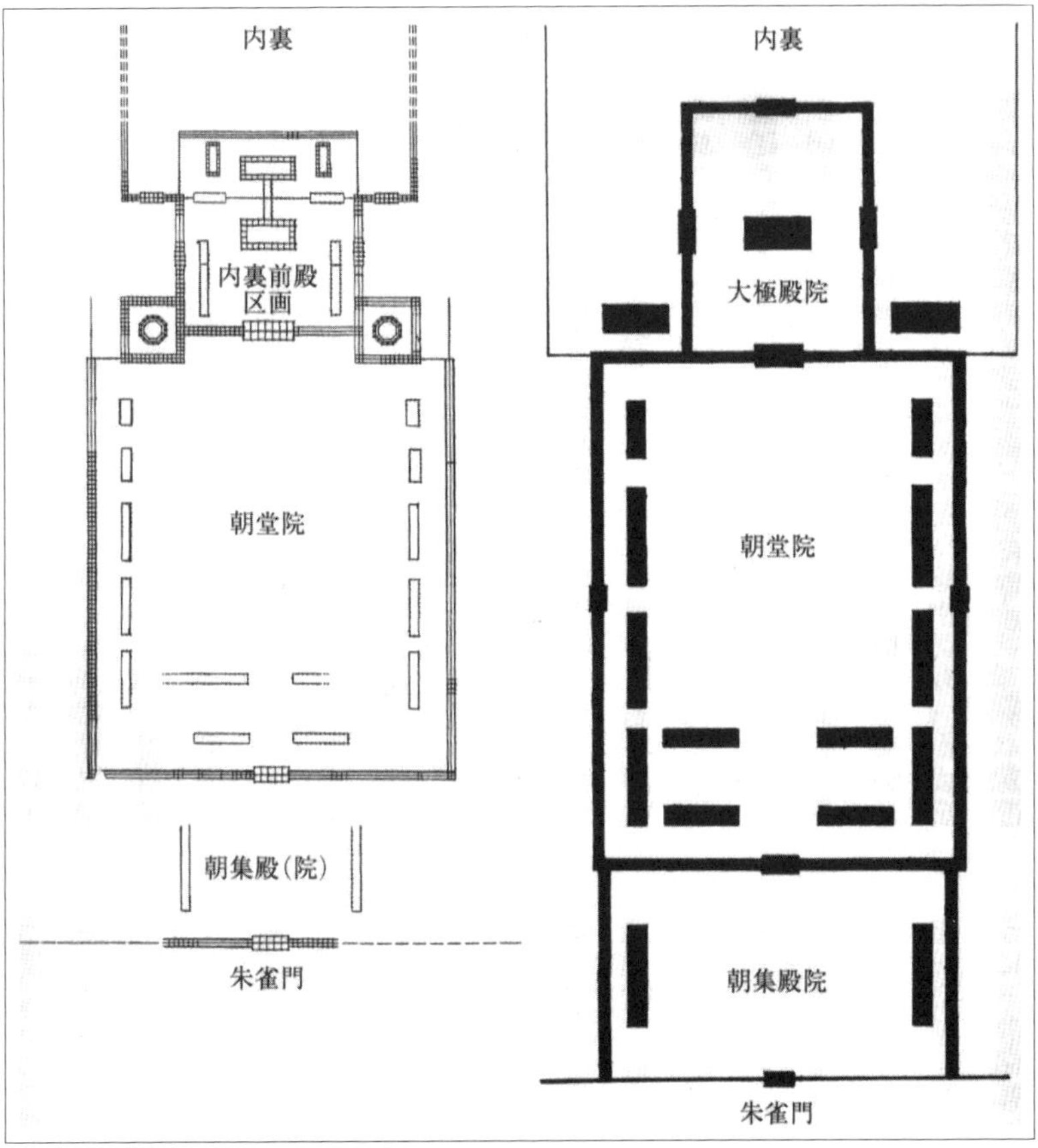

図 2　前期難波宮（左）と藤原宮（植木久『難波宮跡』同成社、2009 年より）

る(29)。

八　「天皇大権」の成立

一方、七世紀には天皇権力が著しく強化された。そのことを端的にあらわすものとして、「大夫制」の変化に注目する。

大化前代の大夫は、「王政、大夫より出づ」（『藤氏家伝上』）といわれたように絶大な権限をもっていた。その権限を整理すると、奏宣権・参議権・皇嗣推挙権の三つに集約できる。これが令制下の大夫になると、「惣判官事」（事務決裁）の権限をもつ八省の次官以上の呼称へと変化した。これはつまり大夫が議政官から行政官へと変質したことを意味する。それと同時に、前代の大夫が有した奏宣権は令制の大納言に、参議権は狭義の太政官にそれぞれ限定され、皇嗣推挙権も孝徳天皇以後は譲位にとってかわられた。いうまでもなく、太政官の任免権は天皇にあり、譲位も天皇の意思によるものであるから、前代の大夫が有した権限は、ことごとく天皇に接収されたといってよい。さらに、日本最初の都市といわれる藤原京の成立により、王族の宮（皇子宮）や大夫の家を京内に移住せしめ、前代の政治的・経済的拠点としての機能を王権の管理下におくことで、大夫およびその配下にあった伴造たちの「官人化」が促進された。つまり、大夫―伴造制はことごとく解体・再編されたといってよい。

このような大夫制の変質が、七世紀のどの時点でおこったかは、冠位制の変遷によって推定できる。周知のごとく、冠位制は、推古十一年（六〇三）の冠位十二階、大化三年（六四七）の冠位十三階、同五年（六四九）の冠位十九階、天智三年（六六四）の冠位二十六階、天武十四年（六八五）の諸王以上十二階・諸臣四十八階制、大宝令（七〇一年）の親王四品・諸王臣三十階と、ほぼ七世紀を通じて改定され、とくに天武朝までは一貫してその刻みを増している。これは官人の増大を端的に物語る。一方、大宝令で減少に転じているのは、大宝令が唐の官品令に準拠したためであ

表2　冠位変遷表

推古11年				大小 徳徳	大小 仁仁	大小 礼礼	大小 信信	大小 義義	大小 智智	
大化3年	大小 織	大小 繍	大小 紫	大 錦	小 錦	大 青	小 青	大 黒	小 黒	建 武
大化5年	大小 織	大小 繍	大小 紫	大 花 上下	小 花 上下	大 山 上下	小 山 上下	大 乙 上下	小 乙 上下	立 身
天智3年	大小 織	大小 繍	大小 紫	大 錦 上中下	小 錦 上中下	大 山 上中下	小 山 上中下	大 乙 上中下	小 乙 上中下	大小 建建
天武14年	明			浄		勤 壱弐参肆	務 壱弐参肆	追 壱弐参肆	進 壱弐参肆	
	正 壱　弐　参　肆			直 壱　弐　参　肆						
大宝元年	正従 一 位	正従 二 位	正従 三 位	正従 四 位	正従 五 位	正従 六 位	正従 七 位	正従 八 位	大少 初 位	

るが、前代の大夫の地位は、はじめ冠位十二階の最高位である徳冠に位置づけられ、それが大化の改定により大錦冠に受け継がれると同時に、小錦冠の地位を設けて、錦冠＝大夫の範囲を下方に拡大した。錦冠は舒明朝で「良家の子」に授けられ、各氏族の宗業を継承せしめたとあることから（『藤氏家伝上』）、「大夫」はこの時、つまり大化三年に行政幹部の地位をあらわす表象へと置き換えられたことがわかる。

　このように、いわゆる大化改新を画期として天皇権力は強化された。かつて石母田正は、大化改新によって成立した専制的な天皇権力を、明治憲法の用語を用いて「天皇大権」と呼んだ。石母田によると、天皇大権は①官制大権、②官吏任免権、③軍事大権、④刑罰権、⑤外交・王位継承に関する大権からなり、このうちの①に関連して、律令官制の成立は、まず官職体系についての「プランをたて、上からそれを強行する強力な王権の存在を前提とするのであって、単一で包括的な君主権がまず存在し、それの分化として官僚制の分掌の体系が成立してくる」と述べた[30]。ここで注目すべきは、先に導き出した「ひとつの包括的な権力主体」がこの時に確立されたという点である。つまり、「家」や「官」がそうであったように、「官制」もまた天皇大権という包括的な権力主体から派生・分化した「官」の集合体としてとらえうる、ということである。

さらに付け加えると、上述のように、「官」の生成は「任命」という権力の付与を起点としたが、天皇についても全く同じことが指摘できる。それは、天皇が天神（皇祖神）の依託《ヨサシ》によって即位するという「天神依託思想」が大化以降にあらわれてくることで、(31)それはつまり、天皇が天神の任命によりその大権を獲得したことを意味する。かくして、官人の権力は天皇に由来し、天皇の権力は天神に由来することとなった。では、その神権は何に由来したのか。それは、実はよくわからないようになっている。(32)

九　家政＝内廷から外廷＝国家へ

律令官制について、石母田は体系的なプランをもとに作られたと述べた。この場合の「プラン」というのは、もちろん唐の官職体系を指している。つまり、日本の律令官制は唐の官制を継受したものと考える。この考えは、多くの研究者が共有するところであり、現在の通説は基本的に唐制継受の視座の上に組み立てられている。

律令官制の成立に関する『日本書紀』の記述は、主に以下の五点である。

（1）大化元年（六四五）六月、左大臣・右大臣・内臣・国博士を新設した。
（2）大化五年（六四九）二月、「八省百官」を設置した。
（3）天智十年（六七一）正月、太政大臣と御史大夫（大納言）を新設した。
（4）朱鳥元年（六八六）九月、天武天皇の死に際し、百官が誄を奉じた。
・甲子（二七日）…壬生、諸王、宮内、左右大舎人、左右兵衛、内命婦、膳職
・乙丑（二八日）…大政官、法官、理官、大蔵、兵政官

・丙寅（二九日）…刑官、民官、諸国司、大隅・阿多隼人、倭・河内馬飼部造
・丁卯（三〇日）…百済王、諸国造

（5）持統四年（六九〇）七月、「八省百寮」を遷任した。

通説によると、（1）は蘇我氏が独占してきた「大臣」の地位を左右に分割したもので、（2）は信用するに足らず、（3）で「太政官」が成立し、（4）から唐の尚書六部をまねた「六官制」の存在が推定できるとして、（5）で「八省」が成立したとする。なぜ（4）で六官なのかというと、この記事では甲子の日に「内廷」、乙丑以降に「外廷」の諸官司が奉誄したとみ、甲子に「宮内」とのみあって、中務省がみえないことから、中務省は宮内官からまだ分化していなかったとし、また乙丑・丙寅に大政官以下、法官・理官・大蔵・兵政官・刑官・民官があり、これが尚書六部（吏部・礼部・工部?・兵部・刑部・戸部）と大体対応することから、この当時は六官制であったとみる。このように、通説は「六官」から「八省」へと構想するので、（2）の段階で八省が成立したとは考えないわけである。

かつて筆者はこの通説を徹底的に批判したことがあるが[33]、この六官説の最大の問題点は、六官を囲い込むために宮内官を排除するので、内廷と外廷が対立してしまうことである。つまり、天皇の家政機関である宮内官と、貴族の牙城たる太政官―六官とが鋭く対立する構図となる。そこで「君主制」か「貴族制」かという論争になるのであるが、しかし、この論争は上述した「朝堂院」の形成や「大夫制」の変質の過程からみて誤りである。朝堂院は、国政を分掌していた豪族の「家」（外廷）を、王宮（内廷）の庭に収容したのであり、その過程で前代の大夫の権限はことごとく天皇大権に吸収されたのである。

さらにいえば、日本の律令官制はそれほど「体系的」であろうか。六官説にしたがっていえば、令制八省は六官に内廷官司を加えることでくずれた形になったともいえようが、本来、唐の尚書六部は、九寺五監などの実務官司が上申する文書を統轄する位置にあったとされ[34]、それ自体実務官司である日本の八省とは性格が異なる。また、八省の下

の職・寮・司の雑然とした配置をみれば、それが体系的なプランに基づくものとはいえないであろう。上述のように、いわゆる内廷官司が中務省一職六寮三司、宮内省一職四寮一三司、大蔵省五司と三二もの官司があるのに対し、残る式部省二寮（大学寮・散位寮）、治部省二寮二司（雅楽寮・玄蕃寮、諸陵司・喪儀司）、民部省二寮（主計寮・主税寮）、兵部省五司（兵馬司・造兵司・鼓吹司・主船司・主鷹司）、刑部省二司（贓贖司・囚獄司）と五省でわずか一五しかない。つまり、内廷官司が三分の二、外廷官司が三分の一の割合であり、しかも上記の外廷諸司のなかには、皇室や長屋王家の「所」や「司」としてみえるものもある。しかし、このような八省にみる、唐の官制とは異質な雑然さこそ、日本の律令官制の成立過程を如実に反映していると考えるべきであろう。

八省の大半を内廷官司が占めるという事実は、この官制が家政機関を核として成立したことを暗示する。「官」の生成過程において述べたように、天皇大権という包括的な権力主体から派生・分化する形で多様な官司を設置すると同時に、大夫を任命して政務を分担させた。官の増設に必要な大夫の人材は、冠位制の改定によってプールされていた。諸家は（2）の「八省」を信用しないが、このように単純な官司構造のもとでは、下位の大夫を上位の大夫に隷属させ、八人の大夫を立てて「八省」を構成することは容易である。八という数は「大八洲」「八隅知《やすみし》し」というように古代日本の聖数であり、八省はこの数に合わせて作られた公算が高い。つまり、八省とは八人の大夫（省）がその属官（四等官）および下位の大夫（寮司）を率いて国政を分掌した官司構造と考えればよく、それは歴史的にみれば、豪族の「家」を核とした大夫—伴造制と基本的に同じ構造であったといえる。ただ、大化前代との決定的な違いは、大夫や伴造等が「公地公民制」によって前代の支配関係から切断され、天皇権力を職権の根源とし、「律令官人化」して官位制のもとに序列化された点にある。

また、朝堂院の形成過程に即していえば、大化改新をへて権力を強化した天皇は、従来の内廷官司を再編成する一方、王宮（内裏）の南庭を拡大して朝堂院を形成した。そこへ朝参することになった官人の人事を管掌する官司として法官＝式部省および兵政官＝兵部省が成立し、また官人の氏姓を審理する官司として理官＝治部省が成立する。このように律令官人化政策[35]が進展する一方、公地公民制の施行にともなう訴訟の増大から刑官＝刑部省が成立し、同様に財政その他の管理業務の拡大から民官＝民部省が成立する。そして、太政官およびその事務局としての弁官はこれら諸官の政務を決裁し、これを施行する機関として成立した。しかし、それは「家」の政所と違って、内裏と朝堂を結ぶ役割をも担う必要があった。つまり、朝堂院での政務（朝政）では、決裁官とともに奏宣官を置く必要があった。それが（1）の左右大臣と内臣であり、奏宣官としての内臣は（3）の御史大夫をへて令制の大納言に継承されたのであろう[36]。

日本の古代官僚制は、単純な唐制継受によってではなく、このように自然発生的に独自の展開を遂げた。それは、長屋王家や大嘗祭行事所が「司」や「所」を派生・分化させるのと同様、天皇の家政機関が拡張される形で成立した。これはつまり、内廷から外廷へ、家政機関から国家機構へと拡張したということにほかならない。そして、このように「家」も「官」も「官制」も同じつくりであるからこそ、よく似た組織をいたるところにみることができるのであり、そこにわれわれは古代の権力というものの、フラクタルな重層構造をみてとることができるのである[37]。

おわりに――日本古代官僚制の史的意義

日本古代官僚制の本質は、家政機関を核としたフラクタルな重層構造である点にある。これが本章の結論である。従来、古代官僚制についても多くの研究が発表されてきたが、その多くは律令官制の成立に関する研究であり、その本質や日本史全体に占める史的意義に論究したものは、ほとんどないといってよい。物事の本質はその成り立ちに宿るものであり、そこに古代史研究の現代的意義があるとすれば、成立論のみあって本質論を欠く、現状の古代官僚制研究は、その役割を十分に果たしているとはいえないだろう。本章は、現在の日本古代史研究の危機的状況下にあって、研究者が当然果たすべき役割を補うべく、古代官僚制の本質について一つの考えを提示した試みにほかならない。そして、このような見地に立つ時、われわれは新たな「国制史」的展望をひらくことができるのではないか。

日本の律令官制は、平安時代に入って蔵人所や検非違使など「令外の官」の台頭により崩壊しはじめる。それにともない、特定の氏族が「家業」として官職を請け負う官司請負制が普及してゆき、やがて官職とその収益と家とが密着した「職」の体系を基軸とする中世国家が誕生する。(38) その後、鎌倉幕府が成立するが、その幕府はまさに征夷大将軍の家政機関であって、「政所」を中心に、御家人を統制する「侍所」、裁判を担当する「問注所」からなっていた。後に執権政治をふるった北条氏はその政所の別当であったし、得宗専制で恐怖政治を行ったのは北条得宗家の家令「内管領」であった。南北朝の争いをへて成立した室町幕府では、将軍を補佐する「三管領」の下に「四職」を置いたが、その四職とはやはり政所・侍所・問注所と評定衆であった。

古代において家政機関を拡張する形で成立した官僚制国家が、中世になって解体され、再び幕府という家政機関に舞い戻ったわけである。ちなみに、唐の三省六部制もまた塩鉄使・度支使・按察使・観察使・節度使などの「諸使」の出現によってしだいに有名無実化したが、春秋・戦国時代をへて秦漢期に成立した中国の官僚制の伝統に比べると、日本の古代国家は、官僚制を定着させるには未成熟であったというべきであろう。

戦国時代の混乱をへて成立した江戸幕府もまた、徳川将軍家を中心とする組織であったが、幕政を合議する「老中」、この老中を補佐する「若年寄」、大名を監察する「大目付」、旗本を監察する「目付」や寺社・勘定・(江戸)町の「三奉行」など、その職制(「官制」とはいわない)は従来の家政機関的職制から抜け出して、非「政所」的、あるいは官僚制的な様相を呈するようになる。その端的なあらわれとして、「役人」の誕生があげられる。

中世まで労役の意味をあらわすに過ぎなかった「役」(ヤク)という言葉は、江戸時代になると、社会的な職分観念をあらわす言葉として積極的な意味をもつようになり、消極的な意味をあらわす場合はこれを「エキ」と読んで明確に区別するようになった。中世の「職」の体系に対して、これを「役」の体系ともいい、以後、「役人」「役所」「役目」「役割」「役に立つ」など、近代・現代を通じて日本人の基本的な倫理観念として内面化するに至る。(39) 日本人のいわゆる勤勉さを支えたのもこの「役」の観念にほかならないと思われるが、このような観念によって支えられた「役人」の誕生は、日本的な官僚制の成立を意味するものといってよく、古代・中世を通じて定着させることができなかった官僚制が、ここでようやく日本の地に根を下ろしたものと評価できるのではないか。

明治に入って、再び太政官制が復活し、三権分立の原理を加味した近代官僚制の成立をみるが、その実態は倒幕した薩長藩閥による「有司専制」であった。これが文官任用令や帝国大学の整備などをへて学閥の形成へと展開するが、周知の事柄に属するので省略する。最後に、日本の近代化に関する丸山眞男の興味深い分析を紹介して本章のむすびとしたい。これは、日本近代国家発展のダイナミズムを、上からの近代化（機能的合理化）と下からの共同体原理による「両方向の無限の往復」と定義した箇所で、日本の近代国家においても、古代国家とよく似たフラクタルな重層構造が観察される例である。

むろん、相対的にいえば、中央官僚機構や巨大工業においては、形式的合理性の要素が実質的に、あるいは少くも建て前として優越し、底辺の機能集団に行くほど、建て前としても、共同体的規制が強調され、例えば農家小組合に至ると、「農家小組合とは部落に内在する非商品経済的な自然村的乃至伝統的結合力に依存して諸活動を展開するところの部落なりと解する」（中略）と農政学者によって定義されるように、部落そのものと合一する。しかし大企業でも最頂点に至ると、また逆に同族的、家産制的な精神と構造が優越するようになる。銀行・産業・商事の各部門が持株会社としての「総本家」に統合され、その下で「番頭政治」が行われる日本の財閥構造は小文字で書いた天皇制国家であった。(40)（傍点ママ）

註

（1）以下、『令義解』職員令（養老職員令）および井上光貞ほか編『律令』（岩波書店・日本思想大系、一九七六年）によって概述する。より詳しい解説は、和田英松『官職要解』（講談社学術文庫、一九八三年。初出一九〇二年）を参照。

（2）以下、『唐六典』および『通典』職官典によって概述する。より詳しい解説は、礪波護『唐の行政機構と官僚』（中公文庫、一九九八年）を参照。なお、最近になって、天一閣蔵明鈔本『官品令』三十巻が宋代の『天聖令』の一部であり、散逸した唐令を復原するうえでも重要な資料であることが判明したが（天一閣博物館ほか編『天一閣蔵明鈔本天聖令校証』全二巻、中華書局、二〇〇七年）、発見された『天聖令』は田令（巻二一）より雑令（巻三〇）に至る後半部分で、巻頭部分の官品令などは含まれていない。

（3）長屋王家木簡の概要については、奈良国立文化財研究所編『平城京長屋王邸宅と木簡』（吉川弘文館、一九九一年）、寺崎保広『長屋王』（吉川弘文館、一九九九年）を参照。

（4）『令義解』家令職員令による。渡辺直彦「令制家令の研究」（『日本古代官位制度の基礎的研究』吉川弘文館、一九七二年）を参照。なお、七一九年より四・五位の官人の家には「宅司」を設け、「事業・防閤・仗身」という職員を置いた（『続日本紀』養老三年十二月七日条）。

（5）日本古代の木簡については、狩野久編『木簡』（至文堂・日本の美術一六〇号、一九七九年）、木簡学会編『日本古代木簡選』（岩波書店、一九九〇年）などが簡便。なお、木簡のデータは奈良文化財研究所ＨＰ（http://www.nabunken.go.jp/）の「木簡データベース」で参照できる。

（6）以下の引用は奈良国立文化財研究所編前掲註（3）『平城京長屋王邸宅と木簡』所載の図版と釈文に依拠し、奈良文化財研究所「木簡データベース」の図版と釈文を参照した。引用文の体例について、冒頭の番号は『平城京長屋王邸宅と木簡』所載の釈文の番号、「○」は木簡に穿たれた孔、〔　〕内は二行書き、「／」は改行箇所、「…」は判読不能の墨痕を示す。なお、日本の木簡の釈文では表裏を「・」で表示する慣例であるが、この「・」は漢簡などでは題示符として用いられ、紛らわしいので「（表）（裏）」と表示した。

（7）寺崎保広「帳簿論」（『古代日本の都城と木簡』吉川弘文館、二〇〇六年）を参照。
（8）「乙当郡」「愛宕郡」ともに「オタギ」とよむ。「北宮」は長屋王の妻・吉備内親王の居所をさす。
（9）寺崎保広「長屋王家木簡にみえる小子と帳内」（寺崎前掲註（7）『古代日本の都城と木簡』）を参照。
（10）中野幸一校注『うつほ物語1』（小学館・日本古典文学全集一四、一九九九年）四一四～四一九頁。
（11）渡辺直彦「藤原実資家『家司』の研究」（渡辺前掲註（4）『日本古代官位制度の基礎的研究』）を参照。
（12）前掲註（4）『日本古代官位制度の基礎的研究』参照。なお、宅司に「所」が置かれた例は、正倉院文書「京職宅写経所牒」があり（『大日本古文書』巻一六所収）、その写経所の責任者を「別当」と称したことが知られる。
（13）東宮職員令。なお、荒木敏夫『日本古代の皇太子』（吉川弘文館、一九八五年）第三の一を参照。
（14）『西宮記』臨時五・所々事。なお、菊地（所）京子「『所』の成立と展開」（『論集日本歴史3平安王朝』有精堂、一九七六年）を参照。
（15）近藤毅大「八世紀における『所』と令外官司」（『史学雑誌』一〇六―三、一九九七年）、また佐藤宗諄「律令的地方支配機構の変質」（『平安前期政治史序説』東京大学出版会、一九七七年）、竹中康彦「八世紀における国司をめぐる諸相」（『ヒストリア』一四九、一九九五年）など参照。
（16）以下、主に『唐六典』および敦煌文書「永徽東宮諸府職員令残巻」（劉俊文『敦煌吐魯番唐代法制文書考釈』中華書局、一九八九年）によって概述する。なお、張国剛『唐代官制』（三秦出版社、一九八七年）を参照。
（17）木簡学会編前掲註（5）『日本古代木簡選』六四号木簡。
（18）『続日本紀』天平宝字四年六月七日条。
（19）同右、天平勝宝元年九月七日条。
（20）同右、霊亀二年三月二十七日条および同年四月十九日条。
（21）同右、天平宝字元年五月八日条。なお、和泉監は七四〇年に一度河内国に併合された後、この年に独立した。同右、天平十二年八月二十日条参照。
（22）吉田孝『律令国家と古代の社会』（岩波書店、一九八三年）Ⅱの五を参照。

（23）以下、『儀式』巻二・践祚大嘗祭儀上によって概述する。
（24）拙稿「朝礼の研究」（『日本古代朝政の研究』吉川弘文館、一九九八年）を参照。
（25）朝堂院については、拙著前掲註（24）『日本古代朝政の研究』のほか、古代都城制研究集会第1回報告集『古代都城の儀礼空間と構造』（奈良国立文化財研究所、一九九六年）が有益。
（26）拙著前掲註（24）『日本古代朝政の研究』第三章第一節参照。
（27）唐の皇城については、李健超『増訂唐両京城坊考』（三秦出版社、一九九六年）が簡便。また、礪波前掲註（2）『唐の行政機構と官僚』一八〇～一八二頁を参照。なお、朝鮮半島に朝堂院のような施設があったかどうかは今のところ不明である。李丙燾「古代南堂考」（『韓国古代史研究』学生社、一九八〇年）参照。
（28）前期難波宮における政治機構については、拙稿「大化の朝政」（前掲註（24）『日本古代朝政の研究』所収）を参照。
（29）以下、拙稿「大夫制冠位考」（『史聚』三二号、一九九九年）によって概述する。
（30）石母田正『日本の古代国家』（岩波書店、一九七一年）一七〇～一七一頁。
（31）拙稿「天皇の食国」（『日本古代の天皇と祭儀』吉川弘文館、一九九八年）第五節を参照。
（32）和辻哲郎『日本倫理思想史』（岩波書店、一九五二年）第一篇第二章。また丸山眞男『日本の思想』（岩波新書、一九六一年）二〇頁を参照。とくに丸山は、この究極の絶対者の不在が、日本「國體」における無責任＝無限責任の構造の根源と対応していると指摘する。
（33）拙稿「律令官制成立史再考」（『日本史研究』四四〇号、一九九九年。本書第一章）。
（34）礪波前掲註（2）『唐の行政機構と官僚』一七九～一八〇頁を参照。
（35）熊谷公男「天武政権の律令官人化政策」（『日本古代史研究』吉川弘文館、一九八〇年）参照。
（36）拙稿「朝政・朝議の形成と展開」（拙著前掲註（24）『日本古代朝政の研究』）を参照。
（37）「フラクタル（fractal）」とはB．マンデルブロの造語で、『コッホ曲線』にみるような自己相似性が、複雑な形を特徴付ける重要な概念であることに気づき、自己相似性をもつ図形をフラクタルと名づけた。ここから、雪の結晶のように、全体と部分が相似の関係にあるもの（自己相似性）をフラクタルと呼ぶ。

(38) 佐藤進一『日本の中世国家』(岩波書店、一九八三年)などを参照。

(39) 尾藤正英『江戸時代とはなにか』(岩波書店、一九九二年)序説などを参照。

(40) 丸山前掲註(32)『日本の思想』四八頁。

第三章　国府と郡家——地方官衙の形成

はじめに

本章は、考古学と文献史学との間で議論が積み重ねられている国府・郡家の問題について、儀礼研究の立場から新たな視点を提示しようと試みるものである。

儀礼研究は、古来の有職学や考証学の流れを汲むものであるが、現在のそれは一九八〇年代以降さかんに行われてきた、いわゆる制度史研究を直接の前提としている。ただ、一般の制度史研究が、国家の制度を〈文字〉によって体系化した「法」制度を考察の対象とするのに対し、儀礼研究はその制度を〈場と実践〉によって立体的ないし三次元的に表現した「礼」（儀式）を考察の対象とする。いわば、「礼」という非文字言語（正確には文字で伝えられた身体言語）を読み解くところに儀礼研究の図像学的な特徴があるのであって、それが有職学などと区別される所以は、その考察の目的が、儀礼によって表現された国家なり社会なりのありようを解明することに向けられている、という点にあると考える。

さて、国府・郡家の儀式については、すでに加藤友康・古瀬奈津子が包括的な考察を加えており(1)、また、計会帳にもみえる元日朝賀などについては専論も公表されていて、もはや論じ尽くされている観もあろう。すなわち、元日の朝賀・節会をはじめとして三月・五月・七月に行われる節会。春と秋に国学で行われる釈奠。また、正月の吉祥悔過や最勝王経転読、二月と八月の般若経転読、七月の安居会といった仏教法会（なお、平安時代になると、十二月の仏名、七月に郡ごとに行う文殊会が加わる）。そして、二月の祈年祭や、六月と十二月および臨時の大祓といった神祇祭祀がある。また、毎月諸郡から国司に行政報告を行う「告朔」が、新潟県八幡林遺跡出土の郡符木簡にみえるほか、下野国府跡出土木簡にみえる「鎮火祭」など、出土資料によって補うことのできるものもある。

これらの儀式は、そのほとんどが国府で行われたものであるが、総じて朝廷でも行われていた儀式であり、すでに先学の指摘があるように、「中央のミニチュア版」と意味づけてしかるべきものである。朝廷（中央官庁）と国府との相似性は、その官衙遺構についてもいわれていることだが、そうしたハードウェアとしての建物（場）の相似が、ソフトウェアとしての儀礼（実践）の相似と符合しているのだともいえるだろう。

このように国府がいわゆる遠の朝廷として位置づけられる一方、郡家の儀礼については不明な点が多い。山中敏史によると、一部の郡家に内裏・朝堂院や国庁と共通するプランが認められ、郡庁地区から饗応の痕跡を示す食器類が出土していることなどから、郡庁もまた「儀礼・饗応の場」として機能していたというが(2)、具体的にどういう儀式をやっていたのかまではよくわからないのである。

このように国府・郡家をめぐっては、よく「儀礼・饗応の場」といったいい方がされるのであるが、その「儀礼」とは要するに中央のそれであり、「饗応」については『万葉集』や『土佐日記』などにみえるような酒宴の断片的なイメージがあるのみで、総じて一面的な理解しかなされていないのが現状ではないだろうか。かかる一面的な理解では、各地から陸続と出土し続けている、地方官衙遺跡の多様性にも対応できないし、地域における実態の説明としても不十分であるように思われる。

以上のような成果と課題とをふまえ、儀礼研究の立場から何がいえるのか。筆者なりの試みを率直に報告して、大方の参考に供したいと思う。

一　「官」の形成過程

筆者はこれまで、中央と地方の官人の「就任儀礼」を検討してきた。それは、就任儀礼がその就任すべき地位をよく表現しているとの見地に立って行ってきたものであるが、ここではまず、その成果の要点を、二つの儀礼に集約して紹介しておきたいと思う。一つは、一つの官司がいかにしてつくられるかという事例で、これは官衙施設の形成を考えるうえでも参考になるものと思われる。今一つは、国司の赴任にともなう儀礼で、これは中央と地域社会との生々しい対立・交渉を伝えるものである。

『貞観儀式』で三巻にわたって書かれている「大嘗祭」儀の冒頭部分をみると、「天皇即位の年」に悠紀・主基の国郡を卜定するとあるのに続いて、悠紀・主基の「行事所」を発足する次第が大変詳しく書かれている。引用は省き、要点を書き出してみよう。(3)

まず、大・中納言二人と参議一人を「検校」とし、「行事」の四位と五位、「判官」と「主典」、官掌と使部・直丁を任命する。このうち、行事には弁官を、判官には官史を、主典には太政官の史生を含めるというように、この行事所には太政官の議政官と弁官局、すなわち事務方の官人が要所に組み込まれており、四等官をそなえた「省」クラスの人員構成からみても、行事「所」とはいえ、太政官の別局ともいうべき、非常に格の高い官司であることがわかるだろう。

次に、検校が行事所と小忌院の場所を神祇官に卜定させる一方、大臣経由で陰陽寮に吉日を占わせて、仮の行事所で「着座」の儀式を行う。宮内省が準備した座に検校が西面、行事・判官が南面、主典が東面して着席する。なお、悠紀・主基の国司や、この時点では任命されていない「所々」の預は、北面の座につくことになっていた。四方対面、「口」字型の座列である。この、官人が官舎の座をしめる「着座」の儀式によって、官人ははじめて任命された「官」の権能を行使することができるようになる。いわば、任官者が権力の場と一体化して「官人となる」わけである。これは、古代貴族の「座」に対する独特な観念をあらわすとともに、任官が文書ではなく口頭で伝達されたことと関係があると思われる。[4] 口頭による任命、これをいいかえれば、天皇のミコト、となるが、そのミコトモチて（命令によって）座に着くという慣習が、この場合、「冊書」などを授与する中国ふうの文書制度、いいかえれば文字（漢字）の権威に優越した。中国の制度によって「文明」化した政府が、権力の委任・獲得の場面で「文明」を疎外する。そこには、日本固有の「権力」の聖性に関わる問題が、感じとられるだろう。

かくして、「政始（まつりごとはじめ）」の運びとなるわけだが、これも吉日を選んで行われた。以下、案文用の「翻《ほん》旧《ぐ》」（反故。正倉院文書もこんなふうに調達されたのであろう）、それから韓櫃、紙（反故とは別に請求する）や筆・墨、硯の調達。そして、官人の給食「百度《ももと》」や、行事の運営費にあてられる正税稲および調庸などの請求。文書の発給に必要な行事所の「印」の製作と諸国への布告（これはめずらしい記述だと思う）、さらには官人に下賜する「多毎《ためつ》物《もの》」の用立てや甕の買い上げ。備品を買い揃えるために必要な市の「估価帳」などを取り寄せ、大舎人など、行事の遂行に必要な人員を揃える。

これらの「政」は、一つの官司を立ち上げるのにあたって、必要不可欠なモノや人をまさに一から揃えているわけで、このあとさらに、「所々」の発足へと移る。出納所、斎場、小忌所、細工所、女工所、楽所、風俗楽所、和舞所、大炊所と、大嘗祭特有の行事に関わるものから炊事・出納といった通常業務に至るまで、それぞれの専門部署が次々と設置されてゆく。さらに式文は続くが、このあたりでやめておこう。

以上の次第を要約すれば、天皇の任命を受けた者が、しかるべき「座」をしめることで、「政」をはじめる資格が充たされる。この任官、着座、政始の三つが、就任儀礼の基本要素である。そうしてここにみるべきは一つの官司が何もないところから立ち上げられる過程であり、ここから「官」に何が必要なのかという要件をみてとることができるということ。それと同時に「官」という権力は、法や制度の文字とともに常に在るものではなく、官舎という場と官人の着座という実践によって具体的かつ不断に立ち上げられるものなのだということである。大嘗祭行事所のケースは、これらのことを見事に表現したものといえる。

少し横道にそれるが、実はこれと同じことは儀礼そのものについてもいえる。すべての儀式は何もないところからはじまり、終わると全て撤収して、もとの何もない状態に戻される。したがって、儀式によって立ち上げられる秩序は、くり返しくり返し儀式によって再現されねばならない（それゆえ、儀式の廃絶は秩序の崩壊と嘆かれるのである）。

一つ例をあげると、天皇の即位儀と朝賀の儀式とは実は同じ式次第であるが、これは、一世ごとの即位を一年ごとの朝賀によって再演、くり返し、それによって立ち上げられる秩序（それは「国家」秩序といってよかろう）を年ごとに更新、リセットしているわけで、国守への拝賀に先立ち、国庁を拝して天皇を遙拝したという国府の元日朝賀は、このような秩序更新の末端をになうものにほかならない（儀制令元日国司条）。さらにいえば、「着座」にも実は同じことがいえる。官人が日々の政務のために行う着座は、それ自体就任儀礼の再演といいうるわけで、「官」の秩序はかかる不断の更新によって維持されていた。その意味で、法制度の存続ということは決して容易なことではなかったのであり、またその秩序は皮膚感覚として官人に意識されえたのである。

以上の「官」の形成過程を念頭においたうえで国司の就任儀礼に移りたいと思う。国司の場合、国ごとの慣習に左右される面もあるが、大まかな次第をいうと、a任官・罷申、b境迎、c著館、d着座、e神拝、f政始という儀節をへて就任した。任国に出立する旨を天皇に報告する「罷申《まかりもうし》」などをおくと、任官、着座、政始を骨子とすることは、大嘗祭行事所と同じである。残るbの境迎、cの著館、eの神拝などが国司特有の儀節で、そこに国司なるものの特殊性が観察できるわけである。

「境迎」とは、国境において新任国司と在地の官人らがはじめて対面する儀式で、十二世紀前半の記述とみられる「国務条々事」（『朝野群載』巻二二所収）によると、国司の「賢愚」が試される場でもあった。『今昔物語』には、「寸白《すばく》」サナダムシから転生した信濃守が、神坂峠での「坂迎の饗《あるじ》」で老練な介（次官）にその正体を見破られ、命を落とすという説話がみえている（巻二八・三九語）。また、「国務条々事」には、境迎の儀式が「土風《くにぶり》」により区々であった、とある。なお、後世「サカムカエ」といえば、伊勢講のそれが有名であるが、桜井徳太郎によると、お伊勢参りの村人を出迎えるその宴会は、「神の降臨を出迎える」宴とされている。(5) この点、国司の境迎を考えるうえでも示唆的である。

ｃの「著館」とは、新任国司が国司館に入る儀式で、そこで赴任する旨を明記した太政官符（任符）を奉行（受理）し、しかる後に国司の印と正倉の鑰とを引き渡す。また、税所・大帳所など、所々の雑色人らが見参、つまり名簿を進め、さらに三日間にわたる饗宴（供給《くごう》）を行った。これらの①任符奉行、②印鑰受領、③所々見参、④供給といった儀節は、国司の就任儀礼にとって重要なものであるが、「土風」によって境迎の時に行われたり、あるいは国庁の座につくｄ「着座」の時に行われたりした。

最後に、ｅ「神拝」は新任国司が国内の神社を巡拝して奉幣する儀式で、国神《くにつかみ》による国司就任の承認という意味があったようである。すると、「国務条々事」には「神拝の後」に「政始」を行うとあるので、国司は〈任官→着座〉の次第に加え、国神からの承認を得てはじめて「政」をはじめる資格を得たことになる。これは国司が、天皇のミコトモチであると同時に、国神のミコトモチでもあったことを物語るものであろう。但しこれが奈良時代にまでさかのぼる古儀かどうかについては異論もある。

以上は「国司就任儀礼の特質」という拙稿の要約で、(6) 詳細はそちらをご参照いただくとして、ここで注目すべきなのは、前任国司との引き継ぎに関する任符の奉行と印鑰受領の儀を除いた、b境迎、c所々見参と供給、それからe神拝であろう。これらはそれぞれ国境、国司館、国社において、中央から派遣された国司と、その赴任した地域の人々との生々しい接触を伝える儀礼である。そして、本章ではこのうち、「国司館」という場をクローズアップしてみたいと思う。

二 「館」とはなにか

文献や出土資料から知られる地方官衙の基本構成は、おおよそ、

国府…国庁・曹司（工房・厨など）・館

郡家…正倉・郡庁・館（宿屋・向屋・副屋・厨屋）・厨家（酒屋・竈屋・納屋・備屋）

右のような施設からなるとされている。[7] ことに郡家については「上野国交替実録帳」によって十一世紀前半における施設の詳細を知ることができる。その所見をカッコ内に補足しておいた（『平安遺文』九巻・四六〇九号）。

さて、ここで注目する国司館とは国司の宿舎であって、『万葉集』には「（越中）守・大伴宿祢家持の館」（巻一七・三九四三）をはじめとする四等官の「館」がみえており、そこで饗宴が催されたこともよく知られている。[8] ここから「饗宴の場としての国司館」という定義づけがなされるわけだが、この国司館についてはつとに奇妙な問題が生じていた。

『続日本紀』天平十五年（七四三）五月丙寅条によると、国司らは「旧き館に住まず、更に新しき舎を作る」とあり、その理由として、『類聚三代格』弘仁五年（八一四）六月二十三日格（巻七所収）に引く天平十五年格には、病死のけがれを忌避して居住を肯んじないからだとある。そこで政府は「国図に載せて進上せしものを除く外は、輙く擅に移

造することを得ざれ」と禁断したわけであるが、どういうわけか、七〇年たった弘仁五年の段階になっても一向に改善されない。「諸国の吏、未だ循行するもの有らず。或るものは妄りに祟咎を称え、避遷して定まることなく、或るものは輙く情願に随い、改造弥よいよ繁し。百姓の労擾、此に由らざるは莫し」という情況であった。そこであらためて、政府は「国司館」を「官舎帳」に記載して毎年報告させることにした、と。こうして国司館は国庁など他の官舎と同様に扱われることとなったのだが、これもどれだけ遵守されたかは疑わしいようである。というのも、先に紹介した「国務条々事」には、依然として「若し卒去の交替の時は、或るいは居所を改めて可なり」と書かれているからである。

これほどまでに、国司館の建て替えが頻繁にくり返されたのは、果たして死のけがれを忌避するという、ただそれだけの理由によるのであろうか。また、国司館に関しては、平安中期以降における国庁の衰退、および国司の受領化といった一般的な傾向から、その重要性がしだいに増していったと考えられている。例えば、上述の「国務条々事」で、国司館が主要な儀礼の場となっていることが、その根拠とされるわけだが、果たしてそのように理解してよいのであろうか。

確かに、国庁がなくなる以上、国司館の比重が高くなるのは当然だが、それは相対的にそうなるというだけの話であるし、また、『続紀』天平宝字五年（七六一）八月朔条には、「官長を経ずして恣に国政を行い、独り自ら館に在りて公文を印す」といったかどで罷免された美作介・県犬飼沙弥麻呂の例がみえ、国庁があっても国司館で国政をとる者が八世紀半ばにいたわけである。むしろ問題は、「館」という官舎がそもそもいかなる性質をもった施設なのか。これを明らかにすることが、より重要なのではなかろうか。

そこで、従来とは違った角度から、この問題に光をあててみたいと思う。「館」という施設がどういった場合に建てられるのか。その経緯を比較的よく伝える記事をもとめてみると、まず、『日本書紀』欽明三十一年（五七〇）四月条以下に、高句麗の国使を慰労するため、山城国相楽郡に「館を起てて浄め治《はら》」ってもてなしたとある。これは高句麗との国交を伝える確実な初見記事で、越の国への漂着といった特殊な事情も考慮しなければならないが、ここではわざわざ高句麗専用の「館」を建てている。

また、『書紀』推古十六年条、有名な裴世清の来朝時には「唐客の為に、更に新しき館を、難波の高麗館の上に造る」とあって、ここでも唐使専用の館を用意している。つまり、いずれの場合も、「旧き館」の再利用が避けられているわけである。

さらに、『播磨国風土記』賀古郡条にみえる景行天皇の妻問い伝説によると、ここで景行天皇は印南の別嬢という、後にその皇后となる娘を追いかけているわけだが、この別嬢とようやく「密事《むつび》」を成就したあと、その六継《むつぎ》村はやかましいといって、「高宮」に移る。この時、「酒殿」を造ったところが酒屋村、「贄殿」を造ったところが贄田村、「室」を造ったところが館村だとある。さらに、「城宮」に移って結婚したと続くのだが、ここでは、景行天皇を迎えるにあたって、さまざまな施設がその尊貴なまれびとのために造られている点に注目したい。この場合、地名起源説話の真偽は問題とならないのであって、むしろ反対に、こういう施設を造っただろうという先入観をもって地名の起源を説明している、そのこと自体が、かかる施設を造営する慣習の実在を立証してくれるわけである。

さて、ここにセットになって出てくる「酒殿」「贄殿」「室」が饗応の施設であることはいうまでもなく、これと似たものは国府や郡家にもおかれている。饗応は古語でアヘ、またはミアヘという。右に引いた『風土記』の前文に、「御食《みあへ》を供進《たてまつ》りき。故《かれ》、阿閇《あへ》村と号す」とあるのがそれで、まれびとの来訪と饗応とはセットの関係にあるといってよい。その饗応のために「室」を造って迎えたわけだが、校訂注によると、実はこの「室」字は底本に「宮」とあるのを意によって改めたものという[9]。なぜ改める必要があるかというと、下文の「館」字はムロツミと訓むので、「ミヤ」を造った所を「ムロツミ村」といっては地名の説明にならないからであろう。そうすると、「館」とはまれびとを饗応する「室」と同義であると判明するのである。

つまり、「館」は来訪したまれびとを饗応するために造られた施設で、しかも再利用を避ける、ということは、一回かぎりの建物であったということになる。この一回性という点についていえば、皇祖神を迎えて祭るためだけに造られる、「大嘗宮」がただちに喚起されるだろう。この大嘗宮の正殿は、『儀式』巻三によると、北三間の「室」と南二間の「堂」からなっており（故実叢書本一〇〇頁）、この「室」で神饌親供の神祭りが行われて、祭りが終わると解体された（同上一〇九頁）。これは特殊な事例のようではあるが、まれびとの饗応のために新しい建物をつくったという伝承は、あとで述べるように数多くみられるわけで、「まれびとの来訪」と「饗応」という組み合わせに加え、「館」もまたこれらとセットの関係にあるとみて、まず間違いないようにおもわれる。

したがって、律令政府が改善しようとした、国司館を代ごとに建て替えるという慣習の背景には、「館」という施設が原義的にはらむ一回性、つまり、訪れたまれびとのための「室」であるという本質が、抜きがたく潜在していたのではないかと推察されるのである。

三　巡行と饗応

ここで、あらためて地方の饗宴についてふりかえっておこう。

乏しい史料によって知られる在地、庶民の催す宴会としては、やはりまず農耕儀礼に基づく年中行事として、地域の共同体が行うものがある。春の祭田について『令集解』の引く八世紀の注釈書には「村ごとに男女ことごとく社《やしろ》に集まって飲食し、このとき国家の法を周知せしめる」と記述している。秋の収穫にあたっては、共同体としての新嘗祭が催され、祭り終わって酒食が供される。こうしたことは、古くは共同体の首長が主催したのであろうが、このような祭りとそれにともなう共同体成員あげての宴会は、ほかにも存在したであろう。ヤマトタケル（日本武尊）がクマソタケル（熊襲魁師）兄弟を討ったのも、伊与《いよの》来日部《くめべの》小楯《おたて》が赤石の縮見《しじみの》屯倉《みやけ》で億計《おけ》（仁賢天皇）、弘計《おけ》（顕宗天皇）の二王を発見したのも、いずれも在地首長の催す新室《にいむろ》楽《うたげ》の祝宴の場においてであった。また地域の共同体の人々は、一面では閉鎖性を保ちながら、反面では外からその共同体を訪れる貴人、賓客、まれびとを、手厚くもてなした。そうした貴人等は、中央から派遣される使者、赴任してきた国司などさまざまであるが、こうした者が目的地に到着すると、人々は自分たちの共同体の境界地点まで出向いてこれを迎え（境迎《さかむかえ》という）、その日からはじめて三夜連続の酒食のもてなしをし、多量の引出物を贈るのである。その酒食のもてなしを古くは「供給《くごう》」といい、後に落着《おちつき》三日《みっか》厨《くりや》と称したが、これは貴人、賓客、まれびとに対する共同体としての奉仕であった。平安時代の末に成った『類聚名義抄』が、「供給」の和訓を「タテマツリモノ」とし、「饗」を「ミツギモノ、タテマツル」と読んでいるのは、こうした社会慣行の存在を背景とするのである。（傍線筆者、引用符など一部体裁をあらためて掲げた。）

右は平凡社『大百科事典』の「宴会」の項（早川庄八執筆）の抜粋だが、ここには「春時祭田」「新嘗祭」や「新室宴」、そして共同体外部から来たまれびとへの「境迎」「供給」（三日厨）について述べられている。このうちの「新室宴」については従来、新築祝いの宴会といった理解がなされてきたが、上述のごとく、「室」がまれびとを迎える建物の謂である点からすれば、これも大嘗宮などと同様、神を迎えるための「新しい室」と考えるべきであり、おそらくは新嘗祭にともなう宴会と同義であると思われる。平安時代の新嘗祭は、内裏の西南にある中和院神嘉殿という所定の施設で行われたが、より古くは大嘗宮と同様、年ごとに建てかえていたのであろう。ちなみに、『延喜式』の段階でも、神饌親供の御飯を炊く「忌火炊屋」だけは、新嘗祭の時に旧い殿舎を壊却し、新造することになっていた（四時祭式下・国史大系本四五頁）。

さて、国司がまれびととして地域社会に迎えられたことは、先の就任儀礼からも明らかであり、「藤氏家伝」では近江守・藤原武智麻呂を迎えた国人が「貴人臨レ境、百姓得レ蘇」といって悦んだとあることなどによっても明らかであろう（『寧楽遺文』下・八八三頁）。また、讃岐守時代の菅原道真がその官舎（国司館）をさかんに「客舎」「旅館」「旅亭」といったのは（『菅家文草』巻三・四）、「讃州の刺史、自然《おのづか》ら悲し」といった感傷も考慮しなければならないが、国司がみずからを「旅客」と観じた証言とみなされよう。

なお、福島県いわき市荒田目条里遺跡の有名な郡符木簡（一号木簡）に、

郡符　立屋津長伴部福麿　可□召×
右爲二客料充一遣レ召如レ件長宜承×

とある「客」は国司または中央の使節を指す。このまれびとを迎えるために、郡司が立屋津長の伴部福麿に命じて人夫（？）を徴発したのであろう(10)。

凡國郡司、須下向二所部一検校上者、不レ得下受二百姓迎送一、妨二廢産業一、及受二供給一、致上レ令二煩擾一。

右の戸令国郡司条について、集解古記は、傍線部「所部に向かいて検校すべくは」を、「雑の政事に預かりて巡行」することだといい、「百姓の迎送を受けて」云々を、国司が部内を巡行する場合は、郡司は「当郡院」で待ち、郡司が部内を巡行する時は、里長は「当里内」で待つべきであって、百姓を率いてわざわざ境にまで出向いて送り迎えしてはならないという意味だとし、公使も同じだとしている。これは明らかに境迎の慣行を暗に示しており、また、大宝令文（傍線部）の「受給」を「供給を受ける」ことだということから、境迎の饗応はだめだが、郡院や里内での供給はよろしい、と容認しているわけである。

また、国司就任儀礼の実際を伝えた『時範記』承徳三年（一〇九九）二月条には、境迎から国司館に入るまでの過程が詳しく書かれている(11)。因幡守・平時範は鹿跡御坂（今の志戸坂峠）の「境迎」で「官人以下の称籍」、すなわち「見

参」の儀をすませ、そこから智頭郡の駅家《うまや》で餅と粥の饗応を受け、この時その「退」、食べ残しを先例によって智頭郡司に下げ渡している。これは神棚にあげたものを一同いただくのと変わらないわけで、これと同様の儀軌は中国の宗廟祭祀にもみられるが、この場合の国司は神に近い扱いを受けている。まさにまれびとである。時範はこの駅家で着替えて、つづら折りの山道を進み、総社西の仮屋でまた酒肴の饗応を受け、総社の西舎で「任符奉行」と「印鑰受領」の儀をすませて「着府」、これは国司館と考えられるが、ここで本格的な「供給」を受けたわけで、本来はここから三日間饗宴は続くはずであった。いわゆる三日厨である。

このように、国司は行き着く先で饗応を受けており、またその饗応のたびに百姓が徴発されていたわけで、この「供給」がクサグサノミユキ、雑徭にほかならないのであろう。[12] 有名な大化の東国国司詔で「公事を以て往来する時は、部内の馬に騎ることを得、部内の飯を飡ふことを得」とされたように（『書紀』大化元年八月庚子条）、この供給のような制度があるかぎり、国司は各地で食糧と馬を供給されながら移動してやっていけるわけで、むしろ反対に道路網や物流のシステムが整備されないうちは、不動の国府を維持するのはかえって困難であったのではないかと思われる。

これは西欧中世の「移動宮廷」の事例と比較していうのであるが、王の消費生活を支えられるような都市的なシステムが成立する以前は、王自身が動いて食いつぶしてゆくほかなかったとかつてマルク・ブロックがいったことなどは、[13] 何も西欧だけの問題ではないだろう。具体的には、初期の国司（国宰）が拠点的な評家・郡家に駐在し、あるいは巡回して国務を遂行したとする山中敏史説に関連していっているのだが、[14] 実際「移動宮廷」に類似した事例は、記紀や風土記に多数みられるのである。

例えば神武東征伝承であるが、そこで「なほ東に行かむ」と決めた神武天皇は、まず豊国の宇佐でウサツヒコ・ウサツヒメが造った「足一騰《あしひとつあがり》宮」で「大御饗《オホミアヘ》」を受けている。また、宇陀のエウカシは「大殿《おほとの》」を造り、饗応するとみせかけて神武暗殺をはかるわけだが、これは結局露見してオトウカシの方から「大饗《オホミアヘ》」を受けている（以上『古事記』）。移動する先々で宮殿を造っては饗応を受けているわけで、こうした建物を『風土記』では、「行宮」「頓宮」とか「帳宮」「宮」「殿」など、多様ないい方をしている。それが「館」にほかならないことは、先に述べたとおりである。

また、有名な国譲り神話では、大国主神は出雲国の多芸志の浜に「天《あめ》の御《み》舎《あらか》」を造り、水戸神や櫛八玉神を膳夫《かしはで》として、高天原から来た建御雷神に「天の御饗《ミアヘ》」を献じているが、この神話はこうした饗応が「国譲り」、すなわち支配権の譲渡という服属儀礼の側面をもあわせもっていたことを伝えている。その「御饗」の中身については、海神宮神話で麗人のまれびととして登場する山幸彦が、「八重畳」の上に坐して「百取《ももとり》の机代物《つくえしろ》」の饗応を受けた、という所見などが参考になるだろう（『古事記』）。

一見、これら神話の類は国司の巡行などと無関係に思われるかもしれないが、まれびとの来訪に対して、特定の建物を造り、饗応するという、この三つの点において、全く共通しているのであって、従来「食国の政」という観点から天皇や国司に対する供献儀礼、すなわち食物の奉仕といったことは注目されてきたが、貴人の巡行に対する施設の造営という点は、全くといってよいほど閑却されてきたのではないだろうか。饗応には施設が随伴し、その施設こそが「館」にほかならないということを、ここであらためて強調しておきたいと思う。

おわりに

儀礼研究の立場から国府・郡家の問題を考えるというのは、要するに、「官衙ありき」ではなく、儀礼という実践、いいかえれば実際の動きから官衙を考えるということにほかならない。そして、はじめの「大嘗祭行事所」の事例にみたように、「官」という実体は、天皇のミコトという権力の委任にはじまり、これを核としてさまざまな官職や施設が派生して設置されたわけで、結論としては、国府や郡家もそういうふうに出来たのではないか、と考えることになる。例えば、大嘗祭行事所の「政始」の続きに、「次に諸所を卜定す。（中略）次に斎場預の官人等、斎場内・外院・服《はとり》院并びに雑殿地を点定す（注略）。始めて斎場の雑屋を構え造る」とあり、その「外院」と「大多米院」についてみると、

1　庁、2　酒屋、3　人給屋、4　料理屋、5～7　倉代屋、8　官人宿屋、9　五間屋（稲実公等宿所）、10　五間屋（造酒童女等宿所）、11　大炊屋、12　納雑物屋、13　造筥形并漬菜屋、14　納抜穂御稲屋、15　酒屋、16　麹室、17　大炊屋、18　造標屋、19　五間屋（駅使等宿所）、20　五間屋（神服長等宿所）——以上、図3参照。

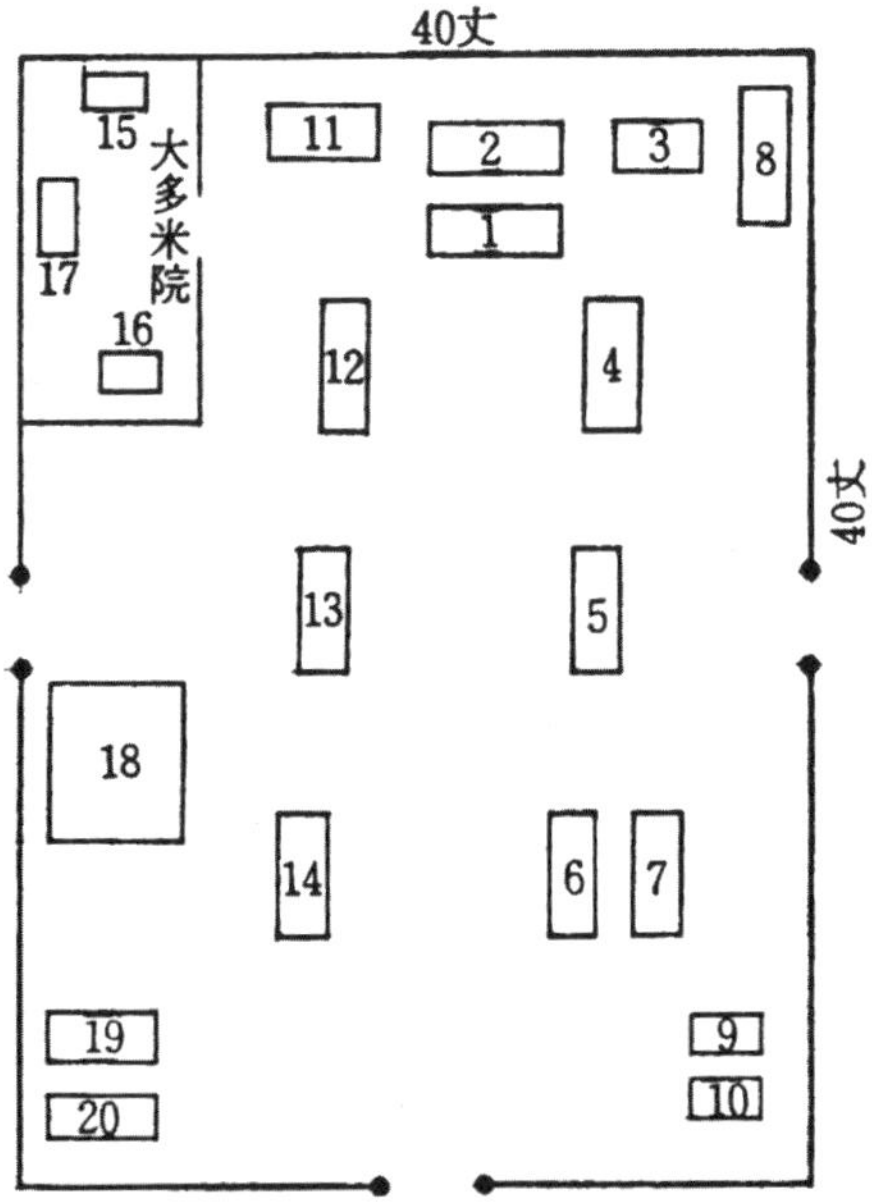

図3　大嘗祭悠紀外院（川出清彦『祭祀概説』学生社、1978年より）

右のような建物が次々と造られる（『儀式』巻二より摘記）。これはほんの一部にすぎないが、このように「庁」や「酒屋」「料理屋」（厨）「大炊屋」などが設置されてゆく過程と、国府や郡家にさまざまな施設が付随して置かれたこととは、全く無関係とはいえないだろう。中身が出来て入れ物が造られる。そう考えると、地域の豪族たちが中央からのまれびとを饗応する「館」は、こうした施設群の一つの起点、核になるだろうと考えられてくるわけで、この考えを大胆にも図示してみたのが、図4である。

郡司ないし評司側が国司を迎える施設として郡

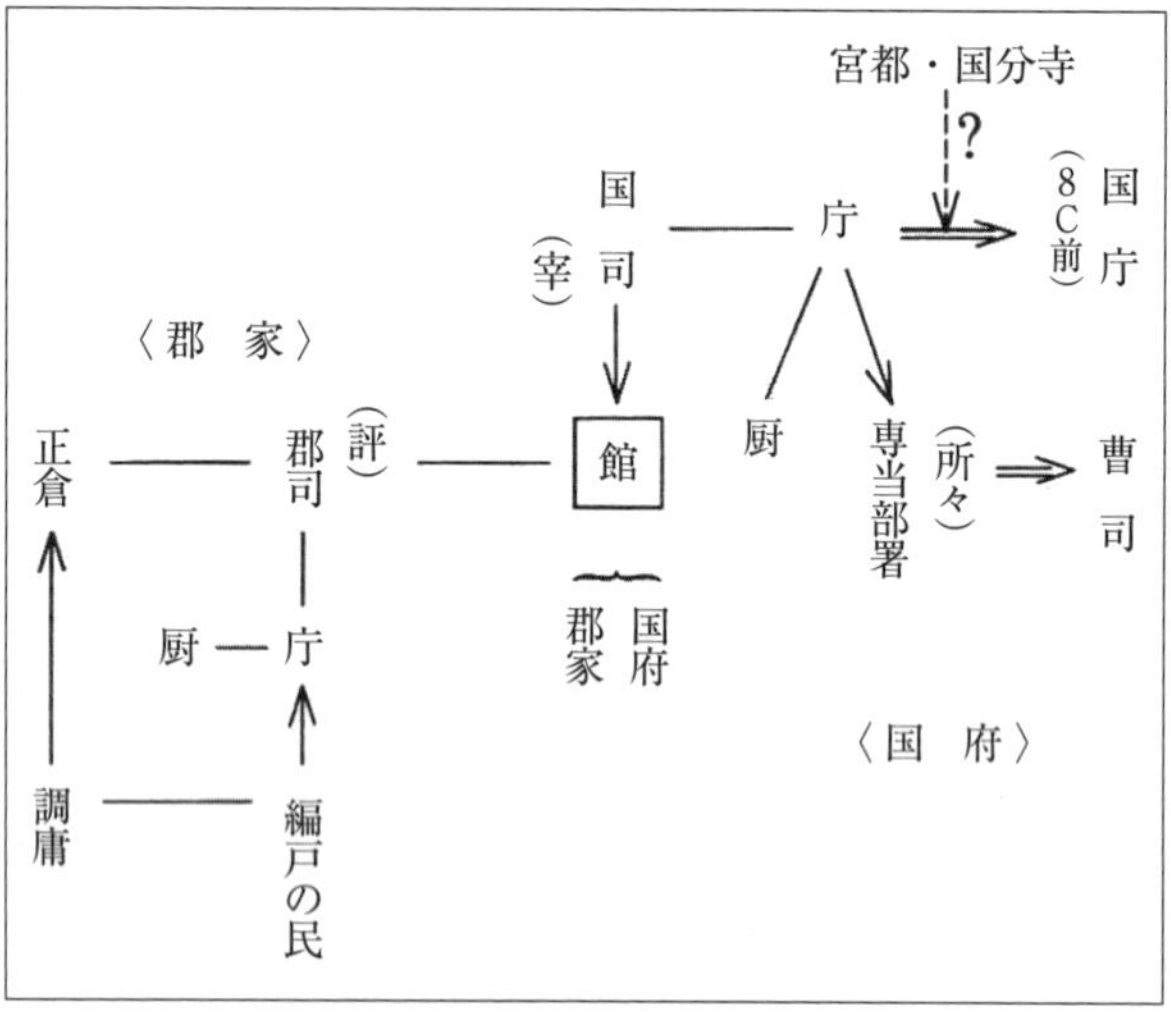

図4　地方官衙の形成過程

家の「館」が造られ、これは国府の形成とともに国司館となるわけであるが、はじめは郡家に駐在するかたちで国務をとったものと思われる。これは、『出雲国風土記』の「国庁意宇郡家北十字街」という記述などから推定されているとおりであろう。この「庁」は国務の遂行に必要な専当部署、後の「所々」に相当するような下部組織を派生し、やがてこれが「曹司」を形成する一方、八世紀前半になると、「庁」自体が発達していわゆる国庁を形成する。国庁は平城宮という巨大な王城の出現、およびその後に続く国分寺の建立などにも影響され、王法と仏法とが並び立つ、「見せる」ための抑圧装置的な色合いを濃くして成立したものと推測される[15]。

一方、郡家は、その建郡記事についてみると、『続紀』霊亀元年（七一五）十月丁丑条に、「郡家を造建して、編戸の民となる」とか、「郡家を建てて、百姓に同じくし、共に親族を率いて永く貢きを闕かさじ」といい（陸奥国香河・閇村）、また同延暦二年（七八三）六月朔条には「更めて郡府を建てて散民を招集し、口田を給う」とあるように（出羽国雄勝・平鹿郡）、これらは明らかに民衆把握の拠点と観念されている。

しかし、『続紀』和銅六年（七一三）九月己卯条にみるように、「雑務の公文、一に郡の例に准ふ」という「館舎」をもちながら、郡家ではなかった事例もある（摂津国能勢郡）。その一方で、和泉宮のようにもともと一つの宮のために二つの「郡」を奉仕させたところから、「和泉監」となり、やがて「和泉国」となった事例もあるわけで、ほぼおなじ業務内容の行政組織が「郡」になったりならなかったり、あるいは東宮三監に准ずる家政機関的な官司であったり「国」になったりしているわけである。これは要するに、その組織にどのような名称と位置づけを与えるかにかかっているように思われ、「官」の中身そのものに本質的な違いがなかったことを示しているのではなかろうか。だとすれば、官衙遺構の多様性という場合にも、このような「官」の古代的特質をふまえつつ、地域社会の特殊性をも考慮して、柔軟に考えてゆく必要があるように思うのである。

最後はかなり大胆な仮説を述べたが、これは儀礼研究の立場からする考え、すなわち核から周縁が派生し、中身から入れ物が出来るという考えをつきつめると、こうなるだろうという展望を述べてみたわけである。この拙い仮説が、考古・文献の地方官衙研究に対する一つの問題提起ともなれば幸いである。

註

（1） 加藤友康「国・郡の行政と木簡」（『木簡研究』一五号、一九九三年）。古瀬奈津子「唐礼継受に関する覚書」（『日本古代王権と儀式』吉川弘文館、一九九八年。初出一九九一年）。

（2） 山中敏史『古代地方官衙遺跡の研究』（塙書房、一九九四年）第一章、七二～七五頁。

（3） 『儀式』巻二（故実叢書本七九～八〇頁）。この式文については、拙稿「朝礼の研究」（『日本古代朝政の研究』吉川弘文館、一九九八年）二八八～二九一頁、および同「マツリゴト覚書」（『国文学』四四巻一一号、一九九九年。本書序章）にとりあげているので、参照されたい。

（4） この問題については、西本昌弘「八・九世紀の内裏任官儀と可任人歴名」（『日本古代儀礼成立史の研究』塙書房、一九九七年。初出一九九五年）にくわしい。

（5） 桜井徳太郎「サカムカエ」（『日本民間信仰論』弘文堂、一九七〇年。初出一九五一年）。

(6)　拙稿「国司就任儀礼の特質」(『ヒストリア』一六七号、一九九九年)。
(7)　山中前掲註(2)『古代地方官衙遺跡の研究』第一・二章参照。
(8)　鬼頭清明「国司の館について」(『国立歴史民俗博物館研究報告』一〇所収。一九八六年)三〇八～三〇九頁。
(9)　秋本吉郎校注『風土記』(岩波古典文学大系2、一九五八年)二六〇頁。
(10)　『荒田目条里遺跡』(いわき市埋蔵文化財調査報告七五、二〇〇一年)三四一～三四三頁。なお、引用文中の「×」は欠損をあらわす記号。
(11)　その経緯については、土田直鎮「国司の任国下向と総社」(『古代の武蔵を読む』吉川弘文館、一九九四年。初出一九六四年)二五一～二五九頁に詳しい。
(12)　大津透「雑徭から臨時雑役へ」(『律令国家支配構造の研究』岩波書店、一九九三年。初出一九九〇年)二八七～二九二頁など参照。「ミユキ」はこの場合、天皇の行幸ではなく、国司などの巡行を意味する。
(13)　マルク・ブロック、新村猛ほか訳『封建社会』(みすず書房、一九七三年。原書一九三九年)Ⅰ巻六一頁。また二宮宏之「王の儀礼と支配の構図」(週刊朝日百科世界の歴史82『宮廷とアカデミー』朝日新聞社、一九九〇年)参照。
(14)　山中前掲註(2)『古代地方官衙遺跡の研究』第三章第三節、三八七～三八八頁参照。
(15)　筆者はかつて、王法と仏法との関係にふれて、次のような考えを述べたことがある。
また視覚的にいっても、大宰府政庁や肥前国府(Ⅳ期)などにみる正殿(後殿)と翼廊の配置が、観世音寺や下野薬師寺などにみる講堂と翼廊のそれと酷似する点は看過すべきでない。ことに大宰府では、政庁と観世音寺という構えのよく似た施設が並立して王法と仏法とを示現しつつ、水城より南下する西海道を見下ろしていたのであり、国府の祖型と目される朝堂院もまた飛鳥寺などの伽藍配置と近似している。一般に遺構の年代や礎石建物化する時期からみて、朝堂院や国府よりも寺院伽藍の方が先行したとすれば、仏教が律令国家の成立を演出したといっても過言ではない。王法の中心施設に仏法の影をみることは、飛鳥寺の西の広場が朝儀の場であったこと、大友(皇子)と五大官が内裏の仏前で盟約を交わしたこと、大極殿に仏像をおいて法会を行ったらしい御斎会の事例からも、根拠のない想像とはいわれないであろう。(拙著『日本古代の天皇と祭儀』吉川弘文館、一九九八)五三頁。

やや乱暴な推論だが、官衙と寺院との組み合わせは全国的にみられるし、官衙の成立が一般に寺院よりも遅いということも容易に立証しうるだろう。むろん、これは寺院から官衙へ造営技術が受け継がれたことを示すにすぎないのであろうが、山野に突如屹立したこれらの紅い建造物が、地域社会に形の相似以上の意味を与えたであろうことは、考えられてよいことだとおもう。

第四章　「寄人」考――古代家族と編戸の実態

はじめに

石母田正が「古代家族の形成過程」を解明する鍵として着眼して以来、多くの見解が提出されてきたにもかかわらず、いまだ決着をみないのが「寄人」の問題である。

「寄人」は御野国戸籍の用語で、他の籍帳では「寄口」「寄」とみえ、また続柄注記のない戸口も同様に解される（本章では御野国戸籍の語を用いる）。籍帳以外では『類聚三代格』と『令集解』に一例ずつみえるほかには所見がなく、それらによると、戸主との続柄が明らかでない良口で（天長五年五月二十九日格）、戸主の家族が死絶した際に財産の管理にあたる義務を有するが、相続権はないとされている[1]（喪葬令身喪戸絶条集解古記）。遺産を管理するが相続は許されず、奴婢ではないが続柄が不明な「寄人」とは一体いかなる戸口なのか。この点については従来、おもに次の二つの見解が示されている。

第一に、親族ではないとする説。石母田が「寄人」を親族共同体の崩壊過程における階級分化の所産とし、〈一般親族・同姓寄人・異姓寄人・奴婢〉という階層性を指摘して以来、原島礼二・吉田晶から南部昇に至るまで、親族に近いものから奴婢に近いものまで多様でありつつ、これを親族より下層の非血縁者とみなす点では共通する[2]。

第二に、親族と認める説。門脇禎二が男系主義の戸籍では表現されにくい女系親族をさすと指摘して以来、門脇が自説を撤回したあとも、岸俊男をはじめ、杉本一樹や明石一紀らに至るまで、根強い支持を得ている。(3)

現在、右の二つの立場は「下層農民説」と「女系親族説」などと呼ばれ、これまで鋭く対立してきた。前者に対しては、おもに一般戸口と「寄人」との間に身分差がみられないことが反証とされ、後者に対してはそもそも戸籍で表現されていないものは証明できないことが問題とされてきた。この対立の根底には、前者の郷戸実態説と共同体理論、後者の郷戸法的擬制説や双系制社会論という、こと「寄人」に関しては先験的ともいえる見方の対立があり、「寄人」はいわばその焦点となってきた。しかし、実態説と擬制説の対立についてはその後、両者の止揚をめざした「編戸説」が登場し、(4)また、共同体理論と双系制社会論については、社会史や家族史・女性史の台頭とともに、後者の見方が広く行われるようになった。(5)こうした流れのなかで、「寄人」は双系的な親族関係をあらわす籍帳的な表現として、いいかえれば、後者の見方の受け皿として注目されてきたように思われる。

右のような見通しで大過ないとすれば、「寄人」は結局、古代社会をどうとらえるかという大きな問題の、具体的な論点の一つとして考えられてきたといえるだろう。むろん、これまでにも「寄人」を類型化し、また統計処理する方法は行われてきたが、そのデータの解釈などには、上記の先験的な見方が抜きがたく介在してきたように思われる。

現段階で重要なのは、「寄人」を籍帳そのものから論証する方法を開発し、その成果のうえに立って古代の家族や社会の問題に及ぶことであろう。この仕事はまた、古代家族や社会を考える上でこの上ない一括資料でありながら、「寄人」や「擬制」といった困難な問題から積極的な活用を阻まれてきた観のある籍帳を、家族史や社会史の史料として再生させることにもつながるであろう。そこで本章ではまず、筆者が考え得た二つの論証方法を提示し、これと右の二つの「寄人」説を切りむすぶ試みから着手してみたい。

一　「子」の考察――「寄人＝女系親族説」の検証

はじめに、女系親族説でたびたび引かれてきた半布里籍の寄人、秦人木足をとりあげる。(6)

上政戸縣主族安麻呂戸口十二〔正丁五　小子一　并六　正女三　少女二　緑女一　并六〕
下々戸主安麻呂〔年卌四　正丁、「鍛」〕　嫡子大人〔年廿一　正丁〕　二戸主甥忍人〔年廿七　正丁〕
寄人秦人木足〔年廿九　正丁〕　次古麻呂〔年廿四　正丁〕　木足子廣山〔年四　小子〕
戸主妻縣主津賣〔年卌八　正女〕　兒伊毛賣〔年廿五　正女〕　次屋止賣〔年十七　少女〕
伊毛賣兒秦人知志呂賣〔年一　緑女〕　木足妹伊毛賣〔年廿九　正女〕　次己乃志呂賣〔年十七　少女〕

半布里14県主族安麻呂の戸には、寄人の秦人木足（二九）とその「子」広山（四）がおり、一方に、戸主の児（娘）・県主族伊毛売（二五）の児に秦人知志呂売（一）がいて、両者がぴったり接合することから、木足は伊毛売の夫、つまり女系親族ではないかと考えられてきた（カッコ内の漢数字は年齢、以下同）。それというのも、右にみるように、御野国戸籍では「寄人」を含めて男性を先に書き、女性（「……売《め》（＝女）」と表記を統一してある）はそのあとに列記されるので、女性から男性の続柄を指示することができない（奴婢は女性のあとに一括される）。また、この戸籍では戸主と男系でつながる親族の姓を省略する。ゆえに、姓を記された親族は、それが戸主とおなじ姓であっても女系、つまり戸内の女性が異姓ないし同姓の男性と通婚して生まれた子供であることを示す。本章ではこれを「記姓者」（記姓卑属）と呼び、姓を省略したものを「省姓者」と呼ぶこととしたい（一般に「有姓児」とか「無姓甥」などというが、氏姓の問題にからむとややこしいので、「記姓」「省姓」で統一する）。右の秦人知志呂売はその「記姓児」にあたり、知志呂売の父親あるいは県主族伊毛売の夫が、秦人姓の男性であることを示している。その父ないし夫が戸内の

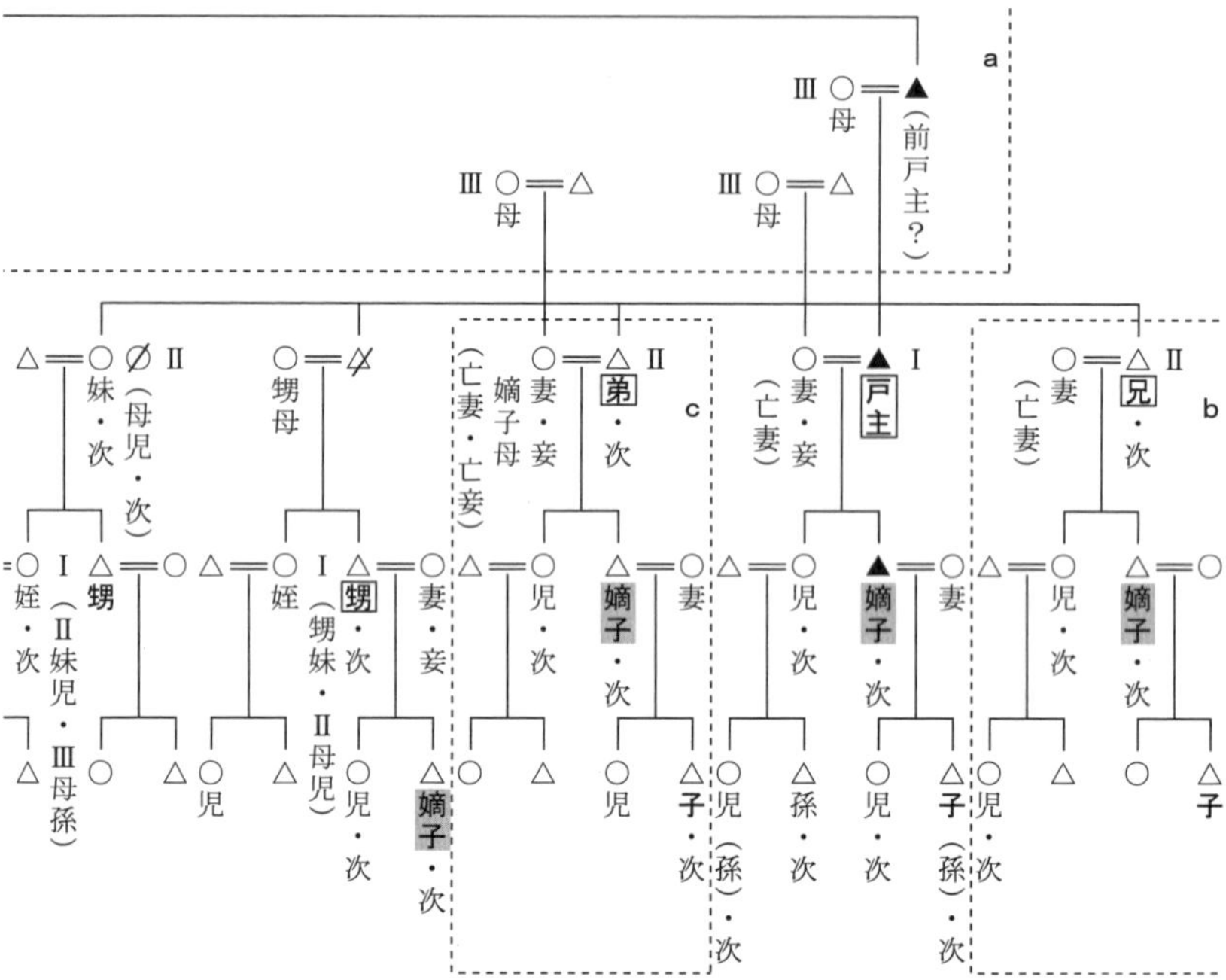

図5　御野国加毛郡半布里戸籍・親族呼称一覧（註7参照）

「寄人」秦人木足であると考えるわけだが、それは次の意味において正しいと考える。

図5は、半布里籍に出てくる親族呼称を系図上に書き込んだものだが(7)、これをみると、戸主、戸主兄・弟、同党（いとこ）といった男性親族の長子は「嫡子」と書かれ（網掛け）、その孫の世代の長子は「子」と書かれる（ゴシック）。この書き分けは、御野国戸籍全体にわたって一貫し、ほとんど例外がない。そして、「寄人」の長子も「嫡子」と書かれるのだが、実はその唯一の例外が、右の秦人木足の「子」広山なのである。

この場合、広山を孫の世代の「子」として呼ぶ尊属は木足ではありえず、また、筆頭の寄人である木足に父は存在しない。ゆえに、広山は母方の「子」であったと考えるほかないが、ここで先に接合可能とされた県主族伊毛売と秦人知志呂売の母娘に注目し、秦人広山を知志呂売の兄で伊毛売の息子とすると、かれは戸主・安

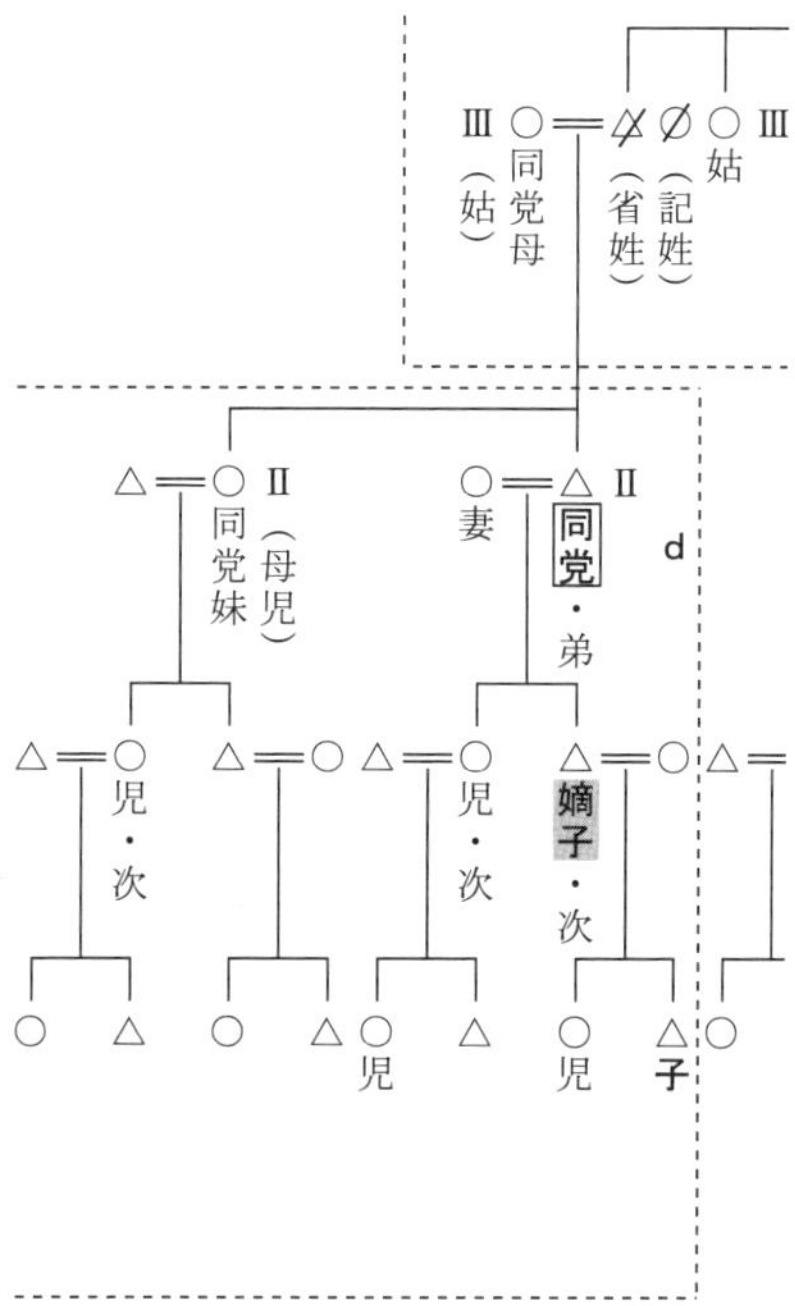

麻呂の孫となり、「子」という呼称の意味とも合致する。ゆえに、寄人・秦人木足は同戸の女系親族と認められる。

　むろん、右のような事実を確定するには、意識的に「嫡子」と「子」が使い分けられていたことを証明しなくてはならない。そこで、二、三の徴証をあげてこれを立証しよう。

　第一に、「嫡子」を「子」に書き直した例がある。29秦人部都弥（八五）の次男・小已里（五〇）の長子に多比良（二二）がおり、かれは戸主・都弥の孫にあたるが、続修三巻9紙をみると、その「子多比良」の「子」は、「嫡子」の二字を擦り消した上に書かれている。(8) その事由はともかく、これは「嫡子」と「子」を書き分けていた明確な証拠といえよう。

　第二に、右の秦人広山のように、「嫡子」と書くべき長子が「子」と書かれた例を御野国戸籍からあつめると、一般親族では、弟の「子」が二例（15県主族宇麻・49敢臣族岸臣身太）、甥の「子」と同党の「子」がそれぞれ一例ずつで（33県主族三嶋・41秦人小人）、いずれも半布里から検出される。これらの例をみると、甥の例を除いてみな「子」の母がいない、いわゆる夫婦片籍（別籍）の状態にある。したがって、右の広山と同様、母方の「戸」の孫として遇されていた可能性があり、とくに49敢臣族岸臣身太については、ぴったり接合する母と娘がちょうど一例ある（4戸主児・県主族刀自売と敢臣族岸臣真嶋売・尓波売の姉妹）。この場合、身太は母の刀自売の実家である4戸主・県主族都野（有位正丁）の「子」として養育されていたと考えることができる。(9)

第三に、「寄人」にも弟の「子」が二例あり（後掲表5参照）、一方は兄の寄人夫婦に男子がないが（11）、他方は兄の夫婦に「嫡子」がいる（23）。したがって、「寄人」の弟の男子は「子」と書く、または「嫡子」は筆頭寄人の長子のみとする原則であったとみるべきで、この場合、弟の「子」は「嫡子」をもつ兄の「孫」と同列の扱いとされたことになる。これはつまり、寄人の弟は兄から独立して「嫡子」を立てることができない、兄と一体の存在として位置づけられていたことを意味するが、これを上述の秦人木足にあてはめると、かれは入婿的寄人であるがゆえに「嫡子」を立てることができないということになり、木足が県主族伊毛売の夫であったとみるさらなる傍証として示すことができる。但し本簀郡栗栖太里では「寄人」の弟の長子を「嫡子」とするので（2・16）、これは半布里籍特有の書き方らしいが、味蜂間郡春部里19（20）にも甥の弟の「子」という例があり、兄弟を一体としてとり扱う慣例が加毛郡半布里にとどまらないことをうかがわせる。

ここではさしあたり、「嫡子」と「子」の書き分けが意識的に行われていたことを立証できればよいので、これ以上深追いはしない。右の考察をもって、14寄人・秦人木足らが女系親族であることは証明されたと考えるが、かりに、この親族呼称の特殊な用法による論証方法が有効だとしても、ただちにすべての寄人を女系親族とみなしうるわけではない。半布里籍には木足のほかに「子」をもつ女系親族の寄人はいない、ともいえるからである。

二　単独寄人の考察――「寄人＝下層農民説」の検証

「寄人」には一人二人の単位で「戸」に寄せられている例が多く、そのなかには若年の男性や高齢の女性が少なくない。従来、かれらを自存不能者とみなす見方が有力であり、それが「寄人」を下層農民とみる一つの論拠ともされてきたのであるが、破片的な寄人が自存不能者かどうかは、戸籍の文面からは判断できず、もとより証明のしようがない。

　そこで、半布里籍からこうした破片的な寄人を取り出してみる（表3参照）。男性寄人（下線部）は五三歳と六歳を上下として、三四歳と一九歳とにピークをみる一方、女性はほとんどが六〇歳以上で（七人）、これを除いても四〇歳前後にピークがくる。女性寄人の最年少は50五百木部伊多弥売の一七歳だが、同戸の五百木部与曽麻呂を同多都売や古当売の男子とみる余地もあり、そうなると、この家族はこの表の対象から外される。

表3　御野国加毛郡半布里戸籍・単独寄人一覧

戸　主	等戸	寄　人
16 守部加佐布(63)	下々	語部忍手(34)
21 秦人身麻呂(32)	下々	秦人飯手(19)
23 穂積部安倍(34)	下々	秦人久良売(67)／県主族古麻売(62)
33 県主族安倍(52)	下中	石部古理売(73)
34 神人小人(46)	下々	秦人赤安(19)
35 県主族長安(53)	下々	漢部目津売(38)
40 秦人山(73)	下々	漢人志比売(62)ー児・秦人姉売(20)
41 秦人小咋(60)	下々	秦人目都売(40)／秦人若売(70)
43 秦人堅石(42)	下々	秦人古売(62)
48 県主族稲寸(55)	下々	県咋麻呂(12)／県主人意須売(62)
49 敢臣族岸臣目太(44)	下々	勝安麻呂(53)・残疾
50 県造紫(30)	下々	物部比都自(18)ー母・物部伊怒売(45) 五百木部与曽麻呂(6) 五百木部多都売(53)┬児・同古当売(28) └次・伊多弥売(17)
52 秦人桑手(47)	下中	秦人知依(34)

　さて、かれらが自存不能者であるとすれば、男性は青年層が、女性は老年層が、年代的に偏向しつつ没落していたことになるが、一体そんなことが自然に発生するのであろうか。確かに、かれらを個別に取り出せば、農業経営に堪えない自存不能者といえるかもしれないが、右のように特徴ある傾向が顕著にあらわれる場合、そこに何らかの法的規制を見出し、人為的な操作によって現出したものとみるのが自然ではなかろうか。

　卑見はこれを「中男と成るに非ざるもの、及び寡妻妾は、並びに析《わか》つべからず」という令規に関係があると考える。この戸令為戸条は、戸口が析出してあらたな戸を形成する際の規定だが、これは戸口の析出そのものを規制したと推定される。なぜなら、不課口であり、かつ受田資格を有する高齢の女性や若年の男性に「戸」の移貫を容認することは、かかる破片的寄人の有力戸への集中を招き、班田を有利に受けながら、課役を逃れる方法を教唆するに等しいからである。表3に単独寄人がほぼ均等に分布し、等戸もほぼ「下々」戸に平均される点は、右の戸令為戸条や、戸口の新規付貫には「保証」を要するとした同新附条などの法規制が、現実に機能していたことを裏づけるものといえるだろう。

そこで、女性の単独寄人を「寡妻妾」とみなす根拠だが、高齢者が突出してあらわれること自体、その徴証ともいいうるが、念のため、男性親族の寡婦に対する呼称を御野国戸籍にさぐると、伯《ヲヂ》の妻には「姑《ヲバ》」（記姓）といい[10]、子女が親族である場合にはその「母」といいうるが、子女のない寡婦はもとより名のるべき呼称がない。また、「甥」や「同党」の妻は、夫が死亡すると、その子女が親族呼称を喪失するので（後述）、その「母」とも名のれない。そういう「寡妻妾」が析出できずに「寄人」とされたとみるのである。

一方、男性寄人は「中男と成るに非ざるもの」（大宝令は「少丁」）に合致しないが[11]、唐令の当該条は「丁と成るに非ざるもの」とあり（復元一六条）、また一九歳にピークがくるのは、「丁・老・疾に入らんとする」者の「定簿」（戸令造帳籍条）、『唐六典』の県令の職掌にいう「五九」（一九・四九・五九・七九・八九歳）の「貌定」と関係がありそうで（巻三〇）、御野国戸籍が大宝令より古い浄御原令に依拠するとされる点を含め、造籍の実態や関連法規を継受した過程について、考えるべき余地があるように思われる。なお、析出不可の少年戸口とは違う類型に属する、正丁の単独寄人については後述する。

このように、破片的な「寄人」をただちに自存不能者とみることはできないと考える。そして、右の考察から新たに、戸令にいう戸口の析出が「寄人」と関係するのではないか、という点が浮き彫りになってきたと思う。実は本章とは別の視角からこの点をついた第三の説がかつて提唱されていた。宮本救の「寄人」説がそれである[12]。

三　「分析」の考察——「寄人＝析出戸口説」の検証

宮本は、先にふれた郷戸実態説と郷戸法的擬制説との対立を、「夫婦別居制より同居制への進展にともなう単婚家族化の形成独立と家父長制の発達による親族関係の縮小発展論」と、「世代交替による親族関係の拡大発展論」という、正反対の発展方向を説いたものととらえ直したうえで、「法的擬制説」にいう拡大発展の行き着く先には必ずや「戸」の分析（分立）がなされたはずであるとし、「戸」の継承過程において、戸主を継いだ「承継戸」の範囲から外れる家族は、新たに「分立戸」を形成するか、新戸を形成しえないものは、「全べて他の戸に寄口する」かたちをとったと指摘した。

「寄人」を「戸」から切り離された親族、すなわち析出（分出）戸口とみる宮本説は、「寄人」をめぐる第三の説としてここにあらためて提起するものだが、一見これは、第一の非血縁説で寄人の原始的形態とされる戸主と同姓の寄人が、世代交代によって「もはや親族呼称をもって呼び得ない遠い親戚」とされたのと、(13)おなじようにみえる。しかし宮本説は「戸」の分析という視角から「寄人」をとらえた点に特徴があり、また寄人の隷属性も認めないので、第一の非血縁説の立場とは根本的にことなる。ただ、その「寄人」説は「戸」の分析の論からする必然的な帰着として示されたにすぎず、十分に論証されたものとはいいがたい(14)。それゆえか、宮本説が正面から取り上げられることはほとんどなかったようだが(15)、この説は明確に論証された次の事実に基づくことを忘れてはならない。

右に「承継・分立戸の展開」をいう、その前提となる事実を、宮本は養老五年下総国葛飾郡大嶋郷籍から摘出することに成功している(16)。すなわち、この戸籍では房戸主の欄に郷戸主との続柄を注記してあるが、まれに郷戸主にも次のような注記が施されている。

戸主孔王部眞呰、年貳拾參歳　正丁、兵士　課戸、戸主麻居男

この孔王部真呰（『寧』上・八／『大』一・二二七頁）のほかに、宮本は孔王部真国（二一）の「戸主勾男」（同上一六／二五五頁）、孔王部国麻呂（三二）の「戸主多伎男」（同上一七／二五九頁）の二例をあげ、かれらがみな若く、母や庶母を同籍し、それらの「戸」が弟や妹を中心とすることなどから、その続柄注記にみる「戸主」（麻居・勾・多伎）は前郷戸主をさし、その「男」（真呰・真国・国麻呂）が郷戸を継承した「承継戸」であることを明らかにした。

なお、かかる注記が右の郷戸主にだけみえるのは「戸」の継承が最近行われたためとし、

承繼戸主壬生家麻呂、年拾伍歳　小子　鼻於黒子（Ｉ断簡）

戸主壬生足嶋、年五十六歳、天平四年五月廿日死（Ｆ断簡）

右の天平五年山背国愛宕郡計帳（天平四年計帳に加筆）にみる承継例（足嶋→家麻呂）をあげて傍証としたが、右の断簡の接続はその後、弥永貞三の原本調査により確認されている。[17]さらなる傍証として、先の孔王部真呰と同籍する「従父兄孔王部百足」の父兄の字には、擦り消して書き直した痕跡があり（正集二〇巻7紙）、「従」のつく男性の親族呼称はほかに「従子」（甥）しかないので、これは、前戸主・麻居の頃の「従子」をひき写したあとで修正したものと推測され、「戸」の継承が確かに行われたことをうかがわせる。[18]

戸主孔王部古富尼、年貳拾玖歳　殘疾　課戸、戸主孔王部子諸従子

一方、右の孔王部古富尼（『寧』上・二九／『大』一・二八八頁）は、郷戸主・孔王部子諸の「従子」であり、その戸より「最近に分立した」と宮本は解する。最近とみる根拠は右に述べた郷戸主の続柄注記そのものの特異性にあり、また「戸主孔王部子諸」は現存断簡にみえないが、これは「戸主荒馬従子」（同上二四／二七七頁）といった房戸主の注記と同様、現郷戸主との続柄を示すものとみてよい。つまり、甥は房戸主となりえただけでなく、「分立」して郷戸主ともなりえたわけである。

宮本は右のような事例をふまえて、「郷戸の成立は一般に『戸主直系卑属』の『承継戸』と『傍系親』の『分立戸』に別けられる。そしてそれが、郷（里）制の規制・編戸・処理により種々な姿を以て現れる」といい、戸主の直系卑属は、別籍異財を禁じた戸婚律子孫別籍異財条の逸文や一里＝五十戸制に規制されて容易に独立できなかったが、傍系親の方はただ五十戸枠に制約されるのみであったという、重要な指摘をしている。

このように、「戸」の分析をめぐる宮本説は史料的裏づけをもつ有力な見解と思われるが、では具体的に、いかなる戸口が「戸」から析出して「寄人」とされたのであろうか。実は、宮本はこの点を明確にしていないのだが[19]、この問題は「戸」の範囲を明確にすることで、おのずと解消されるはずである。

「戸」の範囲とはさしあたり、「戸」がどの範囲の親族まで収容しているのかによって示すことができる。この点についてはすでに杉本一樹が指摘し、また前掲の図5からも明らかなように、「戸」が収容する親族の外縁は「同党」、イトコにあるといえる[20]。

儀制令には「再従兄弟《またいとこ》」のように曾祖父を起点とする親族呼称の体系が示されているが（五等条）、戸籍のそれは「同党」を外縁とした。おそらく、実際に慣用されていない呼称を用いて戸籍を造るのは、かえって手間のかかることであったのだろう。

そこで、前掲図5を利用して、「戸」の継承過程において親族呼称がどう変化するかをまとめておくと、「戸主」が「嫡子」に移った場合、「戸主兄《アニ》」や「戸主弟《オト》」は「戸主伯《ヲヂ》」に、「戸主妹《イモ》」は「戸主姑《ヲバ》」になり、「戸主甥《ヲヒ》」は「戸主同党《どうとう》」、「戸主姪《メヒ》」は「戸主同党妹」などになるが、もともと「戸主同党」や「戸主同党妹」であった親族は、名のるべき呼称を失う[21]。したがってその卑属も親族の範囲から外れる（点線部d）。また、もともと「姑」であった女性なども親族呼称を喪失する（点線部a）[22]。以上のように、親族でなくなる戸口は、戸主の交代によって「戸」から析出した可能性が高いといえる。

宮本説の強みは、「戸」の外縁が「同党」にあるとみることで、祖父を同じくする親族以外は、「戸」から析出されるという必然性にある。反対に、女系親族説は「戸」が収容すべき女系親族の範囲を明確にしえない点に、大きな弱点がある。しかも、別の「戸」に親族呼称を有する男性は女系親族として寄口する必要がなく、夫婦片籍のかたちをとるのが一般であろうから、女系親族の寄人も結局は析出戸口であったと考えるべきなのである。

四　「寄人」の考察——動く戸口

以上は「寄人」となるべき析出戸口を論理的に特定する試みであり、次にその史料的裏づけをいかに確保するかが問題となる。そこで、「寄人」となる確率が最も高い「同党」を半布里籍から拾い出し、その家族構成ごとに分類してまとめたものが表4である。分類の基準は、卑属を付属的な要素とみて、A兄弟姉妹からなるもの（兄妹型。例…3物部安麻呂と弟・伊久佐）、B夫婦で構成されるもの（単婚家族型。例…9県造加比と妻）、C単独のものの三つの類型に大別し、さらに兄弟のいずれかが妻を同籍するもの（Aイ）、単独の男性ないし女性が子女をもつもの（Bイ・Bロ）という、過渡的な類型を設けた。

この表にみる同党や同党妹は、戸主の交代によって親族呼称を喪失し、断片化して「戸」から析出せざるをえないのであるから、かれらが「寄人」となるのであれば、「寄人」と「同党」の家族構成は一定の対応をみせるはずである。そこで、「寄人」についても同様の処理を行い、一覧にしたものが表5である。これらを対照すれば、「戸」の周縁に位置する両者の家族構成が、対応関係にあるということは一目瞭然であろう。ゆえに、「同党」が析出戸口として「寄人」になるという経路は、まず確保されるものと考える。(23)

なお、ここで注意しておきたいことは、表3の単独寄人と表4の単独型同党（妹）との関連、および表4の記姓同

表４　御野国加毛郡半布里戸籍・同党（妹）一覧

A　（母＋）兄妹＋卑属型
3 物部安麻呂(34)ー嫡子・稲麻呂(2)　弟・伊久佐(28)
3 母・物部恵怒売(42)ー物部意比(19)　母児(妹)刀自売(13)
3 同党妹・物部伊比売(45)　次・古売(18)
9 県造比都自(25)　次・麻志(22)
10 県造黒猪(39)ー嫡子(14)(7)　妹・嶋弥売(43)
10 尾治国造族伊加都知(24)**記姓**　妹・意弥奈売(14)
28 同党妹・秦人忍売(33)**記姓**　次・加多弥女(23)
41 秦人尓伎良(36)ー子(6)(4)　弟・古麻呂(8)
50 母・県主族古津売(57)ー県造弥多留(20)　次・小弥多留(16)
Aイ　兄妹＋単婚家族型
18 母・秦人也利売(50)ー秦人知西(33)ー嫡子(3)　弟(23)＝妻秦人(17)ー嫡子(2)　弟(20)　母児(妹)(16)
31 秦人椋人(37)＝妻・物部(34)ー嫡子(12)(6)(2)児(6)　弟(22)　次(15)　妹(42)ー児・秦人(10)(7)　妹(11)
35 県主族多都麻呂(47)＝妻・白髪部(48)ー嫡子(19)(17)(15)(12)児(15)ー嫡子-児(2)　妹(48)ー児・秦人(15)　妹(42)ー児・県主族(13)
45 秦人所波(45)**記姓**＝妻・秦人(42)ー嫡子(20)(13)(11)(4)児(14)(8)(3)　甥(18)姪(20)(19)(17)ー1 姪-児(4)
B　単婚家族〔同党・妻／嫡子・児〕型
9 県造加比(54)＝妻・県造古売(52)ー嫡子(28)(17)児(33)(30)(15)ー嫡子-子(孫)(3)2 児-児(孫女)・嶋乃(8)
25 神人都留伎(40)**記姓**＝妻・神人小姉売(40)ー嫡子(14)(6)児(8)
36 秦人久比(30)＝妻・秦人太利売(24)ー児・阿多麻志売(3)
41 秦人佐目(36)**記姓**＝妻・秦人寺売(34)
51 県造荒海(59)残疾・**記姓**＝妻・秦人波伎自売(44)ー嫡子(25)(14)児(32)ー児・土江君(1)
Bイ　同党＋卑属型
29 秦人堅牛(64)ー嫡子(35)(21)児(42)ー嫡子-児(4)
Bロ　同党妹＋卑属〔児〕型
54 同党妹・秦人佐巳売(35)ー児・秦人依麻売(14)
C　単独型
12 同党・若帯部大人(17)**記姓**
12 同党妹・神人酒津売(24)**記姓**
31 同党妹・秦人麻留売(17)
45 (戸主同党秦人所波**記姓**の)同党・秦人金椅(17)
50 同党妹・県造伊手志売(27)

註）行頭の数字は半布里籍の戸番、カッコ内の数字は年齢、「＝」は婚姻、「ー」は親子関係をあらわす。同党の兄妹は一字アケとし、卑属は世代ごとに詰め書きとする（但し甥・姪などの傍系親は一字アケ）。名は卑属のほか適宜省略、記姓者は姓を記す。

党と異姓寄人との関係である。まず、男性の単独寄人は表４の単独型同党から出た可能性があるわけだが、そこにみる同党（C12・45、ともに一七歳）がこの時点で戸主の交代に遭えば、そのまま析出せずに戸にとどまり、正丁になってからそれを迎えれば、析出して別の戸に編付されたと思われる。一方、女性の単独寄人は先に寡婦として一括したが、単独型同党妹から寄人化したケースも考えておく必要があろう(24)。

また、表４にゴシックで示した「記姓」同党の多くは、秦人・神人という里内

表5　御野国加毛郡半布里戸籍・寄人一覧（表4・註参照）

A　（母＋）兄妹＋卑属型
8 牟下津足奈売(53)　妹・都売(22) 9 石上部加多弥(21)　妹・椋手売(35)　次・奈見売(24)ー児・県主族東人売(2) 14 秦人木足(29)ー子(4)　弟・古麻呂(24)　妹・伊毛売(29)　次・己乃志呂売(17) 21 秦人太利(36)　妹・汙屋売(39)ー児・秦人(14)(5)(5) 46 母・秦人大古売(52)ー秦人身多(47)　次古馬(26)　龍麻呂(20)　三成(17)　三椋(13) 母児・多須売(20)
Aイ　兄妹＋単婚家族型
4 石部黒麻呂(28)　次・牧夫(21)＝妻・守部牧売(22) 11 石上部根猪(35)＝妻・県主族加比売(59)ー児(25)　弟・広背(29)ー子(2)　弟・長背(20) 12 牟下津部麻呂(33)＝妻・物部古利売(22)ー嫡子(2)児(7)(3)　弟・名多(28)ー児(5)(2) 23 秦人比都自(48)＝妻・秦人(37)ー嫡子(11)(8)児(22)(17)(14)(5)　弟・目知(42)＝妻秦人(20) ー子(3)児(7)(6) 45 秦人小広(65)＝妻・秦人古売(57)ー嫡子(30)(15)児(23)(19)ー嫡子-子(2)(5)　妹・都売(33)
B　単婚家族〔寄人・妻／嫡子・児〕型
1 牟下津部安倍(46)＝妻・石部小都売(32)ー嫡子(2)児(13)(3) 13 県主族古麻呂(51)＝妻・尾治戸稲寸女(52)ー嫡子(28)(14)(8)児(19)(17)(10)(7)(3)(2) 15 県主族根麻呂(55)＝妻・県主族若屋売(49)ー嫡子(27)(25)(16)(15)(13)(10)(8)児(20)(18)(12) 25 秦人安閇(60)＝神人津売(52) 47 勝猪手(52)＝妻・牟義津目知売(41)ー嫡子(19)(17)(9)(6)(1)児(24)(15)(14)(7)ー1児-児・五 百木部(1) 50 田原部小山(42)＝妻・石上部大古売(44)ー嫡子(3)　亡夫児・県主族(13)(9)
Bイ　（母＋）男性寄人＋卑属型
13 母・若帯部母里売(93)ー県主族都野(44)ー嫡子(3)　甥・守部稲麻呂(5)妹(3)　母孫・県主族(16) 16 県主族阿閇(29)ー嫡子(5)(3) 50 母・物部伊怒売(45)ー物部比都自(18)
Bロ　女性寄人＋卑属〔児〕型…40・50→表3
C　単独型…16・21・23・33・34・35・41・43・48・49・50・52→表3

の戸主とおなじ姓であるが、なかには尾治国造族（A10）、若帯部（C12）のように、里外との交渉を示唆する例もみられる。こうした記姓同党が「寄人」となった場合、それが里内の親族であったようには全くみえないわけで、異姓寄人にはそういう困難な問題がある。

このような注意点を念頭におき、あらためて両者を対照してみると、やはり目につくのは兄妹型の多さと、寄人に異姓が多いことであろう。寄人の多くが兄弟姉妹としてあらわれることの説明は、析出戸口となる同党などとのかかる対応関係においてなされねばならないと考えるが、戸籍以外の資料に目を転ずると、これとはまた別の要因もみえてくる。

計帳には戸口の移動に関する注記が少なからずみられる。その多くは逃亡の注記だが、それらの逃亡・移住者は「戸」から離脱した実態家族の断片であり、もはや「戸」の法的擬制とは無縁の存在といえる。そこで、現存計帳から戸口の移動を示す記載をあつめ、単独で逃亡したものなどをのぞいて、家族構成ごとに分類したものが表6である。行動をともにしたとみる基準は、注記欄のルビにみるように、「随某」とある例（1出雲臣田越売「随田主」など）を確実なものとし、「右幾人」などと一括表記する例（3出雲臣多理売「右二人和銅五年逃」など）をほぼ確実なものとして採用し、移動した年月と国が合致する例（25・27）や、年時は違うが合流した疑いのある例（21）なども収載した。(25)

さて、この表をみると、表5にみた家族のあらわれ方（A〜B型）とほぼ対応していること（多数ゆえに省略した単独の逃亡・移住者はC型に対応する）、そして戸口が実際に兄弟姉妹の単位で動いていたことがよくわかる。(26)これは「子」の考察で指摘した、「寄人」兄弟の一体性と呼応するもので、寄人の弟の長子を「子」と書く事由も、かれらが実際に兄弟の単位で動いていたとすれば、容易に説明がつく。

表6は戸口の動き方の実際を伝える意味で、「戸」の周縁に位置する「寄人」の動きをとらえる基礎となる一方、表6の家族は移住先に移貫する可能性をもち、その際には「寄人」と表現される公算が大きい。事実、表6の8大石主寸百嶋は、その別項記載にみるように、他郷から雲下里の戸の寄人となっており、もといた戸での親族呼称は不明だが、移貫して「寄人」となった実例とみてよかろう。(27)そういう里外の「戸」から移出した戸口と、「寄人」の家族とが、ほぼおなじ形態であらわれるということは、兄妹・夫婦・単独型などの多様な形態で里外から流入してくる経路の存在を暗示するものといえる。つまり、「寄人」の正体には里内の「析出戸口」とともに里外の「移貫戸口」の存在があり、これが上述の異姓（里外姓）の多さとなってあらわれる要因の一つとして考えられるのである。(28)

さらに、右のような計帳の別項記載をまとめた帳簿とされ、戸口の動きをダイレクトに伝える戸口損益帳をみておこう。表7はその一覧で、2〜5は里内の戸口が分析（析生）して「戸主」となった例、6は出嫁、「その他」は欠損

表6　現存計帳にみる戸口（複数）の移動形態

No.　親族呼称・姓名（年齢）	注　記	出　典
〈A　（母＋）兄妹型〉＊11のみＡイ兄妹＋単婚家族型		
1．戸主男・出雲臣田主(31)　女出雲臣田越売(21)	筑《随》紫国在	雲上里『大』335-6『寧』145
＊戸主母赤染依売(77)が筑紫国にあり→母＋孫？		
2．戸主弟男・出雲臣金縄ら６人(男 13?・12・9、女 24・22・19)	筑《右六口》紫在	雲上里『大』336『寧』146
3．戸主妹・出雲臣形名売(30)　同多理売(43)	和《右二人》銅五年逃	雲上里『大』337『寧』146
4．前欠・女・出雲臣松葉売(43)　同国守売(22)　同家守売(20)	随夫筑紫国	雲上里『大』340『寧』148
5．房戸主妹・出雲臣参歳売(41)　同御川売(40)	越《右二人》後国	雲上里『大』344『寧』149
＊参歳売は養老六年逃、御川売は和銅五年逃		
6．ナシ・秦前大結売(34)　同稲結売(34)　＊姉妹か	和《上件二口》銅四年逃播磨国	雲下里『大』356『寧』155
7．戸主男・出雲臣秦勝(20)　女同玉売(21)	和銅五年逃因幡国	雲下里『大』359『寧』156-7
＊秦勝は因幡国海郡、玉売は因幡国とあるのみ		
8．ナシ・大石主寸百嶋(3)　姉４人(12-5)、母(41)・従母(37)	割《右七人》来附	雲下『大』360-1『寧』157-8
＊別項「右七人割来附余戸郷戸主宍人荒海戸口」		
9．房戸主・出雲臣意美麻呂(34)　妹(34)　母(76)	和《随》銅二年逃越中《ママ》国	雲下里『大』360-1『寧』157
10．ナシ・蝮王首真土売ら４人(34・31・29・26)　＊姉妹か	遠《右四人》江国	雲下里『大』370『寧』162
11．ナシ・大田史多久米(42)＝妻(37)ー男(20・12)女(14・8)妹(2)《ママ》	(天平元年編付)	志何郡『大』387-8
12．ナシ・三上部阿閇(47)ー男(13)女(8・6・2)　弟(33)ー女(9・8?)	(天平元年編付)	志何郡『大』388-9
13．戸主男?・木今《ママ》直水海(26)　今木直諸海(26)	和《右二人》銅六年逃	愛宕郡『大』506『寧』167
14．房戸主男・壬生国依(39)　同小国(25)	和《右二人》銅五年逃近江国	愛宕郡『大』539『寧』183
〈B　単婚家族型〉		
15．房戸主・大友但波史吉備麻呂(39)＝妻(39)ー女(8・14・21)	(天平元年析出)	志何郡『大』387
16．戸主・錦部直祢麻呂(68)＝妻(67)ー男(39)女(32・31)	和《上件三人》銅五年逃越前国	愛宕郡『大』517『寧』172
＊祢麻呂は「越前国」、妻は「随夫」とあるのみ		
〈Bイ　父・子型〉		
17．奴・酒人(54)ー男勢麻呂(7)	神《随》亀元年三月逃	雲上里『大』341『寧』148
18．戸主・秦高椅色夫智(66)ー男同法善(34)	和《右二人》銅二年逃	雲下里『大』380『寧』166
19．戸主・国覔忌寸弟麻呂(34)ー男(2)女(14・5)、母(53)	依居住移左京	右京『大』496-7『寧』141-2
20．戸主叔父・秦人広幡阿提(78)ー男同甥麻呂(41)女同岡売(30)	和《上件三人》銅五年逃越前国	愛宕郡『大』542『寧』185
21．房戸主・秦人広幡等与(73)ー男同土方(35)	逃越前国	愛宕郡『大』543『寧』185
＊等与は和銅三年逃、土方は和銅二年逃		
〈Bロ　母・子型〉		
22．ナシ・出雲臣羇迩売(58)ー女春日部主村麻夜売(33)	和《右二人》銅五年逃近江国	雲下里『大』361『寧』157
23．ナシ・迹連刀自売(75)ー女秦倉人多刀売(50)	和《右二人》銅三年逃越前国	愛宕郡『大』535『寧』180
〈良口＋奴婢型〉		
24．ナシ・日下部酒人連小足売(76)＋奴１人・婢３人	和《上件四口随》銅二年逃播磨国	雲下里『大』356『寧』155
〈その他〉		
25．戸主弟女・大友但波史族阿流自(11)　姑・古阿麻(60)　奴	逃養老五年	志何郡『大』329-30
26．ナシ・女白髪部造稲津売(30)　白髪部造阿漏自売(79)	和《右二人》銅二年逃	雲下里『大』371『寧』162
27．戸主姑・川造志多布売(69)　姪(26)　ナシ・母(75)	和銅元年逃越前国	愛宕郡『大』521-2『寧』174
28．前欠・従父兄壬生逆(33)	和《右二人》銅五年逃近江国	愛宕郡『大』538『寧』183

註）逃亡注記は郡以下を省略。『大』は『大日本古文書』巻一、『寧』は『寧楽遺文』上、数字は頁数を示す。また、続柄の不明な奴婢どうしの例（『寧』149、152）は省略した。

表7　陸奥国・右京戸口損益帳にみる戸口の移動形態

〈A　兄妹＋卑属型〉	出典
1．寄・大伴部忍(9)次・真忍(7)　姉・麻刀(14)　従父弟・大麻呂(23) ＊「太宝二年籍後、移出里内戸主大伴部意弥戸、戸主為甥」	陸奥国A
2．戸主・大伴部久比(49)―子・忍人(17)児・尓志伎(11)　弟・男(41) ＊「太宝二年籍、里内戸主大伴部意弥戸、々分析今移来」	陸奥国B
3．前欠・女・路真人加気売(8)小加気売(7)　姉・於美奈売(56)　姪・首名(25)　姪女・我人女(10)　婢・加美女(50)　奴・小金麻呂(12) ＊「上件十五口析生、即以牛養為戸主、所貫同坊」	右京
4．戸主・路真人井於(38)―男・諸男(15)広成(9)女・鑰取女(8)　姉・中刀自女(38)　妹・屋主女(35)　姪・倭麻呂(8)　婢・雨間女(61) ＊「上件八口析生戸、即以井於為戸主、所貫同坊」	右京
〈B　単婚家族型〉	
5．戸主・丸子部忍(84)＝妻・同族古夜(53)―子・忍羽(29)次・忍人(21)子真人(19)児・刀自(27)乎刀自(10) ＊「太宝二年籍、里内戸主丸子部子尻、分析今移来」	陸奥国A
〈C　単独型〉	
6．戸主弟君子部古久須児・久波自(21) ＊「太宝二年籍後、嫁出往郡内郡上里戸主君子部波尼多戸、戸主同族阿佐麻呂為妻」	陸奥国A
〈その他〉	
7．戸主・大田部赤麻呂(25)　叔父・甲(47)―子・麻呂(18)以下欠 ＊「太宝二年籍後、郡内郡上里戸主大田部伊須伎戸、戸主子今為戸主、『全戸移来』」	陸奥国A
8．戸主・占部道(?8)＋戸口10人 ＊「大宝……。戸口十人、従道移来」	陸奥国B

出典…陸奥国戸口損益帳（『寧』上84-5、『大』一305-8）、A・B断簡
　　　右京戸口損益帳（『大』一502-4）

戸である。ここでも兄妹で動いた例が大半をしめるが[29]、注目すべきは「寄人」から「甥」に転じた1大伴部忍であろう。

上述のように、「甥」は戸主が交代しても「同党」として「戸」にとどまることができ、また分析して房戸主とも郷戸主ともなりえた。その意味で、この忍は「戸」の深いところに食い込んだことになるが、「寄人」がこのように記姓者として「戸」に還流する経路もあるわけで、戸から析出した寄人が無限に増えてゆくわけではない。むしろ、それは頻繁に起こっていたと考えるべきで、例えば、女系親族として認定した寄人・秦人木足の例でいうと、かれが死亡ないし逃亡すれば、その「子」広

山は戸主「孫」となり、戸の継承が行われた後でも「甥」として還流できる。このように里内の析出戸口や里外の移貫戸口が「戸」の周縁にあって、戸との接触をくり返していた。そうなると、次に「里」の外縁が問題となってくるが、それは本章の課題ではないので追究しない。ここでは、右のような動きを戸籍によみ込む試みとして、半布里籍の一つの戸に注目したい。

中政戸敢臣族岸臣目太戸口八〔正丁三　次丁一　小子二　緑兒一　并七　少女二〕
下々戸主目太〔年卌四　正丁、「工」〕　嫡子小麻呂〔年廿三　正丁〕　次大麻呂〔年十二　小子〕
次黒麻呂〔年三　緑兒〕　戸主弟麻佐〔年卅二　正丁〕　子身太〔年四　小子〕
寄人勝安麻呂〔年五十三　闇人、殘疾〕　戸主兒刀自賣〔年廿　少女〕

右の敢臣族岸臣という氏姓は半布里籍にしかみえず、半布里現存五四戸でも、49戸主の目太《また》（四四）と弟の麻佐（三二）らのほかには、同姓を名のる者がほとんどいない。「子」の考察で麻佐とその「子」身太《むた》に接合するとみた4県主族刀自売の娘たちと、1戸主・石部三田《みた》の妻、敢臣族岸臣都女（四五）のみであり、この石部三田と敢臣族岸臣目太はともに、半布里に二人しかいない「工」である。かかる縁からして、目太・麻佐の兄弟と三田の妻・都女は姉弟であった疑いが濃い。とすれば、半布里の敢臣族岸臣姓はかれらで完結し、この姉弟がおそらく里外からもち込んだものと考えられるが、その場合姉の都女と石部三田との婚姻が、その流入の契機として注目される。その時期は、長女の年齢（二四）から推測して二五年以上前になるが、二五年前といえば目太は一九歳、麻佐は七歳で、かれらが「戸」を形成していたとは考えがたい。ゆえに、この兄弟は姉の出嫁にともなって寄口した、三田の戸の「寄人」であったと想定されるのだが、これには一つ根拠がある。

それは、麻佐の「子」という記載である。これも「子」の考察で述べたように、半布里では「寄人」の弟の長子を「子」と書いた。この用法から、目太と麻佐の兄弟が最近まで「寄人」とされ、その書き方が分析したあとも残存したと考えると、大体辻褄があうわけである。大体、とは、「子」の身太が四歳で、大宝二年が最初の籍年となる点、また巻頭欠損部を棚上げにした点だが、敢臣族岸臣姓の分布が著しく限られる点からみて、欠損部四戸に同姓の戸や戸口がいた可能性はかなり低く、また49戸が「五十戸」外（欠損4＋49）の「戸」であり、かつ戸口八と小規模であること、さらに、上述した戸口の移動形態からいっても、目太の戸が「分立戸」であった可能性は高いと思われる。

つまり、敢臣族岸臣目太らは、表6の兄妹たちと同様、本貫をはなれて半布里に移貫し、姉が妻となった戸で「寄人」として暮らし、やがて分析して「戸主」となった。その分立の契機としては目太が半布里では貴重な手工業者、「工」である点を重視したいが、ともあれ、一般親族が分析して「戸主」となった表7の2～5と同様、「寄人」もまた「戸主」として分立しえた。目太の戸は、そのことを比較的客観的に立証しうる例と考える。

つとに岡本堅次や岸俊男は、「寄人」が郷里制下において房戸を形成した可能性を指摘していた。事実、大嶋郷籍で続柄注記のない房戸主などは「寄人」と考えられるが[30]、本章ではこれを一歩進めて郷戸主になりえたとみる。したがって、「寄人」は一般親族と同列に置かれる存在であり、ただ戸主との続柄が明らかでない点においてことなるのである。

ここで、以上の論旨をまとめておこう。「寄人」は「戸」の継承過程で発生する「析出戸口」、移住などにより本籍を離脱した「移貫戸口」、また令規によって「析出不可」とされた少年や寡婦、「放賤従良」の奴婢からなり、〈同党→寄人〉〈寄人→甥〉といった双方向の析出経路や、〈里外親族→寄人〉という移入路が確認されるほか、〈寄人→戸主〉という分立経路も推定される。よって、「寄人」は一般親族と同等の良口であるといえる。

このように「寄人」の正体とその性格についてはほぼ明らかになったと考えるが、これによると、「寄人」の発生は、移住や奴婢の解放といった突発的な要因を除けば、「編戸」にその主たる要因があるといえるだろう。つまり、「戸」を形成する親族が「同党」以内に限定されるから、析出戸口などの「寄人」が発生する。ではなぜ、「戸」をそのように限定するのか。ここにきて、「寄人」の問題は「戸」の本質論と表裏の関係にあることが浮き彫りとなる。そこで、この問題を「戸」の外縁に位置する「同党」から考えてみたい。

五　「同党」の考察――「戸」の外縁

「同党《どうとう》」とは「同堂《どうだう》」のこととされ、「同堂」とは「従父昆弟」、父系のイトコである。(31)劉宋の庾蔚之が、「今の人、従父昆弟を謂いて同堂と為す」といい、その謂は「同室の義」より取ると説くのは、『儀礼』喪服伝に、兄の妻や弟の妻のために小功五月の喪に服するのは一緒に住んでいるからだ、と説くのを敷衍したものだが、(32)これは、実態はどうあれ、兄弟の家族が「相与《とも》に室中に居り」、したがって従兄弟どうしの子供も「共居」したことから出た語と解される。ちなみに「堂兄弟」といえば、現代の中国でもイトコを意味する。

古代中国の「家」の姿は、目覚ましい進展をみせている発掘の成果をえて、今後も具体的に明らかにされてゆくだろうが、前世紀来の調査によって得られた知見の一つに、周代にまでさかのぼる「四合院」様式の伝統の古さと、その根強さがある。(33)「四合院」とは周知のごとく、「堂」や「庭」を中心に、「室」とか「廂」「房」と呼ばれる部屋が四方の壁にとりついた一種の集合住宅であって（図6参照）、親族はその部屋を分譲して暮らしていた。現在もみられるそれが、古代の住宅そのものであったとは思われないが、発掘によって得られつつある「四合院」様式というハードウェアの建物と、右に庾蔚之が述べたようなソフトウェアの言説とは、さほど矛盾もなく理解され、「四合院」（集合住宅）的な居住形態というものを想定すること自体に、大きな誤りはないように思われる。

古代中国の親族構成は、五世の同祖をその起点とし、三従兄弟に至る親族呼称と微細な喪服の体系を構築していたわけだが、にもかかわらず、中国の戸籍は古来、ほぼ一貫して単婚家族を「戸」の単位として立ててきた。(34)それは、おそらく「室」や「廂」「房」に住む家族を具体的な対象としたのであろうが、中国の戸籍が「戸」をそのように限定するのは、その宗族があまりに広範囲に及ぶために、かえって小さな単位の集積として把握する方が、実態に近い結果が得られたためではないかと推測される。

さて、八世紀前半の日本では、郷里制の施行にともない、従来の「戸」（郷戸）を分割して「房戸」の制を立てた。「戸」を細分した「房戸」とは、このばあい、「四合院」の「房」に対比されるわけで、さらに、「同党」が「同堂」であるならば、それは「堂」を同じくする親族ということであるから、「同堂」を外縁とし、「房戸」からなる「戸」とはまさに「四合院」的な居住空間を体現しているわけである。それはむろん「実態」ではなく「擬制」であって、あくまでもことばの次元のはなしではあるが、「戸」というものがある種の「家」をイメージしたものであるということは考えられてよいと思う[35]。

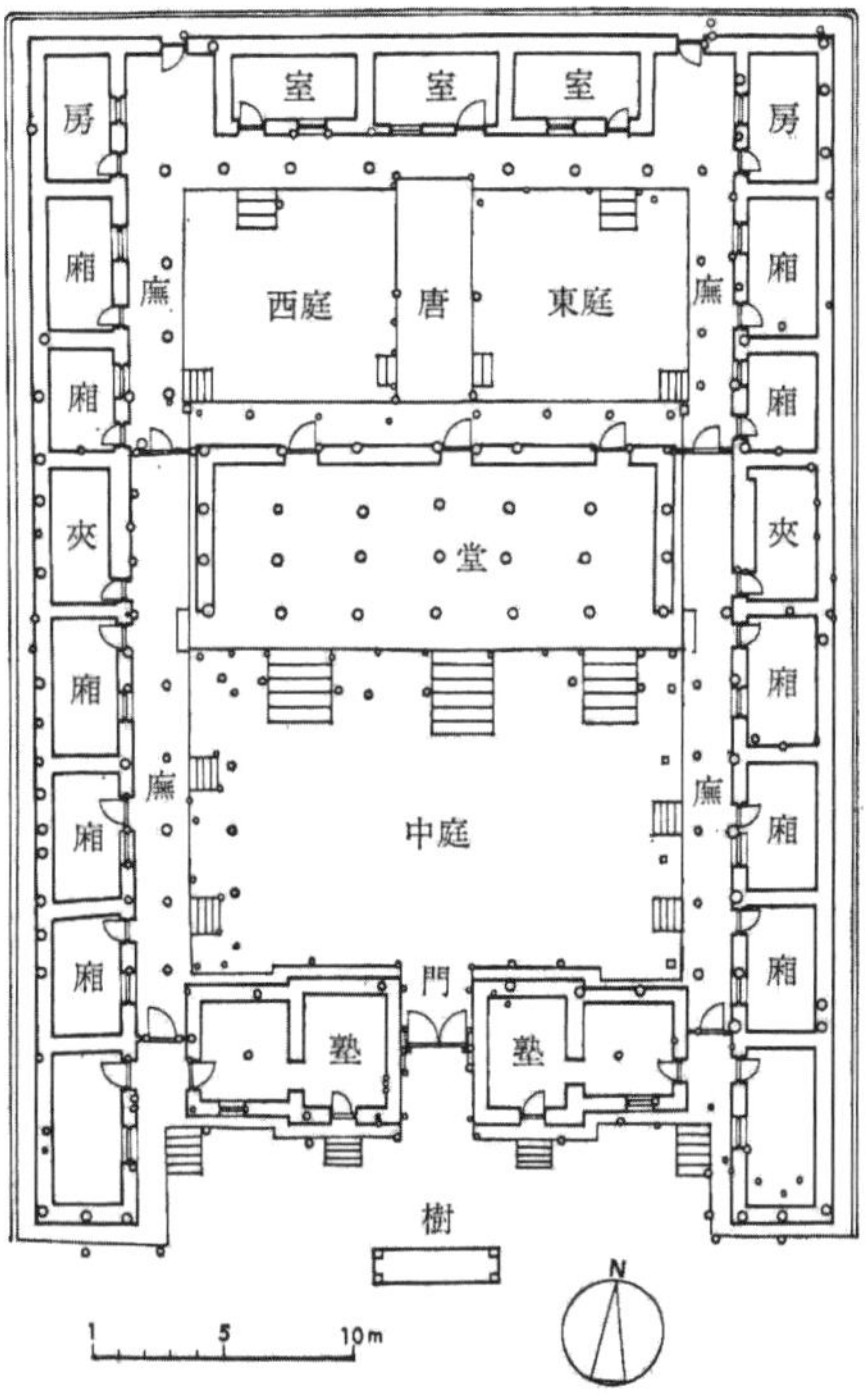

図6　陝西岐山鳳雛甲組遺址復元平面示意図（田中淡『中国建築史の研究』弘文堂、1989年より）

「同党」なる親族呼称は、大宝二年籍（七〇二）、それも御野国のそれにしかみえないのだが、「房戸」の制によって書かれた養老五年（七二一）の下総国戸籍の房戸主をみると、ここでもやはりイトコが「戸」の外縁とされていたことがわかる。すなわち、下総国葛飾郡大嶋郷籍によれば、郷戸主からみた房戸主の親族呼称は、兄・弟七例、伯父二例、従子（甥）六例、従父兄弟（同党）一八例、外従父兄（記姓同党）一例などとなっており、イトコがもっとも多い[36]。さらに、その房戸主が、御野国戸籍にいう「戸主兄」「戸主弟」「戸主甥」「戸主同党」などに対応することからして、「戸」（郷戸）はこれらの親族が「房」（房子《へや》）に分譲して暮らす、集合住宅の様相を呈してくるのである。

事実、前掲の図5をふりかえると、「戸主」「兄」「弟」「甥」「同党」がタテ割りに同居しているふうであって、その証拠といわんばかりに、それら文字囲をした男性親族の長子はみな「嫡子」と書かれている。「嫡子」と「子」の使い分けについては上述したとおりだが、この「嫡子」は、その尊属である「戸主」「兄」「弟」「甥」「同党」が個別の家主であるがゆえに付与された呼称なのではなかろうか。最後に、その立証を試みよう。

六　「嫡子」の考察——集合世帯としての「戸」

戸籍で「嫡子」といえば、戸の継承資格者という意味にとるのが自然であろう。事実、下総国戸籍にみえる「嫡子」は戸のなかに一人しかいない、戸の継承資格者と考えてよいものである。つまり、「嫡子」の用法は「房戸」制の施行とともに切り替わっているようなのだが、御野国戸籍では一つの「戸」に複数の「嫡子」が同籍する事例がはなはだ多い。嫡子を立てている一一七戸のうち、嫡子が複数いる戸が七二戸もあり、うち三人の例が一九、四人の例が七戸ある。一人のみの例でも、欠損戸でほかに嫡子がいたかどうか不明であったり、ほかに男子がなかったりする例が少なくない。また、嫡子をともなう男性尊属は上述の「戸主」「兄」「弟」「甥」「同党」と「寄人」で、これは男性戸口が名のる親族呼称のほぼすべてといってよい。この点は西海道戸籍でも同様であり、現存の大宝二年籍にいう「嫡子」は戸の継承資格者と一律には解しがたい[37]。

では、単に嫡出子とか、長子という意味で使われているのであろうか。しかし、長子という意味ならば、図5にみたように、「嫡子」の第一子を「子」と書くのはおかしいし、御野国戸籍の男女別記載方法では「嫡子」が嫡出子であることを立証する手だてもない(38)。また、「嫡子」の年齢は、丁中記載にいう「正丁」「少丁」「小子」「緑児」のすべてにわたっているから（後掲図7・8参照）、立嫡の資格は年齢とも関係がない。

そこで、「嫡子」が立てられるプロセスを、「戸」の実例に即して観察してみる。図7と図8は、半布里籍の22県主族安多と52秦人桑手の戸を系図におこしたもので、ともに四人の兄弟を中心とするが、前者は「嫡子」が一人のみ、後者はそれが複数ある例であると同時に、図7の戸主がその嫡子（志比）に移ると、図8のようになるわけである。

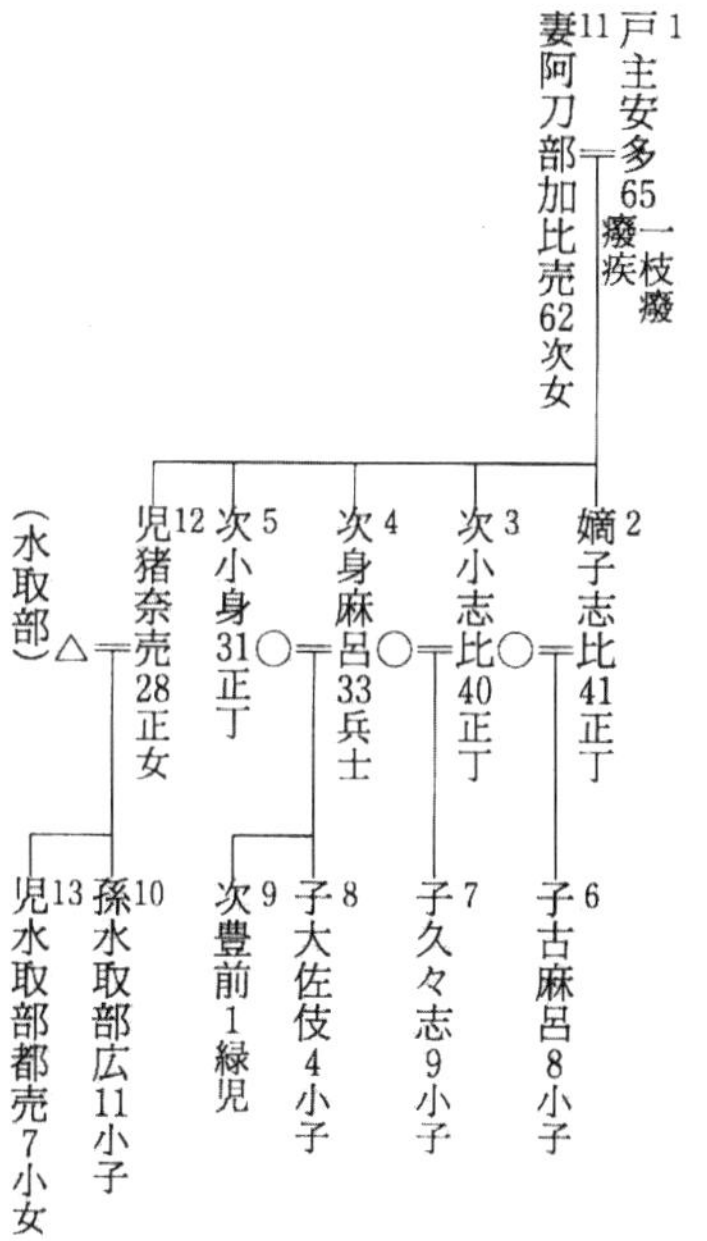

図7　五保・中政戸・下々戸主県主族安多の戸

ここで、親族呼称の右肩に数字で示した記載順に注目すると、まず図7では、「戸主」安多にはじまり、「嫡子」志比、「次」小志比と、子供の世代を尽くしてから、「志比の子」古麻呂、「小志比の子」久々志、さらに「孫」水取部広に至る。女性も同様に妻・阿刀部加比売にはじまり、その「児」猪奈売、その「児」水取部都売と続く。図は、水取部広と同都売とが猪奈売を母とする兄妹と推定したものである。

ところが、図8になると記載順が一変する。すなわち、「戸主」桑手にはじまり、年長の弟たちを後まわしにして、「嫡子」波加西、「次」石井と、戸主の男子を先に尽くす。ついで「戸主弟」諸弟、「嫡子」

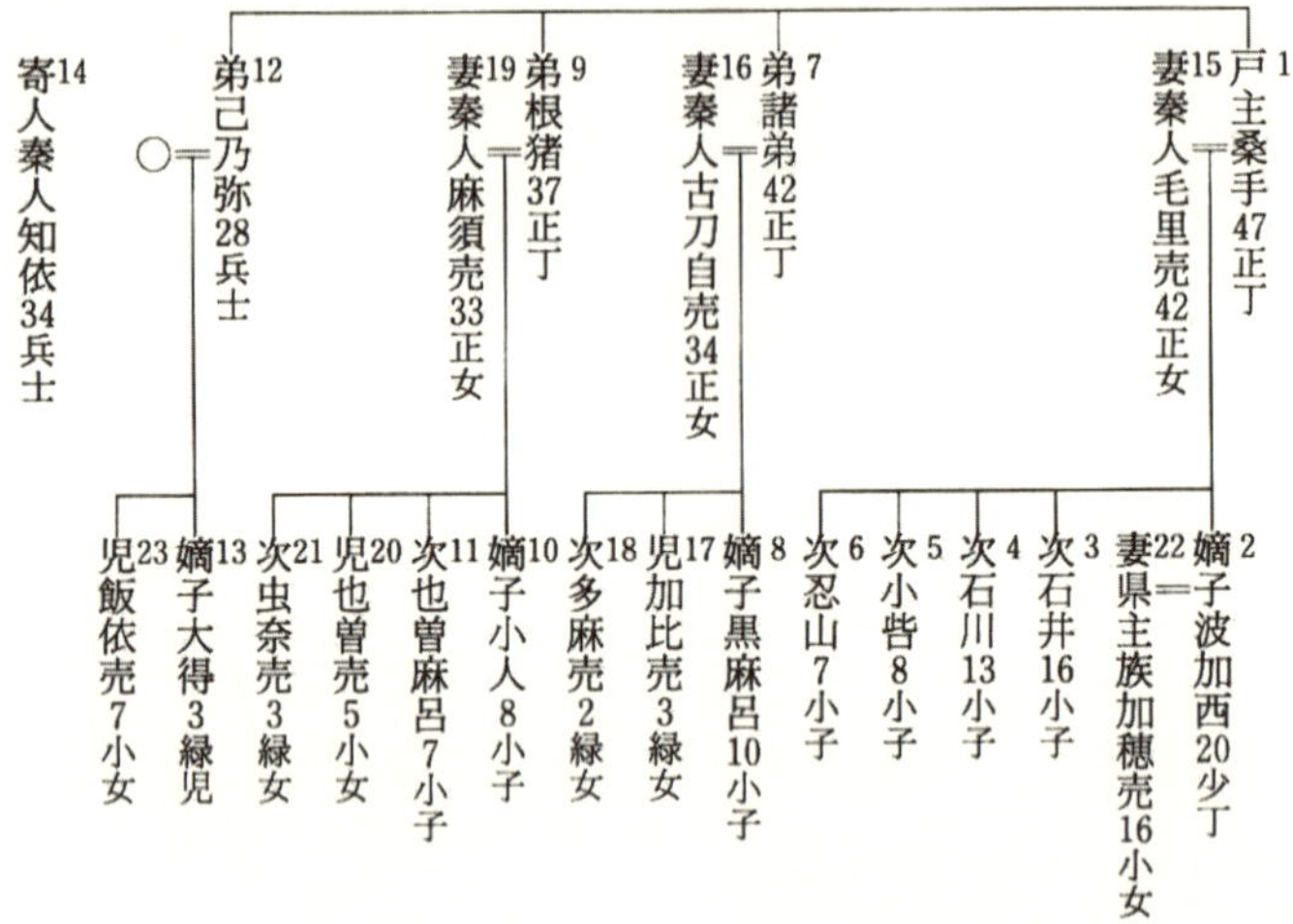

図8　上政戸・下中戸主秦人桑手の戸

黒麻呂、「戸主弟」根猪と、ジグザグにたどってゆく。女性も同様で、要するに世代ごとではなく世帯ごと、家族の単位ごとに記載するのである。

また、右の変化と帯同するように、図7で「子」と書かれた長子たちが、図8では一斉に「嫡子」となり、その父親たちはみな「妻」を同籍する。この場合、「妻」の同籍は右の変化と必ずしも連動しないようだが、ほかの二つの変化は、図7の志比の兄弟と図8の桑手の兄弟が同年代であることからも、戸主の交代によって生じた変化とみてよい。

このように「嫡子」の発生は、世代ごとから世帯ごとへの記載順の変化と一体の関係において認められるもので、右には「戸主」と「弟」しか例示できなかったが、「兄」「甥」「同党」のいずれにおいても同様のことがいえる。

また、右の過程からも明らかなように、「嫡子」は戸主の傍系親(兄・弟・甥・同党)の発生にともなって立てられるものである。そこで、半布里籍の「戸」を、Ⅰ戸主の卑属からなる戸(図7)、Ⅱ戸主の同世代親族を含む戸(図8)、Ⅲ戸主の尊属を含む戸、の三つの型に分類し、その「戸主」の位置どりによって出てくる親族呼称を整理してみると、興味深い事実が浮かび上がってくる。

その結果はすでに図5に書き込んでおいたが、Ⅰ類には戸主の配偶者および直系卑属、つまり妻子のほかに「戸主甥」などがみえ、Ⅱ類では「戸主兄」「戸主弟」「戸主妹」や「戸主同党」などが出てくるが、Ⅲ類の尊属はすべて女性（戸主母・姑・同党母・戸主妻母・弟妻母）で、男性尊属は一人もいない。御野国戸籍全体でも「戸主伯」はわずか二例であり、(39) Ⅱ類の「兄」や「弟」はそのままⅢ類の戸に残って「伯」となることがほとんどないのである（点線部b・c）。では、「戸」を出たかれらはどこへ行ったのであろうか。

「戸主弟」が「戸」を移動するということについては、著名な実例がある。石母田が「古代家族の年代記」と呼んだ「近江国志何郡計帳手実」の大友但波史族吉備麻呂の例がそれである。(40) かれは神亀元年（七二四）、同郡古市郷戸主・同広麻呂の「弟」としてみえ、翌二年、同戸の房戸主となり、天平元年（七二九）には郷戸主となったが、同十四年には再び（おそらく兄・広麻呂の戸の）「弟」となっている。その理由はともかく、この吉備麻呂の事例と、先の大嶋郷籍の房戸主や分立戸主の例を考えあわせれば、「弟」や「甥」などの傍系親族が、戸籍や計帳の上で多様な動きをみせていたことが想定されてくる。(41)

このように、その長子を「嫡子」と標示された男性親族、すなわち「戸主」「兄」「弟」「甥」「同党」は、離合集散可能な個別の親族単位として設定されており、「戸」はこうした親族の寄り合い所帯のような性格を有していた。かかる意味で、「嫡子」は、「一戸の内に縦へ十家有りとも」という場合の、「家」の長子であったといえる（戸令五家条集解古記）。「凡そ戸主は皆、家長を以てせよ」という同戸主条に対し、集解所説が「家長」を嫡子のこととして論議するのも、理由のないことではないのかもしれない。

そして、右の親族単位が先の房戸主の親族呼称とも対応することから、「房戸」を置くことと「嫡子」を立てることとは、ほぼ同様の意味をもつとみてよく、したがって古代日本の造籍事業は、その当初よりそれなりの一貫性をもって行われていたと考えられるのである。時にいびつなかたちで分裂し増殖する実態家族を、最小単位に分割して相似形をつくる（再構成する）という、中国で古くから行われてきたのと同様の技術を日本でも継受していた。そのことが「嫡子」や「房戸」の制から裏づけられるのである。

さて、右のような意味をもつ「嫡子」は「寄人」にも立てられていた。それは、「寄人」が集合世帯としての「戸」を構成する個別の非親族単位として設定されていたことを意味しよう（この場合の親族とは「同党」以内をいう）。しかも、「子」の考察で述べたように、半布里では「寄人」に対して一人の「嫡子」を置く原則であったらしい。これは、「寄人」をひとまとまりの単位として設定していた端的なあらわれといえよう。

つまり、御野国戸籍の「戸」とは、「戸主」を核とする「同党」以内の親族とそれ以外の「寄人」とに分けて寄り合わせたものであり、その意味では、「兄」「弟」「甥」「同党」といった親族（あるいは「戸主」自身さえ）も、「戸」を構成する一種の「寄人」にほかならない。いわば「戸」そのものが「寄人」的な家族の寄り合いなのである。そして、「同党＝同堂」という内枠を設定しつつ、「寄人」や傍系親を動かすかたちで、「五十戸＝一里」という外枠の維持を可能にしたものが「編戸」であり、かかる技術なくして、「里」の編成と運用は困難であったと思われるのである。

おわりに――「戸」の向こうにみえてくるもの

「寄口の記載の中にかえって当時の家族の実態がみられるのではないかと思う」

これは岸俊男が「郷戸・房戸・寄口」と題した考察の末に漏らしたことばであり(42)、ここに至るまでの間、筆者の脳裏にこびりついて離れなかった言葉である。本章の考察は「戸」を周回しながら、結局この一言に向かって進んできたようにも思われる。そこで、この点に関する若干の卑見を述べて、本章のむすびにかえることとしたい。

実態家族とは、この場合家屋を共にする家族と考えるが、半布里の場合、現存五四戸（推定五八戸）、戸口一一一九人で、一戸あたり二〇・七人平均。ところが、半布里籍の故地とされる岐阜県富加町の東山浦（半布里）遺跡の竪穴住居址をみると、その床面積から一棟あたり二〜七人が居住したと考えられている[43]。したがって、戸籍にいう「戸」は複数の住居を含みこむことになり、これはすでに指摘されていることだが、その意味でも「戸」は個別的な家族の寄り合いであったといえる。

そこで、「寄人」の個別の人数を表5に数えてみると、一〇人をこえるのはわずか四例で（Aイ23、B13・15・47）、このうち23は兄と弟の世帯で割れば八人と五人となり、残る三例も13が一一人、15・47が一二人で、小児も多く、年長の兄妹が別棟に出るなどすれば、同居は可能である。また、表6の逃亡・移住者は、本籍をはなれて新たに家を構えるか、寄寓するしかない人たちだが、その人数は二〜八人であり、見事に右の床面積と対応する。

先の岸の一言はこのようにして裏づけが得られると思うが、そうなると、前節の末尾に記した、「戸」は「寄人」的な家族の寄り合いである、という本章の結論は、以上のような実態家族の集合体として「戸」をとらえることができる、という視角を開示するのであり、そこで前節に述べた親族単位のブロックが問題となってくる。つまり、「戸」を親族単位に分解することで、実態家族を摘出できるのではないか、ということである。

個別の親族単位を一棟の竪穴住居にあてるといっても、実際には単独の姪と姑とが同居しているような場合も想定されるので、一概にはいえまいが、それほど実態から離れた考え方でもないだろう。問題はむしろ、「戸」の寄り合いが実際の竪穴住居群に対応するのか、つまり、「戸」に同籍する親族や寄人が近接して住んでいたのかにあるだろう。

ここで、「戸」に関する興味深いデータにふれておきたい。先に「戸」を分類して、Ⅰ戸主＋卑属、Ⅱ戸主＋同世代親族、Ⅲ戸主＋尊属の三つの型に整理し、Ⅰ類からⅡ類へと展開させて「嫡子」の発生過程を観察したが、半布里でいうと、Ⅰ類に属する「戸」は一二、Ⅱ類は二六、Ⅲ類は一六戸で、さらにⅢ類から女性尊属を除いてみると、Ⅱ類一四戸、Ⅰ類二戸を摘出でき、Ⅱ類は都合四〇戸、Ⅰ類は一四戸となる。その親族構成を子細にみると、Ⅰ類の内訳は戸主と甥・姪からなる戸が一〇で、残る四戸は戸主の単婚家族型（核家族）であり、Ⅱ類は兄弟姉妹型が二四戸で、残る一六戸は戸主と同党（妹）からなる戸である。

興味深いことに、ほとんどの戸が兄妹型か、それを起点として派生したかたちをとっている。すなわち、Ⅱ類の兄弟姉妹型を基本として、戸主の兄妹が子供を残して亡くなったかたちがⅠ類の戸主＋甥・姪型であり、それから、戸主自身が亡くなって嫡子が承継したかたちがⅡ類の戸主＋同党（妹）型であって、これら兄妹型を祖形とするものだけで五四戸中五〇戸をかぞえる。(44) むろん、傍系親の場合は「分析」の可能性があるので、このように簡単にはいかないが、兄妹型が基礎にあるということは、おそらく動かしがたいであろう。

一方、本論で戸口の動き方を追跡した際、その多くが兄弟姉妹の単位で動いていることに注意しておいた。また、その家族構成の諸類型についても、最も例の多いA〈兄妹〉型が母胎となり、Aイ〈兄妹＋単婚家族〉型を過渡的形態としてB〈単婚家族〉型が派生し、さらにBイ〈父子〉・Bロ〈母子〉の夫婦片籍型を過渡的形態としてC〈単独〉型が派生する、という関係にあるものとして整理できるだろう。これはつまり、当時の家族が一般に兄弟姉妹を単位とする一定のまとまりを有したことを示している。

「戸」の親族構成と個別親族の家族構成とが、ともに兄弟姉妹型を基礎とするという右の所見は、兄弟姉妹の「共居」、すなわち「同堂」の関係が戸籍上に遍在するという事実を明らかにするものである。この事実は、これまでほとんど注意されてこなかったものと思われるが、その解釈には一応、二つの見方が想定される。政府の意図より出た「擬制」とする見方と、これが居住実態そのものをあらわすとする見方とである。

しかし、前者の見方は、父系主義を建前とした政府の立場とは相容れない施策のように思われるし、政府が兄弟姉妹の「共居」を奨励したという事実も認められない。そもそも、曾祖父から再従兄弟に及ぶ儀制令の親族呼称を用いずに、「同党」以内を親族の範囲とし、これ以外を「寄人」と呼ぶ必要がいったいどこにあるのだろうか。兄弟姉妹が連帯して暮らす現実があるから、兄妹の家族のほかは「寄人」とした。このように考える方が、はるかに無理がない。日本語固有の親族呼称が「イトコ」を外縁とするという周知の事実もまた、この考えの妥当性を裏づけるだろう（『和名抄』にいうイヤイトコ・マタイトコなどは「イトコ」の枠を押し広げた訳語にすぎない）。ゆえに、兄弟姉妹の「共居」が当時の一般的な居住形態であり、「戸」はそうした居住実態を基本的な枠組として編成されていたと考えるべきである(45)。

したがって、国家が父系の原理に即して人民把握を貫徹したというような説明は、右の事実に反しているのであって、そもそも国家の理想を敷衍するということのために、居住実態を無視した「編戸」が行われたとすれば、実態の調査や課役の集計など、その維持や運用の面で多大なコストを要することになり、かえって、「編戸」の実が失われるという矛盾さえ生じかねないだろう(46)。

また、夫婦片籍や緑児の機械的編付といった「擬制」的な処理についても、同様のことがいえる。すなわち、妻問い婚といった慣習のもとでは、夫婦の関係や子女の帰属が流動的かつ不安定であるため、郡家などがその一々の実態に即して認定を行うのは難しい。ゆえに、夫婦片籍などはその実態調査や記載変更などに要するコストを省いた当然の措置であって、日本古代社会特有の問題への合理的な対処として理解されるべきであろう(47)。

本章で明らかにしたように、「五十戸＝一里」制によって「戸」を分立したり、「戸」の範囲により「寄人」を析出したりするのは、確かに「擬制」的な処置ではある。しかし、そうした操作がどれほど実態から離れていたのか、われわれは未だ確かめられていない。ほぼ一里分を完存する半布里籍のような、完好な資料に恵まれているにもかかわらず、である。本来、戸籍の「擬制」の追求は、「実態」の復原という作業と一体不可分のはずである。われわれは次に、この作業にとりかからねばならないだろう。

註

(1)　吉田晶「寄口の歴史的性格」(『日本古代社会構成史論』塙書房、一九六八年)二三八～二四五頁。原島礼二「寄口の史的意義」(『日本古代社会の基礎構造』未来社、一九六八年)三五八頁参照。なお、職員令集解神祇官条古記に、祝部の戸口の丁調は神調にあてるが、「戸内有他姓人」の調は公調とするとみえる、戸内他姓の人のなかには、「寄人」も当然含まれる。

(2)　石母田正「古代家族の形成過程」(『石母田正著作集』二、岩波書店、一九八八年)。藤間生太『日本古代国家』(伊藤書店、一九四六年)第一章。門脇禎二『日本古代共同体の研究』(東京大学出版会、第二版一九七三年)。吉田前掲註(1)「寄口の歴史的性格」。原島前掲註(1)「寄口の史的意義」。南部昇「籍帳研究史の二つの問題」(『日本古代戸籍の研究』吉川弘文館、一九九二年)、同「寄口を戸主の近親と主張する新説について」(『続日本紀研究』二六九・二七〇、一九九〇年)など。

(3)　門脇禎二「上代の地方政治」(『古代社会と宗教』若竹書房、一九五一年)。岡本堅次「古代籍帳の郷戸と房戸について」(『山形大学紀要(人文科学)』二号、一九五〇年)。岸俊男「律令制の社会機構」(『日本古代籍帳の研究』塙書房、一九七三年)。平田耿二「古代籍帳の遡源的分析」(『日本古代籍帳制度論』吉川弘文館、一九八六年)。斉藤尚也「寄口に関する覚書」(『国史談話会雑誌』七号、一九六四年)。杉本一樹「編戸制再検討のための覚書」「戸籍制度と家族」(『日本古代文書の研究』吉川弘文館、二〇〇一年)。中田興吉「寄口編付の契機について」(『続日本紀研究』二五三号、一九八七年)。明石一紀「寄口の便宜的性格」(『続日本紀研究』二六七号、一九九〇年)など。

(4)　安良城盛昭「班田農民の存在形態と古代籍帳の分析方法」(『歴史学における理論と実証I』お茶の水書房、一九六九年)。安良城は、封戸制と関連して一定課丁数の「戸」を設定するために、国家権力が班田農民の血縁関係を通じてその家を再編成したとする。また、浦田(義江)明子「編戸制の意義」(『史学雑誌』八一巻二号、一九七二年)参照。

(5)　吉田孝『律令国家と古代の社会』(岩波書店、一九八三年)など。

(6)　以下、御野国戸籍の原文は『続日本紀史料』巻一・大宝二年十一月是月条に依拠し、『正倉院古文書影印集成』(八木書店刊、以下『影印集成』と略称)の写真版と解説を参照した。また、半布里籍の五四戸には頁数の代わりに「戸番」を付し、そのアラビア数字を人名などに冠した。ほかの里の場合も同様とするが、『大日本古文書』巻一(以下、『大』一)や『寧楽遺文』上

（以下、『寧』上）の配列順と異なる春部里・三井田里については、カッコ内にその「戸番」を併記した。

（7）図5の範囲外の親族として戸主の曾孫にあたる子・児（20・29）、甥の孫にあたる児（32）、甥の省姓甥（39）、同党の省姓甥・省姓姪、同党の省姓同党（45）がある（カッコ内は半布里籍の戸番）。なお、記姓甥・姪を戸主妹の卑属においたのは便宜上のことで、母子とはかぎらない。

（8）前掲註（6）『正倉院古文書影印集成』解説、竹内理三「正倉院戸籍調査概報（続一）」（『史学雑誌』六九巻二号、一九六〇年）九七頁。以下、原本の校注はこれらの所見による。なお、半布里籍には擦り消し書き直しの箇所が非常に多く、よく手の入れられていることがわかるが、このことと、後述する記載順の原則からみて、「木足子」が単純なミスである可能性はかなり低いといえる。

（9）なお、母を同籍する33県主族三嶋の場合も、その母（甥妻）・若桜部稲積売が半布里籍の現存五四戸のなかで一例しかない若桜部姓を名のる点からみて、稲積売は実家をもたない女性、つまり里外からの移貫者であり、かかる特殊な経緯から、その戸主・県主族安倍の「子」として位置づけられたものと考えることができる。

（10）原島前掲註（1）「奇口の史的意義」、三五五頁。南部「親族呼称の考察」（前掲註（2）『日本古代戸籍の研究』所収）、八頁参照。

（11）戸令三歳以下条および御野国戸籍の丁中記載（カッコ内）では、三歳以下を「黄」（「緑」）、一六歳以下を「小」、二〇歳以下を「中」（「少」）、二一～六〇歳を「丁」（「正」）、六一歳以上を「老」（「次」）、六六歳以上を「耆」と呼び、夫なき妻・妾は「寡婦」とする。また、戸令老残条に「凡老・残（疾）、並為二次丁一」とある。

（12）宮本救「律令制村落社会の構造に関する諸問題」（『日本古代史論集』下、吉川弘文館、一九六二年）四三四頁以下。

（13）石母田前掲註（2）「古代家族の形成過程」、二七頁。

（14）宮本は半布里の寄人を例に、その大半が里内の戸主と同姓であること、県主族に寄人を所有する戸が多い一方、寄人の「析出の例数」において秦人が上回るのは、県主族が「分立戸」の形態をとったためであること、里内の富裕戸に奴婢が集中する一方、寄人の顕著な隷入はみられない点から、寄人に隷属性は認められないこと、などを指摘している。これらは「寄人」の析出や「戸」の分立の可能性を示し、下層農民説を批判したものだが、これだけではやはり不十分であろう。

(15) この宮本説は、「法的擬制説」に対する根本的な批判を展開して、巨視的には「実態説」を是としながらも、その「戸」のとらえ方はあまりに柔軟で、「実態説」ともやや距離があり、しかも、その公表と同じ一九六二年に「擬制説」の実証的裏づけとされた「遡源的分析」が席巻して（前掲註（3））、やがて両説の止揚をめざした「編戸説」の登場に至る（前掲註（4））。かかる経緯からでもあろうか、宮本説はさほど積極的な評価をうけずにきたように思われる。

(16) 宮本救「下総国葛飾郡大嶋郷戸籍について」（『歴史地理』八五巻二号、一九五四年）六二～六五頁。

(17) 『寧』上・一八三頁、『大』一・五四三および五三九頁。I断簡冒頭の戸口集計から、この二つの断簡は直接しないことが明らかだが、弥永貞三によると、IとFとは、小女一人（I断簡末行に確認）・正丁二人・老女二人の四行（＋不課口男）の欠落をおいて接続する。同「山背国愛宕郡計帳について」（『日本古代の政治と史料』高科書店、一九八八年）二四二～二四三頁。また、杉本一樹「形態観察による籍帳類の断簡整理と復原」（杉本前掲註（3）『日本古代文書の研究』所収）二九〇～二九二頁参照。

(18) 類例に「従父妹」を擦り消して「姑」と書き直した例がある（正集二〇巻7紙、『寧』上・三頁）。なお、本文の「承継戸主」壬生家麻呂は四三歳の母を同籍し、また小子の戸主としてもほかに例をみないが（十代の戸主はほかに「下総国倉麻郡意布郷養老五年戸籍」〔『大』一・二九八頁〕にみる「戸主藤原部麻呂、年拾柒歳、少丁」の一例しかない。南部前掲註（2）『日本古代戸籍の研究』、三一八頁参照）、さらに、より確実な直系の承継例として陸奥国戸口損益帳に「戸主子、今爲㆓戸主㆒」とみえる占部加弖石と大田部赤麻呂の例がある（正集二六巻8・9紙、『寧』上・八四～八五頁、『大』一・三〇五、三〇七頁）。

(19) 宮本は、大嶋郷籍の房戸主の続柄注記に「戸主何某男」とある例をあげて、それが前郷戸主と前房戸主（父）との続柄をあらわすものとし、そのなかに現郷戸主の再従父兄にあたる例があることから、それが令制四等親に相当する男系親のリミットであると指摘する一方、その続柄表示の困難からかかる記載方法が捻出されたとの見方をも並記している。宮本前掲註（16）「下総国葛飾郡大嶋郷戸籍について」六四～六五頁。

(20) 杉本前掲註（3）『日本古代文書の研究』五五七頁以下。原島前掲註（1）「奇口の史的意義」、三五七頁以下参照。なお、杉本は「戸」の外縁が同党にあるとしつつ、親族関係の連鎖を利用した「側展性」をも認めている（五三〇頁）。前掲註（7）に示した甥の甥、同党の甥・同党などがその例だが、これらはみな「丁と為る」以前の十代の年少者で、もとより析出不可であること、また側展のポイントとなる甥や同党が分立可能なまとまりをもつことが、かかる表示法をとった要因と思われる。つまり、二つの戸が一つに接合されたような場合にのみみられる例で、一般的な表示法とは認められないと思う。

(21)　斉藤尚也も同党（妹）の親族呼称の消滅について論及している（斉藤前掲註（3）「奇口に関する覚書」、三〇頁）。

(22)　なお、御野国戸籍には「祖母」という呼称がないが、右京計帳にはみえるので（『寧』上・一四一頁）、ごくまれに祖母がいれば、「戸主祖母」と書いたとみるべきかもしれない。

(23)　ちなみに、甥と姪についてみても、A兄妹型六例（うち、母をともなうもの三例）、B単婚家族型七例（うち、妾一例）、Bイ父子型二例、C単独型一〇例（うち、姪四例）となり、「甥・姪」→「同党・同党妹」→「寄人」という直線的な経路を想定しても、大きな矛盾は生じない。

(24)　例えば、春部里籍28石部宮麻呂の戸の末尾に記載される「寄人各田部支奴売〔年卌五、正女〕」は、集計行の「正女六、小女二、并八」の六と八がそれぞれ五と七を擦り消して書き直してある点からみて、追筆であることは確実であり、別の戸から編付された可能性が高い。この支奴売などは、同党妹などから析出した単独寄人の例と考えることができよう。

(25)　表で親族呼称ナシとした例は「寄人」とみられる。なお、前欠の4はこの姉妹のあとに「孫」が続くので、松葉売らは「戸主」の娘である可能性が高いと思われる。また、19の「依居住移左京」は戸主・弟麻呂の朱筆頭注としてみえ（続修九巻14紙）、その戸主・母・男・女の下欄に身体特徴などの注記がないことから、この五人が左京に移住したものとみた（小林洋介氏のご教示による）。

(26)　「その他」の25・27は戸主姑と戸主姪の逃亡。26は祖母と孫女かと思われる。また28は上述の「承継戸主」の戸だが、弥永によると（前掲註（17）「山背国愛宕郡計帳について」）、この従父兄の前には正丁二人・老女二人（＋不課口男？）が入る。戸主の年齢（一五）からみて甥の可能性は低いから、正丁は従父兄か叔父、老女は姑などと考えられる。かりに姑二人・従父兄二人とみれば、兄弟の逃亡ということになる。

(27)　本章のはじめにふれた天長五年格に、「一嫗戸頭にして、十男寄口たり。彼の貫属を尋ぬるに、所生明らかならず」という寄口も、京畿外から移出して左右京に流入した「寄人」と考えられる。

(28)　他に「放賤従良」された寄人があり（『寧』上・一六四／『大』一・三七四頁、同上一七一／五一五頁）、ことに後者は奴婢解放の過程が文面からうかがわれる貴重な例である（続修一〇巻6・7紙）。

（29）前欠の3は「姉」がみえることから、4と同様、戸主（牛養）・姉の単位で分析したものとみた。平田前掲註（3）「古代籍帳の遡源的分析」、八〇～八一頁。なお、吉田前掲註（1）『日本古代社会構成史論』、一九二頁以下参照。

（30）岡本前掲註（3）「古代籍帳の郷戸と房戸について」、岸前掲註（3）「律令制の社会機構」、および後註（36）参照。なお、南部前掲註（2）『日本古代戸籍の研究』、一八七頁以下参照。

（31）新見吉治はつとに、「同黨は同堂の仮借音通なるべし史記仲尼弟子列伝の申黨をば索隠に申堂につくり、又後漢書梁冀伝矘眄の矘字を管子に瞠につくり、漢書に憆につくれるが如きを以て傍証となすべきなり」と指摘した（原文ママ、但し「黨」のほかは当用漢字に改めた）。同「中古初期に於ける族制」（『史学雑誌』二〇巻二・三・四号、一九〇九年）、三号三四頁以下。また、同党が従兄弟をさすことについては宮本救「古代村落社会に於ける階層分化の一考察」（『史学雑誌』六一巻八号、一九五二年）三三～三四頁参照。但し「同堂」は男系のイトコの意だが、「同党」の方は女系のそれにも用いる。同堂（堂兄弟）については、趙翼『陔餘叢考』巻三七、銭大昕『恒言録』巻三に簡単な考証がある。なお、陸奥国戸口損益帳（正集二六巻8・9紙）や多賀城出土の戸籍歴名様木簡（『多賀城市史』1・二二六頁）に「同族」なる語がみえるが、前者の損益帳に「妻＋同族＋名」と書かれることから、これは親族呼称ではなく、戸主と同姓の意と解すべきだろう。

（32）『通典』巻九二・小功成人服五月条、『儀礼正義』巻二四・小功五月条、喪服伝疏参照。

（33）田中淡「周原建築遺址の解釈」（『中国建築史の研究』弘文堂、一九八九年）一〇四頁以下。

（34）池田温『中国古代籍帳研究』（東京大学出版会、一九七九年）一〇頁ほか参照。

（35）「房戸」なる語はほぼ郷里制の施行期にかぎって所見し、郷・里制と郷戸・房戸制という相関関係においてとらえられるが（岸前掲註（3）「律令制の社会機構」、三一二頁以下参照）、このことは反対に、元正・聖武朝という唐化政策の著しい時期にしか通用しなかった限定的なイメージとも解しうる。また、御野国戸籍をはじめとする日本古代籍帳の「戸主」の字には、「戸」の終画のはらいのなかに「主」の字を納めるという、顕著な特徴が散見されるが（敦煌出土の西魏計帳にも例がある）、ここから派生して、「屋」の字を「戸主」と誤って書く例がある（栗栖太里籍25戸主妹屋加須売、続修五巻4紙）というのも、「戸」と家のイメージとの関連を思わせる一例であろう。

(36)　宮本前掲註(16)「下総国葛飾郡大嶋郷戸籍について」、六七頁。また門脇前掲註(2)『日本古代共同体の研究』、八頁参照。本文にあげたほかに弟の男(甥)、従父弟の男・母・妹・伯父、他の戸主の男・従子(甥)、他の房戸主の従子各一例がある。これらの房戸主は、弟の男一例を除くと、郷戸主からみて、すべて従父兄弟(同党)以外となり、御野国戸籍では「寄人」となされるべきものである。

(37)　つとに、関口裕子は大宝二年籍の「嫡子」に論及し、「造籍に際して、嫡妻長子に該当する男子全員に機械的に記入された結果」として、これを「家父長制的家族秩序樹立を意図する律令国家の積極的意向のあらわれ」とみたうえで、庶人への嫡子制もちこみは、まず子の世代での定着が第一目標とされ、孫の世代へのもちこみは一応保留されたとしたが(「律令国家における嫡庶子制について」『日本史研究』一〇五号、一九六九年)、孫の世代には一応甥の「嫡子」も含まれるはずで(図5参照)、甥は直系卑属に含まれないとすれば、同党の「嫡子」が理解できなくなる。大宝二年籍の「嫡子」がいわゆる輩(排)行主義によって立てられたものでないことは明らかであろう。

(38)　実際、嫡出子でないことが明らかな例がある。それは、「戸主弟」の「嫡子」の「母」が戸主弟妻と別人の例(半布里籍44)、あるいは「戸主妻」が四五歳で、「嫡子」が四三歳というような例である(同42)。男女別記載では、男性卑属がそのあとに続くどの女性を母とするのか、そもそも母が同籍しているのかさえわからないことが多い。そういうことに関心がない戸籍といわざるをえないのである。

(39)　その二例とは春部里4(24)の「戸主伯」務従七位下雲方(五七)と「雲方弟」斯都麻呂(五五)、同27の「戸主伯」尼麻呂(六三)である。これらを例外として処理することは、ことに前者については困難でないが、本章の結論からすれば、必ずしも例外として処理する必要はないと考えている。

(40)　続修九巻に一括収録。石母田前掲註(2)「古代家族の形式過程」、五頁以下。吉田晶「近江国志何郡古市郷計帳について」(前掲註(1)『日本古代社会構成史論』所収)、岸俊男「但波吉備麻呂の計帳手実をめぐって」(前掲註(3)『日本古代籍帳の研究』所収)。

(41)　戸主兄弟の流動性については原島前掲註(1)『日本古代社会の基礎構造』、一八四頁以下参照。なお、宮本も「伯父の存在例が甚だ少い点(美濃二例、下総三例、山背三例)」を「一つの大きな問題」と指摘しており(前掲註(12)「律令制村落社会の構造に関する諸問題」、四四六頁）、これを「兄弟相続」の結果とみる南部昇の有力な見解もあるわけだが（「古代籍帳よりみた兄弟相続」、前掲註（2）『日本古代戸籍の研究』所収）、後に南部自身が認めているように（同三五五頁）、この見方は法的擬制説の影響下にあって「戸」を固定的にとらえ、戸の「分析」の可能性を考慮しておらず、また、兄弟相続の情況証拠を系図の操作により多数示しているが、宮本が摘出した直系承継の例のような実例を提示するには至っていない。さらに、その情況証拠についても、後述するように御野国戸籍の「戸」は兄弟姉妹からなる例が多く、兄弟相続説によれば、「甥」が多数同籍したはずだが、甥の例そのものが少ないといった問題がある（水口幹記「戸主の地位の継承」〔『美濃国戸籍の総合的研究』東京堂出版、二〇〇三年〕第二章参照）。南部自身もその後、戸主兄弟の流動性、つまり兄や弟の分析の可能性を承認しており（南部前掲書、一七〇～一七四頁）、また戸主＝家長とする戸令戸主条の法意からも、戸主の男性尊属を同籍しないのが一般で、「伯」は分析した可能性が高く、直系相続を原則とみることに問題はないと考える。

(42)　岸前掲注（3）「律令制の社会機構」、三二六頁。

(43)　岐阜県富加町教育委員会『東山浦遺跡』（富加町文化財調査報告書第2号、一九七八年）一〇九～一一二頁。また同『半布里遺跡』（同上第4号、一九八九年）参照。

(44)　してみると、Ⅰ類の戸はもともと戸主に兄妹がないか、兄妹が分析し死んでいったⅡ類のなれの果てということになるが、事実、半布里のⅠ類の戸主には高齢者が多い（八十代2人・七十代2人・六十代4人）。

(45)　「戸」の親族構成において兄弟姉妹型が基礎にあるということは、ここでみた半布里だけでなく、御野国戸籍全体にわたって指摘できることだが、単婚家族型よりも兄妹型が圧倒的に優勢である点は大変重要である。なぜならこれは、父＋兄妹という単婚家族よりも、母＋兄妹が一般的であったこと、つまり「ハラカラ」（同産）という意識の優位を示すものと解されるのであり、要するに、居住単位としての「家《イヘ》」（「廬《イホ》」でもよい）と母や妻とがむすびついて実態家族が形成されていたという、至極当然の事情をあらわしているともみられるからである。今後は「戸」にしめる母や妻の役割と「編戸」との関連性といった観点が、実態家族を明らかにする重要なポイントになると思う。

(46)　御野国戸籍以後、大宝年間に成立したとされる籍帳制において、戸籍と計帳（歴名）とは連動して毎年更新されてゆくことになるが（渡辺晃宏「籍帳制の構造」『日本歴史』五二五号、一九九二年）、かかる機能分担が成立する以前の御野国戸籍の「編戸」にも、実態に即した機能性が求められたであろうことはいうまでもあるまい。従来こうした行政運営上のコストという視点から、実態と法的擬制の問題が論じられることは、ほとんどなかったように思われる。なお、御野国戸籍が集計データを重視する点については拙稿「中国籍帳と御野国戸籍」（前掲註（41）『美濃国戸籍の総合的研究』、次章）を参照されたい。

（47）　例えば、榊佳子「夫婦の同籍と片籍」（前掲註（41）『美濃国戸籍の総合的研究』）第一章によると、半布里では夫婦片籍から同籍への移行は男子（嫡子）十歳を目安としたという。これは、加茂郡では息子が十歳になってはじめて夫婦関係の成立を認定したということで、このように、安定した夫婦関係の目安を何に置くのかは、担当機関ごとに違った対応をみせるのが、むしろ自然ではないかと思われる。

第五章　中国籍帳と御野国戸籍

はじめに

秦漢統一王朝以来、高度な文書行政組織をそなえて国家支配の基礎としてきた、中国の籍帳制度のあらましを述べ、東アジア世界の視野から御野国戸籍をとらえてみることが、本章のねらいである。すでに中国の籍帳制度については、池田温の大著『中国古代籍帳研究』（東京大学出版会、一九七九年）などの専論があり、委細はそれら専門書にゆずることとして、本章では、若干の出土文字資料を中心に、必要な論点を提示するにとどめたい。

一　雲夢睡虎地秦簡・居延漢簡

一九八三年、湖北省江陵張家山漢墓二四七号墓より出土した「奏讞書」は、秦より漢初に至る訴訟の判例二二件を収めた、竹簡二二七枚綴りの冊書である[1]。そのなかに、王朝交替期の混乱にあって戸籍に登記しなかった者の処遇がしばしば問題とされている。戸籍に登記することを「名数に（占）書す」といい、「名数に書して民と為る」（案例五・簡38）という言い方もみえる。戸籍への登記が、人民支配の起点とされていたことがわかる。

造籍の制は春秋時代に萌芽し、戦国時代を通じて発達した。商鞅の変法をみた戦国秦を中心に、戸口や田土・資産の統計が広汎に行われ、それら民力をしめすデータは上計の制を通じて把握された。秦制をひきついだ漢では、毎年八月に人民を各県城に集めて首実検し（案比）、翌九月にこれをもとに各種の簿籍を作成して中央に報告されたという（上計）。

秦漢時代の戸籍の実物は、略式の名籍とみられるものを除けば、[2]いまだ出土例をみないようだが、雲夢睡虎地秦簡「封診式」や前掲の「奏讞書」には、訴訟審理の過程における身元照会のかたちで、戸籍の記載がしばしば引用されている。ここでは前者の一例を示す。[3]

簡1　（前略）封有鞫者某里士五甲家室妻子臣妾衣器畜産・甲室人一　(8)
宇二内各有戸内室皆瓦蓋木大具門桑十木・妻曰某亡不會封・子大女子某未有夫　(9)
・子小男子某高六尺五寸・臣某妾小女子某・牡犬一（下略）　(10)

「封」は差し押さえ、「有鞫者」は被告、「某里の士伍（平民）甲」とはその〈本籍・身分・姓名〉で、被告の家屋・妻子・奴婢・家財・畜産を「封」ずる、とよめる。各項は「・」で区切られ、家屋は一堂二室、みな戸ぐちがあり、居室はみな瓦葺きの木造で、門前に桑の木（養蚕用か）が一〇本ある。妻某は逃亡していて、「封」の対象外。ほかに未婚の娘と未成年の息子、奴と婢、オス犬がいる。「大女子」「小男子」は後の丁中制に対応する記載で、当時の戸籍は子どもを男女順ではなく、年齢順に記載したらしい。

こうした戸籍と他の簿籍（帳簿）との関係は、敦煌・居延出土の木簡などによってうかがい知ることができる。ことに居延漢簡の簿籍の諸様式はすでに永田英正の大著『居延漢簡の研究』（同朋舎出版、一九八九年）に集成・整理されており、西域辺郡における簿籍制度の全容がほぼ明らかにされている。ここでは、永田の研究に若干の卑見を加味して、[4]その大略を述べておこう。

まず、国境守備に徴発された兵士（戍卒）の戸籍謄本は、衣料などとともに本籍地から辺郡に送付され、「吏卒名籍」と呼ばれる名簿の台帳とされた。

簡2　戍卒魏郡元成正陽里大夫張安世年廿四　　（EPT53.5）

右は魏郡元成（城）県の正陽里出身の大夫、張安世という戍卒の名籍で、(5) 魏郡元城県はもと魏武侯公子元の食邑であったという（『漢書』地理志・応劭注）、黄河下流域の県である。ここからはるか西域の居延までつれてゆかれ、張掖郡居延都尉府管下、甲渠候官の戍卒とされた。候官は県とならぶ漢代文書行政の最末端機関であり、ここで各種の簿籍が作成された。

戍卒は衣料や武器の支給を受けて、日々の軍務や作業に従事し、また食糧などの配給を受けたが、これらの記録は右のような名籍を複写し、その下欄に配給した物の名や数量、作業内容などを書き込むようになっていた。(6) 右の名籍簡の図版をみると、〈官職・本籍・爵号・姓名・年齢〉を記す一七文字が、上から三分の一ほどの簡面に詰めて書かれている。これは、漢代の簿籍が簡面を三分する位置に二本の縄をわたして編綴されたことと関係がある。つまり、簿籍の書式は冊書（簡冊）の編綴法を前提として立てられていたのである。

図9　居延漢簡簿籍簡（右から簡2～5）

簡3　・建平五年十二月官吏卒廩　名籍　（下欠）　（A8　203.6）

簡4　令史田忠　十二月食三石三斗三升少　十一月庚申自取　（A8　133.7）

簡5　・右吏四人　用粟十三石三斗三升少　（A8　203.10）

これは、「吏卒廩名籍」という食糧配給名簿の断簡で、原簡の袋番号（203）が同じ3・5は筆致も酷似し、また4・5も「少」字の特徴などが一致することから同筆とみられるが、4は干支からみて「建平五年」（元寿元年＝前二）の簡ではないようで、同一の冊書として復原できるわけではない。しかし、同型の帳簿の断片であることは間違いない。

簡3は表題簡、4は本文簡、5は尾題簡（集計簡）で、この表題・本文・尾題（集計）が帳簿の基本構成である。4は上段に「令史田忠」という官職と人名、中段に十二月分の食糧の配給量、下段に配給した日付と受領者（自取＝田忠本人）を記録する。5は上段に被給者の人数、中段に配給した粟の総量を集計する。この集計簡の内容から、4のような本文簡は四枚あり、また、上段・中段それぞれのデータを段ごとに横へ足していったものと推定される（「少」は一／三升の意。三石三斗三升一／三×吏4人＝十三石三斗三升一／三で、「十三石三斗三升少」となる）。受領の記録を書いた下段は、さしづめ備考欄といえよう。

建平五年十二月官吏卒稟	名籍	
令史田忠	十二月食三石三斗三升少	十一月庚申自取
…	…	…
右吏四人	用　粟　十三石三斗三升少	

つまり、これは簡札ごとの行と、上編・下編によって仕切られた段との表計算シートになっており、各簡ごとに個人のデータを、冊書全体で一つの「官」のデータを示すようにできている。しかも、行・段ともに簡・縄という物理的な仕切りが施されているので、表計算が行いやすく、紙のように罫線や界線を引いたり、定規をあてる必要もない。また、個人のデータを記した簡4は〈人名＋データ〉という書式をとる。その〈官職・姓名〉からなる人名記載は、

簡2の〈本籍・爵号・年齢〉を省いた簡略な書式で、簡2の正式な人名記載の下欄にデータを書き込む様式もある。さらに、人名記載とデータの記載とが別筆である例も少なくない。そして、この〈人名＋データ〉型の書式が、簿籍本文簡の諸様式および総点数にしめる割合は、筆者の試算で約六割にのぼる。つまり、漢代居延の簿籍の大半は、戸籍謄本を複写し簡略化した人名簡に、多様なデータを書き込むかたちで、いいかえれば吏卒の生活を追いかけるかたちでつくられた。もし、辺郡の簿籍にある程度の一般性が認められるとすれば、戸籍が人民支配の根幹に位置するということの意味は、このような簿籍のつくられ方にも関係しているのではなかろうか。

二　長沙走馬楼三国呉簡

一九九六年、湖北省長沙市走馬楼の古井戸から発掘された一〇万点にのぼるという簡牘群は、三国時代の呉、有名な孫権時代を中心とする比較的短期間のもので、当時の臨湘侯国および長沙郡の行政文書が廃棄されたものとみられている。漢簡と敦煌・吐魯番文書等のはざまにあって、出土資料に乏しかった三国時代の史料としてはもちろん、時期や地域が特定され、質・量ともに突出した、一括文書に近いまとまりをもつ一次資料の出現の意義は、まさに筆舌に尽くしがたいものがある。いまだ一部が公表されたにすぎず、また、十分な検討もそれに堪える能力をも筆者はもたないので、整理担当者の所見に依拠しつつ、(7)論題に関わる問題の一二を紹介するにとどめたい。

走馬楼三国呉簡の内容は、符券類・簿籍類・文書その他に大別される。簿籍類は竹簡に書かれ、その内容は漢簡や敦煌・吐魯番文書などと若干様相を異にして、多彩だという。文献によると、呉の戸籍は吏・民・兵ごとにつくられたが、走馬楼ではこのうちの吏籍と民籍とがみられる。吏籍は、「県吏唐達年廿二」「尚書吏劉露年廿八」というように、〈官職・姓名・年齢〉を記したもので、工人などの名簿（師佐籍）もある。

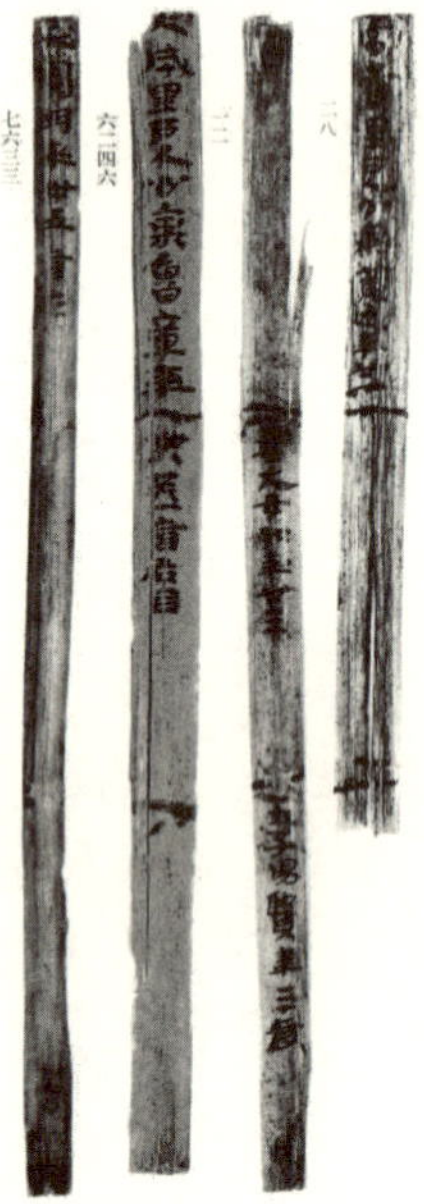

図10　走馬楼三国呉簡・民籍

簡6　富貴里戸人公乘黄五年廿一
（1-28）

簡7　妻大女如年廿三　五子男賢年三歳
（1-12）

簡8　戎里戸人公乘魯章年卌八算一盲右目
（36-6246）

簡9　民周明年卅五盲左目
（13-7633）

民籍は、簡6や8のように〈本籍・続柄（戸人）・爵号・姓名・年齢〉を備える書式と、簡9の〈続柄・姓名・年齢〉のように簡略なそれがある。図版がないので明言はしかねるが、簡7に「五の子男の賢」とある五が簡6の「黄五」だとすると、6・7は一連の断簡とみえ、また7は類例からすると、「妻大女如年廿三」が簡の中段、「五子男賢年三歳」が下段に書かれたものと思われる[8]。つまり、この民籍では戸人（戸主）の人名が上段、妻子が中・下段に書かれたものらしい。そして、簡8や9ではかかる人名記載の下に、算賦（人頭税）の数や身体特徴などのデータが書き込まれている。全簡の公表と十分な考証とにまつべきだが、「公乗」といった民爵や、「大女」という丁中記載などが、漢制を継承するところから、基本的には漢代の簿籍制度の延長線上にあるものといえそうである。

なお、正式な報告書が出ている「嘉禾吏民田家莂」について一言しておく。これは呉の嘉禾四年と五年（二三五〜二三六）の年紀をもつ一括文書で、人名〈本籍・身分・姓名〉と田地の面積（町・畝）を簡頭に記し、常限・余力といった田種と収穫高（旱・熟）によって、租税として収めるべき米・布・銭の額を算出し、それらを収めた年月日と受領した倉庫の官吏の名などを記したものである。この木簡の側面には刃物で分割した痕跡があり、長さ五〇センチ程度の大きな板を二ないし三分割して、関係者どうしでもちあったものと知られる。これを符券といい、符券類の豊富さは走馬楼呉簡の特徴でもある。長さ四九・八～五六センチ、幅二・六～五・五センチと木簡の法量が区々で、書式も一定していないのは、そうした機能を有したためだが、簡面には二本の編綴痕がある。つまり、割り符の簡札を編綴して冊書にしたわけで、現代ふうにいえば、カーボン紙で複写した控え書類の綴りといったところであろうか。ともあれ、このような符券類にあっても、〈人名＋データ〉の書式をとる点は、漢簡にみた簿籍様式の派生ともみられ、戸籍との連関をうかがわせるものといえるだろう。

三　敦煌・吐魯番文書

三国・魏につぐ晋では、その戸令に「郡国の諸戸口黄籍は、皆一尺二寸の札を用いる」とあるように、簡冊の簿籍を正式としていた。しかし、西域の楼蘭からは晋代（四世紀）の紙の戸口簿稿が出土しており、竹木から紙への移行が着実に進展していたことがわかる。

資10　蒲縁楡林年卅、
　　妻勾文年廿五、
　息男皇可羅年五、

右はその一部で（池田前掲『中国古代籍帳研究』、録文一〇二）、合点「、」は確認済の意味であろう。末尾に「五十二除十一／□合・一口在」とあるから、戸口数を確認したものと思われる。一行に一人ずつ、略式の人名記載だが、前節にみた民籍の系譜をひくものと認められよう。

やがて、統一王朝の崩壊と異民族の侵入による戦乱と分裂、門閥制社会の形成、人頭税から戸調への転換などは、簿籍制度の維持を困難にしていった。流民の激増にともなって黄籍（本籍地）と白籍（移住地）の別が立てられ、身

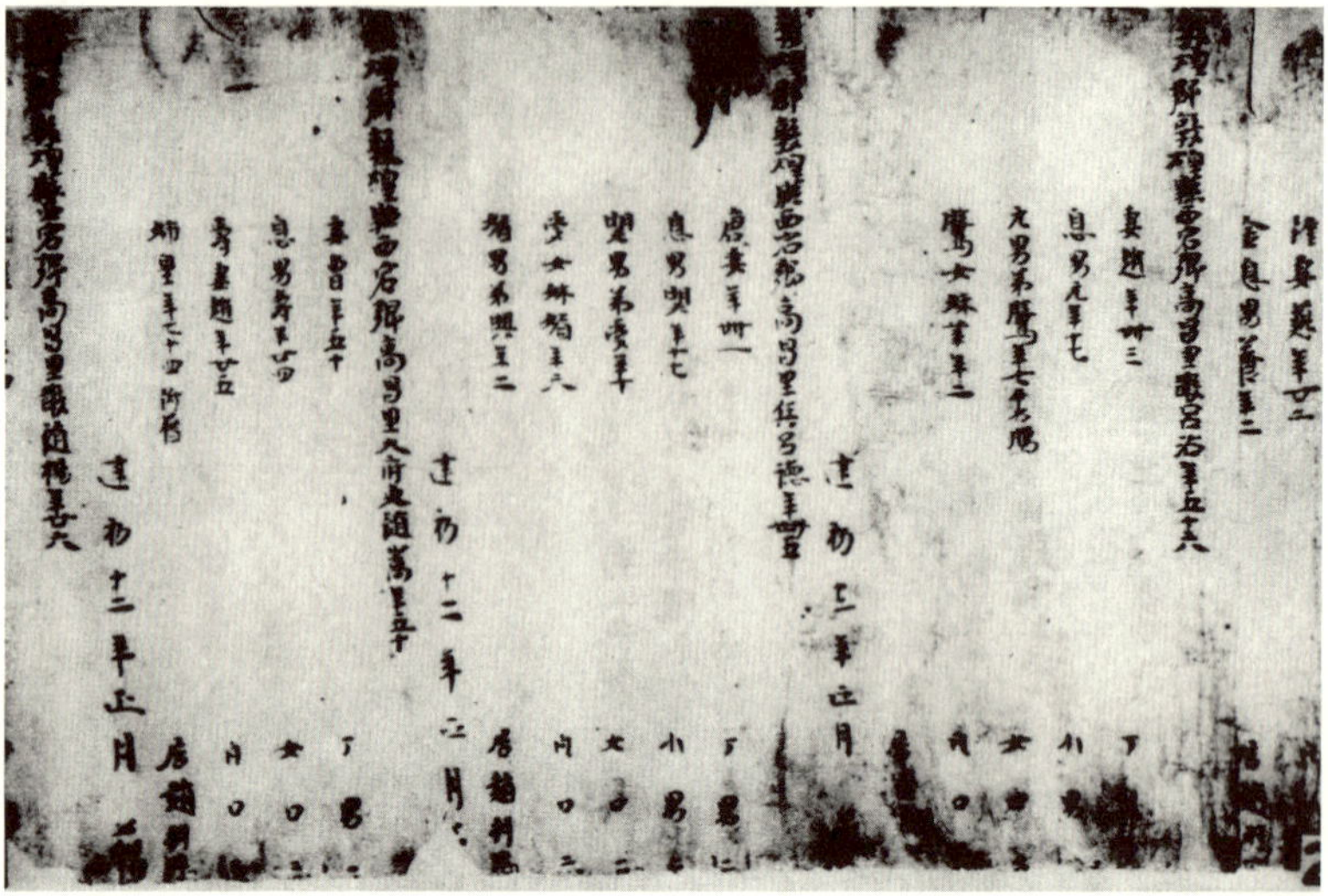

図11　西涼建初十二年戸籍（池田前掲書より）

分を偽り戸調を免れるための偽籍が横行した。一方、五胡十六国でも造籍が励行された。敦煌から発見された現存最古の紙本戸籍断簡、西涼建初十二年（四一六）籍は、その実際を伝えている（S.113／録文一）[9]。

資11　敦煌郡敦煌縣西宕郷高昌里兵呂徳年卅五
唐（ママ）妻年卅一　　丁男二
息男興年十七　　小男二
興男弟受年十　　女口二
受女妹媚年六　　凡口六
媚男弟興年二　　居趙羽塢
建初十二年正月籍

各戸の記載は、第一行に戸主の人名記載〈本籍・身分・姓名・年齢〉、次行から家族の〈続柄・名・年齢〉を中段に書き、下欄に男女丁中別の戸口集計と住所、文末に造籍年月を明記する。興味深いのは、①本籍と造籍年月を各戸ごとにくり返し明記する点、②子どもを年齢順にならべ、③続柄を戸主ではなく前行との関係で記すこと[10]、④戸口記載を中段、戸口集計を下段におき、行ごとではなく、段ごと（横読み）に読む点である。

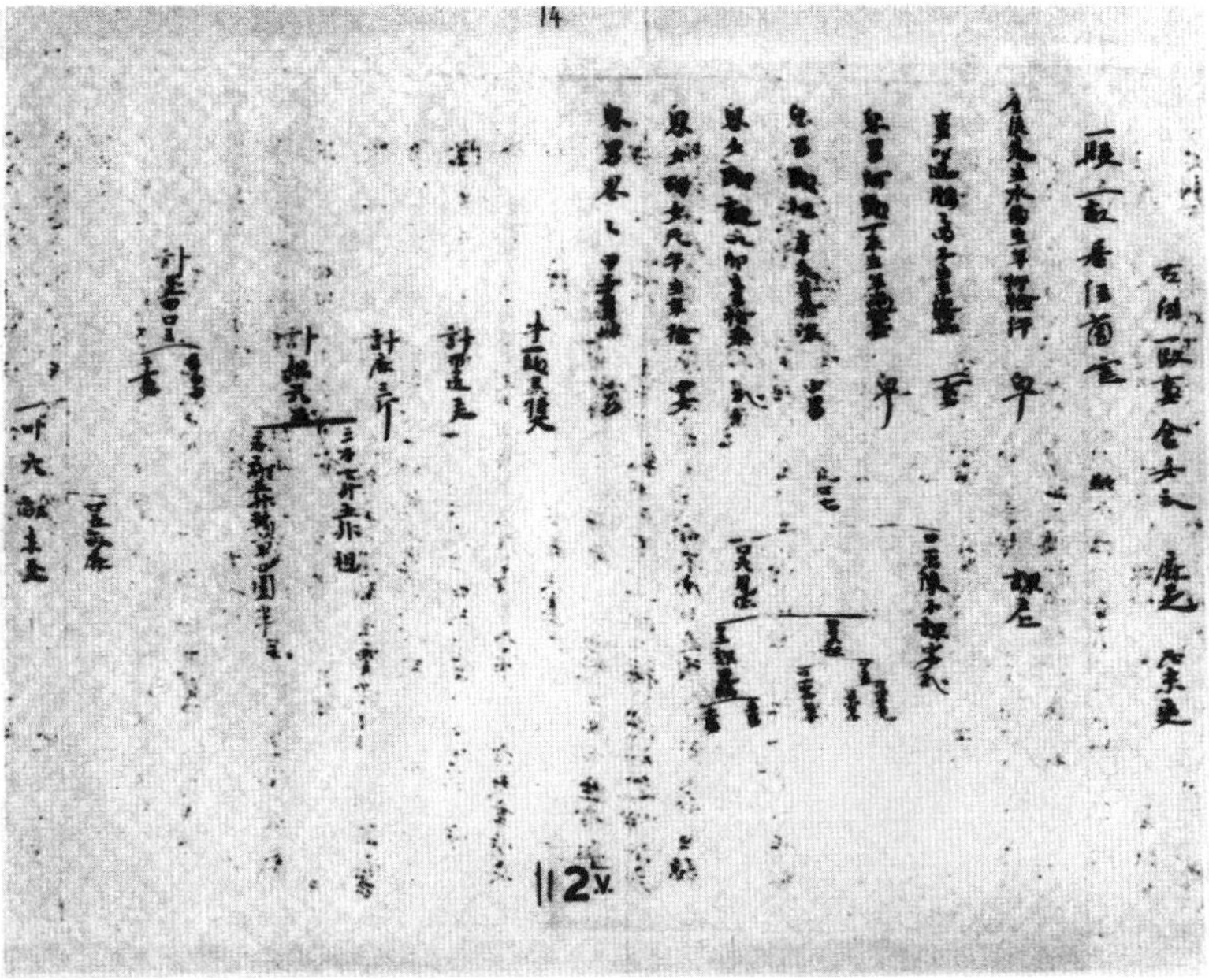

図 12　西魏大統十三年計帳（池田前掲書より）

池田が③の継起的記載法にふれて漢晋の簡冊籍をしのぶよすがとしたように（池田前掲『中国古代籍帳研究』、三五頁）、これは紙巻よりも簡冊に適した書式と思われる。すなわち③は脱編による錯簡を予防し、②は秦簡にみたのと同じ[11]。④は冊書の三段組を喚起し、①は戸ごとに個別の冊書として、戸主の記載を表題とし、造籍年月を尾題とした可能性を示唆するだろう[12]。「竹木から紙へ」という過渡期の様相を、典型的にあらわした戸籍といえそうである。

十六国の動乱を平定し、南朝の宋と対峙するにいたった北魏では、後の隋唐統一王朝へとひきつがれる画期的な施策を展開した。三長制・均田制・均賦制（戸調の廃止）などがそれで、これらの新制は造籍と緊密に連動した。やがて北魏は東西に分裂し、西魏の勢力が河西敦煌の地にまでおよんだ、その時期の「計帳」が発見されている（S.613v.／録文二）。

資12　戸主侯老生水酉生年仵拾仵　　白丁　　課戸上
　　妻叩延臘〻丙子生年仵拾兩　　丁妻
　　息男阿顯丁未生年兩拾壹　　白丁
　　息男顯祖辛亥生年拾柒　　中男　　凡口七
　　息女顯親乙卯生年拾參　　死
　　息女胡女戊午生年拾　　中女
　　息男恩〻甲子生年肆　　小男
　　　　牛一頭黑特大

凡口七
　口一出陳（除カ）不課中女死
　口六見在
　　口三不課
　　　口二男
　　　　口一中年十七
　　　　口一小年四
　　　口一中女年十
　　口三課見輸
　　　口二丁男
　　　口一丁妻

（後略）

西魏大統十三年（五四七）瓜州効穀郡（?）計帳は、〈戸別記載・集計部〉からなり、戸別記載には、右の戸口記載と男女丁中別の集計につづいて、公課・田土の記載があり、その内容から村落の景観や西魏の積極的な施策がうかがわれるのだが、ここでは省略する（池田前掲『中国古代籍帳研究』、四三〜五〇頁参照）。「計帳」は西魏の新制を推進した蘇綽が「計帳・戸籍之法」を制して百官に習誦せしめ、六条詔書と計帳に通ぜぬ者を官に居らしめなかったとあるのが初見で（『周書』本伝）、北魏の新制を継承したこの時期はまさに、秦漢以来の「簿籍」から隋唐の「籍帳」の体系へと転換する過渡期にあたっていた。

右の計帳の様式は、その転換を鮮やかに印象づける。戸口記載は唐代の戸籍とよく似ており、戸口・公課・田土からなる構成も、唐前期の戸籍と共通する[13]。一方、男女丁中別の集計は唐の戸籍になく、かえって日本の戸籍や計帳にみえるが、その原形は西涼籍（資11）にみえるものである。しかも、下欄の余白に集計をおく点は、西涼籍の特徴④と対応している。戸口記載の左にこの集計をおく（日本と同様の）例もあるが、それは下欄に異動の注記があるための臨時的措置にすぎない。日本の書式は、右の様式を経由した発展型とみられよう。また、子どもを年齢順に記すのは、秦漢以来の伝統的な書式である。戸等や生年干支を明記するなど、新しい要素もみられるが、総じて前代の様式をふまえつつ、北朝の新しい国制に適応したものといえ、計帳もまた戸籍から派生した帳簿であることが明らかであろう。

西魏・北周・隋と統一への道をたどり、やがて唐王朝が成立する。その過程において、籍帳制度は律令の整備とともに確立された。籍帳の作成は戸主の「手実」提出にはじまる。

資13　戸主寧和才年拾肆歳
　母趙年伍拾貳歳
　妹和忍年拾參歳
　右件人見有籍
　姉和貞年貳拾貳歳
　姉羅勝年拾伍歳
　右件人籍後死　（下略）　（64TAM35：59(a)）

右は吐魯番の古墓から出土した手実の実物で[14]、以下、余白を置いて受田の記載があり、戸主自らが載初元年（六九〇）正月に、新旧戸口および田土の段畝数・四至を「牒」する旨の文言がつく。このような手実が連貼された紙に書かれ、紙縫に（西州）高昌県印が押捺されている。ゆえに、これは手実の原本ではなく、県で浄書された写し（郷帳）とみられるが、その戸口記載は見籍者と異動のあった者とに分けて書かれている。このような手実をもとに、戸口・公課・田土を記載した「手実計帳」や、その集計データをまとめて中央に報告した「計帳」（大帳）が毎年作成され、また三年一造の戸籍が造られたのである。

資14　戸主趙端嚴年參拾玖歳　寡　代夫承戸　不課戸
　夫郜屯屯年伍拾壹歳　白丁聖暦二年帳後軍内簡出三年帳後死
　男長命年拾貳歳　小男聖暦三年帳後死
　女娘子年貳拾歳　中女
　女□玉年拾肆歳　小女
　□□□年　（以下欠）

右は沙州敦煌県効穀郷大足元年（七〇一）籍の一部で（P.3557.／録文四）、大宝二年御野国戸籍の前年にあたる。唐代の戸籍は開元・天宝年間（八世紀前半）を通じて書式の変化があり、その実質的な機能が低下したとされているが(15)、右の大足元年籍は戸口・公課・田土の記載からなり、さきの手実の戸口記載に丁中・課不の別などを書き加え、さらに、戸別の公課（布・麻・租）や受田額など、県が算定すべき諸事項を書き込んである。一方、手実にあった「右件人」云々の注記や「牒」などを削り、異動などは各人名の下欄に注記する。造籍の一部始終が、このように知られることは、貴重なことといわねばなるまい(16)。

四　大宝二年御野国戸籍

以上、皮相な観察に終始したが、最後に、これまでにみてきた中国の籍帳と御野国戸籍との簡単な書式の比較を行いたい。大宝二年（七〇二）御野国戸籍は、同年の西海道戸籍や養老五年（七二一）の下総国戸籍が(17)、ちょうど資12の西魏計帳にみた戸口記載・集計とよく似た書式をとるのに対し、ひとり異質な様相を呈している。

資15　a中政戸他田赤人戸口廿三　正丁三 兵士一　少丁一 小子五　并十　正女五　少女一 小女三　并九　小奴一　正婢一 小婢二　并三

b下中戸主赤人年卅正丁
戸主兄牛年卅八正丁
次八嶋年廿四正丁
戸主甥廣麻呂年十九
妾秦人部小玉賣年十九少女
意由麻呂母五百木部妙賣年五十二正女
次彌弓賣年七小女
兒大手賣年七小婢

嫡子首麻呂年十二小子
嫡子伊波加都年九小子
次嶋麻呂年十三小子
戸主妻伊福部尼弓賣年卅九正女
戸主妹吉嶋賣年卅二正女
意由麻呂妻五百木部君族尼賣年廿七正女
戸主奴麻呂年十一小奴
次小大手賣年六小婢

次彌多知年七小子
戸主弟意由麻呂年卅兵士
次薬年十小子
兒針間賣年十六小女
牛母穂積部木葉賣年五十七正女
牛兒廣賣年七小女
婢宮賣年卌正婢

（正集二五巻4紙、『続日本紀史料』一巻・四〇九頁、『大日本古文書』一巻・五一頁）

右の山方郡三井田里籍をみると、各戸の記載は〈（五保・）政戸・戸主姓名・戸口集計〉からなるa「集計行」と、三段組・男女別のb「戸口記載（歴名）」〈続柄・（姓）名・年齢・丁中記載〉とに分けられる。また、三井田里籍は巻首の残る貴重な断簡で（正集二五巻1・2紙）、「大寶貳年十一月御野國山方郡戸籍」という表題のあと、三井田里の総戸数（五〇戸）、三政戸別の戸数（九等戸別の内訳を注記）、総口数（八九九人）、男女別の口数とその内訳、奴婢の口数とその内訳が、巻頭の一紙に書かれている。(18)

つまり、御野国戸籍は里ごとに一巻で、巻頭集計部と戸別記載（a集計行・b戸口記載）とからなり、集計を前におく点に特徴がある。これは、西海道戸籍が各戸の文末に集計をおき、下総国戸籍が巻末に一郷分の集計をおくのと、好対称をなす。むしろ〈集計・戸口〉という記載順は神亀三年（七二六）山城国愛宕郡などの計帳にみられるもので、三井田里の〈戸・口〉別の集計方式も、延喜主計式下にみえる大帳（目録）のそれと対応している。

周知のごとく、計帳は大化改新詔に初見し、大宝令の規定をみるまでの間、その行用を証する所見がない。よくい

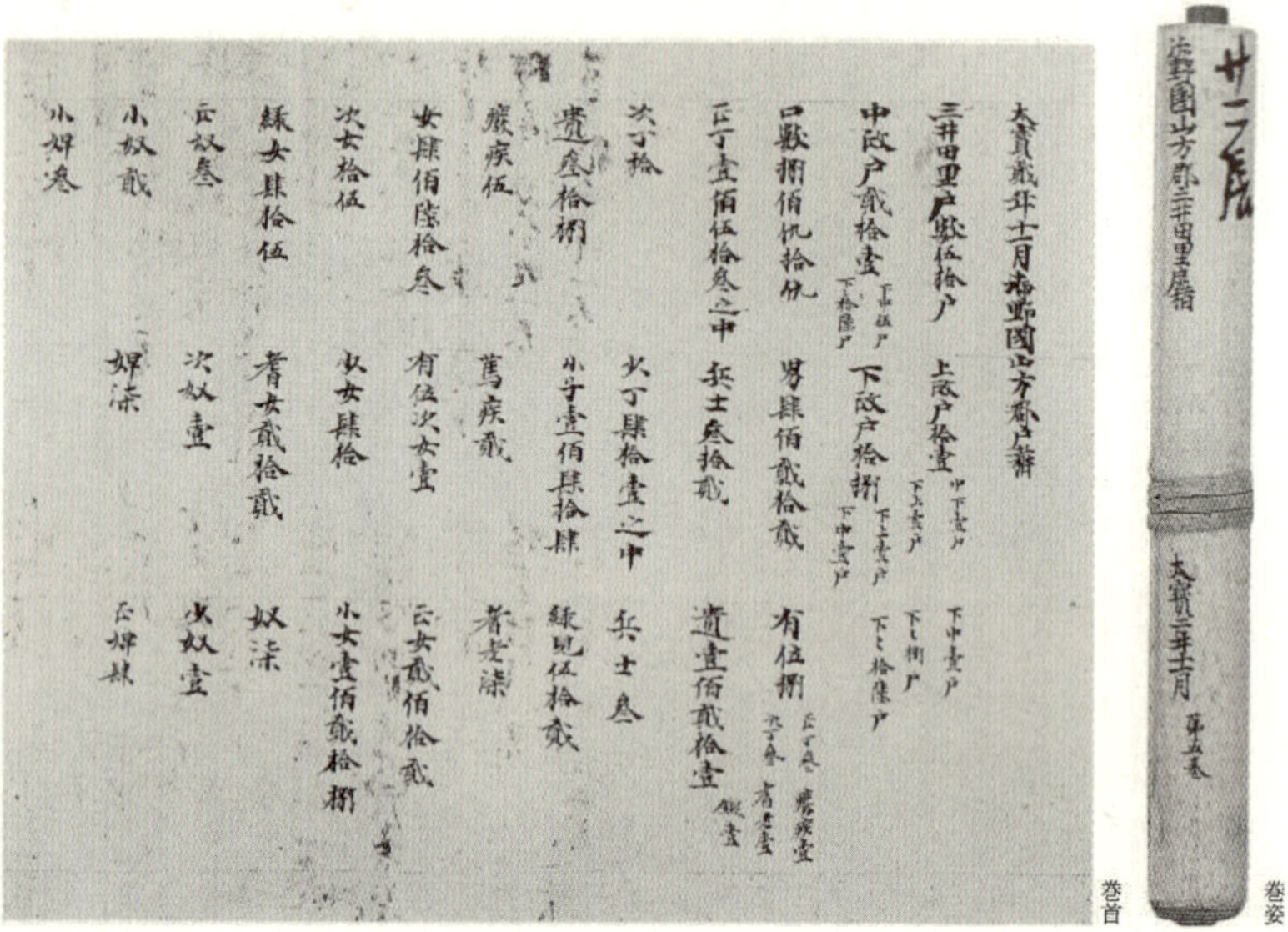

巻首　巻姿

図13　御野国山方郡三井田里戸籍巻首と表装（正倉院宝物、『正倉院の古文書』より）

われるように、御野国戸籍が令制以前の様式をとどめたものとすれば、その里・戸ごとの集計は計帳の役割を補うかたちで設定されたものといえるかもしれない。このばあい、計帳初見以前の西涼籍（資11）に戸口集計をみることも、参考になるだろう。

　また三井田里籍の巻頭集計をみると、「丁」数から「兵士」数を引いた「遺り」という書き方をしており、集計行でも兵士と課丁の数は分けて書かれている（資15ａ）。ここに課丁や兵士を取り出す目的がうかがわれるとすれば、課役徴発のための名簿台帳「差科簿」としての機能をみることも、あるいは可能かもしれない。[19] このばあい、欽明三十年（五六九）に吉備白猪屯倉で「田部の丁籍」を検定し、「田戸」をなした記事が参考になるだろう。[20]

　一方、戸口記載についてては考えるべき材料に乏しい。〈集計行・戸口記載〉という書式は中国の籍帳にはみられないようであり、戸口を三段組に列記することも、民籍の実物をみない秦漢期はさておき、三国呉簡以降にはみられない。[21] 敢えてあげるとすれば、『吐魯番出土文書』の「家口籍」とよばれる歴名様文書がやや近い印象である（貳一〇・三三頁）。

資16　□（戸）主ム、辛延熹年六十四　男懐貞年廿一
　熹妻孟年六十四　入京仁妻麹年卅九
　貞妻康年十八　孫男護徳年十《捌》歳
　孫男幢護年八《漆》歳　孫男護隆年六《肆》歳
　孫男護豊年四《參》□　孫女妙姜年十二
　婢捺女年…
（64TKM1：33(b)・34(b)）

資17　戸主氾相延年卅五　妻索年廿五　男秋叙…
（64TAM15：24）

16は二段、17は図版から四段に戸口を列記したものと知られる。年代はともに七世紀第2四半世紀頃で、16には墨点が多く打たれ、年齢が大字で書き込まれている。正式な籍帳ではなく、戸籍などから書き出して何かの確認に用いた臨時の帳簿と思われるが、〈続柄・名・年齢〉からなる記載は御野国戸籍のそれに近い。これが各戸口の最低限のデータだとすると、御野の戸口記載は、そういう最低限の個人データに丁中記載を加え、集計行の丁中別集計に対応させてあるわけで、そういえば、各戸の三政戸と九等戸の記載は、巻頭集計部の政戸・等戸別集計と対応している。つまり、巻頭集計部の内訳が各戸のa集計行であり、その集計行の内訳がb戸口記載であって、すべてのデータは巻頭へと集約されてゆく[22]。

してみると、御野国戸籍の集計が前にあるのは、戸籍と計帳などが機能分化する以前にあって、その集計データを頻繁に参照する必要があったためかと考えられてくる。巻子本は展観しにくい。そして里別一巻立ての戸籍は、中央ではもちろん、国府でも相当量にのぼる。巻首をちらりとのぞけば、一里分のデータが得られるよう集計を前に出してあるこの戸籍の様式は、課役徴発などの場面で実際に活用された頃のものと推察されるのである。

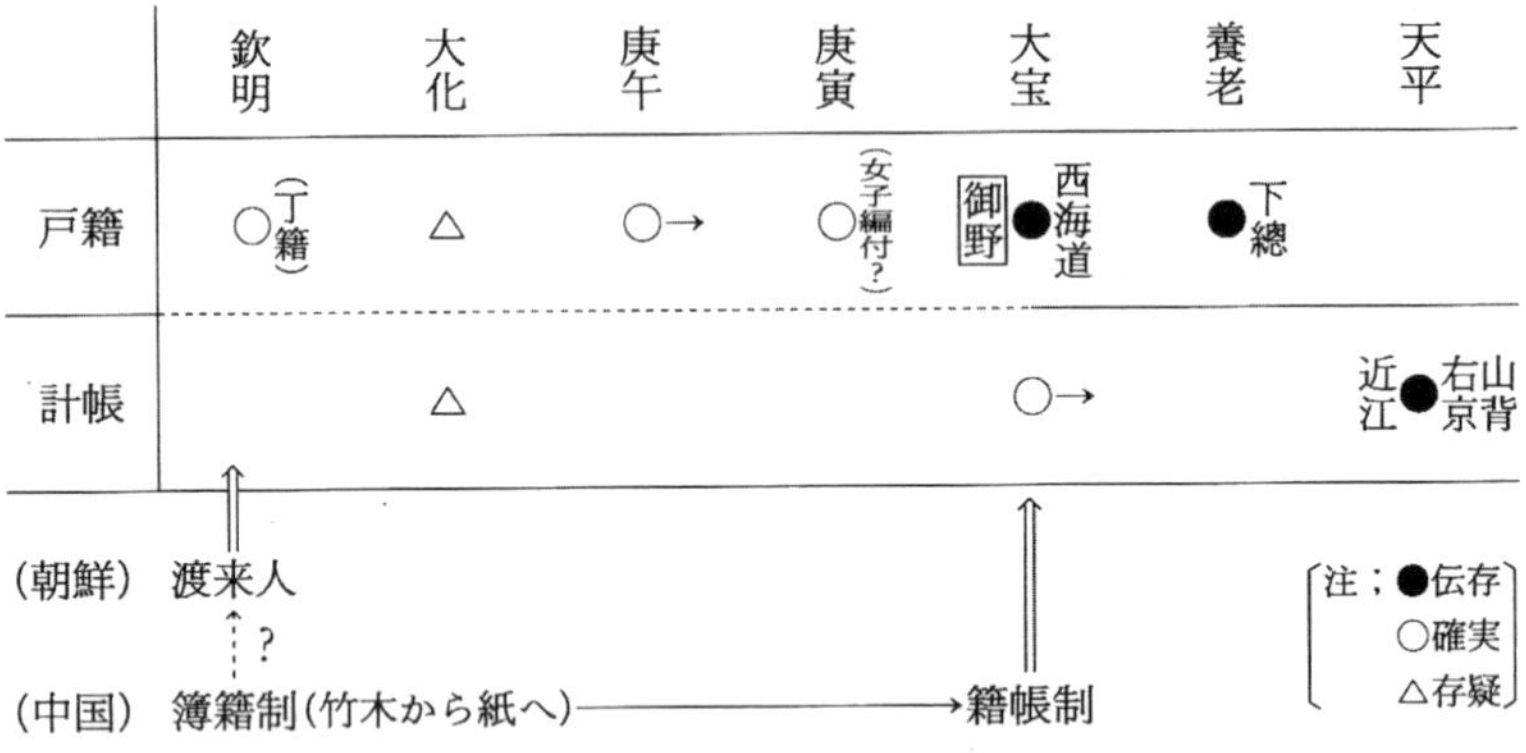

図 14　「御野国戸籍」成立の流れ

なお、御野国戸籍の様式が、律令制成立期の文書行政をその根底から支えた、渡来系の「史」らを通じて将来された可能性も当然考えるべきだが、古代朝鮮の籍帳については、新羅の民政文書のほかに実例をみないため、参考すべき材料がほとんどない(23)。とはいえ、御野国戸籍が中国の「籍帳」以前の古い様式とよく対応することからすれば、文字文化とともに、かかる様式が朝鮮半島から供与された可能性は十分に残されていると思う。前述の「丁籍」が王辰尓の甥・白猪史膽津という渡来人の手になることも、その一証であろう。

また、この「丁籍」が男子のみの名簿であった点は、御野国戸籍の男女別記載の成立を考える上で示唆的である。すでに指摘されていることだが、古い段階の戸籍には男子のみを記載し、あとから女子を記載するようになったとすれば(24)、先に男子を尽くし、後で女子を列挙する御野国戸籍の書き方も納得できるし、もともと女性の記載がなければ、西海道戸籍などのように〈父・母・男・女〉と書けないので、男性戸口は系図を書く要領で記載するほかなく、そこに父系ないし氏族制の原理がもちこまれざるをえない(25)。つまり、御野国戸籍の様式に「丁籍」以来の伝統をみることで、男丁のみの編付、男性の編付、女性の編付といった段階的な成立過程を想定できるだけでなく、「丁籍」そのものが差科簿的な性格を有することから、御野国戸籍の集計方式の由来をも整合的に説明できるのである。

おわりに

御野国戸籍の成り立ちについて、右に述べてきたところをまとめると図14のようになるが、そもそもこの戸籍は、「東山道型」といわれるように、一定の地域に行用されたものと考えられており[26]、一方で浄御原令、さらに庚午年籍にまでさかのぼりうる全国的なものとする見方もあるものの[27]、「丁籍」から御野国戸籍へと展望する卑見には、なお論証すべき多くの課題が残されている。しかし、壬申の乱にみるごとく、美濃はもともと皇室のミヤケとしての性格が色濃く、「丁籍」のような原初的な戸籍を想定しやすい地域でもある。そうした地域の特性や、それまでに千年もの歴史をへている中国籍帳との比較からする独自性といった点からも、唐の籍帳制を継受する水際の、固有法的発展の痕跡をとどめる貴重な伝存例として御野国戸籍を位置づけることは、決して不当でないと考える。今後は、本格的な唐制継受以前の文書行政を考える上でも、この戸籍に注目する必要があるだろう。

註

（1）「江陵張家山漢簡『奏讞書』釈文」一・二、李学勤「『奏讞書』解説」上・下（ともに『文物』一九九三年八期・一九九五年三期所収）。なお、「付記」参照。

（2）江陵鳳凰山漢簡の名籍類は、一簡に一名ずつ、多く姓名のみを記したもので、正式な戸籍とはみられない。裘錫圭「湖北江陵鳳凰山十号漢墓出土簡牘考釈」（『文物』一九七四年七期）五三・五六頁、池田前掲『中国古代籍帳研究』・録文八〇参照。

（3）「封診式」封守条（『睡虎地秦墓竹簡』所収。文物出版社、一九九〇年）。なお、本条がひく戸籍は、その内容から推して「民宅園戸籍」と呼ばれたものであろうか（文末「付記」②参照）。

（4）拙稿「中国古代における情報処理の様態」（『東洋文化研究』三、二〇〇一年）。

（5）居延漢簡の引用は、勞榦『居延漢簡』（図版之部一九五七年・考釋之部一九六〇年）、謝桂華・李均明・朱国炤『居延漢簡釈文合校』上・下（文物出版社、一九八七年）、『居延新簡　甲渠候官』（中華書局、一九九四年）に依拠し、旧居延簡には原簡番号の上に出土地番号を付記した。

（6）永田の様式分類では吏卒を登録する名籍がⅠ類、衣料や武器の支給はⅢ類、軍務や作業はⅡ類、食糧の配給はⅤ類の簿籍に記録される。ほかに、吏の奉銭がⅣ類、その他を一括したⅥ類がある。

（7）以下、おもに王素・宋少華・羅新「長沙走馬楼簡牘整理的新収穫」（『文物』一九九九年五期）による。また、研究の現況・文献等については、王素「長沙走馬楼三国呉簡の研究とその基本問題」（東洋文庫特別講演会レジュメ、二〇〇一年一一月）を参照した。

（8）『長沙走馬楼三国呉簡・嘉禾吏民田家莂』上（文物出版社、一九九九年）所収「発掘報告」、図三六参照。なお、文末「追記」参照。

（9）以下、敦煌文書は『敦煌遺書總目索引新編』（中華書局、二〇〇〇年）による番号と、池田前掲『中国古代籍帳研究』の録文番号とを並記する。

（10）晋代の戸口簿稿（資10）も同様であるらしい。録文の一一行目以下に、「息男奴□年卅五■■、『死』」「□男弟□得年卅物故、」「得□□阿罔?年?□物故、」とある。また、註（8）に引いた図三六の一簡目は「政の女弟昭年十一、昭の男弟□年九歳」とよめるから、どうやら三国呉簡も同様とみられる。

（11）ちなみに、漢簡の「家属廩名籍」をみても同様である（永田前掲『居延漢簡の研究』、一五八～一六〇頁）。

（12）卑見によれば、各戸別の冊書は居延漢簡「永元器物簿」などのように編綴のあまり紐で連結（附篇）してあったものと推測される（図15参照）。拙稿「冊書の書誌学的考察」（『古代文化』五四巻三号、二〇〇二年）、第一章参照。

（13）こうした点から、この計帳を「戸籍」とみる研究者も多い。本章は、集計部との連続性を重視する池田説および『敦煌遺書總目索引新編』の説明にみえる唐耕耦の見解により、計帳とした。

（14）『吐魯番出土文書〔参〕』（文物出版社、一九九六年。四九六～五一六頁／録文一九）。ほかに貞観十四年（六四〇）の断簡（同前書〔貳〕、四三～四八頁／録文一六）、大暦四年（七六九）の長巻（S.514v.／録文一五）があり、書式に異同がある（池田前掲『中国古代籍帳研究』、六二頁)。なお、原文の則天文字は常用漢字にあらためた。

(15) 土肥義和「唐令よりみたる現存唐代戸籍の基礎的研究」(『東洋学報』五二―六・七、一九六九年)。池田前掲『中国古代籍帳研究』、六三〜六五頁参照。

(16) ほかに造籍と関連して、年齢や病状(五九・三疾)を確認する「貌定」、九等戸を定める「定戸」などが行われた(池田前掲『中国古代籍帳研究』、六五〜六八頁)。「等戸」の記載は先天二年(七一三)籍以降にみえ、『吐魯番出土文書』には「定戸」の案巻が残る(肆三一一〜三一二頁/録文一六二)。「三疾」など計帳に記載すべきものは、『吐魯番出土文書』の「貌定簿?」や「戸口帳」(計帳か)にみえている(参二三一〜二三三頁、貳一二一頁ほか)。

(17) なお、西海道戸籍のみ各戸の文末に「受田…町…段…歩」と受田総額を付記する。

(18) 男女・奴婢集計の内訳を示すと、男四二二(有位八/正丁一五三－兵士三三一=遺り一二一/次丁一〇/少丁四一－兵士三=遺り三八/小子一四四/緑児五二/廃疾五/篤疾二/耆老七)、女四六三(有位次女一/正女二一二/次女一五/少女四〇/小女一二八/緑女四五/耆女二二)、奴七(正奴三/次奴一/少奴一/小奴二)、婢七(正婢四/小婢三)。

(19) 浦田(義江)明子「編戸制の意義」(『史学雑誌』八一―二、一九七二年)は、「編戸」の目的として兵士の徴発を重視する。また「差科簿」については、池田前掲『中国古代籍帳研究』、九八〜一一三頁参照。

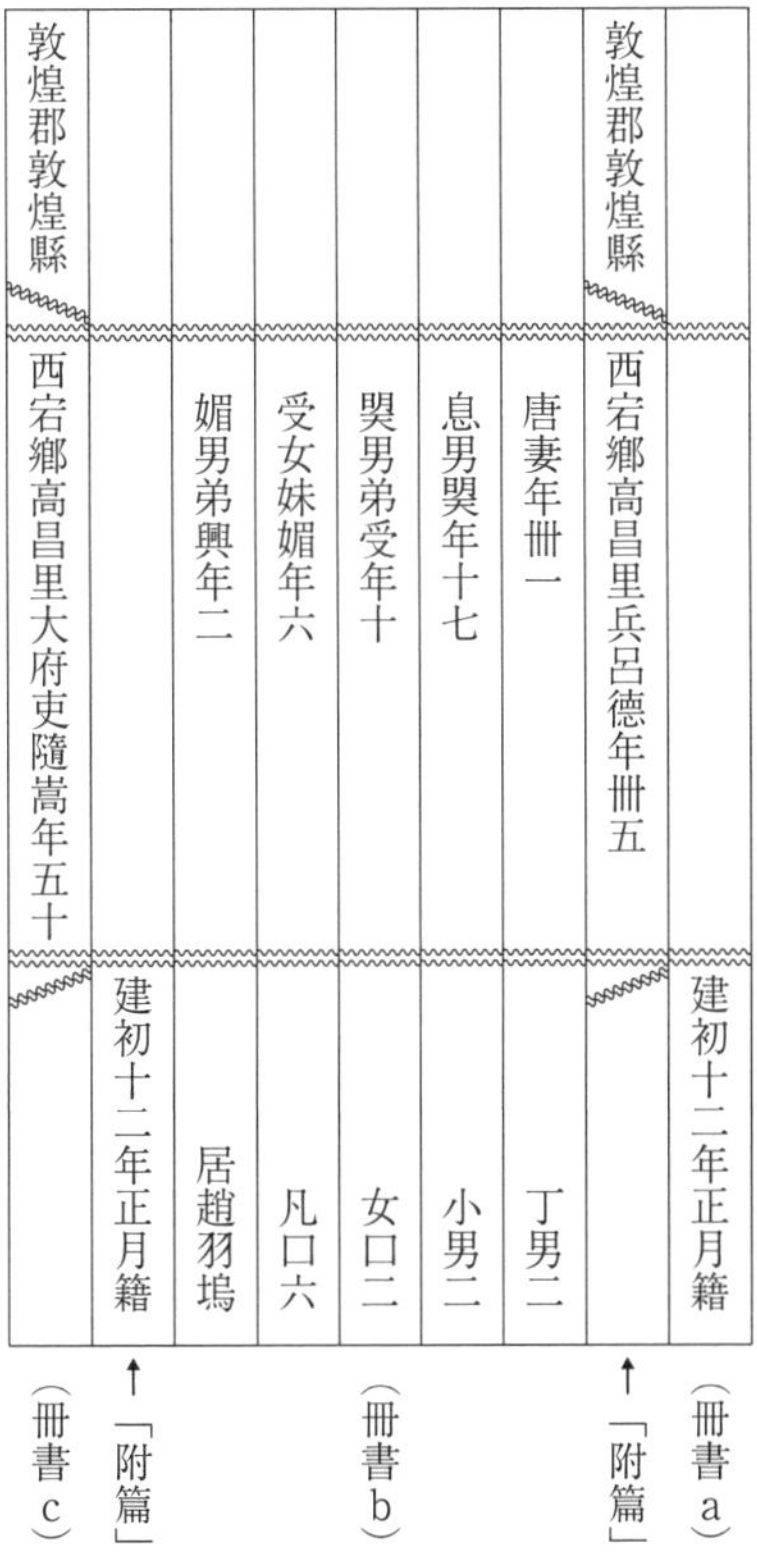

図15 「簡冊籍」概念図

＊冊書aは篇末、冊書cは篇首のみ掲げる

(20) 川上多助「古代戸籍考」(『日本古代社会史の研究』所収。河出書房、一九四七年)一五一〜一五四頁。杉本一樹「戸籍制度と家族」(『日本古代文書の研究』所収。吉川弘文館、二〇〇一年)五〇〇〜五〇四頁。

(21) ただし、漢簡の「燧長名籍」(永田分類Ⅰイc)などに三段組の名簿の例があり、また西涼籍(資11)までは冊書の三段組の潜在を認めることもできるだろう。なお、杉本一樹は、この三段組が木簡形式の「籍」(古訓フムタ=フミイタ)に由来するとし(前掲「戸籍制度と家族」、五二七頁)、鐘江宏之は七世紀の歴名木簡との関連性を指摘している(「七世紀の地方木簡」二九三〜二九五頁。『木簡研究』二〇、一九九八年)。それでは年齢と丁中記載の双行注が書きにくいのではないかとも思われるが、木簡を利用した可能性は十分にあるだろう。そのばあい、戸ごとに一枚ずつ戸口を列挙して裏面に集計をとり、これを紙に写す際に、集計を前に出し、戸口をあとに書いたとも考えられる。

(22) 半布里籍の集計行の丁中別集計をみると、男子の集計を二段目、女子の集計を三段目に揃えて書いてある。小林洋介「戸籍をつくる」(『美濃国戸籍の総合的研究』所収。東京堂出版、二〇〇三年)四四九頁参照。半布里以外では必ずしもそうなっていないが、西海道戸籍や下総国戸籍でも、各行の丁中記載と各戸の男女丁中別集計とは中段の横界線に揃えてあるので、御野国戸籍でも半布里のように書くのが本来の書式であり、したがって各戸の集計行は、巻末から二段目の男子、三段目の女子を足していって、巻首で集計をまとめる算段であったと観察される。

(23) 崔弘基『韓国戸籍制度史の研究』(第一書房、一九九六年)第一章参照。

(24) 武田佐知子「庚寅年籍と女子の初附」(『原始古代社会研究』五所収。校倉書房、一九七九年)は、庚寅年籍より女子の編付が開始されたとする。

(25) 「編戸」と氏族制との原理的対応は、杉本一樹が強調した点である。前掲注(20)『日本古代文書の研究』五三三頁以下および五九〇〜五九一頁参照。

(26) 岸俊男「律令制の社会機構」(『日本古代籍帳の研究』所収。塙書房、一九七三年)。平川南「出土文字資料と正倉院文書」(『古代文書論』所収。東京大学出版会、一九九九年)。

(27) 鐘江前掲「七世紀の地方木簡」、二九五頁。

〔付記〕 脱稿後、『張家山漢墓竹簡〔二四七号墓〕』（文物出版社、二〇〇一年）を得た。同書には、「暦譜」『二年律令』『奏讞書』『脈書』『算数書』『蓋廬』『引書』「遣策」が収録され（『 』は原題）、ことに呂后二年（前一八六）施行という『二年律令』は全五二六簡、賊・盗・具・告・捕・亡・収・襍・銭・置吏・均輸・伝食・田・□市・行書・復・賜・戸・效・傅・置後・爵・興・徭・金布・秩・史の二七律、および津関令からなり、『雲夢睡虎地秦簡』とともに秦漢期法典の双璧をなす、驚くべき出土文献である。このうちの「戸律」から戸籍に関する条文を摘記しておく（カッコ内は筆者注）。

①造籍の規定。「恒に八月を以て郷部の嗇夫・吏・令史をして相襍《とも》に戸籍を案じ、副（録）して其の廷に蔵せしめよ。移徙する者有らば、輒ち戸及び年・籍・爵の細、徙《うつ》る所を移し、并せて封ぜよ（下略）」（簡三二八～三三〇）。②戸籍の保管。「民宅園戸籍・年細籍・田比地籍・田命籍・田租籍は、謹んで副して県廷に上ぐるに、皆篋若しくは匣匱もて盛り、緘閉して、令若しくは丞・官の嗇夫の印を以て封じ、独り別けて府（書庫）を為《つく》り、府の戸を封ぜよ（下略）」（簡三三一～三三六）。③年齢等の申告。「民、皆自ら年を占（書）せよ。小《おさな》くして未だ自ら占する能わずして、父母・同産（同母兄弟）の、為に占する者毋《な》くんば、吏□を以て其の年を比定せよ。自ら占し、子・同産の年を占するに、実を以てせざること三歳以上は、皆耐（刑）。子を産むときは、恒に戸を以て時に其の…を占し（下欠）」（簡三二五～三二六）。④定籍稽留の罰則。「戸を代え、田宅を貿売するに、郷部・田嗇夫・吏、留めて為に定籍せざるは、一日盈《み》つるごとに罰金各二両」（簡三二二）。⑤未受田者の扱い。「未だ田宅を受けざる者は、郷部、其の戸を為す先後の次を以て、次ぎてこれを編し、久しきものを右（先）と為せ。久しきこと等しければ、爵の先後を以てせよ」（簡三一八）。以上のほかにも見るべきものは多いが、ことに②は、「民宅園戸籍」が簡1にみたのと同様のもので、「年細籍」が戸口データ、「田比地籍」が田地の四至、「田命籍」は不詳だが、「田租籍」が田租を算出したものとすれば、これら全体で後世の戸籍（計帳）の記載内容をほぼ網羅することになる（反対に、後の籍帳は右のごとく多岐にわたる簿籍各種を合理化・統合したものとみなしうる）。いずれにせよ、秦漢期における造籍制度の整備状況、その高度な達成をみる上でたいへん注目される。

〔追記〕 以上は、『美濃国戸籍の総合的研究』（東京堂出版、二〇〇三年）に寄稿した当時のまま、あえて手を加えなかったので、ここに一点だけ補足しておきたい。

本章第二節に取り上げた走馬楼三国呉簡はその後、竹簡部分の公刊が進み、現在初校の段階で『長沙走馬楼三国呉簡・竹簡』（文物出版社刊）は第一～四巻および第七巻が刊行されている。走馬楼呉簡は、長屋王家木簡と同様、建設工事中に発見されたもので、すでに投棄された土の中から救出したものと、発見後科学的な調査のもとに出土したものとに大別される。『竹簡』のはじめの三巻に収めるものはみな前者に属し、本章に引いた竹簡はその三巻のうちに収められている。その釈文をつぎに掲げておく。

簡6　富貴里戸人公乘黃逑年廿一　（1-28）

簡7　妻大女如年廿三　土子男賢年三歳　（1-12）

簡8　大成里戸人公乘魯章年卌八算一盲右目　（36-6246）

簡9　民周明年卅五盲左□（目）（13-7633）

異同箇所に傍線を引いておいたが、今回報告書から掲載した原簡の写真（図10）と対照しても釈読に問題はないと思われる。簡8の番号は整理後に追加されたもので、36は土を運んだコンテナの番号（盆号）、下が原簡の番号である。

さて、本文では簡6・7の人名をもとに民籍の書式を推定したが、今回公表された釈文ではその人名部分が訂正されている。よって「6・7は一連の断簡」とした本文は誤りである。但し簡7の妻が中段、子が下段に書かれていたと推定した部分は、今回掲げた原簡の写真により、そのとおりであることが確かめられた。

今後、全容の開示とともに断簡の整理や冊書の復原などが進展してゆくと思うが、右の付記でふれた漢代の多様な簿籍が、呉簡をへて隋唐の籍帳制へとどのように展開したのか、興味は尽きないのである。

第Ⅱ部　遣唐使の時代と学術

第六章　唐からみた古代日本

本章ではまず、唐代の対日認識について従来の学説を検証し、そのうえで唐代中国人の日本に関する知識の水準を確認し、あわせてその情報源についても考察を加える。つまり当時の中国人が、どのような機会を通して日本をどれだけ知っていたかについて報告するものである。

一　唐の対日認識

森公章はかつて「唐の対日意識」について（一）君子国、（二）大国、（三）諸蕃・朝貢国、（四）絶域の四つに大別し、（二）は新羅にも用いた外交辞令であり、（二）は八世紀の唐人が知るところでなく、結局（三）と（四）、つまり絶域の朝貢国という認識であったと結論した。[1]この結論に異論はないが、ここであらためてその論拠を検証しておこう。

1　君子国

『続日本紀』慶雲元年（七〇四）七月朔条に、

秋七月甲申朔、正四位下粟田朝臣眞人自㆓唐國㆒至。初至㆑唐時、有㆑人來問曰、「何處使人。」答曰、「日本國使。」

我使反問曰、「此是何州界。」答曰、「是大周楚州鹽城縣界也。」更問、「先是大唐、今稱二大周一。國號緣レ何改稱。」答曰、「永淳二年（六八三）、天皇太帝（高宗）崩、皇太后（武則天）登レ位、稱號二聖神皇帝一、國號大周。」問答略了。唐人謂二我使一曰、「亟聞、海東有二大倭國一、謂二之君子國一。人民豐樂、禮義敦行。今看二使人一、儀容大淨、豈不レ信乎。」語畢而去。

とあり[2]、楚州塩城県の唐人が大宝の遣唐使をみて、「大倭国が君子国というのは本当だと知った」という逸話を伝える。
また、『東大寺要録』巻一所引『延暦僧録』佚文に、

又發レ使入レ唐、使至二長安一。拜朝不レ拂レ塵、唐主開元天地大寶聖武應道皇帝（玄宗）云、「彼國有二賢主君一、觀二其使臣一、趍揖有レ異。」卽加二號日本一爲二有義禮儀君子之國一。……皇帝又勅、摸二取有義禮儀君子使臣大使・副使影一、於二蕃藏中一以レ記送遣。……

開元皇帝御製詩「送二日本一使五言」、

日下非二殊俗一、天中嘉二會朝一。念二余懷義遠一、矜二爾畏途遥一。
漲海寛二秋月一、歸帆駛二夕颷一。因驚彼君子、王化遠昭々。[2]

とあり[3]、玄宗が天平勝宝の遣唐使をみて賛嘆した逸話を伝える。以上は日本側の史料であるが、同じ玄宗が天平の遣唐使に与えた「勅二日本國王一書」に、

敕二日本國王主明樂美御德一。彼禮義之國、神靈所レ扶、滄溟往來、未二常爲レ患。不レ知去歲、何負二幽明一、丹墀眞人廣成等、入朝東歸、初出二江口一、雲霧斗暗、所レ向迷レ方、俄遭二惡風一、諸船飄蕩。其後一船在二越州界一、卽眞人廣成、尋巳發歸、計當レ至レ國。一船飄二入南海一、卽朝臣名代、艱虞備至、性命僅存。名代未レ發之間、又得二廣州表奏一、朝臣廣成等飄至二林邑國一。既在二異國一、言語不レ通、幷被二劫掠一、或殺或賣、言二念災患一、所レ不レ忍レ聞。然則林邑諸國、比常朝貢、朕巳敕二安南都護一、令二宣敕告示一、見在者令二其送來一。待二至之日一、當二存撫發遣一。又一船不レ知レ所レ在、

永用疚懷。或已達二彼蕃一、有三來人可二具奏一。此等災變、良不レ可レ測。卿等忠信、則爾何負二神明一。而使三彼行人罹二其凶害一。想卿聞レ此、當二用驚嗟一。然天壤悠悠、各有レ命也。中冬甚寒、卿及百姓幷平安好。今朝臣名代還、一一口具。遣レ書指不二多及一。

とあり(4)、類似する文言がみえている。なお、この勅書は遣唐使に与えた国書として唯一伝存するものである。また、王維が阿倍仲麻呂に送った有名な「送三祕書晁監還二日本國一」の詩序（七五三年）に、

……海東國日本爲レ大、服二聖人之訓一、有二君子之風一。正朔本二乎夏時一、衣裳同二乎漢制一。歷歲方達、繼二舊好於行人一、滔天無レ涯、貢二方物於天子一。……

とあり(5)、日本が夏正の暦を用い、漢の服制を採る「君子」の大国であるとする。

これらはみな日本を高く評価した言葉であるが、どれも外交辞令であってそのまま受け取るわけにはいかない。森は『旧唐書』新羅伝で玄宗が新羅へと赴く臣下に、「新羅號爲二君子之國一、頗知二書記一、有レ類二中華一」と告げた言葉などを引いて、「君子国」といった評価が日本だけのものではなかったことを指摘する。それはそのとおりであるが、森の指摘にはやや遠慮があるというべきだろう。

上記の日本に対する評価は、勅書にせよ、詩序にせよ、みな日本人に直接述べたものであるが、新羅伝の玄宗の評価は自らの臣下（鴻臚卿）に述べたもので、新羅の方が客観的な評価といえる。そもそも『唐書』の新羅伝や渤海伝と日本伝を読み比べれば、誰がみても日本より新羅や渤海の方がずっと文明的に感じるだろう。結局、杜祐『通典』辺防一・倭条に、

武太后長安二年（七〇二）、遣二其大臣朝臣眞人一貢二方物一。朝臣眞人者猶二中國地官尚書一也。頗讀二經史一、解二屬文一。首冠二進德冠一、其頂有レ花、分而四散、身服二紫袍一、以レ帛爲二腰帶一。容止溫雅、朝庭異レ之、拜爲二司膳員外郎一（天寶末、衞尉少卿朝衡即其國人(6)）。

とみえる反応が、当時の古代日本に対する評価をよくあらわしている。つまり、粟田真人の「温雅」は唐人の倭＝日本に対する印象と「異」なるものだったのであり、したがって『続紀』が伝える楚州塩城県人の感想などは、面と向かって言ったお世辞にちがいないのである。

2　大　国

『隋書』倭国伝に、

新羅・百濟皆以レ倭爲二大國一、多二珍物一、並敬二仰之一、恒通使往來。

とあり[7]、また前掲の王維詩序に「海東國日本爲レ大」とみえることから、一般に唐が日本を海東の「大国」として認めていたと考えられてきたが、このような見方を、森は以下のように退ける。まず、『続紀』天平勝宝六年（七五四）正月丙寅条に、

副使大伴宿禰古麻呂自二唐國一至。古麻呂奏曰、「大唐天寶十二載、歳在二癸巳一正月朔癸卯、百官諸蕃朝賀。天子於二蓬莱宮含元殿一受レ朝。是日、以レ我次二西畔第二吐蕃下一、以二新羅使一次二東畔第一大食國上一。古麻呂論曰、『自レ古至レ今、新羅之朝二貢日本國一久矣。而今列二東畔上一、我反在二其下一、義不レ合レ得。』時將軍呉懷實見二知古麻呂不レ肯色一、即引二新羅使一、次二西畔第二吐蕃下一。以二日本使一次二東畔第一大食國上一。」

とあり、また『延暦僧録』佚文で前掲の「即加二號日本一爲二有義禮儀君子之國一」につづけて、

復元日拜朝賀正、勅命日本使可二於新羅使之上一。

とみえる、有名な新羅との席次争い（争長事件）を取り上げて、唐の官吏が日本を新羅の下位に置いた時点で、かれらは日本を海東の「大国」とは考えていなかった証拠であると指摘した。これは全くそのとおりであって、なぜこのことに今まで誰も気づかなかったのかと思うが、そういう目でみてゆくと、前掲の王維の詩序に、

海東國日本爲レ大、服二聖人之訓一、有二君子之風一。正朔本二乎夏時一、衣裳同二乎漢制一。歴歳方達、繼二舊好於行人一、滔天無レ涯、貢二方物於天子一。司儀加レ等、位在二王侯之先一、掌次改レ觀、不レ居二蠻夷之邸一。「我無二爾詐一、爾無二我虞一。」彼以レ好來、廢レ關弛レ禁。上敷二文教一、虚至實歸。故人民雜居、往來如レ市。……

というなかの傍線部が、この争長事件のことを述べていることに気がつく。

この四句について、陳鉄民の校注は、「司儀」が『周礼』秋官にいう賓客を接待する官で、「掌次」が『周礼』天官にみえる旅幕（テント）を設営する官であり、「改観」は考えを改める意だとして、「朝廷は日本の使節に特殊な礼遇を与えた」とだけいい、(8) またこの王維の詩について論じた呉振華に至っては、

日本は海東の大国であり、君子の風格があって、深く華夏の文化の影響を受けており、風波を恐れず、はるばる海を渡って、使者を中国に派遣し、皇帝に貢ぎ物を捧げた。そして唐は日本に門戸を開放し、禁令を緩和して、日本人に（文物を）満載して帰国させた。それゆえ、街には中日両国民が友好的かつ平和に雑居し、親しく交流した。

というように傍線部を飛ばして訳しているが、(9) これは無理もないことであって、この点については実は森も「王維の詩句（「海東國日本爲レ大」を指す—井上注）はこの争長事件により生まれたもので、日本＝『大国』観の存続・定着を物語るものではないと考えたい」と述べるのみで、彼の考えを裏づける傍線部の存在には気づいていないようなのである。

ここはまず、

歴歳方達、繼舊好於行人、滔天無涯、貢方物於天子。
司儀加等、位在王侯之先、掌次改觀、不居蠻夷之邸。

という前半が四六文の対句であり、『左伝』宣公十五年条による「我無爾詐、爾無我虞。」（互いに欺かないことを誓う

言葉）を挟んで、

　彼（＝日本）以好來、（我）廢關弛禁。上（＝皇帝）敷文教、（彼）虚至實歸。
　故人民雜居、往來如市。晁司馬結髪游聖、負㆑笈辭㆑親、……

という主語が互い違いになる四字句がつづく構文であることを確認する（このあとは阿倍仲麻呂＝晁司馬に関する記述に移行する）。

　すると問題の傍線部は、直前の「歴歳方達、繼舊好於行人」（時を経て、旧き好を使節に託した……時間）と「滔天無涯、貢方物於天子」（世界の果てから、天子に朝貢しに来た……空間）という対句とセットになるものであり、それは「接待係が日本の等級を上げて、王侯（＝諸蕃）の首席に置いた」ことと「設営係が通念を改めて、蛮夷の宿舎に泊まらせなかった」ことをあらわす。それで、お互いの信頼関係に基づき、日本の好誼に応えて、唐は交易の禁制を緩和し、唐が文教を敷くことで、日本は多くの文物をもち帰る。だから日本人を（「蠻夷之邸」ではなく）人民と雑居させ、盛んに往来させたというのであろう。このように解釈すれば、日本を優遇した傍線部の内容が実は争長事件を指しているということに容易に気がつくのであるが、反対に争長事件のことを知らないと、なぜこのような言い方をするのか、全く理解できないわけである。

　かくして王維自身が日本の等級を上げたと証言しているのであるから、その前は「大国」として扱っていなかったと考えてよい。このようにして森の考えはさらに確固たる証拠を得るのである。

3　諸蕃・朝貢国

　ふたたび『隋書』倭国伝に、

　大業三年（六〇七）、其王多利思比孤遣使朝貢。使者曰、「聞㆔海西菩薩天子重興㆓佛法㆒、故遣朝拜、兼沙門數十人來學二佛法一。」其國書曰、「日出處天子致二書日没處天子一、無レ恙」云云。帝覽レ之不レ悦、謂二鴻臚卿一曰、「蠻夷書有二無禮者一、勿二復以聞一。」

とあり、倭国の使節が煬帝に「朝貢」「朝拝」し、煬帝も彼らを「蠻夷」と認識していたことがわかる。倭国伝はこれにつづけて、

明年、上遣二文林郎裴清一使二於倭國一。……既至二彼都一、其王與レ清相見、大悦曰、「我聞海西有二大隋禮義之國一、故遣朝貢。我夷人、僻二在海隅一、不レ聞二禮義一。是以稽二留境内一、不二即相見一。今故清レ道飾レ館、以待二大使一、冀聞二大國惟新之化一。」清答曰、「皇帝徳並二二儀一、澤流二四海一、以二王慕レ化、故遣二行人一來レ此宣諭。」既而引レ清就レ館。其後清遣レ人謂二其王一曰、「朝命既達、請即戒レ塗。」於レ是設レ宴享以遣レ清、復令三使者隨レ清來二貢方物一。此後遂絶。

といい、煬帝が派遣した裴世清に対して倭王自ら「夷人」と称し、隋を「大國」「禮義之國」として「朝貢」したことを認めている。これを、『日本書紀』推古十六年（六〇八）八月条は、

壬子（十二日）、召二唐客於朝庭一、令レ奏二使旨一。時阿倍鳥臣・物部依網連抱二人爲二客之導者一也。於レ是大唐之國信物置二於庭中一。時使主裴世清親持レ書、兩度再拝言二上使旨一而立。其書曰、「皇帝問二倭皇一。使人長吏大禮蘇因高等至具レ懷。朕欽承二寶命一、臨二仰區宇一、思下弘二徳化一、覃中被含靈上。愛育之情、無レ隔二遐邇一。知下皇介二居海表一、撫二寧民庶一、境内安樂、風俗融和、深氣至誠、遠脩中朝貢上。丹款之美、朕有レ嘉焉。稍暄、比如レ常也。故遣二鴻臚寺掌客裴世清等一、稍宣二往意一、并送レ物如レ別。」時阿倍臣出進以受二其書一而進行、大伴嚙連迎出承レ書置二於大門前机上一而奏レ之。事畢而退焉。是時、皇子・諸王・諸臣悉以二金髻華一著レ頭、亦衣服皆用二錦紫繡織及五色綾羅一〔一云、服色皆用二冠色一〕。

丙辰（十六日）、饗二唐客等於朝一。

と伝え[10]、煬帝の国書を引用するなかに「朝貢」の語がみえている。

以上は隋代の状況であるが、唐代でもこの認識に変化がなかったことは『旧唐書』倭国伝に、

貞観五年（六三一）、遣レ使獻二方物一。大宗矜二其道遠一、勅二所司一無レ令二歳貢一。又遣二新州刺史高表仁一持レ節往撫レ之。表仁無二綏遠之才一、與レ王（子）爭レ禮、不レ宣二朝命一而還。

とあり、最初の遣唐使について太宗が「歳貢」の義務を緩和したと伝え、[11] また六五九年、第四次遣唐使の伊吉博徳が自ら、

十一月一日、朝有二冬至之會一、々日亦覲。所レ朝諸蕃之中、倭客最勝。

と書いていることからもわかる（『書記』斉明五年七月条）。その後も同様で、これまでに紹介してきたところをみても、大宝の遣唐使について「遣二其大臣朝臣眞人一貢二方物一」といい（『通典』）、天平勝宝の遣唐使についても「滔天無レ涯、貢二方物於天子一」（王維詩序）といい、またその大使・副使の肖像を「蕃蔵中」に保管したという（『延暦僧録』佚文）。この天平勝宝の遣唐使の時に玄宗は日本を海東の「大国」と認めて優遇したわけであるが、諸蕃の朝貢国という扱いに変わりはなかったのである。それは延暦や承和の遣唐使でも同様であって、『日本後紀』延暦二十四年（八〇五）六月条、遣唐大使藤原葛野麻呂の上奏文に、徳宗と順宗の勅語を伝えて、

卿等遠慕朝貢、所レ奉進物、極是精好、朕殊喜歡。時寒、卿等好在。（徳宗）

卿等銜二本國王命一、遠來朝貢。遭二國家喪事一、須二緩緩將息歸鄉一。緣二卿等頻奏二早歸一、因レ茲賜二纒頭物一、兼設レ宴。宜レ知レ之、却二廻本鄉一、傳二此國喪一、擬レ欲二相見一、緣二此重喪一、不レ得レ宜之、好去好去。（順宗）

といっている。[12] また、この順宗の勅語にみえるように、延暦の遣唐使は徳宗の喪に遭遇したのだが、その服喪は、

臣等三日之内、於二使院一朝夕擧哀。其諸蕃三日、自餘廿七日而後就レ吉。

というように、諸蕃の規定を用いた。また、承和の留学僧であった円仁の『入唐求法巡礼行記』巻一・承和五年（八三八）九月二十日条に、揚州都督李徳裕の牒を引用して、

日本國朝貢使數内、僧圓仁等七人請下往二臺州國清寺一尋上師。／右、奉レ詔、朝貢使來（未カ）入レ京、僧等發二赴臺州一、未レ入レ可二允許一。須下待二本國表章到一、令中發赴上。

とあり、[13] 最後の遣唐使もまた「朝貢使」と認識されていたことは明白である。

東野治之が強調したように、そもそも遣唐使の任務は朝賀への参列にあった。[14] 朝賀に参列するということは、「諸蕃」の朝貢国として位置づけられるということであるから、日本が諸蕃の朝貢国であったことは、唐側も日本側もわかっていたことである。このことは中国の学者には自明のことなのであるが、日本ではそれが論証すべき問題と認識されている。私には、このことの方がむしろ問題ではないかと思われる。

4　絶域

これまでにみた史料からも、「我夷人、僻二在海隅一」（『隋書』）や「遠脩二朝貢一」（『書紀』）、「矜二爾畏途遥一」（玄宗「送日本使」詩）、「滔天無レ涯、貢二方物於天子一」（王維詩序）、「遠來朝貢」（『後紀』）というように、日本が絶域にあることを述べているが、より直接には王維の詩序の後段に、阿倍仲麻呂が日本にもち帰る文物について、

金簡玉字、傳二道經于絶域之人一、方鼎彝樽、致二分器于異姓之國一。

と述べた例がある。しかしここで森がいうのは「絶域」が制度上の概念であるということであり、そのことは『唐会要』巻百・雑録に、

聖暦三年（七〇〇）三月六日勅、東至二高麗國一、南至二眞臘國一、西至二波斯・吐蕃及堅昆都督府一、北至二契丹・突厥・靺鞨一、並爲二入蕃一、以外爲二絶域一。其使應レ給料、各依レ式。

とある法令からも明らかである。[15]

以上、森の整理に基づいて「唐の対日認識」を検証してきたが、結論をいえば、日本は唐人からみて「絶域」の「諸

蕃・朝貢国」であったということであり、そのような見方は七～九世紀、すなわち遣唐使の時代を通してほとんど変化しなかったことを確認できたと思う。これを一言でいえば、古代の日唐関係は非常に低調であったということである。

二　唐が知り得た日本の情報

唐代の中国が日本をどれだけ知っていたかについて、森公章は「少なくとも八世紀以降においては、唐の日本に対する関心は薄く、情報も不十分であった」といい、その理由については八世紀以降、日唐間に「政治的関係」がなかったためという見方を示している。[16] また、田中健夫は入宋僧奝然が太宗に謁見した『宋史』日本伝の記事を取り上げて、奝然の「『職員令』『王年代記』の奉献と、この筆談による問答の内容とが、中国におけるこの時点以前の日本観をいちじるしく改めさせたことは確かである」と指摘している。[17] すると、唐人は日本についてほとんど何も知らなかったことになるが、それは果たしてそうなのか。以下、この問題について考察を進める。

1　正史が伝える日本

『隋書』倭国伝には冠位十二階以下、当時の倭国についての詳しい記述がある。周知のごとく、『隋書』は唐貞観十年（六三六）に紀伝五十五巻が成り、顕慶元年（六五六）に志三十巻を加えて完成した。その間、遣唐使は第一次から第三次まで派遣されていたが（六三〇・六五三・六五四年）、倭国伝は大化の冠位改定（六四七・六四九年）などにふれていないので、隋代の資料に基づいて書かれているとみてよい。なお、榎本淳一はその資料を隋の鴻臚寺が遣隋使から聴き取ったものと推定しているが、[18] 倭国伝には鵜飼や竈火の禁忌などまで書かれており、こんなことまで鴻臚寺で聴取したとは考えがたい。やはり煬帝が派遣した裴世清の旅行記によるとみるべきであろう。

ところが『旧唐書』倭国・日本伝には詳しい記述が全くない。むしろ『隋書』より逆行しているようなところがある。例えば、

其王姓阿毎氏。置二一大率一検二察諸國一、皆畏二附之一。設レ官有二十二等一。

とある、「十二等」は推古朝（隋代）の冠位であるし、「一大率」に至っては『魏志』倭人伝の時代の官職である。これにくらべると、『新唐書』日本伝はやや詳しい。

其官十有二等。其王姓阿毎氏、自言初主號二天御中主一、至二彦瀲一、凡三十二世、皆以レ「尊」爲レ號、居二筑紫城一。彦瀲子神武立、更以二「天皇」一爲レ號、徙治二大和州一。次曰二綏靖一……仲哀死、以二開化曾孫女神功一爲レ王。次應神……欽明之十一年、直二梁承聖元年一。次海（敏）達、次用明、亦曰二目《ママ》多利思比孤一、直二隋開皇末一、始與二中國一通。次崇峻。崇峻死、欽明之孫女雄（推）古立。次舒明、次皇極。

とくに神代から皇極に至る歴代天皇を掲げている点が注目されるが、これはよく知られているように、東大寺僧奝然が宋の太宗に献上した『王年代紀』による記述である。

雍熙元年（九八四）、日本國僧奝然與二其徒五六人一浮レ海而至、獻二銅器十事幷本國『職員令』『王年代紀』各一巻一。奝然衣レ緑自云、「姓藤原氏、父爲二眞連一。」眞連、其國五品官也。奝然善二隷書一而不レ通二華言一。問二其風土一、但書以對云、「國中有二五經書及佛經・白居易集七十巻一、並得レ自二中國一。土宜二五穀一而少レ麥、交易用二銅錢一、文曰二乾文（元）大寶一。畜有二水牛・驢・羊一、多二犀《ママ》・象一。產二絲蠶一、多織レ絹、薄緻可レ愛。樂有二國中《ママ》・高麗二部一。四時寒暑、大類二中國一。國之東境接二海島一、夷人所レ居、身面皆有レ毛。東奥州產二黄金一、西別《ママ》島出二白銀一、以爲二貢賦一。國王以レ王爲レ姓、傳襲至二今王一六十四世、文武僚吏皆世レ官」。

この「國王一姓傳繼、臣下皆世レ官」というくだりを聞いた太宗が「此れ蓋し古の道なり」と嘆息したのは大変有名

であるが、『宋史』日本伝はこのあと奝然が献上した『王年代紀』の内容をそのまま引用する。

其年代紀所レ記云、「初主號二天中主一、次曰二天村雲尊一、其後皆以レ尊爲レ號……次彥瀲尊、凡二十三世、並都二於筑紫日向宮一。彥瀲第四子號二神武天皇一、自二筑紫宮一入居二大和州橿原宮一卽位、元年甲寅當二周僖王時一也。次綏靖天皇……次仲哀天皇、國人言、今爲二鎮國香椎大神一。次神功天皇、開化天皇之曾孫女、又謂二之息長足姬天皇一、國人言、今爲二太奈良姬大神一。次應神天皇、甲辰歲始於二百濟一得二中國文字一、今號二八蕃（幡）菩薩一、有二大臣一號二紀武內一年三百七歲。次仁德天皇……次天國排開廣庭天皇、亦名欽明天皇、卽位十一年壬申歲、始傳二佛法於百濟國一、當二此土梁承聖元年一。次敏達天皇、次用明天皇、有レ子曰二聖德太子一、年三歲聞二十人語一同時解レ之。七歲悟二佛法一、于二菩提寺一講二聖（勝）鬘經一、天雨二曼陀羅華一、當二此土隋開皇中一（六〇〇）、遣使泛レ海至二中國一求二法華經一。次崇峻天皇、次推古天皇、欽明天皇之女也。次舒明天皇、次皇極天皇、次孝德天皇、白雉四年、律師道照、求レ法至二中國一、從二三藏僧玄奘一受二經律論一、當二此土唐永徽四年一（六五三）也。次天豐財重日足姬天皇、令三僧智通等入レ唐求二大乘法相敎一、當二顯慶三年一（六五八）。次天智天皇、次天武天皇、次持總（統）天皇、次文武天皇、大寶三《ママ》年當二長安元（三）年一（七〇三）、遣二粟田眞人一入レ唐求二書籍一、律師道慈求レ經。次阿閉天皇（元明）、次皈依天皇（元正）、次聖武天皇、寶（靈）龜二年、遣二僧正玄昉一入朝、當二開元四年一（七一六）。次孝明（謙）天皇、聖武天皇之女也。天平勝寶四年、當二天寶中一（七五二）、遣二使及僧一入レ唐求二內外經敎一及傳レ戒。次天（大）炊天皇（淳仁）、次高野姬天皇（稱德）、聖武天皇之女也。次白壁（壁）天皇（光仁）、（延曆？）二十四年（八〇五？）、遣二二僧靈仙・行賀一入レ唐禮二五臺山一學二佛法一。次桓武天皇、遣二騰元（藤原）葛野與空海大師及延歷（曆）寺僧［最］澄一入レ唐詣二天台山一傳二智者止觀義一、當二元和元年一（八〇六）也。次諾樂天皇（平城）、次嵯峨天皇、次淳和天皇、次仁明天皇、當二開成・會昌中一遣レ僧入レ唐禮二五臺一。次文德天皇、當二大中年間一（八四七～八五九）。次清和天皇、次陽成天皇、次光孝天皇、遣㆓僧宗睿㆒入㆑唐傳㆑教、當㆓光啓元年㆒（八八五）也。次仁和天皇（宇多）、當㆓此土梁龍德中㆒（九二一～九二二）、遣㆓僧寛建等㆒入朝（九二七？）。次醍醐天皇、次天慶天皇（朱雀）、次封（村）上天皇、當㆓此土周廣順年㆒（九五一～九五三）也。次冷泉天皇、今爲㆓太上天皇㆒。次守平天皇（円融）、即今王也。凡六十四世。

畿內……凡五州、共統㆓五十三郡㆒。東海道……凡十四（五）州、共統㆓一百一十六郡㆒。東山道……凡八州、共統㆓一百二十二郡㆒。北陸道……凡七州、共統㆓三十郡㆒。山陰道……凡八州、共統㆓五十二郡㆒。小（山）陽道……凡八州、共統㆓六十九郡㆒。南海道……凡六州、共統㆓四十八郡㆒。西海道……凡九州、共統㆓九十三郡㆒。又有壹伎・對馬・多褹、凡三島、各統㆓二郡㆒。是謂㆓五畿・七道・三島㆒、凡三千七百七十二都（鄉）、四百一十四驛、八十八萬三千三百二十九［課丁］、課丁之外不㆑可㆓詳見㆒。」皆奝然所㆑記云。

引用が長くなったが、奝然の『王年代紀』はこのように神代二十三世、人皇六十四代、五畿・七道・三島の郡数や課丁数を記載したもので、(19)『新唐書』日本伝がこれに依拠したことは傍線部の神代や欽明・用明朝の記事を対照すれば明白であろう。とくに『新唐書』が用明朝に「始めて中国と通ず」とするのは、『年代紀』が中国との通交について「隋開皇中、遣使して海に泛び中国に至りて法華経を求む」と書くのみで、それ以前の記録（倭の五王など）に触れていないことによる。史官にあるまじき怠惰というべきであるが、その点、『宋史』日本伝は中国側の記録をきちんと参照している。

按、隋開皇二十年（六〇〇）、倭王姓阿毎、名自《ママ》多利思比孤、遣使致㆑書。唐永徽五年（六五四）、遣使獻㆓琥珀・馬脳㆒。長安二年（七〇二）、遣㆓其朝臣眞人㆒貢㆓方物㆒。開元初年（七一七）、遣使來朝。天寶十二年（七五三）、又遣使來貢。元和元年（八〇六）、遣㆓高階眞人㆒來貢。開成四年（八三九）、又遣使來貢、其所㆑記皆同。

大中・光啓・龍德及周廣順中、皆嘗遣㆑僧至㆓中國㆒、唐書中・五代史失㆓其傳㆒。

唐咸亨中（六七〇？）及開元二十三年（七三五）・大曆十二年（七七七）・建中元年（七八〇）、皆來朝貢、其記不㆑

載。

六〇〇・六五四・七〇二・七一七・七五三・八〇六・八三九年の記載については、『王年代紀』と中国側の記録に齟齬はない。但し、『王年代紀』にいう大中・光啓・龍徳年間および五代周の広順中の記事については中国側に記録がない（この内、大中と広順は遣使の記事ではないが）。一方、六七〇・七三五・七七七・七八〇年については中国側に記録があるのに、『王年代紀』は言及していない、というのである。

2　情報源の考察

以上、正史に基づいて中国側の古代日本に関する知識をみてきたが、奝然が宋の太宗に『王年代紀』を献上するまで、中国人は日本に関するまとまった知識をもっていなかったことがわかる。では、唐代の中国人には日本を知る機会がなかったのか。もちろんそんなことはない。唐側が日本の知識を得る機会は遣唐使を引見した時と、日本に派遣した唐使の報告の二つにほぼ限られる。(20)『日本書紀』白雉五年（六五四）二月条は第三次遣唐使について、

遂到二于京一、奉二觀天子一。於レ是東宮監門郭丈擧悉問二日本國之地里及國初之神名一、皆隨レ問而答。

といい、遣唐使が日本の地理や神々の名前に関する質問に全て答えたという。瑞渓周鳳の『善隣国宝記』同年条には、

『唐録』曰、高宗永徽五年、倭國使獻二琥珀・馬瑙一、高宗慰二撫之一。仍云、「王國與二新羅・高麗・百濟一接近。若有二危急一、宜二遣使救レ之。」

という高宗の勅語を伝える。(21)また、第四次遣唐使については『書紀』斉明五年（六五九）七月条に『伊吉連博徳書』を引いて、

天子相見問訊之、「日本國天皇、平安以不。」使人謹答、「天地合レ德、自得二平安。一」

天子問曰、「執事卿等、好在以不。」使人謹答、「天皇憐重、亦得二好在。一」

天子問曰、「國内平不。」使人謹答、「治稱二天地一、萬民無レ事。」

天子問曰、「此等蝦夷、國有《ママ》二何方一。」使人謹答、「國有《ママ》二東北一。」

天子問曰、「蝦夷幾種。」使人謹答、「類有二三種一。遠者名二都加留一、次者麁蝦夷、近者名二熟蝦夷一。今此熟蝦夷、毎レ歳入二貢本國之朝一。」

天子問曰、「其國有二五穀一。」使人謹答、「無レ之。食レ肉存活。」

天子問曰、「國有二屋舍一。」使人謹答、「無レ之。深山之中、止二住樹本一。」

天子重曰、「朕見二蝦夷身面之異一、極レ理喜恠。使人遠來辛苦、退在二館裏一、後更相見。」


という詳しい問答を伝えている。このように諸蕃の使節と皇帝の会見の内容が詳しく判明する例はあまりないと思われるが、これと類似する記載が入宋僧成尋の『参天台五台山記』延久四年（一〇七二）十月十五日条にある。[22]

日本國大雲寺主阿闍梨傳燈大法師位成尋、今供二本國事件一如レ後。
皇帝一問「日本風俗。」答「學二文武之道一、以二唐朝一爲レ基。」
一問「京内里數多少。」答「九條三十八里也。以二四里一爲二一條一、三十六里、一條北邊二里。」
一問「京内人屋數多少。」答「二十萬家。西京・南京不レ知二定數一、多々也。」
一問「人戸多少。」答「不レ知二幾億萬一。」
一問「本國四至。」答「東西七千七百里、南北五千里。」
一問「國郡邑多少。」答「州六十八、郡有二九百八十一。」
一問「本國王甚呼。」答「或稱二皇帝一、或號二聖主一。」
一問「有二百姓號一。」答「有二百姓號一、以二藤原・源・平・橘等一爲二高姓一、其餘百姓、不レ遑二委記一。」
一問「本國相二去明州一至近、因レ何不レ通二中國一。」答「本國相二去明州一海沿之間、不レ知二幾里數一、或曰二七千餘里一、

或曰二五千里一、波高無レ泊、難レ通二中國一。」
一問「本國貴官有是何名目。」答「太政大臣一人、左大臣一人、右大臣一人、内大臣一人、大納言四人、中納言六人、參議八人、是名二上卿一。」
一問「本國世系。」〔三藏云、神代・人代名世系。〕答「本國世系、神代七代。第一國常立尊、第二伊弉諾・伊弉冊尊、第三大日靈貴、亦名二天照大神一。日天子始生爲二帝王一、後登二高天一照二天下一、故名二大日本國一。第四正勝尊、第五彦尊、治三十一萬八千五百四十二年、前王太子也。第六彦火火出見尊、前王第二子也。治六十三萬七千八百九十二年。第七彦瀲尊、治八十三萬六千四十二年。次人代。第一神武天皇、治八十七年、前王第四子也。第七十一代今上國主、皆承二神氏一。」
一問「本國四時寒暑與二中國一同不レ同。」答「本國四時寒暑與二中國一同。」
一問「自二明州一至二日本國一、先到二何國郡一、去二國王所レ都近遠。」答「自二明州一至二日本國大宰府筑前國博多津一、從レ津去二國王所レ都二千七百里。」
一問「本國要二用漢地一是何物貨。」答「本國要二用漢地一香藥・茶垸・錦・蘇芳等也。」
一問「本國有是何禽獸。」答「本國無二師子・象・虎（犀）・羊・孔雀・鸚鵡等一、餘類皆有。」
一問「本國王姓氏。」答「本國王無レ姓。」
一問「本國去二毛國一近遠。」答「去二毛國一近遠不レ知。」
右謹具如レ前、謹録レ狀上。／牒二件狀一如レ前、謹牒。
　年　月（日）日本國大雲寺主阿闍梨傳燈（成尋）

これは朝見に先立ち、成尋が神宗の下問に逐一答えた文書の写しであるが、この貴重な記録から当時の皇帝が他国の何を知りたがったのか、そのポイントがわかる。まず、国土と人口、人民の姓の有無、王の称号と系譜、官職や風俗・気候・物産などである。これらの点は、奝然がもたらした知識と概ね合致する。

以上は宋代の記録であるが、その内容はおそらく六五四年に高宗が第三次遣唐使に訊いた「日本国之地里及国初之神名」と大同小異であろう。だからこそ、六五九年の第四次遣唐使には、倭王（日本国天皇）や大臣・百姓の安否を訊くのみで、直ちに遣唐使が連れてきた蝦夷についての問答に移っているのだろう。当時すでに遣唐使は六三〇・六五三・六五四・六五九年と相次いで入貢し、六五六年完成の『隋書』倭国伝にみる知識もあった。したがって、この段階で倭の国情について訊く必要はなかったのであり、奝然や成尋らが答えた内容とはむろん同じでないが、唐側は倭に関する一定の知識を把握していたと考えてよいだろう。

但し、ここでわれわれが注意すべきなのは、奝然と成尋がもたらした知識がほぼ同じである点、すなわち宋人が同じことを尋ねている点である。これは、皇帝が外国使節に諮問する項目が一定であったことを示唆すると同時に、奝然が献上した『年代紀』や『職員令』の知識が全く忘れられていたことを意味する。それは、宋人からしてみれば当然のことであって、奝然や成尋は正式な国使ではなく、当時日本とは国交もなかった。したがって、日本人の僧侶に会うからといって、府庫にある日本の資料を調査するはずもない。奝然が献上した書物は『新唐書』が編纂されるまで死蔵されていたのであろう。

小結

これまでの考察から、唐宋時代の中国人がもっていた日本の知識は、奝然や成尋が入宋するまで、隋代のままであったことが明らかとなった。それはつまり、遣隋使が隋の文帝に笑われた時の文化レベルに日本のイメージが固定されていたということである。しかしわれわれはその後、倭人が律令体制を受け入れて天皇を中心とする国家を構築した事実を知っている。問題はこれらの事実を唐人が知らないという点にある。それは一体なぜなのか。そこでつぎに日本の知識が更新されなくなった時点、すなわち第四次遣唐使についてくわしく検討する必要が出てくる。それは同時に、白村江敗戦前後の倭の外交を問い直すことにもなるが、それは別稿「偽りの日本」において述べることとする。(23)

註

（1）森公章「古代日本における対唐観の研究」（『古代日本の対外認識と通交』吉川弘文館、一九九八年）三八～四二頁。
（2）以下、『続日本紀』の記載は岩波新日本古典文学大系所収の校訂原文による。
（3）筒井英俊編『東大寺要録』（全国書房、一九四四年）二一～二二頁。なお、文中の玄宗の詩は市河寛斎『全唐詩逸』にも収める、『全唐詩』（中華書局、増訂本一九九九年）第一三冊一〇二四一頁参照。
（4）熊飛『張九齢集校注』（中華書局、二〇〇八年）六八四頁。なお、熊氏は『文苑英華』によって文末の「卿及百姓」を「卿及首領百姓」と訂するが、今は採らない。
（5）陳鉄民『王維集校注』（中華書局、二〇〇八年）三一八頁。その詩は『唐詩選』巻四にも収める。
（6）杜佑『通典』（中華書局校点本、一九八八年）第五冊四九九六頁。なお、文中の（　）は筆者による補注、〔　〕は原文の小字注をしめす。以下同じ。
（7）以下、『隋書』や『唐書』などの中国正史の日本伝は中華書局校点本に依拠し、岩波文庫本を参照した。
（8）陳前掲註（5）『王維集校注』三二五頁。
（9）呉振華「王維『送秘書晁監還日本国幷序』的文化意義」（『古典文学知識』二〇〇九年第四期）五二頁。原文「日本是海东大国、有君子风度、深受华夏文化的影响、不怕海风恶浪、远涉重洋、派遣使者前来中国、向唐皇进贡方物、而唐朝则对日开放海关、放宽禁令、让来华的日人满载而归。故在一些城市中日两国人民友好和平居住在一起、交往密切。」
（10）以下、『日本書紀』の記載は岩波日本古典文学大系所収の校訂原文による。
（11）これに関連して、東野治之『遣唐使船』（朝日選書、一九九九年）は、『唐決集』に収める開成五年（八四〇）の天台山僧維獨の書簡に「内外書籍一法二於唐一、約二十年一來朝貢」とあることから、大宝の遣唐使が「二十年一來朝貢」の約を結んだのではないかと推定している（二一四～二二三頁）。

（12）『日本後紀』は吉川弘文館新訂増補国史大系本による。なお、この順宗の勅語に「纏頭物」とあるのは「かづけもの」の漢訳語であろうから、これは勅語の原文ではない。

（13）『続々群書類従』第一二巻一七二頁。

（14）東野前掲註（11）『遣唐使船』三〇～三三頁、九二～九三頁。

（15）王溥『唐会要』（中華書局、一九五五年）下冊、一七九八頁。

（16）森前掲註（1）「古代日本における対唐観の研究」四一～四二頁。

（17）田中健夫『中世対外関係史』（東京大学出版会、一九七五年）二一一頁。森克己「入宋交通と入宋相互認識の発達」（『日宋文化交流の諸問題』刀江書院、一九五〇年）も「奝然が語った日本に関する知識は宋朝の日本認識を躍進させた」といい（四二頁）、森前掲註（1）「古代日本における対唐観の研究」も八世紀以降、「皇帝の下問には答えたのであろうが、唐の満足は得られず、入宋僧奝然が『本国職員令・王年代紀各一巻』を献ずるまでは、中国側は必ずしも日本に関する充分な情報を得ていなかったようである」とする（四二頁）。

（18）榎本淳一「『隋書』倭国伝について」（大山誠一編『日本書紀の謎と聖徳太子』平凡社、二〇一一年）一二九頁。

（19）ここで注意すべきは、奝然の統計に加賀国（北陸道）と多褹島があげられている点である。加賀国は八二三年に成立し、多褹島は翌八二四年に廃止されて、以後古代六十六国二島の数が定着する。ゆえにこの統計は八二三年から八二四年にかけてのものと確定できる。吉川真司「九世紀の調庸制」（『仁明朝史の研究』思文閣出版、二〇一一年）四七～四八頁参照。なお、引用文中に用いた［　］は脱字を補ったことをしめす。

（20）もちろんこのような公的な機会のほかに、私的な情報提供の可能性もある。たとえば『善隣国宝記』所引楊億『談苑』佚文にみる楊億と寂照のような場合であるが（『続群書類従』第三十輯上、三三二～三三三頁）、唐代においてはその種の資料が見当たらないため、公的な場合に対象を限定する。

（21）『続群書類従』第三十輯上、三三六頁。

(22)　平林文雄『参天台五台山記 校本並に研究』（風間書房、一九七八年）一一九～一二二頁、および王麗萍『新校参天台五台山記』（上海古籍出版社、二〇〇九年）二九二～二九五頁。但し当該条には錯簡があるので、藤善眞澄訳注『参天台五台山記上』（関西大学出版部、二〇〇七年）四三七～四四四頁により訂正した。

(23)　拙著『偽りの日本古代史』（同成社、二〇一四年）所収。

第七章　倭習漢語としての国号「日本」

二〇一一年に西安で発見された「禰軍《でいぐん》墓誌」がこれまで問題とされてきたのはいうまでもなく、そこにみえる「日本」が最古の所見であり、かつそれがこれまで学界で広く認められてきた「日本」国号の成立時期に抵触するからである。

これまで「日本」という国号は、六八一年に天武天皇が編纂を命じ、持統天皇が六八九年に施行した『飛鳥《あすか》浄御原《きよみはら》令《りょう》』において制定され、七〇一年の『大宝《たいほう》律令』の完成、または七〇二年に大宝の遣唐使が武則天の認可を得て確立したと考えられてきた。(1) ところが、禰軍墓誌の「日本」はこの『浄御原令』よりも早く、しかも異国の地より発見されたのであるから、禰軍が長安で死去した六七八年よりもかなり前に、「日本」という国号が成立していたことになる。これをどう処理するか。いま学者の見識が問われている。

本章はこの問題に対する卑見を述べるものであるが、卑見はおそらくほかの方々よりも少々大がかりな仕掛けになっており、説明のしかたによっては読者にご理解いただけないおそれがある。それでいろいろと迷った結果、ここまでの経緯を素直に説明するのが一番わかりやすいと考え、まずは、この問題を考えるに至ったきっかけから書き起こすことにした。少しまわり道になるが、ご諒解いただきたい。

一　「日本」国号の成立

私事にわたって恐縮だが、私が中国に来て三年、その間、海を隔てて「日本」という国を見てきた。いろいろと思うところはあるが、そうした自分の考えをまとめるにあたって、まずは「日本」という国号の成立について考えてみようと思う。

これは二〇〇九年九月、浙江工商大学日本文化研究所主催のシンポジウム、「東アジア文化交流—学術論争の止揚をめざして」において報告した論文の書き出しである。(2) ここで私は、冒頭に紹介した「日本」国号天武朝成立説を徹底的に批判し、『日本』は、中国（当時は則天武后の周）が認めて国号となりえた」という神野志隆光説に従って、(3) 武則天が「日本」国号を認めた時点、すなわち七〇二年を「日本」国号の成立時期とした。

大学院に進学して以来、私はいわゆる律令国家の諸制度の成立を天武朝に置く「天武朝画期論」をつねづね安易な考え方だと思ってきた。もちろん天武朝に成立した制度も多いが、その考えは畢竟、戦後の大化改新論批判を受けて、研究者が壬申の乱により壊滅的な打撃を受けた天智朝以前の使いづらい史料を捨て、より確実な天武朝以降の史料のうえに安住しているようにみえるからである。右の拙稿も、そのような観点から天武朝成立説を批判したものであった。

ところが、「日本」という国号について考えるうち、一つ奇妙なことに気がついた。

そもそも「日本」という語は奇妙な言い方であって、こんな言い方は中国の古典籍にも例がないし、当時の中国人が聞いて、その意味がわかったかどうか、はなはだ疑わしい。……いったい、「日本」という語は「ひのもと」という日本語以外に着想されうるものなのであろうか。これはどう見ても、当て字としか考えられないのである。

「日本」という言葉は中国語としておかしいということである。「日本」とは「日出処」「日下」という意味である。このばあい、「本」は「〜の辺」「〜の下」という意味の接尾語（古代漢語の用語にいう方位詞）であるが、中国の古典に「本」字をこのような意味の接尾語として使用した例はない。例えば、『尚書』五子之歌篇に「民惟邦本、本固邦寧（民は惟《こ》れ邦の本、本固ければ邦寧《やす》し）」といい、また『周礼』天官・醢人に「菖蒲根」を「昌本」という。前者は「末」の対義語としての基本・本源の意味をあらわし、後者は原義である「木の下」「根」の意味をあらわすが、語法的にこれらは修飾＋被修飾の熟語（複合詞）であって、接尾語ではない。[4] このように「本」が場所をしめす用法は、古代漢語に見出すことはできない。

それをもつのは日本語である。手もと・足もとのように「〜の辺り」「〜の下」の意味を添え、柿本人麻呂のようにそれは「本」と表記される（前章所引『伊吉連博徳書』に「止二住樹本一（＝樹下）」とあるのもその例。本書一六一頁参照）。韓国古代史や考古学・木簡などの研究者にも尋ねてまわったが、どうやら古代朝鮮語の「本」にも場所をあらわす接尾語の用法はないらしい。とすれば、「日本」は倭語「ひのもと」の当て字と考えるほかない。つまり、「日本」とは和製（倭習）の漢語なのである。

よく知られているように、古代の国号は国内向けには「大倭（和）」を用い、国外向けには「日本」を用いた。ともに訓みは「ヤマト」であり、「ひのもと」は正式な呼び名ではない。私がいうのは、「倭」に代わる対外的な呼称を考え出す際に、「ひのもと」の国という意味で「日本」という倭習漢語が作られたということである。

この発見は当時、中国語で日本史を教えるという仕事に四苦八苦していた日々の副産物ともいえたが、その時は正直、これがほかの何かの役に立つとは考えもしなかった。

二　偽りの「日本」

前稿「『日本』国号の成立」を発表して以来、ずっと気になっていた史料がある。

日本国は倭国の別種なり。①其の国の日辺に在るを以て、故に日本を以て名と為す。②或いは曰く、「倭国は自ら其の名の雅ならざるを悪《にく》み、改めて日本と為す」と。③或いは曰く、「日本は旧《も》と小国にして、倭国の地を併す」と。其の人の入朝する者、多く自ら矜大にして、実《まこと》を以て対《こた》えず、故に中国焉《こ》れを疑う。④又云わく、「其の国界、東西南北各《おのおの》数千里、西界・南界は咸《み》な大海に至り、東界・北界には大山の限りを為す有り、山外は即ち毛人の国なり」と。長安三年（七〇三）……

『旧唐書《くとうじょ》』日本伝の冒頭である。ここには「日本」の名の由来（①〜③）とその国土の概況（④）が書かれているが（このあとは大宝の第八次遣唐使の記事）、いきなり日本は倭国の「別種」（別の種族）だとか、日本という小国が倭を併合した（ので国号を倭から日本に変えた）という記述をみれば、誰でも「誤解もはなはだしい」といって笑うだろう。私も日本にいる時はそう思っていた。

ところが、中国で仕事をするうちに考えが変わってきた。中国人は古代の日本のことをなにも知らない。これは中国で日本古代史を教える身としては困ったことなのであるが、そのことを身にしみて感じるうち、古代の中国人があゝいう誤解をしても不思議ではないと思うようになった。むしろ、なぜこんな誤解をしたのか。この問いがしだいに強く私をとらえるようになった。

この問いに対するおぼろげな仮説を組み立てていたところ、ある学会で唐の対日認識を報告する機会が訪れ、早速関連資料を集めて検討に入った。その結果、古代中国人の日本に関する知識は、平安時代の東大寺僧奝然《ちょうねん》が北宋の太宗に『王年代紀』という史書を献上するまで長く『隋書』倭国伝の水準――それは端的にいうと小野妹子が連れ帰った裴世清の報告書の内容――にとどまっており、その情報源は公式には遣唐使がもたらす情報しかなかったことを確認した。[5] すると先にわれわれが笑った「倭国の地を併す」という記事も遣唐使が言ったことになる。ここのところを、『新唐書《しんとうじょ》』日本伝は「使者自ら言う」としているが（後述）、「自言」とは秦漢時代以来、本人の供述をさす律令用語である。[6]

この点について、『日宋貿易の研究』で有名な森克己は右の『旧唐書』の記事にふれて、「我が遣唐使達は自負心が強く、唐朝の質問に対してわが国情の実際を語らず、なるべく大袈裟に話す風があった」と述べている。[7] しかし、日本という異種族の小国が倭を併合したという答弁は明らかな虚言であって、もはや「大袈裟に話す」という次元ではない。事は国号変更に関わる大事である。遣唐使はなぜこんな嘘をついたのか。

そこで私はまず、『旧唐書』日本伝に「不以実対」（本当のことを答えない）といわれた「入朝者」が、七〇二年に則天武后に謁見して「容止温雅にして、朝庭これを異《あや》しむ」と絶賛された第八次遣唐使粟田真人《あわたのまひと》ではありえないことから、これがその一つ前の遣唐使、すなわち六七〇年の第七次遣唐使であり、この時倭から日本への国号変更が申請されたが、「中国これを疑う」というように却下されたと考えた。すると、遣唐使がこのような嘘をついた理由がわかってくる。

六六〇年の百済滅亡、これに続く六六三年の白村江の戦いでの敗北は倭国を未曾有の危機に陥れた。いまも瀬戸内海沿岸の各地に残る山城や大宰府の水城跡などはみな唐軍の侵攻に備えたものであり、また天智天皇がその即位の前年に飛鳥から近江へ遷都したのも、のちに柿本人麻呂は「いかさまに思ほしめせか」（何を考えて遷都されたのか）と知らぬ顔に歌っているが（『万葉集』巻一・二九番歌）、唐の侵攻を恐れてのことにちがいない。その恐怖は白村江敗戦の翌年、百済の旧都に置かれた熊津都督府の使者（そのなかに禰軍がいた）を追いかえす際、それが当時皇太子であった天智天皇みずからの命令ではなく、現場の筑紫太宰の判断だと偽ったことにも、端的にあらわれている（『善隣国宝記』所引『海外国記』）。天智天皇は首都が攻め落とされ、そこに唐の都督府が置かれるような事態、すなわち国家の滅亡を恐れたのであり、かれの恐怖は六六八年の高句麗滅亡によりピークに達した。

そこへ唐の半島政策に不満を募らせていた新羅から、一二年ぶりに使者がやってきた。新羅の使者はおそらく唐の倭国侵攻計画を示唆するとともに、百済・高句麗滅亡後の協力関係を打診しにきたのであろう。時おなじくして白村江の海戦で捕虜となっていた大伴部博麻《おおともべのはかま》という一兵卒がわが身を売って仲間を逃がし、「唐人の計る所」を伝えてきた。これも唐軍の具体的な侵攻計画であったにちがいない（ちなみに博麻は持統四年十月、三〇年ぶりに故国の土を踏んだ）。六六九年十月には改新の盟友、中臣鎌足が死ぬ。天智天皇が第七次遣唐使を派遣したのは、この年のことであった。

では、かれはなぜ国号を変えようとしたのか。その答えは「日本は旧と小国にして倭国の地を併す」という遣唐使の証言にある。倭国が日本に併合されたということは、白村江で唐と交戦した倭国はもはや存在しないということである。そして倭を滅ぼした「日本」に唐が征討する理由はない。つまり、天智天皇は唐の侵略を回避するために「日本」という架空の小国をつくりあげ、遣唐使に倭は滅亡したという虚偽の報告をさせたのである。

しかし、河内直鯨《かわちのあたいくじら》ら第七次遣唐使はその任務を全うできず、翌六七一年に船四七隻、二〇〇〇人もの唐の使節団が筑紫に迫るなか、その年の暮れに天智天皇は死んだ。死の直前、太政大臣大友皇子以下、六名の太政官が天智の病床にて盟約したのも空しく、翌年の六月には吉野に隠居したはずの皇太弟大海人皇子が造反、一ヶ月にわたる内乱「壬申の乱」を制して皇位に即いた。天武天皇である。

一言に「国家存亡の危機」などというが、近代以前にわが国が滅亡するという真の恐怖を味わった天皇は天智天皇ただ一人ではなかろうか。そしてこのような国家存亡の危機に挙兵してやすやすと皇位を簒奪した天武天皇が、「律令国家」を建設した専制君主として史家の高い評価を受けている。それは七世紀の歴史を「律令国家」の成立過程としてしかとらえようとしない、歴史の現場から乖離した見方なのではないか。

ともあれ、以上の内容を私は二〇一二年三月に発表した。[8]「禰軍墓誌」が吉林大学古籍研究所の王連龍副教授によって公表されたのが二〇一一年七月、[9]これが氣賀澤保規教授を通じて日本に紹介されたのは同年十月二十三日の新聞紙上であったと聞いている。私がその存在を知るのはそのまたしばらくあとのことであり、右の卑見はこの墓誌とは無関係に組み立てたものであったが、六七八年に死去した禰軍の墓誌に「日本」とあり、しかもかれが白村江のあと二度も倭国に派遣されていたことは、卑見を裏づける新発見であったので、報告の終わりにつぎのように書き添えた。

> 白村江敗戦後、ひたすら唐・新羅軍の「誅をのがれ」ていた倭人は国号の変更を決断した。その決断は当時すでに、禰軍のような倭との折衝に当たった人びとに知られていた。その後、六七〇年の第七次遣唐使が国号の変更を唐高宗に申し出て却下されたが、その新国号（案）は六七八年、その事情を知る百済の遺臣の埋葬に当たって碑文の措辞として採用された。そしてその「日本」という国号は七〇二年、大宝の第八次遣唐使が則天武后に申し出て、正式に認められた。このように本稿の結論によるならば、この新出資料は無理なく理解することができるのである。

三　禰軍墓誌と「日本」

ここでようやく本題に入る。まずは「禰軍墓誌」の問題となる箇所の読み下し文を掲げておこう。

> 時に、（a）日本の餘噍《よしょう》、扶桑に據《よ》りて以て誅を逋《のが》れ、（b）風谷の遺甿《いもう》、盤桃《ばんとう》を負いて阻固《そご》たり。（c）萬騎野を亘《わた》り、蓋馬《がいま》と以て塵を驚かし、（d）千艘波を横《わた》り、原虵《げんしゃ》を援《たす》けて縱沴《しょうれい》たり。（e）公（禰軍）の海左に格謨《かくぼ》と

して瀛東《えいとう》に龜鏡《ききょう》たるを以て、特に「簡帝《かんてい》」に在り、(10)往《ゆ》きて招慰《しょうい》を尸《つかさど》る。(f)公、臣節に徇《したが》いて投命し、皇《こう》華《か》を歌いて以て載《すなわ》ち馳す。汎海《はんかい》の蒼鷹《そうおう》を飛ばし、凌山《りょうざん》の赤雀《せきじゃく》を翥《と》ばす。(g)河眥《かし》を決して天呉静かなり、風隧を鑿《うが》ちて雲路通る。驚鳧《きょうふ》侶《つま》を失い、濟《わた》るに夕を終えず。(h)遂に能く天威を説き暢《の》べて、喩《さと》すに禍福《ごふく》千秋を以てするに、僣帝《せんてい》一旦にして臣を稱す。仍《よ》りて大首望數十人を領して、將《ひき》いて朝に入りて謁す。特に恩詔を蒙りて左戎衛郎將を授けられ、少《しばら》くして選ばれて右領軍衛中郎將兼檢校熊津都督府司馬に遷る。

便宜上、段落を分けたが、いうまでもなく問題はaの「日本」がどこかにある。なお、冒頭の二字をとってこの箇所を「日本」条と呼ぶ。

1　王連龍の「二重証拠法」

発見者の王連龍はもちろん「日本＝倭国」説をとる。かれは墓誌の「日本」は、『三国史記』新羅本紀・文武王十年(六七〇)十二月条に、

倭国、号を日本と更《あらた》む。自ら言わく、日出づる所に近し、以て名と為す。

とあり、また『新唐書』日本伝に、

咸亨元年(六七〇)、(日本ハ)遣使して(唐ガ)高麗を平らぐることを賀す。②後に稍や夏音を習い、倭の名を悪《にく》みて、更めて日本と号す。①使者自ら言わく、「国、日出づる所に近し、以て名と為す」と。③或いは云わく、「日本は乃《すなわ》ち小国にして、倭の并する所と為る、故に其の号を冒す」と。使者情《まこと》を以てせず、故に焉れを疑う。

とある文献の記述を裏づける新資料であるとした。(11)

その後、王連龍は「二重証拠法」を用いて中国・日本・朝鮮三国の史料を検討し、自説を補強した。(12)まず、中国の史料については上記の『新唐書』をあげて「日本」国号出現の上限を六七〇年とし、その下限を「禰軍墓誌」によっ

図 16　禰軍墓誌拓本（「新出百済人禰軍墓誌」より）

て六七八年に置く。そして、国号変更のような大事は国家の使節が唐に報告したはずだとして、この間、遣唐使は六七〇年の第七次遣唐使しか派遣されていないから、六七〇年が「日本」国号の成立時期であるとする。つぎに、日本の史料として『善隣国宝記』元永元年（一一一八）条に、

　天智天皇十年（六七一）、唐客郭務悰等来たり聘す。書に曰わく「大唐帝敬んで日本国天皇に問う」云々。

とあるのは、その前年の国号変更を受けて書かれたものであるという。そして最後に上記の『三国史記』を引き、中日朝三国の記述が互いに六七〇年の「日本」国号成立を裏づけ合っていると結論する。かれによれ

ば、第七次遣唐使は六七〇年、唐の高句麗平定を祝賀する機会を利用して倭から日本への国号変更を申請し、承認されたが、この時遣唐大使の河内直鯨が「不㆑以㆑情」、つまりきちんと説明しなかったため、唐人の疑念を招いたうえ、以後三〇年間、遣唐使が派遣されなかったために、国号のことは沙汰止みとなっていた。そして七〇二年、第八次遣唐使の粟田真人らが則天武后に歓待されたことで、日本国号が再度承認を受け強調されたのだという。

　これは一見、説得力に富む学説であるが、しかし日本史の研究者には全く納得できない議論である。まず、『三国史記』の記事が『新唐書』日本伝に依拠することは学界の常識であり、『新唐書』日本伝じたいも紀年が乱れていて史料批判を要する。[13] そして、『善隣国宝記』の記事は当時の儒者菅原在良が諸例勘申《しょれいかんじん》を行ったもので、官庫の記録を利用したものではあるが、これも常識的には伝来の過程で「倭王」を「日本国天皇」に書き換えたものと考えられている。[14] このあと、六七四年に唐高宗は「天皇」を称するが、そのかれが「日本国天皇」と書いた国書を出すとは考えられないだろう。つまり、これらの史料は王説を立証する材料にはならないのである。但し王説の結論そのものは、六七〇年の段階で国号申請が承認されたとするところを除けば、卑見とほぼおなじである。

　ところで、王連龍のいう「二重証拠法」とは近年、清華大学の李学勤教授らが王国維の学問を顕彰して提唱するところの「地上（文献）・地下（出土）」資料の相互証明法をいい、『古史弁』序で有名な顧頡剛《こけつごう》以来の「擬古派」（近代主義史学）に対するアンチテーゼとして中国の学界に広く知られている。[15]

　台湾大学の葉国良教授も、古文献の検討によって「日本」国号の出現時期を七〇二年の第八次遣唐使と定めたうえで、一九九二年に台北の骨董店で自ら発見した「杜先嗣墓誌」に武后の長安年間（七〇一～七〇四）のこととして、

又屬皇明遠被、日本來庭、有勅令公與李懷遠・豆盧欽望・祝欽明等賓于蕃使、共其語話（又皇明遠く被《おお》えるに属《あ》たりて、日本来庭す。勅有りて公（杜先嗣）と李懐遠・豆盧欽望・祝欽明等をして蕃使を賓し、共に其れと語話せしむ）。

とあることが、七〇二年成立説の裏づけになると述べている[16]。

王連龍・葉国良ともにおなじ方法を用いて、まったく異なる答えを出している点が興味深い。両者のちがいは利用した地下資料のちがいであり、その資料にあわせて文献が操作される危うさを、この方法は内包している。日中間の学術交流を進めるうえで、われわれが心得ておくべきことであろう。

実は最近の日本の学界でも似たような情況が現出しつつある。中国で「二重証拠法」を奉ずる学派を「信古派」「釈古派」というが、最近『日本書紀』の記述が考古学の成果によって裏づけられつつあるとする見解が、関西を中心に行われている。これに対し、東京には津田左右吉以来の「擬古」的な方法を堅持する研究者が多い。今後この日本における擬古・信古の対決にも注目していただきたいと思う。

2　東野治之の「日本＝百済」説

さて、右の王連龍説に対し、奈良大学の東野治之教授は「王氏の解釈は誤読」と断じて「禰軍墓誌」の読み直しを提起した[17]。まず、「『日本』は国号という先入観に囚われないこと」だとして、「日本」は日の出るところ、「極東」の意味で、唐代には新羅を「日本」「日東」「日域」と呼んだり、高句麗を「日域」と呼ぶこともあったこと、またこの墓誌では百済を「本藩」と呼ぶように国号の使用が避けられていること、さらに「日本餘噍」と対を成す「風谷遺甿」の「風谷」が国号ではないことから、墓誌の「日本」は国号ではなく、また倭を指す言葉でもないとする。そして「風谷」は風の起こる谷という普通名詞であり、風神（風師・風伯）が箕星になぞらえられ、箕伯《きはく》とも呼ばれたことから、これは周代に朝鮮に封じられた箕子を暗示し、具体的には高句麗を指すとして、これと対を成す「日本餘噍」は、滅亡後も抵抗をつづけていた百済の遺臣を暗示すると結論した。

東野がａ「日本」とｂ「風谷」の対句に着目して、両者を普通名詞とした解読法は大変適正であり、ここに王連龍の二重証拠法は文献のうえでも墓誌のうえでも根拠を失うのであるが、但し東野も「日本」が百済であることを立証したわけではない。

この点に着目して、関西大学の西本昌弘教授は、「日本」が国号でないとした東野説を「鉄案」としつつ、「日本」が倭国をさす可能性があるとした[18]。西本によると、「風谷」は「東海中の神山」をいい、徐福が向かった東海の仙境が後に倭国とみなされたことから、「風谷の遺甿」とは「倭国に逃れた百済遺民」をさし、これと対を成す「日本の餘噍」も「倭国に逃れた百済の残党」をさすという。しかしこれはやや古代漢語の語法を無視した考えである。なぜなら、「倭国に逃れた」という句を「百済の遺民・残党」の頭に載せる（連体修飾節にする）のは日本語の作法であって、「百済の遺民・残党が倭国に逃れて」と書くのが漢語の一般的な筆法であり、それはつまり「日本の餘噍、扶桑に據りて」とか「風谷の遺甿、盤桃を負いて」という書き方にほかならないから、西本説によるならば、「扶桑」「盤桃」が倭国であり、「日本」と「風谷」は百済とよむことになる。

東野説の問題点は、なによりまず墓誌の解釈をきちんと示していない点にある。上記のように、東野説は墓誌のaとbの対句に着目したのであるが、そのあとにつづくcとdは「（中略）」とされている。しかし、ここは「日本」がどこかを確定するうえで最も重要なポイントであり、ここを検討せずに「日本」を百済と同定するのは、「日本餘噍」＝百済の遺臣という先入観に囚われた憶測といわざるをえない。

3　「日本」条の出典

c「萬騎野を亘り、蓋馬と以て塵を驚かす」の「蓋馬」は高句麗の地名であり[19]、また「驚塵」は叛乱のことである[20]。つまりここは高句麗の陸軍が唐に服従せず暴れまわっているさまを述べている。六六一年八月に唐軍が平壌城に迫った浿江の戦いや翌月に「精兵数万」を大破した鴨緑水の戦い、あるいは翌年二月に唐が大敗を喫した蛇水の戦いなどが作者の念頭にあるのかもしれない(21)。

一方、dの「千艘波を横り、原虵を援けて縦沴たり」は、新羅の文武王が白村江の戦い（六六三年）について、

此の時、倭国の船兵、来たりて百済を助く。倭船千艘、停まりて白沙に在り。

と回顧した文面とみごとに一致する(22)。これによれば、ほかに用例のない「原虵」「縦沴」という言葉も理解しやすくなる。すなわち「原虵」は当時、山城を拠点にゲリラ戦を展開していた百済軍の形容であり、また「縦沴」は「停在白沙」に対応するとみて「みぎわによる」と訓むことができる(23)。

このように東野が省略したcとdの対句には高句麗の陸軍と倭の海軍が描かれている。とすれば、その前文の読み方も当然、変わってくる。

（a）日本餘噍、據扶桑以逋誅、（b）風谷遺甿、負盤桃而阻固。

（c）萬騎亘野、與蓋馬以鶩塵、（d）千艘横波、援原虵而縦沴。

ご覧のとおり、a〜dは明らかに一連の対句であり、しかも「○○○以（而）××」という形の特色ある四六文であるが、これを書いた作者の念頭には、つぎの作品があったと思われる。

猶有朱蒙戻俗、違光蓬艾之間、青徼遺甿、假氣陶鈞之内。

背熊山而構虐、擁狼潭而稽誅。竊瀛海之風波、弄乾坤之綱紀。

これは唐の高句麗平定を記念して作られた王勃《おうぼつ》「拝南郊頌《はいなんこうしょう》」序の一節で、高句麗を紹介して「猶お、朱蒙（高句麗の始祖）の戻俗《れいぞく》、光を蓬艾《ほうがい》（雑草）の間に違え、青徼《せいきょう》（東方の城塞）の遺甿、気を陶鈞《とうきん》（ろくろ＝中国）の内に仮る（余命をたもつ）こと有り。熊山を背にして構虐し（ほしいままにふるまい）、狼潭《ろうたん》を擁して誅を稽《のが》る。瀛海《えいかい》の風波を竊《ぬす》み（東アジアの混乱に乗じて）、乾坤《けんこん》の綱紀（中華世界の秩序）を弄ぶ」という。また、高句麗攻略の過程を述べていう。

負鼇丘而峻壁、據黿鼉而深溝、一鼓而亭塞無塵、七縦而江山失險。（中略）
懐遠人於絶境、均恵化於殊隣。登若木以照臨、折紅桃以延佇。

「（敵ガ）鼇丘《べつきゅう》（蓬莱山）を負いて壁を峻《けわ》しくし、黿鼉《げんがく》（海底）に拠りて溝を深くするも、（唐軍ノ）一鼓にして亭塞（敵陣）に塵なく、七縦（七擒七縦――諸葛孔明が南方の酋長を七回とらえて七回ゆるした故事）にして江山（敵地）険を失う」。こうして高句麗を平定して、「遠人を絶境に懐《なつ》け、恵化を殊隣（絶域）に均《ひと》しうす。若木（扶桑）に登りて以て照臨し、紅桃（盤桃）を折りて以て延佇す（長く立つ）」という。(24)

ここの傍点部を碑文と対照すれば、禰軍墓誌の作者が王勃の文章を下敷きにしたことは明白であろう。しかも王勃の文は「○○○而（之・於・以）××」というリズムの反復になっている（その効果はラヴェルのボレロにたとえれば理解しやすいだろうか）。王勃の「拝南郊頌」は総章元年（六六八）十二月四日の作といい、禰軍は六七八年二月の死去だから、ちょうどその一〇年前になる。隋煬帝や唐太宗の果たせなかった宿願がかなえられた歓喜の記憶とともに、王勃の誇りかなフレーズが墓誌の作者の脳裏に焼きついていたとしてもおかしくはないだろう。

「禰公」の目的地　ところで、王勃は「青徼の遺甿」と「朱蒙の戻俗」を対にする。このばあい、「遺甿」と「戻俗」はほぼ同義であり、しかもここは高句麗が登場する場面で、いまだ滅亡していない。ゆえに「遺甿」とは異民族を卑しむ言い方なのだとわかる。すると、墓誌で「風谷の遺甿」と対を成す「日本の余噍」もおなじような意味で、亡国の民というよりは中国に帰順していない化外の原住民というニュアンスなのであろう。ここで東野の「百済遺臣」説は、もとより「百済」とみる根拠がないうえに、「遺臣」とみる根拠をも失う。

そして高句麗が登場する冒頭に「朱蒙」という高句麗の始祖の名を挙げている。「青徼」などのただ漠然と東方をさす言葉を使っては、攻略の対象が高句麗だとわからないからであろう。これとおなじことが「禰軍墓誌」にもいえるはずである。

禰軍墓誌のe以下は、禰軍が特命を受けて僭帝を説得しに向かうシーンである。東野はここを禰軍が倭国に派遣された場面とみるが、続くfの「蒼鷹」「赤雀」という戦艦の名前にふれて、そこを「高句麗征討の様子」と解している。これは明らかな誤読である。

禰軍は、極東地域の模範的な人物としてとくに選ばれて招慰を委任された（e）。かれは唐の臣下として堂々と馬を駆って出立し、やがて戦艦に乗り換えて水路を飛ばした（f）。河の流れは穏やかで順風に恵まれ(25)、海に出ると夜を待たずに目的地に着いた（g）。そこでかれは唐の威信を説き、長期的な国益の道を諭したところ、僭帝は一旦にして臣服した。こうして禰軍はその豪族数十人を率いて入朝し、皇帝に拝謁した。この功績により、かれはとくに恩詔を蒙って「左戎衛郎将」を授けられ、その後まもなく「右領軍衛中郎将兼検校熊津都督府司馬」に遷任した（h）。以上が墓誌のe以下の大意であるが、問題は禰軍が出向いた目的地がここに書かれていないということである。

王勃の筆法によれば、それは冒頭に提示されていることになる。そして仮に東野が禰軍の派遣先を倭国と認めているのならば、冒頭のa「日本」は倭国ということになるだろう。もちろん、私もそう考えている。王勃が「朱蒙」という高句麗起源の言葉を冒頭に掲げて攻略の対象を暗示したのと同様、「日本」も明らかな倭習漢語であり、墓誌の作者はそれとわかる言葉を冒頭に掲げて、禰軍の派遣先を提示したのであろう。しかも、この段階の「日本」は国号ではない。だから「風谷」と対を成しても問題はなかったのである。

「日本」条の解釈　すると墓誌のa〜dはどうなるかというと、上記のようにcが高句麗、dが倭で、aも倭となれば、bは東野がいうように高句麗でよい。

b「風谷」は、西本が指摘したように『文選』の張協「七命」にしか見当たらない言葉だが、「盤桃（蟠桃）」はかなりはっきりと高句麗をさす言葉といえる。泉蓋蘇文の子「泉男産墓誌」に高句麗の開国を述べて「朱蒙、日を孕み、浿水《ばいすい》に臨みて都を開く。威は扶索の津に漸《の》び、力は蟠桃の俗を制す」とあり(26)、また有名な隋煬帝の「討高句麗詔」に隋の版図を述べて「提封漸《おおよそ》くる所、細柳（西域）・盤桃の外」といい（『隋書』煬帝紀下・大業八年条）、これと「東は高麗国に至るまで……並びに入蕃と為せ、以外は絶域と為せ」という唐代の規定を考えあわせると（『唐会要』雑録）、「盤桃＝高麗国」という等号が成立する。

つまり、問題の箇所は「日本（倭）の未開人どもが、扶桑の地を拠点としてわが誅伐をのがれ、風谷（高句麗）の死に損ないどもが盤桃の地を背に守りを固めていた。（高句麗の）万騎が原野を縦横に、その蓋馬と暴れまわり、（倭の水軍）千艘が海を渡り、野山を這いまわる蛇（百済）を助けて停留していた。そこで、（e）禰公は……」となる。

なお、このようにaとdを倭国、bとcを高句麗というたすき掛けの対句とみることについては、例えば王維が阿倍仲麻呂に送った「送秘書晁監還日本国」の詩序に、

彼以好來、廢關弛禁。上敷文教、虚至實歸（彼、好《よし》みを以て来たれば、関を廃し禁を弛む。上、文教を敷けば、（船を）虚しくして至り実《み》たして帰る）。

とあり、[27]一・四句目の主語が遣唐使、二・三句目は皇帝が主語になっている。

つまり、墓誌の作者は禰軍の最も輝かしい功績を述べるにあたり、その冒頭に派遣先を提示しつつ、百済滅亡後の白村江の戦いと高句麗征討のシーンをa～dに交互に配置して、六六〇年代（前半）の情勢をフラッシュバックしてみせたあと、「禰公」を登場させた。[28]そして、e以下の記述は、『書紀』天智四年（六六五）九月条に「右戎衛郎將上柱國百濟禰軍」とみえる、その時のかれの活躍を述べたものであろう。かれはこの時熊津都督府から巨大な戦艦に乗ってやってきた。それは明白な威嚇であり、かれは説得に成功して倭人を高宗に引きあわせた。それは六六六年正月、泰山で行われた高宗の封禅《ほうぜん》の儀のことをいっているのであろう。『唐会要』新羅条に「帯方州刺史劉仁軌、新羅・百濟・耽羅・倭人四国使を領し、海に浮かびて西に還り、以て大（泰）山の下《もと》に赴く」とあるのがそれで、この「倭人」は守君大石《もりのきみおおいし》ら第五次遣唐使をさす。白村江敗戦後、倭人がこのような形で高宗に拝謁したことは、事実上の降伏宣言を

意味するものであった(29)。

四　「日本国ハ倭国ノ別種ナリ」

以上の見解を発表したのは二〇一二年十月、時あたかも尖閣問題で荒れる北京においてであったが(30)、それに先立つ六月、東野は京都の東方学会で「日本国号」に関する講演を行い、その内容が翌年公刊された(31)。これをみると、「禰軍墓誌」の解釈は変わっていないので、前章の内容を書き改める必要はないが、いくつか気になるところがあった。

現存する先行の唐代史料にないこれらの伝え（『唐書』日本伝をさす、井上注）は、疑ってかかるべきであるが、『旧唐書』のいう「日本国は倭国の別種」という説明は、太田晶二郎氏が指摘されたとおり、『唐暦』にあるような「倭国之別名」を誤って伝えたものであろう。「別名」が「別稱」と書かれ、それが「別種」に写し誤られたかとする太田氏の推定は説得的である。両書の「或は云う」の内容は、その「別種」に尾ひれのついたものと判断すべきであって、何らかの歴史的な事実を踏まえているとする想定は当たるまい。

東野はここで二つのことを述べている。まず、史料は古いものほど正しい。新旧『唐書』は正史であるが、五代・宋代の編纂であるから、これよりも『唐暦』のような唐代の史料を信用すべきである。第二に、日本という異種族が倭を併合したという『旧唐書』の記事は、「別名」を「別種」と誤写したことによって派生した尾ひれである。「何らかの歴史的な事実」とは、おそらく拙稿「偽りの『日本』」（前註（8））で述べたような第七次遣唐使による倭から日本への国号変更の申請とその失敗などをさしているのだろう。拙稿の名をあげていないので確言はできないが、いずれにせよ卑見への反論とみなされることに変わりはない。

1　「古いものほど正しい」か

まず、第一の点について。なるほど史料はより古いものに拠るべきである。ところが、これは清朝以来いわれていることだが、唐代の史料は安史の乱（七五五～七六三）によって壊滅的な打撃を受けている。そして東野が信用すべきという柳芳の『唐暦』こそ、安史の乱直後の「史籍淪缺《りんけつ》」という情況下に書かれた私撰国史なのである（『新唐書』柳芳伝）。その『唐暦』の逸文に、

『唐暦』にいわく、この年（長安二年）、日本国はその国の大臣、朝臣真人（民部卿粟田真人）を派遣して、その国の産物を献上した。日本国は倭国の別名である。朝臣真人は中国の地官（民部）尚書の官に相当する。中国の古典をよく読み、立ち居振る舞いも温雅であった。朝廷はこれを異として、司膳員外郎の官位を与えた、と云々。

とあり（『釈日本紀』巻一・開題）、また、有名な詩人杜牧の祖父にあたる杜佑（七三五～八一二）の『通典《つてん》』辺防部倭条の末尾に、

倭は一名、日本。①みずからいう、国が日の辺りにあるので、「称」（国号）としたと。武太后の長安二年に、その国の大臣、朝臣真人を派遣して、その国の産物を献上した。……天宝（七四二～七五五）末年の衛尉少卿、朝衡（阿倍仲麻呂）はこの国の人である。

とある。東野はこれらの記述から尾ひれがついたというのだが、そもそも日本は「倭国の別名」ではない。開元二十二年（七三四）に客死した井真成の墓誌に「国号日本」とあり(32)、同二十四年の序をもつ張守節『史記正義』に「武后倭国を改めて日本国と為す」とあって(33)、七〇二年の「倭」から「日本」への国号変更は、八世紀前半の人びとには正しく認識されていた。

ところが、八世紀後半の柳芳や杜佑らは、倭という国名はそのままに、日本を「別名」扱いにした。これは明らかな誤解であって、その原因が安史の乱にあることは確実である。外国使節の記録は「王会図」といった資料が鴻臚寺

（外務部）の府庫に保存される決まりであったが、(34)そういうものが宮廷もろとも失われ、日本が正式な国号であることも忘れられたわけである。むろん遣唐使が毎年のように来ていればこのようなことは起こらないが、遣唐使はほぼ二十年に一度しか来なかった。実際、安史の乱後に派遣されたのは奈良時代でいえば宝亀の遣唐使（七七七年）ただ一度だけで、そのあとは最澄・空海らが同乗した延暦の遣唐使（八〇四年）が続き、そして最後の承和の遣唐使（八三八年）に至る。一般に遣唐使の廃止は私貿易の発達という側面から説明されるが、もともと七世紀の極東地域における隋唐帝国の脅威に対応するためにはじめた使節であるから、安史の乱後、衰勢に向かう唐から離れてゆくのは理にかなった対応といえる。

ともあれ、このように唐代の史料は安史の乱によって一旦壊滅し、また一から収集していったわけで、唐代の筆記資料が多く残っているのはそのせいだという人もいるが、その過程で日本の資料も集まってきたにちがいない。例えば第二章に「日本」の名の由来について、

①その国が日の辺りにあるので、日本と名づけた。

②倭国はみずからその名がよい意味でないこと（不雅）をにくみ、日本に改めた。

③日本はもともと小国で、倭国の地を併合した。

という三つをあげておいたが、貞元十七年（八〇一）成立の『通典』には、いまみたように①しかない。これが九一八年の唐滅亡をはさんで『旧唐書』『唐会要』『新唐書』になると、いずれも①～③を載せている。『通典』はまた貞観五年（六三一）の有名な高表仁の記事のあと、国交が「遂に絶ゆ」と書いている。つまり最初の遣唐使で終わりというわけで、そのあとの七世紀後半の記録がごっそりなくなっていたことがわかる。したがって、古いものほど正しいという常識で新旧『唐書』の記述を疑ってかかる見方は、このばあい通用しないのである。

倭国伝と日本伝　中国の古典籍の一般的な性質として、記事をあつめて切り貼りするということがある。五代後晋

の開運二年（九四五）に完成した『旧唐書』は、そういう記事の寄せ集めが多くてよむに堪えないといわれ、これに異を唱えた欧陽脩（一〇〇七〜一〇七二）らが北宋の嘉祐五年（一〇六〇）に『新唐書』を完成させた。しかし、清朝以来の学者にとっては原史料を単純に切り貼りした『旧唐書』の方が有用であり、よませるために改作をもあえてした『新唐書』の方が価値がひくいともいわれている。(35)

一方、『唐会要』は北宋の王溥（九二二〜九八二）が先行する『会要』（政要書）類を合冊・増補して建隆二年（九六一）に完成したものであるが、この書物にはなんと、巻九十九に倭国条があり、巻一百に日本国条がある。実は、その一六年前に完成した『旧唐書』も、普段われわれが利用する岩波文庫の訳注などでは気づかないが、もとの版本《はんぽん》や現在中国で通行している中華書局の校点本などをみると、その東夷伝は倭国条と日本国条をはっきりと分けている。そして、『旧唐書』『唐会要』とも日本国条の冒頭に「日本国は倭国の別種なり」以下ほぼ同文を載せている。つまり、唐滅亡後の十世紀半ば、中国では倭と日本の区別がわからなくなっていたのである。

それが百年後の『新唐書』になると、日本伝のなかに倭国の記事を載せている。つまり、『旧唐書』から『新唐書』に至る百年間に、中国人は倭と日本の関係を正しく把握するようになった。その百年のあいだになにが起こったかは、『宋史』日本伝をみればわかる。九八四年、東大寺僧奝然《ちょうねん》が宋の太宗に謁見して日本の年代記を献上したという記事がそれであり、その『王年代紀』によって中国人の対日認識が著しく改善されたことは、すでに述べたとおりである。一〇七二年、宿願の五台山巡礼を果たした成尋《じょうじん》が、その年の暮れに借りて読んだという楊億（九七四〜一〇二〇）の『談苑』に、

予（楊億）、史局に在りて降す所の禁書を閲せしに、『日本年代紀』一巻及び奝然の表啓一巻有り。因りて其の国史を修するに其の詳らかなるを得たり。

とあるのは、右のことを裏づける証言である。(36) そして、このように日本理解がピークに達したというべき『新唐書』

の日本伝に③併合説が残されていることは、それが荒唐無稽の尾ひれの類でないことを雄弁に物語っているといえよう。

『新唐書』の「改作」　『新唐書』日本伝の編者は奝然の年代記を使って記事を再構成しているが、その機械的なミスによる紀年の乱れはさておき、編者はここで少なくともつぎの二つの「改作」を施している。まずは問題の③併合説について、「日本は乃《すなわ》ち小国にして、倭の并する所と為る、故に其の号を冒す」と主客を逆転させている。これは倭=日本という正しい認識のもとに、倭が日本を併合して、その国号を奪ったことにしたわけだが、大国が併合した小国の名を奪うということは通常ありえず、この処置には明らかな無理がある。そうまでして③の記事を残すのは、くり返しになるが、残すべき理由があると考えるのが自然であろう。

もう一点は第七次遣唐使について「咸亨元年（六七〇）、遣使して高麗を平らぐることを賀す。②後に稍や夏音を習い、倭の名を悪《にく》みて、更めて日本と号す」とある点であるが、これは『唐会要』倭国条に、

　咸亨元年三月、（倭国ハ）使者を派遣して高句麗平定を祝賀した。その後、つづけてやってきては朝貢している。則天武后のとき、①みずからいうには、その国が日の出る所に近いので、日本国と号したと。②思うに、その名（倭）がよい意味でないこと（不雅）をにくんで改めたのであろう。

とあるのをふまえた処置と思われる。しかしいうまでもなく、第七次遣唐使のつぎは第八次遣唐使、すなわち武則天に国号を変更させた大宝の遣唐使であって、その間「つづけてやってきては朝貢して」などいないのである。ここは先に紹介した成尋の引く『談苑』に、

　案ずるに、日本は倭の別種なり。①国の日辺に在るを以て、日本を以て名と為す。②或いは言わく、倭の名の雅ならざるを悪みてこれを改む。蓋し中国の文字に通ぜる故ならん。唐長安中、大臣真人を遣わして来貢す。皆経史を読み、属文（詩文）を善くす。後に亦た累《かさ》ねて使の至る有り、多く文籍・釈典を求めて以て帰る。

とある文（正確には楊億が引用する案文）が最も善い本文を伝えている。すなわち、ここで大宝の遣唐使の記事のあとに「後亦累有使至」とある文が、『唐会要』では「咸亨元年」のあとに置かれて「爾後繼來朝貢。則天時」と書かれた。これは武后の時、倭人が国号を替えたと知ったからであろう。それが『新唐書』では「後稍習夏音、悪倭名、更號日本」となった。これは倭人が中国語を理解するのに時間がかかったと考えたからであろう。

なぜここで「中國文字」とか「夏音」という中国語の問題になるのか。それは、倭人が「不雅」と説明したからである。中国人がこれを聞けば、「雅言ではない」という意味にとる。それで、安易に「標準的な中国語ではない」という意味で、倭人が中国語を解するようになって名前を変えたのだと思ったのであろう。

しかしよく考えると、「倭」はけっしてわるい意味ではない。この字は「倭人」が登場する『漢書』地理志以前の古典籍では、『詩経《しきょう》』小雅《しょうが》・四牡《しぼ》篇に「周道倭遅《いち》」とあるのがほぼ唯一の例で、これは周の使者が四頭立ての馬車を駆って、はるかな道を行くという意味である。[37] また『説文解字《せつもんかいじ》』に「順貌（柔順なさま）」とある。『詩経』は唐代の学校の教科書で、『説文』もそのサブテキストであったから、当時の中国人は「倭」の意味を知っていたはずである。事実、北宋太平興国年間（九七六～九八三）後半の成立という楽史（九三〇～一〇〇七）の『太平寰宇記《かんうき》』倭国条には、

『東夷記』に云わく、倭、又の名を日本。①自ら云う、国、日辺に在り、故に以て称と為すと。②蓋し旧名を悪むならん。

と書き換えてある。これは「倭」がわるい意味ではないと知っていて改めたのであろう。

もっとも、古典の「倭」と東夷の「倭」は発音がちがう。『詩経』『説文』は「倭 wei」で、倭国は「倭 wo」である。これは現代語のピンインだが、唐代でも発音はちがっていた。『新唐書』がことさら「夏音を習う」といったのは、あるいはその発音の差別に侮蔑の念が込められていたからかもしれない。[38]

このように『新唐書』日本伝が「後稍」の二字を加えたのは、倭人が中国語を学ぶ所要時間をかせぐ意味であって、

国号変更が「咸亨元年」より後であったからではない。したがって、この二字は編者の「改作」とみなして削り、高句麗平定の祝賀と同時に国号変更が申請されたと解してよい。既述のごとく、この国号変更を申請した「入朝者」は第八次遣唐使ではありえない。また、国号変更を認められた第八次遣唐使以降でもありえない。ゆえに、六七〇年の第七次遣唐使が国号変更を申請したと考えるべきなのである。

『宋史』日本伝には編者が利用した史料の年時が列挙されているが、そのなかには「唐咸亨中」の記録があったと明記する。(39)その内容が高句麗平定の祝賀と国号変更の記事であったことは、もはや疑いないだろう。

2　誤写―尾ひれ説批判

つぎに、東野による拙論批判の第二点、誤写―尾ひれ説であるが、これに反論するのはそう困難ではない。まず文献学の基本として、よほどの根拠がないかぎり、誤字説は採るべきではない。太田の誤写説も、「倭＝日本」という正しい認識からその可能性を述べたにすぎず、とくに根拠があってのものではない。第二に、太田のいうように「別名―別稱→別種」と誤写した本があっても、『唐暦』や『通典』をみれば容易に訂正できる。まさか宋代の史官たちがこれらの書物をみていないはずはないだろう。事実、『新唐書』日本伝には「別種」の語がない。このように誤写が簡単に訂正できるという時点で、これを前提とした尾ひれ説も成立しない。そもそも「別種」の一語からいきなり「日本という小民族が倭を征服した」という尾ひれがつくはずもないと思うが、それがありえたとして、これを正史に載せるところまでどうやってもってゆくのだろうか。

成尋が『参天台五台山記』に引く楊億の『談苑』に「日本、倭之別種也」とある。この日本に伝来した佚文と中国で伝えられた『唐書』がともに「名」を「種」に誤る可能性はゼロにちかく、また成尋もその原本を写した後人も日本人であるから、「別種」が誤解であることを知っている。にもかかわらず、これを訂正していないのは、「別種」の本文が原書のままだからである(40)。

そして楊億は奝然の『王年代紀』をみたうえで「別種」だといっている。この意味するところはすこぶる重い。なぜなら、『宋史』日本伝にひく『王年代紀』には、当然のことながら倭と日本が争った形跡などない。また、成尋がひく逸文には遣唐使が①「日の出る所に近いので改名した」といい、②「倭という国名が雅でないから替えた」といった証言しか書いていない。つまりここには倭と日本を「別種」とみる理由がない。くり返すが、ここの「別名」「別称」であった可能性はゼロである。

楊億が「別種」とみた根拠はなにか。これは「別名」から「別種」への誤写という技術的な問題ではない。八世紀後半の段階では「別名」と誤解はしていたが、「倭＝日本」という観念はいきていた。ところが九世紀以降、「倭＝日本」という等号が崩れて「別種」とされた。これは「倭＝日本」という観念がなぜ放棄されたのかという対日認識の変化の問題であり、それは八世紀後半には失われていた遣唐使の証言③、すなわち倭国の滅亡という証言がそれを迫ったとしか考えようがないのである。『唐書』の編者は明らかにこの③を「入朝者」の証言と認めて載せている。さればこそ、「この国の使者は本当のことをいわない」とつづくのである。

楊億は「其の国史を修」したといっている。ところが、その痕跡をとどめているはずの『新唐書』日本伝には「別種」の語がない。その代わりに、先に紹介した「日本乃小国、為倭所弁、故冒其号」という改作がなされている。おそらく楊億が日本伝を修した際にはまだ日本と倭の主客の逆転は生じていなかったのであろう。その後、『新唐書』日本伝は「別種」を削除し、証言③を改作して残した。宋代の中国人はこのようにして「倭＝日本」という正しい認識へと復帰していったのであるが、この過程を通してわれわれは③「日本が倭国を併合した」という証言がどれほどかれらの認識を狂わせたかを知るべきである。

もちろん、宋代の史官がそう認めたからといって、遣唐使が実際に「日本が倭国を併合した」といった証拠にはならない。しかし「そんなことをいうはずがない」といって無視することも、もはや許されない。なぜなら、「禰軍墓誌」に「日本」と書かれているのはなぜかという問いがいま、われわれの喉もとに突きつけられているからである。「日本」が倭国起源の漢語である以上、それが六七八年の禰軍の死までにどう中国に伝わったかを説明しなければならない。それは、六七〇年の遣唐使が高宗の前でその名を出したからという説明が最も整合的であり、その時に遣唐使は「倭を滅ぼしたので、日本と改名する」と釈明した。そのようにいった理由、すなわち戦争の回避という目的もはっきりしている。ならば、宋代の史官がこれほど重視した倭人の証言を疑う必要はない。

それでもなお、「日本」は一般の漢語ではないかと疑う向きもあるだろう。そこで最後に、東野の講演で自説を補強した箇所についても言及しておきたい。

3　「日本開基」と『日本世紀』

東野は「日本」を一般の漢語と考える。そして「禰軍墓誌」の「日本」をその「最古の用例」とし、これと似た用例として『続日本紀』神亀五年（七二八）正月甲寅条の第一次渤海国使の国書に、

伏惟、大王、天朝受命、日本開基、奕葉重光、本枝百世。

とある「日本」が東方の意味に使われているという。(41)　つまり「大王は、天朝に命を受け、日本に基を開き」と訓む。しかし「天朝」は通常、相手の政府に対する尊敬語で、天朝にとよむなら「大王受命於天朝」と書くが、これはちょっとおかしな言い方である。やはり「天朝」は主語であり、これと同様、「日本」も主語（国名）である。東野がこのように訓むのは「大王は」とよみ、これを主語と考えるからであるが、これは日本語の助詞「は」の問題であって、漢文としては「大王よ」という単なる呼び掛けとみて何ら差し支えない。

また、「開基」の用法は『詩経』大雅・下武《かぶ》篇詩序の正義に、

大王・王季、脩徳・創業し、後世の因る所と為ると雖も、未だ天命有らずして、開基の主に非ざれば、武王・聖人をしてこれを継がしむるに足らず。

とあるのとおなじで、[42]ここにいうように「開基」は「創業」とも区別される王朝の開始をいう言葉であるから、「日本」はむしろ七〇二年に武則天から認められたばかりの国号でなければならない。渤海使はつまり「大王よ、あなたの国が天命を授かり、日本という新たな王朝を開いたうえは、代々ますます繁栄し、子孫も百代まで絶えぬことでしょう」というご機嫌伺いを述べたわけである。

なお、東野はここで「本」字に「はじまり」の意味があり、「『日本』は、『日出処』と全く同義で、日の出る東方を指す」と説明する。この理屈だと「日初」「日始」も同義となるが、たとえば「日初」は「葱河（パミール高原）以東、名づけて震旦と為す。日初めて出で、東隅に耀くを以て、故に名を得るなり」というように使う（『広弘明集』巻一三「弁正論」十喩篇上）。また、東野はおそらく『故訓匯纂』などをみてこのように述べたのであろうが、たとえば「民之本教曰孝（民の本教を孝と曰う）」の「本」を「始也」という例と、「日本」のそれとは言葉のつくりがまるでちがう。[43]方位詞として「本」の字を用いた例をあげなければ、一般漢語として「日本」の造語がありうる傍証にはならない。

『唐書』などに「日本」の名の由来を説明して、①「日辺」とか「日出づる所に近し」とあるが、これはおそらく中国人には意味がわからなかったので、「日本」とはなんだと尋ねられ、遣唐使がこれに「わが国はひのもとにあればなり」などと答えて、これを通訳が「国在日辺」などと訳したものではなかろうか。これが第七次遣唐使と唐高宗の対話のなかみだとすれば、やはり「日本」は一般漢語ではありえない。

もう一点、東野は『日本書紀』に引く『日本旧記』や『日本世紀』の「日本」も、その内容が百済王室の情報や朝鮮半島の情勢であったりすることから、東方の意味であったという。確かに『倭国旧記』『大倭世紀』ではおかしいが、さりとて『大倭書紀』もなじまないし、それらの書をふくむ『日本書紀』の「日本」も同様に東方をさすといえる。また、『書紀』雄略二十一年三月条にわずか九字しか残らない『日本旧記』はともかく、(44)『日本世紀』の著者である高句麗僧道顕は、中臣鎌足のブレーンといわれており、むしろ天智朝に「日本」の制定をおく卑見に有利な所見でさえある。つまり、これらの「日本」も東方や極東をさす一般漢語の用例とはいえない。

おわりに

日本の余噍、扶桑に拠りて以て誅を逋れ、風谷の遺甿、盤桃を負いて阻固たり。万騎野を亘り、蓋馬と以て塵を驚かし、千艘波を横り、原虵を援けて沴に縦る。

この墓誌の「日本」は確かに「風谷」と対になっている。このばあい、王勃「拝南郊頌」の「朱蒙」と「青徼」がそうであったように、両者はおなじものをさすのが通例である。すると、「風谷」が高句麗ならば、「日本」も高句麗となる。ところがこれに続く「万騎」と「千艘」の対句は陸・海で対をなし、その双方を高句麗軍とみるのは無理があるうえ、「千艘」の方は白村江の記述とピタリと合う。しかも禰軍は倭国や新羅に出かけたことはあるが、高句麗に行った記録はない。さらに「日本」条の後半に語られる禰軍の派遣先が文中にない。以上の点から、冒頭の「日本」は倭をさし、それはまた禰軍の派遣先を提示するものであったと解釈した。

また、「日本」は倭習漢語であり、天智天皇が唐の侵略を回避するためにつくり上げた偽りの国号であったとする卑見は、少々突飛に感じられるかもしれないが、むしろこれは関連史料を整合的に解釈した最も無理のない見解であると考える。したがって卑見よりもよい解釈があれば、これに固執するつもりはない。諸賢のご批正を切に乞う次第である。

註

（1）吉田孝『日本の誕生』（岩波新書、一九九七年）一一八〜一一九頁。

（2）拙稿「『日本』国号的成立」（王勇主編『東亜文化的伝承与揚棄』中国書籍出版社、二〇一一年。のち『東亜座標中的遣隋唐使研究』に転載、中国書籍出版社、二〇一三年。ともに中文）、また「『日本』国号の成立」（二〇一三年二月、明治大学主催シンポジウム「交響する古代Ⅲ」報告論文）。この日本語版は拙著『偽りの日本古代史』（同成社、二〇一四年）所収。

（3）神野志隆光『「日本」とは何か』（講談社現代新書、二〇〇五年）五三頁。

（4）牛島徳次『漢語文法論（中古編）』（大修館書店、一九七一年）四四頁および四八〜四九頁参照。

（5）拙稿「唐からみた古代日本」（二〇一一年十二月、大連民族学院・法政大学共催シンポジウム「参照枠としての中国と『日本意識』」報告論文。『国際日本学』第一〇号所収、二〇一三年、本書第六章）。

（6）籾山明「爰書新探」（『東洋史研究』五一巻三号、一九九二年）二八頁参照。

（7）森克己「入宋交通と入宋相互認識の発達」（『日宋文化交流の諸問題』刀江書院、一九五〇年）三〇頁。

（8）拙稿「偽りの『日本』」（二〇一二年三月、明治大学主催シンポジウム「交響する古代Ⅱ」報告論文、前掲註（5）『国際日本学』第一〇号所収、前掲註（2）拙著に再録）。

（9）王連龍「百濟人『禰軍墓誌』考論」「新出百済人禰軍墓誌」（『社会科学戦線』二〇一一年第七期）。

（10）原文「特在簡帝」。ここは『論語』堯曰篇の「簡在帝心（簡ぶこと帝の心に在り）」によるが、これが「在簡帝」になっているのは記憶ちがいではなく、「簡帝」を熟語として用いているのだろう。

（11）以上、王前掲註（9）「百濟人『禰軍墓誌』考論」一二七頁。

（12）以下、王連龍「『禰軍墓誌』与『日本』国号問題」（二〇一二年二月二十五日明治大学主催「百済人禰氏墓誌シンポジウム」報告論文）。

（13）但し『新唐書』日本伝にみる紀年の乱れが編纂上の機械的なミスであることは、拙稿前掲註（8）「偽りの『日本』」で確認した。

(14) 堀敏一『東アジアのなかの古代日本』（研文出版、一九九八年）一八八頁、ほか。

(15) 李学勤『走出擬古時代』（長春出版社、新版二〇〇六年）自序など参照。なお、顧頡剛『古史弁』序は岩波文庫『ある歴史家の生い立ち』として翻訳されている。

(16) 葉国良「従二重証拠法看『日本』国号在中国的出現」（専修大学『東アジア世界史研究センター年報』第二号、二〇〇九年）。

(17) 東野治之「百済人祢軍墓誌の『日本』」（岩波書店『図書』七五六号、二〇一二年二月）。

(18) 西本昌弘「禰軍墓誌の『日本』と『風谷』」（『日本歴史』七七九号、二〇一三年四月）。

(19) 『後漢書』および『三国志』東夷伝に「東沃沮、高句驪蓋馬大山の東に在り」とあり、泉蓋蘇文の嫡子「泉男生墓誌」に「大君命有り、還《ま》た蓋馬（高句麗）の営に帰る」とある。周紹良編『唐代墓誌彙編』（上海古籍出版社、二〇〇七年）六六八頁。

(20) 高句麗人「高質墓誌」に武后期の営州の乱を述べて「林胡（契丹）梗（不順な態度）を作し、楡塞（辺境の城塞）塵を驚かす」といい（趙振華『洛陽古代銘刻文獻研究』五二五頁参照。三秦出版社、二〇〇九年）、独孤及の「為独孤中丞天長節進鏡表」では安史の乱にふれて「今宸極正しくして乾坤貞観たり、驚塵収まりて日月開朗たり」といっている（劉鵬・李桃『毘陵集校注』一一三頁。遼海出版社、二〇〇六年）。なお、「驚塵」が叛乱を意味する以上、「万騎」を唐軍とみて、「蓋馬」（高句麗）と交戦したというような解釈は不可能となる。「万騎」が唐やこれと組む新羅でもなく、また滅亡した百済でもないとすれば、結局これは高句麗の「万騎」と解し、一万の騎兵が蓋馬にまたがってというように解するほかない。

(21) 喬鳳岐『隋唐皇朝東征高麗研究』（中国社会出版社、二〇一一年）第五章参照。このあと高句麗最後の戦いとなる六六六年まで目立った戦闘はない。

(22) 『三国史記』新羅本紀・文武王十一年七月二十六日条。これは文武王が唐行軍惣管薛仁貴に宛てた書簡の一節で、墓誌の作者がこれをみた可能性も皆無ではないが、やはり当時の共通認識の同時的反映とみるべきであろう。

(23) なお、「縱沴」は原文「縱泺」で、王連龍は「縱瀰」と釈したが、『玉篇』『集韻』に「泺」を「沴」の異体字とするのによって訂した。脚韻からみても「沴」（蟹摂来母霽韻去声 liei）は、「瀰」（止摂明母紙韻上声 mie）よりもｃ「塵」（臻摂澄母真韻平声 ȡien）に近い。但しａ「誅」（遇摂知母虞韻平声 ȶiu）とｂ「固」（遇摂見母暮韻去声 ku）のような踏韻の関係にはない。郭錫良『漢字古音手冊（修訂本）』（商務印書館、二〇一〇年）参照。

(24)　以上、『王子安集注』（上海古籍出版社、二〇一〇年）三二七・三二九頁。

(25)　原文「天呉静」の天呉が「朝陽之谷」の神であることを重視すれば（『山海経』海外東経）、この河は東夷の地にあることになり、禰軍が熊津都督府から出立したことを暗示するとよめる。

(26)　趙振華前掲註（20）『洛陽古代銘刻文献研究』五四九・五六〇頁。『唐代墓誌彙編』九九五頁。「扶索」は扶桑であろう。「桑」は心母唐韻［sɑŋ］、「索」は心母鐸韻［sɑk］の四声相配で通仮可能。

(27)　陳鉄民『王維集校注』（中華書局、二〇〇八年）三一八頁。

(28)　禰軍の経歴と無関係な高句麗のシーンを挟んだのは、この箇所の出典が高句麗平定を記念する王勃の詩序であったからであると同時に、それが当時の中国人にその時期の極東情勢を生々しく喚起する効果的な表現方法だったからであろう。

(29)　吉川真司『飛鳥の都』（岩波新書、二〇一一年）九九頁参照。

(30)　拙稿「禰軍墓誌与『日本』」（二〇一二年十月、北京大学・清華大学・京都大学共催シンポジウム「日本古代史研究的現在与未来」報告論文）、改稿して「禰軍墓誌『日本』考」（『東洋学報』九五巻四号、二〇一四年三月、本書第八章）。なお、本章にはこの改稿後の知見も盛り込んである。

(31)　東野治之「日本国号の研究動向と課題」（『東方学』一二五輯、二〇一三年一月）。

(32)　『遣唐使の見た中国と日本』（朝日出版社、二〇〇五年）巻頭資料②。

(33)　『史記』（中華書局校点本）五帝本紀・帝舜（四四頁）、夏本紀・帝禹（六〇頁）。

(34)　森前掲註（7）「入宋交通と入宋相互認識の発達」三六頁。

(35)　増井経夫『中国の歴史書』（刀水書房、一九八四年）一二章参照。

(36)　『参天台五台山記』熙寧五年十二月二十九日条（『大日本仏教全書』遊方伝叢書三、仏書刊行会、一九一七年）一〇五頁。

(37)　『毛伝』に「倭遅、歴遠の貌《さま》」とある。但し王先謙『詩三家義集疏』（中華書局、二〇一一年）は、「険也」とする。経文解釈としてはおそらく「険阻」が正しい。

(38)　ちなみに倭人が「不雅」といった意味について考えると、舶来の絹織物「アヤ」に対して、わが国固有の織物を「シツオリ（シドリ）」といい、これを「倭文」と書く。この「シツ」が静御前の「しづやしづ」のように濁って賤しいという意味を喚起するようになるのは平安時代のことのようだが（大野晋編『古典基礎語辞典』参照。角川学芸出版、二〇一一年）、「不雅」がこうした都鄙観念から出た評価であるとはいえそうである。つまり、優雅でないというよりは、いかにも辺境の地を思わせる賤しい名前という意味で「不雅」といったのではないか。

(39) 石原道博編訳『中国正史日本伝（2）』（岩波文庫、一九八六年）六三頁。本書第六章、一五七頁参照。

(40) ちなみに、諸本を校訂した平林文雄『参天台五台山記　校本並に研究』（風間書房、一九七八年）をみても「別種」に異文はない（一八二頁）。

(41) 東野前掲註（31）「日本国号の研究動向と課題」一四五～一四六頁。

(42) 『毛詩正義』（北京大学出版社・十三経注疏整理本6、二〇〇〇年）一二二八頁。上記のように、『詩経』は当時の学校のテキストであり、『正義』はその公定注釈書であるから、国書の作者がこの正義を出典にした可能性もけっして低くはない。

(43) 『故訓彙纂』（商務印書館、二〇〇四年）一〇六七頁。ちなみに、「始也」「初也」の項には「昌本」のような複合詞の例もない。

(44) 『新訂増補国書逸文』（国書刊行会、一九九五年）六五～六七、五七四～五七八頁。

第八章　禰軍墓誌「日本」考

百済人禰軍（六一三～六七八）の墓誌が吉林大学古籍研究所王連龍副教授によって公表されたのが二〇一一年七月[1]、これが日本に伝えられたのは同年十月二十三日の新聞紙上であったと聞いている。以来、この墓誌にみえる「日本」が国号か否かをめぐって議論されてきたが、現在はこれを国号ではなく、極東をさす一般名詞で、具体的には百済をさすとする東野治之説が広い支持を得て[2]、落着しているようである。

ところがこれまでの議論をみると、墓誌の解釈が論者によってまちまちであり、不安定な基礎に立って議論されてきた印象が強い。墓誌の訳注もすでに発表されているが[3]、その内容には問題とすべき点が少なくない。そこで本章はまず、この墓誌の性格を明らかにして、問題の箇所に詳細な注釈を加え、墓誌の解釈を固めたうえで、「日本」の意味について考察することとしたい。

一　「禰軍墓誌」解題

「禰軍墓誌」の発見者である王連龍によると、二〇一一年に西安の文物市場でその拓本を手に入れたかれは、その字体や文面（本書一七五頁図16参照）、とくにこれとは別に出土した墓誌との関連性から、この拓本が本物であると確信し、発表におよんだという[4]。

唐代百済人の墓誌は、中国でこれまでに九点ほど確認されている。一九一九年に洛陽で発見された「扶余隆墓誌」（六八二年、河南博物院所蔵）や、同じく洛陽で一九二九年に発見された「黒歯常之墓誌」（六九九年、南京博物院所蔵）は、ともに史上有名な百済人の墓誌であり、ほかに父の墓誌と同時に出た「黒歯俊墓誌」（七〇六年、同上）や河南省魯山県で一九六〇年に出土した「難元慶墓誌」（七三四年、魯山文化館所蔵）が知られていたが、[5]最近になって、扶余隆の孫娘である「扶余氏墓誌」（七三八年、陝西省考古文物研究院）が二〇〇四年に発見される一方、[6]二〇〇七年以来、相次いで発見されているのが禰氏一族の墓誌なのである。

「禰寔進墓誌」（六七二年、洛陽理工学院所蔵）
「禰素士墓誌」（七〇八年、西安市文物保護考古研究院所蔵）
「禰仁秀墓誌」（七二七年、同上）

これらのうち、「禰素士墓誌」と「禰仁秀墓誌」は二〇一〇年春、西安市長安区で実施された発掘調査において発見された。墓は三つあり、北側の墓をM一三、東側をM一五、西側をM二三といい、禰素士の墓誌はM一三から、禰仁秀の墓誌はM二三から出土した。[7]そして「禰素士墓誌」に「父寔進」とあり、「禰仁秀墓誌」に「寔進、素士を生み、父の封を襲い、仕えて左武衛将軍に至る。君、諱は仁秀、即ち武衛府君の長子なり」とあって、[8]禰寔進―素士―仁秀の三人は直系の親子であったことがわかる。一方、「禰寔進墓誌」は二〇〇六年に洛陽の坊肆より出たといい、それは二〇〇〇年頃、子孫の素士・仁秀と同じ長安区から盗掘されたものだという。[9]これらの点から、禰寔進墓誌は上記のM一五から盗まれた可能性が高いと考えられている。

さて、問題の「禰軍墓誌」には「公、諱は軍、字は温、熊津嵎夷人なり」とあり、また「曾祖福・祖譽・父善、皆これ本藩一品、官は佐平と号す」とある。[10]一方、「禰寔進墓誌」には「公、諱は寔進、百済熊川人なり。祖左平譽多・父左平思善、並びに蕃官正一品」とある。この「福―譽―善―軍」と「譽多―思善―寔進」という二つの系譜は明らかに対応しているから、禰軍と禰寔進は兄弟であり、六七八年に六六歳で死去した禰軍（六一三～）は、六七二年に五八歳で死去した寔進（六一五～）の兄ということになる。このことから、禰寔進らの墓の北東一〇〇メートルほどに位置し、M一五とおなじ頃に盗掘されたという墓を禰軍のものとする見方もある。(11)

この禰軍・寔進兄弟は史上に名のみえる人物である。まず、六六〇年の百済滅亡の際、「禰植」という将軍が百済の義慈王を連れて唐に降ったが、(12)陝西師範大学の拜根興教授は、禰寔進が「左威衛大将軍」という正三品相当の高い官職をもつことから、かれは百済王の投降を促した「禰植」と同一人物である可能性が高いとした。(13)この考えは、その後発見された「禰仁秀墓誌」に、祖父寔進の事績を述べて「東に不庭（百済）を討つ、即ち其の王を引きて高宗皇帝に帰義す、是れに由り左威衛大将軍を拝し、来遠県開国公に封ぜらる」とあり、また今回の「禰軍墓誌」の発見によって禰氏の名が二字であったり一字であったりしたことが判明したが、「植」と「寔」の中古音はともに禅母職韻で同音であるから（『広韻』）、禰寔進と禰植が同一人物であることは確定したといってよい。(14)つまり、禰寔進は百済滅亡に際して決定的な役割を演じた人物であった。

そして、もう一人の禰軍は、倭が「白村江の戦い」で唐・新羅軍に敗れた翌六六四年、熊津都督府から対馬に来た使節のなかに「百濟佐平禰軍等百餘人」とみえ（『善隣国宝記』所引『海外国記』）、その翌年に再びやってきた唐使にも「右戎衞郎將上柱國百濟禰軍」がみえる（『日本書紀』天智四年九月条）。また、新羅の文武王が唐行軍惣管薛仁貴に宛てた長い書簡に、高句麗の残党が反乱した六七〇年、熊津都督府を代表して文武王との折衝にあたった人物を「百濟司馬禰軍」といい（『三國史記』新羅本紀・文武王十一年七月二十六日条）、その直後、文武王は「司馬禰軍」を勾留した（同上・文武王十年七月条）。さらに百済侵略を進める文武王が、六七二年に謝罪文を唐に送った際、解放した人質のなかに「熊津都督府司馬禰軍」がみえる（同上・文武王十二年九月条）。このように、六六四年から六七二年にかけて、禰軍は熊津都督府で倭や新羅との折衝にあたっていたようである。

では、「禰軍墓誌」にはどう書いてあるのか。冒頭に「大唐故右威衛将軍上柱國禰公墓誌銘并序」というように、この墓誌は序文と銘文に分かれ、序文を便宜上三段に分けると、（1）は禰軍の父祖のことを述べ、（2）は禰軍の人柄と事績、（3）はかれの死後のことを述べる。重要なのはもちろん（2）であり、そこに「日本」の文字がみえるわけだが、詳細は次節に述べることとして、ここではまず初歩的な整理をしておきたい。

すなわち、（2）には時間を明記した箇所がいくつかあり、それを拾い出すと、「去顯慶五年」（六六〇）、「于時」（？）、「去咸亨三年」（六七二）と死去した「儀鳳三年」（六七八）となる。これに上記の文献の記載を組み合わせると、以下のような年表となる。

①六六〇年　百済滅亡にともない投降→「右武衛滻川府折衝都尉」（正五品下？）
②六六四年四月　倭に来航「百濟佐平禰軍」（佐平は百済の官位）
③六六五年九月　再び倭に来航「右戎衛郎將上柱國百濟禰軍」（正五品上）
④？「于時」「僭帝」の「招慰」に成功→「左戎衛郎將」（正五品上）→「右領軍衛中郎將（正四品下）兼檢校熊津都督府司馬」
⑤六七〇年六～七月　新羅文武王と折衝し、勾留される「百濟司馬禰軍」
⑥六七二年九月　唐に帰還「熊津都督府司馬禰軍」
⑦六七二年十一月二十一日　「詔して右威衛将軍を授けらる」（従三品）
⑧六七八年二月十九日　「雍州長安県の延寿里第に薨ず」

六六〇年に禰軍が折衝都尉となった滻川府は長安万年県の地にあるという。[15]すると、かれは投降後、長安万年県に赴任し、白村江の戦いのあと、熊津都督府の使節として倭に来航した。ここで、年表④の「左戎衛郎將」と「檢校熊津都督府司馬」がそれぞれ③六六五年の「右戎衛郎將」と⑤六七〇・⑥六七二年の「熊津都督府司馬」にきれいに対応するので（傍線部）、④にいう「招慰」（説得工作）は倭との折衝と関係があり、その成功によって熊津都督府司馬となったと考えてよい[16]。やがて旧百済領への侵略を進める新羅王の人質とされ、六七二年九月に解放されると、十一月には右威衛将軍に就任する[17]。これが最終官歴となって、「大唐故右威衛将軍上柱國禰公」と称されるに至る。おそらく六七二年の帰還後は「雍州長安縣之延壽里」（唐長安城延壽坊）の私邸で晩年を送っていたのだろう。

二　「日本」条注釈

つぎに、④「于時」以下の原文を掲げて注釈をほどこす。冒頭の二字をとって、この条を「日本」条と称しておく。

　于時、（a）日本餘噍、據扶桑以逋誅。

「餘噍《よしょう》」は生き残りの意[18]、拓本の写真では「據」の下一字分がみえないが、残画から「扶桑」と判読できるという。「扶桑」は東方の神木およびその地域の意味で、もともと特定の地域をさす語ではない[19]。これが「日本」の別名となるのは唐代、とくに八世紀以降しだいに定着したという[20]。「逋」は逃れる。『貞観政要』議征伐篇に「高麗歴代誅を逋れ、討撃する能わず」とあり[21]、韓国扶余の定林寺に残る「大唐平百済碑銘」には百済滅亡を述べて「巨猾授首して、誅を逋れ命を請う」という[22]。以上、aの句は「日本」の残党が「扶桑」の地に拠って唐の誅伐を逃れているという意味である。

　（b）風谷遺甿、負盤桃而阻固。

西晋の張協「七命」に琴を切り出す「寒山之桐」の場所を述べて「左は風谷に当たり、右は雲谿に臨む」といい（『文選』巻三五）、劉良注に「風所㆑生之谷、雲所㆑出之谿」とある。また、高句麗遠征の勝利を歌った盧照隣の「中和楽九章・歌東軍」に「風丘蘀《タク》（落葉）を拂い、日域塵を清む」とある「風丘」が墓誌の「風谷」と同じ用法であり、この

「風丘」「日域」はともに高句麗を指している。[23] もとより高句麗は「大山・深谷多く、人隨いて居を爲す」といわれるが（『後漢書』高句驪伝）、『尚書』堯典に日の出づる所を「暘谷」といい、日没する所を「昧谷」というように、「谷」は「日行く所の道」をいう（正義）。『毛詩』国風の篇名にもなっている「谷風」は「東風」の謂であり（『爾雅』釈天）、「風」じたいも六気の一つとして「陽と風とを木と作す、……風を木と作すは、風は動なり、木も亦た動にして、地に觸れて出づ」とされ、木徳の春あるいは東に配当される。[24] ゆえに「風谷」とはaの「日本」に合わせて、東風の出づる所をこのようにいったのであろう。

「甿《もう》」は「氓」とおなじく民の意。前掲「大唐平百済碑銘」に「我皇（高宗）……此の遺甿を哀み、斯の兇醜に憤る」とあるのは百済の人民を「遺甿」と称した例であり、總章元年（六六八）十二月四日、高句麗平定を記念して作られた王勃「拜南郊頌」序に「猶お朱蒙の戻俗、光を蓬艾の間に違え、青徼の遺甿、気を陶鈞《とうきん》の内に仮ること有るがごとし」とあるのは高句麗の例である。[25]

「盤桃」は「蟠桃」水蜜桃をいい、「扶桑」と同様、その地域をもさす。有名な煬帝の「討高句麗詔」に隋の版図を述べて「提封《おおよそ》漸《つ》くる所、細柳・盤桃の外」という（『隋書』煬帝紀下・大業八年〔六一二〕条）、「細柳」は「扶桑」と対を成す「天地之際」の「西方之野」であるから、「盤桃」もまた「扶桑」とおなじ「東方之地」をさす語とみてよい。[26] これに、「東は高麗国に至るまで、……並びに入蕃と為せ、以外は絶域と為せ」という唐聖暦三年（七〇〇）三月六日勅を考えあわせると（『唐会要』雑録）、「盤桃＝高麗国」という等号が成立する。また、蓋蘇文の子「泉男産墓誌」に高句麗の開国を述べて「朱蒙、日を孕み、浿水に臨みて都を開く。威は扶索の津に漸《の》び、力は蟠桃の俗を制す」といい、[27] 高句麗人の「高質墓誌」に「箕子の八条、奄いて清遼有り、河孫の五族、遂に蟠木を荒《おお》う」とあり、[28] これらの例はみな高句麗の地をさす。「阻固」は、『周禮』地官大司徒の鄭注に「溝、穿レ地爲二阻固一也」といい、『毛詩』鄭譜の正義には「勢、謂二地勢阻固一」というように熟して用いる形容詞で、守りが堅固なさまをいう。なお、この「固」（見母暮韻去声遇摂）はａ「誅」（知母虞韻平声遇摂）と踏韻する。以上、ｂは「風谷」の遺民が「盤桃」の地を背にして固く守っているという意味である。

（ｃ）萬騎亘野、與蓋馬以驚塵。

『漢書』地理志下に「玄菟郡……県三あり、高句麗、上殷台、西蓋馬」とあり、『後漢書』東夷伝に「東沃沮、高句驪蓋馬大山の東に在り」とあって（『三国志』東夷伝も同文）、その注に「蓋馬、県名、玄菟郡に属す。其の山、今の平壌城西に在り、平壌は即ち王険城なり」という。前掲煬帝「討高句麗詔」で左右各十二軍を列挙したなかに「（左）第四軍可二蓋馬道一」とあるが、蓋蘇文の嫡子「泉男生墓誌」に高句麗最期の年のこととして「大君命有り、還た蓋馬の営に帰る」とある例は(29)、より広く高句麗の地をさしている。

また「驚塵」は唐詩でそよ風の形容などにも使われるが、ここは反乱を意味する。前掲「高質墓誌」に「林胡梗を作し、楡塞塵を驚かす」とあるのは武后期の営州の乱をいい(30)、八世紀の例になるが、独孤及「為独孤中丞天長節進鏡表」に「今宸極正しくして乾坤貞観たり、驚塵収まりて日月開朗たり」とあるのは安史の乱をさす(31)。前掲盧照隣の「歌東軍」に「日域清塵」というのは鎮圧・平定の意味である。以上、ｃの「萬騎野を亘り、蓋馬と以て塵を驚かす」は、高句麗の騎馬が原野を縦横に暴れまわるさまを述べたものである(32)。

（ｄ）千艘横波、援原虵而縦沵。

「原虵」「縦沵」ともに用例がみあたらない。「原虵」は文字どおりに解すれば野生の蛇の意味だが(33)、これを東夷の諸民族になぞらえたと予想しても、これという出典がない(34)。あるいは「原」を仮借字とみて「原虵」は「蚖蛇」、すなわち毒蛇のことと解しうる(35)。

また、「縦沵」は「縦瀰」または「縦沴」と釈しうるが(36)、いずれも用例がない。「瀰《ミ》」は「瀰瀰」と畳字にして「衆也」「流長貌」をしめし(37)、「縦縦」も「衆也」の意味があるので(38)、非常に多いさまの形容ともよめる。一方、「沴《レイ》」は唐詩などに頻出する語で、原義「水不レ利也」（『説文』）から淀み、渚の意となり、転じて悪気、わざわいの意味に用いる。『玉篇』『集韻』に「沵」を「沴」の異体字とし、また、前文cの「亘野」「驚塵」の対応関係から、dも「横波」「縱沴」と対応させた方がすぐれるが、「縱」を動詞とみて緩む・放つ意、あるいは「從」に通じて用いても意味がよく通らない。(39) また、「瀰」（明母紙韻上声止摂）も「沴」（来母霽韻去声蟹摂）もc「塵」（澄母真韻平声臻摂）と押韻しない。とはいえ、「沴」の諧声符は多く真韻に属し、上記のごとく『玉篇』と『集韻』が「沵」を「沴」の異体字と明記することから「沴」字を採り、陶淵明「形影神・神釋」の「大化の中に縱浪（＝放浪）し、喜ばず亦た懼れず」の用法から、差しあたりこの「縱沴」を淀みのまにま、停滞の意に解して、悪気を放つ意味を含むものとみておく。

（e）以公格謨海左・龜鏡瀛東、特在簡帝、往戸招慰。

「公」は禰軍、「格謨」「龜鏡」ともに模範の意。(40)「海左」「瀛東」も東夷諸国の海域をさす。(41)「簡帝」は『論語』堯曰篇の「帝臣不レ蔽、簡在二帝心一」により、天帝の認める賢臣として選ばれたことをいう。「戸」は司る、担当する。(42)「招慰」は招撫、帰服させること。(43) つまり、禰軍は海東の模範的な人物としてとくに選ばれ、招慰を委任されたのである。

（f）公侚臣節而投命、歌　皇華以載馳。飛汎海之蒼鷹、翥凌山之赤雀。

「侚」は「徇」とおなじく、したがうの意。(44)「投命」は懸命。(45) 皇華は『詩経』小雅の篇名で（皇皇者華）、奉命出使を称していう、「載馳」はその歌詞である。(46) 以上は禰軍が臣節に徇じ不惜身命の心持ちで、堂々と馬を駆って出立するさまをたたえている。

つづく「蒼鷹」「赤雀」はともに戦艦の名前。(47)「汎海」は「泛海」、渡海の意だが、ここは「凌山」とともにその大きさの形容。(48)「翥《ショ》」は「飛擧也」（『説文』）。つまり巨大な戦艦で水路を速やかに行くさまをいう。

（g）決河眥而天吳靜、鑿風隧而雲路通。驚鳧失侶、濟不終夕。

「決河眥」は「決眥」が目を見開くことで、(49) これに「河」をつけて水面が開けるさまを述べたのであろう。「天吳」

は『山海経』にいう「水伯」で、これが静かだということで「安流」を暗示する。(50)「鼇風隧」は風の隧道をうがつ。「雲路」は天上の道をいう。(51)以上は要するに河から海へ、順調な航行のさまを述べる。

そして、「驚鳧」以下は晋の木華「海賦」をそのまま借用する。(52)それは急を要して華夷を往来する際に、風を待って帆を張り、遙かな海をゆくというくだりで、その速さが群れを離れたカモ（驚鳧失侶）や扶桑から出る太陽を載せた六龍のようだといい、一日三千里、朝を待たずに目的地に到着したことをいう。墓誌はここを「不終夕」、夜を待たず半日でと強調しているわけである。

（h）遂能説暢　天威、喩以禍福千秋、僭帝一旦稱臣。仍領大首望數十人、將入朝謁。特蒙　恩詔、授左戎衛郎將、少選遷右領軍衛中郎將兼檢校熊津都督府司馬。

こうして禰軍が唐朝の威信を説き、長期的な国益の道を諭したところ、(53)「僭帝」は一朝にして臣服した。そこで禰軍は、豪族数十人を率いて入朝し、(54)皇帝に拝謁したという。この功績により、禰軍はとくに恩詔を蒙って「左戎衛郎將」を授けられ、しばらくして「右領軍衛中郎將兼檢校熊津都督府司馬」に遷任したのである。

三　「日本」条解析

さて、以上の注釈をふまえ、あらためて「日本」条の書き下し文を掲げておこう。

時に、（a）日本の餘噍、扶桑に拠りて以て誅を逋れ、（b）風谷の遺甿、盤桃を負いて阻固たり。（c）萬騎野を亘り、蓋馬と以て塵を驚かし、（d）千艘波を横り、原虵を援けて縱沴たり。（e）公の海左に格謨として瀛東に龜鏡たるを以て、特に簡帝に在り、(55)往きて招慰を尸る。（f）公、臣節に徇いて投命し、皇華を歌いて以て載《すなわ》ち馳す。汎海の蒼鷹を飛ばし、淩山の赤雀を翥《と》ばす。（g）河眥を決して天吳靜かなり、風隧を鼇ちて雲路通る。驚梟侶を失い、済るに夕を終えず。（h）遂に能く天威を説き暢べて、喩すに禑福《ごふく》千秋を以てするに、僭帝一旦にして臣を稱す。仍りて大首望數十人を領して、將いて朝に入りて謁す。特に恩詔を蒙りて左戎衞郎將を授けられ、少くして選ばれて右領軍衞中郎將兼檢校熊津都督府司馬に遷る。

この墓誌について、東野治之はまず、a「日本」がb「風谷」と対を成すことから固有名詞（国号）ではなく、「日域」「日東」などとおなじ極東をさす言葉であり、具体的には百済をさすとみた。ここで日本＝百済とみる根拠は明らかでない。「日本餘噍」が百済の遺臣をさすということらしいが、東野も認めるように「風谷」が高句麗ならば、盧照隣が「風丘拂﹅撵、日域清﹅塵」と歌ったように「日本」も高句麗をさすとみるのが自然である。また、東野は本条のeを禰軍が倭に派遣された記述と認めているのに、f以下を「高句麗征討の様子」と解している(56)。これは明らかな誤読だと思うが、c・dを（中略）にするなど、東野がこの墓誌をどう解釈しているのか実はよくわからない。

一方、西本昌弘は墓誌の「日本」が国号でないとする東野説を「鉄案」としつつ、それでもこの「日本」が倭国をさす可能性があるとした(57)。まず、墓誌の①禰軍投降・②日本条a〜d・③同eの訓読文を掲げたうえで、「日本餘噍」と対を成す「風谷遺甿」に着目し、「風谷」は高句麗ではなく「東海中の神山」をいい、徐福が向かった東海の仙境が後に倭国とみなされたことから、「風谷遺甿」は「倭国に逃れた百済遺民」をさし、これと対を成す「日本餘噍」もまた「倭国に逃れた百済の残党」をさすとみた。

しかし、「Aの遺民・残党」という表現を「Aに逃れた」とよむのは、日本語の助詞「の」の連体修飾用法としては理解できるが、古代漢語の語法的にはやはり無理があるだろう。「倭国に逃れた百済の残党」というなら、「百済の残党が倭国に逃れて」と書くのが漢語の筆法で、それはつまり「日本の餘噍、扶桑に據りて」という書き方にほかならないから、この考え方でもやはり「日本」は「百済」となる。また、「風谷」を高句麗とみる東野説に対し、西本は当時いまだ高句麗は滅亡していなかったから、その勢力を「遺甿」というのはおかしいというが、前章bに紹介した「大唐平百済碑銘」や「拝南郊頌」序の「遺甿」はいずれも滅亡前の場面で使われている。異民族の卑称に近い用法である。これとは反対に「日本餘噍」の「逋誅」は、前章aに挙げた「逋誅請命」のように命乞いとほぼ同義の用法があり、これは征討後の情況で使われている。要するに、「風谷」「遺甿」「逋誅」といった用例の吟味が甘く、そのうえに立つ西本説は説得力に欠けるといわざるをえない。

とはいえ、用例を列挙すれば解けるわけでもない。鄭州大学の葛継勇副教授は「日域」「日東」「日下」「日出」などの用例を調査して、墓誌の「日本」を解釈しようとしているが[58]、その試みは成功しているとはいいがたい。というのも、たとえば「扶桑」の地域が山東半島から朝鮮半島、そして日本へと移ったように[59]、これら漠然と東方をさす言葉は、使われる時代やその文脈によって意味がちがってくる。まして「日本」は、『日本書紀』などを除けば、「禰軍墓誌」が初見であるから、何よりまず文脈の把握が重要なのである。

そこであらためて「禰軍墓誌」の分析に入るが、まず確認しておくべきは、この「日本」条が第一節の年表にいう①六六〇年の百済滅亡から⑤六七〇年の新羅文武王との交渉まで、日本ではほぼ天智朝にあたる時期の出来事を述べているということである。その間、ここで描かれるような、禰軍が海を渡って倭帝を説得したという事実は年表の②③倭との二度にわたる交渉以外にこれを想定することはできない。たとえば禰軍は高句麗に派遣されたかもしれないというような考えは、史料的根拠のない憶測にすぎないわけである。

そしてこの間、東アジアで起きた大事件といえば、六六三年の白村江の戦いと六六八年の高句麗滅亡であるが、とくに後者は隋煬帝・唐太宗以来の宿敵とあって、その戦勝は唐の人びとに大きな感銘をあたえたらしい。前節に盧照隣の「歌東軍」と王勃の「拜南郊頌」を紹介したが、それらの詩句はその十年後に「禰軍墓誌」を書いた作者の耳にも、いまだ鮮明に残っていたのであろう。

とくに王勃の「拝南郊頌」序は「日本」条開頭の出典といってよい。王勃はまず高句麗を登場させるにあたって、猶有朱蒙戻俗、違光蓬艾之間、青徼遺甿、假氣陶鈞之内。背熊山而構虐、擁狼潭而稽誅。竊瀛海之風波、弄乾坤之綱紀。（猶お朱蒙の戻俗、光を蓬艾の間に違え、青徼の遺甿、気を陶鈞の内に仮ること有り。熊山を背にして構虐し、狼潭を擁して誅を稽《のが》る。瀛海の風波を竊み、乾坤の綱紀を弄ぶ。）

と紹介し、さらに高句麗攻略の過程を述べて、

負鼈丘而峻壁、據黿鼉而深溝、一鼓而亭塞無塵、七縱而江山失險。（中略）懷遠人於絶境、均惠化於殊隣。登若木以照臨、折紅桃以延佇。（鼈丘を負いて壁を峻《けわ》しくし、黿鼉《げんがく》に拠りて溝を深くするも、一鼓にして亭塞に塵なく、七縦にして江山険を失う。……遠人を絶境に懐け、恵化を殊隣に均しうす。若木に登りて以て照臨し、紅桃を折りて以て延佇す。）

というが、(60) これは「日本」条の、

（a）日本餘噍、據扶桑以逋誅、（b）風谷遺甿、負盤桃而阻固。（c）萬騎亘野、與蓋馬以驚塵、（d）千艘横波、援原虵而縱沴。

と明らかに対応している。また王勃のいう「若木」と「紅桃」はa「扶桑」とb「盤桃」にほかならない。つまり「禰軍墓誌」の作者は禰軍の最も輝かしい功績を述べるにあたり、王勃の措辞と「○○○而（以）××」という四六文のリズムを借りて書き出した。当時の人がこれを読めば、王勃の誇りかな格調が容易に呼び覚まされたことであろう。はからずも墓誌の作者が王勃の熱心な読者であったことを発見したことで、高句麗征討が当時の文壇にあたえた影響の大きさが知られるとともに、このことでまた、投降以後の禰軍とは関係のない高句麗の描写がなぜここに出てくるのかという疑問も解消される。唐の人びとに六六〇年代の極東情勢を鮮明に喚起させるには、高句麗の話題は外せないものであったのだろう。

そして、この作者は高句麗の描写と白村江の戦いを、「日本」条のa～dに交互に配置しているらしい。c「蓋馬」

が高句麗を暗示することはほぼ確定的であり、bの「風谷」「盤桃」も用例からみるかぎり、高句麗をさすとみてよい。但しこの段階の高句麗は未だ滅亡していないので、ここは六六一年八月に唐軍が平壌城に迫った浿江の戦いやその翌月に高句麗の「精兵數萬」を大破した鴨緑水の戦い、あるいは翌年二月に唐が大敗を喫した蛇水の戦いなどが念頭にあるのかもしれない(61)。このあと高句麗最後の戦いとなる六六六年まで、しばらく小康状態が続く。

一方、これもさきに紹介した新羅文武王の長い書簡で白村江の戦いにふれて、

此時、倭國船兵、來助㆓百濟㆒。倭船千艘、停在㆓白沙㆒。

とある記述は、d「千艘横ㇾ波、援㆓原蚰㆒而縦沴」と見事に合致する。もちろんこれは墓誌の作者が文武王の手紙を引いたのではなく、當時の共通認識の同時的反映にほかなるまいが、dの修辞が白村江の戦況に基づくならば、難解な「原蚰」も、山城を拠点にゲリラ戦を展開していた百済軍の形容として無理なく理解できるし(62)、「縦沴」も「停在㆓白沙㆒」に対応するとみれば、「沴《みぎわ》に縦《よ》る」と訓んで停留の意にとることができる。

ところで、王勃は先の引用文で高句麗を登場させる際に「朱蒙」という高句麗の始祖の名を挙げた。これは「青徼」などのただ漠然と東方をさす言葉を使っては、攻略の対象が高句麗だとわからないからであろう。これとおなじことが「禰軍墓誌」にもいえるはずである。

ここであらためて「日本」条全体をふりかえると、禰軍が特命を受けて出立したというe以下の文には、その目的地が書かれていない。すると、その場所は前文のa〜dに暗示されているはずであって、b「風谷」とc「蓋馬」がかなり明確に高句麗をさしているとすれば、そのcで語られる陸戦と対照的なdの海戦が倭との会戦をさし、それがgの出典である「海賦」を通して語られるような禰軍の渡海の目的地であるという読み方は可能であろう。そしてbとcが高句麗で、dが倭をさすのであれば、aも倭をさすと考えるべきであり、したがって「日本」は倭であるということになる。つまり、本条冒頭の「日本」こそが、後半で語られる禰軍の任務の目的地として提示された標題とみ

なしうるのである。

ちなみに、こういうたすき掛けの対遇は、たとえば王維が阿倍仲麻呂に送った「送秘書晁監還日本国」の詩序に、

彼好みを以て来たれば、関を廃し禁を弛む。上文教を敷けば、虚しく至り実《み》ちて帰る。

とあり[63]、一・四句目の主語が遣唐使、二・三句目は皇帝が主語になっている。「日本」条のa～dのばあい、シーンをパッと切り替えてまたもとに戻るカメラワークといえる。

実際、倭人は白村江の敗戦後、a「扶桑に拠りて誅を逋れ」ていた[64]。六六四年、倭国は対馬・壹岐・筑紫などの守備を固める一方、熊津都督府から派遣された郭務悰や禰軍らを「天子の使者でない」ことを理由に追い返した（年表②）。この時、皇太子中大兄がみずからの退去命令を筑紫大宰、つまり現場の責任者のそれと偽ったことは、かれの恐怖を端的にあらわしている。明けて六六五年九月、今度は劉徳高ら二五四人からなる大使節団が到来し（年表③）、その翌年正月に行う予定であった高宗の封禅への参列を要求してきた。皇太子はおそらく、直ちに守君大石ら第五次遣唐使を派遣して高宗の要求に応じる一方、この正式な使節を飛鳥の都へ招き入れざるをえなかった。劉徳高が大友皇子の人相をみて「この国の分に非ず」ともらしたのはまさにこの時であり（『懐風藻』）、そして墓誌のhに禰軍が「遂に能く天威を説き暢べて、喩すに禍福千秋を以てするに、僭帝一旦にして臣を称す」というのも、おそらくこの時のことであった。この「僭帝」はもちろん皇太子中大兄をさす[65]。

この高宗の封禅は東夷諸国の和平を象徴する儀式であった。『唐会要』新羅条に「麟徳二年（六六五）八月、法敏（新羅文武王）と熊津都督扶余隆、百済の熊津城に盟す。其の盟書は新羅の廟に蔵む」とあるのは、時あたかも劉徳高が来た前の月であり、『唐会要』はこれにつづけて「是に帯方州刺史劉仁軌、新羅・百済・耽羅・倭人の四国使を領し、海に浮かびて西に還り、以て大（泰）山の下に赴く」といい、『旧唐書』劉仁軌伝には「仁軌、新羅及び百済・耽羅・倭の四国の酋長を領して会に赴く。高宗甚だ悦び、擢でて大司憲に拝せらる」とある。すなわち、劉仁軌は新羅と百

済の歴史的な和解を演出したあと、倭に劉徳高を派遣した。その目的は封禅への参加要求に相違なく、それはまた事実上、倭国の降伏宣言を意味した[66]。この封禅には高句麗の王子も参列し（『資治通鑑』麟徳二年条）、扶余隆も参列していた[67]。まさに極東の和平を象徴する盛儀であった。

「禰軍墓誌」にはこの時のことを「仍りて大首望数十人を領し、將いて朝に入りて謁す」といい、この「大首望数十人」は遣唐使をさす[68]。前掲劉仁軌伝には「四國酋長」とあるが、倭王（皇太子）だけでなく、新羅の文武王も封禅に参列した形跡がない。新羅と百済の歴史的な盟約は、同時に百済の存続を唐が認めたことを意味した[69]。それが文武王には堪えがたいことであり、その不満が朝鮮半島統一への野心に火を点じたのである。

以上、「禰軍墓誌」の文脈からみて、墓誌の「日本」は倭国以外には解しえないことを述べてきた。最後に、この「日本」が倭国であることの決定的な証拠を挙げておきたい。

二〇〇九年九月、「禰軍墓誌」発見の二年前に筆者はつぎのように述べたことがある[70]。

そもそも「日本」という語は奇妙な言い方であって、こんな言い方は中国の古典籍にも例がないし、当時の中国人が聞いて、その意味がわかったかどうか、はなはだ疑わしい。……いったい、「日本」という語は「ひのもと」という日本語以外に着想されうるものなのであろうか。これはどう見ても、当て字としか考えられないのである。

ここで中国古典に例がないというのは、「本」字の用法についてである。「日本」の「本」は「日下」「日邊」の「下」「邊」とおなじ意味で、古代漢語の名詞を構成する方位詞である。この方位詞には「上」「下」「前」「後」「中」「内」「裏」「外」「邊」「頭」「側」「間」などがあるが[71]、「本」を方位詞に用いた例は管見のかぎり皆無である。古典籍で「本」字を接尾語のように用いた例は、例えば『禮記』冠義篇に、

敬冠事所以重禮、重禮所以爲國本也（冠事を敬するは礼を重んずる所以なり、礼を重んずるは国の本を為す所以なり）。

というのが典型で、鄭注に「国は礼を以て本と為す」というように、基本とか根本という意味をあらわすが、これは語法的には接尾語ではなく、修飾＋被修飾関係の複合詞である。[72]

「本」字が「下」「邊」とおなじ意味をもつ方位詞として使われるのは、倭語においてである。手もと・足もとのように「〜の下」「〜の邊」という意味を作り、柿本人麻呂のようにそれは「本」と表記される。どうやら古代朝鮮語の「本」にも場所をしめす接尾語の用法はないらしい。とすれば、「日本」は倭語「ひのもと」の当て字と考えるほかない。つまり「日本」とは倭習の漢語なのである。

だから、唐代の中国人が「日本」と聞いても意味がわからなかった。『旧唐書』日本伝は「日本」の国名について「以㆔其國在㆓日邊㆒、故以㆓日本㆒爲㆑名」といい、『新唐書』日本伝にも「使者自言、國近㆓日所㆑出、以爲㆑名」とあるが、これらは中国人が「日本」の意味を理解できなかったので、それを「使者」遣唐使に尋ね、遣唐使がこれに「自言」答えたわけである。

してみると、「日本」という倭習漢語は「日域」「日東」のような純漢語とは異質の造語であり、しかもそれは倭人から出た用語であるから、c「蓋馬」や王勃の「朱蒙」と同様、はっきりと倭国を指示したはずである。そして「ひのもと」という倭語そのものは「日下」「日出處」という意味であるから固有名詞ではない。ゆえに「風谷」と対を成しても問題はない。

反対に墓誌の作者の立場からすると、禰軍が派遣された倭を暗示する適当な用語が当時なかったという事情もあったのではないか。「日域」「日東」「海東」「瀛東」など、東夷をさす言葉を使っては倭国を指示できない。だから、ことさらに「日本」という倭習漢語を冒頭に掲げて、禰軍の最も輝かしい功績を記述したのであろう。

結語

本章は「禰軍墓誌」にみえる「日本」を百済と解する東野治之説を退け、これを文脈上および単語の由来からみて倭国をさす倭習漢語と結論づけた。では、この倭習漢語がどのように墓誌の作者の知るところとなったのかという問題が残されるが、この問題について筆者はすでに別稿で卑見を述べているので[73]、最後にその要旨を紹介して結びに代えたい。

「日本」国号の使用が国際的に認定されたのは、第八次遣唐使が武則天に謁見した長安二年（七〇二）、日本の大宝二年であることは動かない。しかし、それ以前に「倭」から「日本」への国号変更が申請されたことがあった。すなわち六七〇年、第七次遣唐使が唐高宗に謁見した時であって、『旧唐書』日本伝の冒頭に、

日本國者、倭國之別種也。①以三其國在二日邊一、故以二日本一爲レ名。②或曰、「倭國自惡二其名不雅一、改爲二日本一。」③或云、「日本舊小國、併二倭國之地一。」其人入朝者、多自矜大、不二以レ實對一、故中國疑レ焉。又云、「其國界東西南北各數千里。西界・南界咸至二大海一、東界・北界有二大山一爲レ限。山外即毛人之國。」長安三（二）年、其大臣朝臣眞人來貢二方物一。……

とある記事は、その時の様子を伝えている。ここに「日本」の意味が三度も説明されているのは、この倭習漢語を中国人が解しかねた事情を物語るが、その「入朝者」が「多自矜大」とされるのは、七〇二年に「容止温雅、朝廷異レ之」と絶賛された遣唐使粟田真人（朝臣真人）ではありえず、また国号変更後の八世紀の遣唐使でもありえないから、この記事を六七〇年に帰する根拠となる。そして「日本舊小國、併二倭國之地一」という遣唐使の証言は、国号を変更する直接の理由であると同時に倭の滅亡を唐に告げるものであり、それは六六八年の高句麗滅亡後、現実味を帯びてき

た唐の侵略を回避するためについた偽りの証言であった。しかし、その証言は中国の疑うところとなり、国号の変更は実現しなかった。

以上の卑見もまた「禰軍墓誌」の発見とは別に提起したものであるが、六七八年に死去した禰軍の墓誌に「日本」がみえることは、六七〇年の遣唐使の申請が一般に（あるいは禰軍本人を通じて墓誌の作者に）知られていたという意味で、右の卑見を裏づけるものと考える。そしてこの段階の「日本」はいまだ国号ではなく、「日域」を意味する倭習漢語にすぎないから、これを「風谷」に掛け合わせても、何ら違和感はなかったのである。

註

（1）王連龍「百済人『禰軍墓誌』考論」「新出百済人禰軍墓誌」（『社会科学戦線』二〇一一年第七期）。
（2）東野治之「百済人禰軍墓誌の『日本』」（岩波書店『図書』七五六、二〇一二年）、「日本国号の研究動向と課題」（『東方学』一二五輯、二〇一三年）。
（3）早稲田大学古代東アジア史ゼミナール「禰軍墓誌訳注」（『史滴』三四号、二〇一二年）、以下「早大訳注」と略称する。
（4）王連龍「『禰軍墓誌』与日本国号問題」（二〇一二年二月明治大学主催「百済人禰氏墓誌シンポジウム」報告論文、以下「明治シンポ」と略称）。
（5）董延壽・趙振華「洛陽・魯山・西安出土的唐代百済人墓誌探索」（『東北史地』二〇〇七年第二期、趙振華『洛陽古代銘刻文献研究』三秦出版社、二〇〇九年、にその拓本と共に再録）。但しこの論文に掲げる「諾思計（盧庭賓）墓誌」（七四八年、西安小雁塔保管所）は墓主が百済人であるという確証が得られないため割愛した。カッコ内の数字は卒年をしめす。以下同。
（6）張蘊「唐『故虢王妃扶余氏墓誌』考」（『碑林集刊』一三輯、二〇〇七年）。
（7）張全民「唐代百済禰氏家族墓葬的発現与世系考證」（明治シンポ報告論文）。
（8）引用は氣賀澤保規「百済人禰氏墓誌の全容とその意義・課題」（前掲明治シンポ報告論文）に載せる拓本と釈文による。
（9）董・趙前掲註（5）「洛陽・魯山・西安出土的唐代百済人墓誌探索」一二頁（禰寔進墓誌はこの論文によってはじめて公表さ

れた)、また拜根興「百済遺民『禰寔進墓誌銘』関連問題考釈」(『東北史地』二〇〇八年第二期)二八頁。

(10) 王前掲註(1)「新出百済人禰軍墓誌」の写真版に基づき、同「百済人『禰軍墓誌』考論」の釈文を参照した。以下同。

(11) 氣賀澤前掲註(8)「百済人禰氏墓誌の全容とその意義・課題」。

(12)『旧唐書』巻八三・蘇定方伝に「其大將禰植又將二義慈一來降」とある。

(13) 拜前掲註(9)「百済遺民『禰寔進墓誌銘』関連問題考釈」二九～三〇頁。

(14) 田中俊明「百済・朝鮮史における禰氏の位置」(前掲明治シンポ報告論文)や荊木美行「禰軍墓誌の出現とその意義」(『皇學館論叢』第四五巻第一号、二〇一二年)も同様の考えを示している。

(15) 王前掲註(1)「百済人『禰軍墓誌』考論」一二六頁。

(16) ③の「右戎衛郎將」と④の「左戎衛郎將」については、墓誌に「特蒙二恩詔一、授二左戎衛郎將一、少選遷二右領軍衛中郎將兼檢校熊津都督府司馬一」とあることから、②の倭国派遣のあと「右戎衛郎將」を授けられ、③の任務のあと「左戎衛郎將」に転じて、その後「檢校熊津都督府司馬」に栄進したとみておく。

(17) この年(咸亨三年)の五月二十五日に、弟の禰寔進「大唐故左威衛大將軍來遠縣開國子柱國禰公」が死去している。

(18)「餘噍」は、『南斉書』巻四七・王融伝に「將レ使二舊邑遺逸、未レ知レ所レ寘、衰胡餘噍、或能自推一」とあり、「遺逸」とおなじ生き残りの意味とわかる。『漢書』高祖本紀上に「項羽爲レ人慓悍禍賊、嘗攻二襄城一、襄城無二噍類一、所レ過無レ不二殘滅一」とあり、『日本書紀』斉明六年九月癸卯条にも百済滅亡の第一報を伝えて「君臣総俘、略無二噍類一」とある。

(19)『山海経』海外東経に「湯谷上有二扶桑一」とあり(袁珂『山海経校注』二六〇頁、上海古籍出版社、一九八三年)、『説文解字』巻六下に「叒、日初出二東方湯谷一所レ登、榑桑、叒木也。象形」とある。また魏徴等『群書治要』序に唐太宗の治世を讃えて「翰海龍庭之野、并爲二郡國一。扶桑若木之域、咸襲二纓冕一。天地成平、外内禔福」という(宮内庁書陵部本影印六～七頁、汲古書院、一九八九年)。「翰海・龍庭」は北狄、「扶桑・若木」は東夷の地域をさす。

(20) 初国卿「称日本為『扶桑』始于唐代」(『文学遺産』一九九九年六期)。

(21) 謝保成校注『貞観政要集校』(中華書局、二〇〇九年)四八六頁。

(22) 許興植編著『韓国金文全文(古代)』(韓国亞細亞文化社、一九八四年)六〇頁、朝鮮史編修会『中国史料(朝鮮史第一編第三巻）』（国書刊行会、一九七二年）五〇一頁。「授首」は投降の意。

(23) 祝尚書『盧照隣集箋注』（上海古籍出版社、増訂本二〇一一年）一九六～一九七頁。

(24) 中村璋八『五行大義校注』巻四・第十八論性情（汲古書院、一九八九年）一五五頁。なお、本条にはこの『服注左伝』（服虔）の説のほかに鄭玄説が紹介されており、鄭説は風を土に配する。『五行大義』の著者蕭吉は、『周易』説卦伝の「巽爲レ木、爲レ風」に依拠した服虔説を是とする。

(25) 『王子安集注』（上海古籍出版社、二〇一〇年）三二七頁、また同上「上拝南郊頌表」一一七頁参照。「朱蒙」は高句麗開国の始祖、「青徼」は東方の城塞、「蓬艾」は雑草、夷狄の地の意、「陶鈞」はろくろ、中華のたとえ、「假氣」は余命を保つ意。

(26) 『論衡』説日篇に「儒者論、『日旦出二扶桑一、暮入二細柳一。扶桑、東方之地、細柳、西方之野也。桑・柳天地之際、日月常所二出入一之處。』」とある（黄暉『論衡校釈』中華書局、四九六～四九七頁）。ここで皮錫瑞は、「細柳」を堯典にいう「昧谷」とみるが（同上）、この考え方によれば「扶桑」も「日本」も「盤桃」も、そしておそらく「風谷」もみな「暘谷」、日出づる所の意味となる。

(27) 趙前掲註（5）『洛陽古代銘刻文献研究』五四九・五六〇頁。周紹良編『唐代墓誌彙編』（上海古籍出版社、二〇〇七年）九九五頁。「扶索」は扶桑であろう。通仮例はないようだが、「桑」は心母唐韻[saŋ]、「索」は心母鐸韻[sak]の四声相配で通仮可能。

(28) 趙前掲註（5）『洛陽古代銘刻文献研究』五一八・五三三頁。なお、文中の「八条」については『後漢書』濊伝に「昔武王封二箕子於朝鮮一、箕子教以二禮義田蚕一、又制二八条之敎一。其人終不二相盜一、無二門戸之閉一」とある。「河孫」は河伯の外孫、朱蒙を指す「高句麗専用の代名詞」である（趙前掲註（5）書、五二一頁）。

(29) 趙前掲註（5）『洛陽古代銘刻文献研究』五四七・五五八頁。周紹良編『唐代墓誌彙編』六六八頁。

(30) 趙前掲註（5）『洛陽古代銘刻文献研究』五二五頁参照。「林胡」は契丹、「楡塞」は辺塞、「梗」は不順の態度をいう。

(31) 劉鵬・李桃『毘陵集校注』（遼海出版社、二〇〇六年）一一三頁。この「驚塵」は名詞の用法である点が注意される。但し『文苑英華』表六一では「驚塵」を「氛霧」に作る。

(32) なお、dの「援原虵」との対偶から「與」は動詞（くみする）にもとれるが、すると「萬騎」が「蓋馬」に與することになって、これを高句麗以外の軍隊と解することになる。しかし「驚塵」が反乱の意味である以上、「萬騎」は唐や新羅ではありえず、滅亡した百済でもない。ゆえに「萬騎」は高句麗軍と解釈せざるをえない。

(33)『春秋左氏伝』襄公四年冬に「不レ脩二民事一而淫二于原獣一」とある、杜預注に「原、野」という。つまり、原獣＝野獣である。但し楊伯峻『春秋左伝注』（中華書局、修訂本一九九五年）は「原獣、田獣同義」として狩猟の意と解する（九三六頁）。経文解釈としては楊説が正しいであろう。

(34)東夷と蛇の関連については、『梁書』倭伝に「有レ獣如レ牛、名二山鼠一。又有二大蛇一呑二此獣一。蛇皮堅不レ可レ斫、其上有レ孔、乍開乍閉、時或有レ光、射レ之中、蛇則死矣」とあり、また『芸文類聚』鱗介部上・虵に「『玄中記』曰、東海有二虵丘之地一、険多二漸茹一（濕地）、衆虵居レ之。無二人民一、虵或人頭而虵身」とある程度である。

(35)慧琳『一切経音義』巻七二に「蚖蛇、古文作レ螈」とあり（徐時儀校注『一切経音義』一七八一頁、上海古籍出版社、二〇〇八年）、『集韻』桓韻に「蚖、毒蛇。螈・原、蟲名。蠑螈、析易也。或作レ原、通作レ蚖」とある（『宋刻集韻』四三頁、中華書局、一九八九年）。「蚖蛇」は賈誼『新書』耳痺篇にみえるほか、『法華経』『大智度論』などの仏典に散見する。

(36)王前掲註（1）「百済人『禰軍墓誌』考論」は「縦濔」に作り、早大訳注は「縦沴」に作る。

(37)『毛詩』斉風・載駆篇毛伝、『文選』巻五九・沈休文「斉故安陸昭王碑文」張銑注。

(38)『漢書』礼楽志二・郊祀歌「華爗爗」顔師古注。

(39)早大訳注は「沴（みぎわ）を縦にす」と訓み、「（船団が）波立たせる」と解するが、訓読と解釈とがつながっておらず、その解釈の根拠とされる「縦波」（従方向の波）もおそらくは現代中国語であろう。また、西本昌弘「禰軍墓誌の『日本』と『風谷』」（『日本歴史』七七九号、二〇一三年）は、「濔を縦（ほしいまま）にす」と訓むが、どういう意味なのかは説明がない。

(40)『晋書』載記・慕容暐条に「節倹約費、先王格謨」とあり、この「謨」は『文選』巻五六・陸倕「石闕銘」に「歴代規謩（謨）、前王典故」とある李周翰注に「規、法。謩、則」という通りであろう。「龜鏡」は「龜鑑」とおなじ。

(41)『後漢書』巻四九・仲長統伝の詩に「抗二志山西一、游二心海左一」とあり、黄海・東海の東の意。「瀛東」は「海東」におなじ。

(42)『尚書』康王之誥に「康王既尸二天子一」とあり、孔傳に「尸、主也」とある。また『新唐書』魏玄同傳に「又尸二厥任一者、間非二其選一」とある。

(43)『資治通鑑』隋恭帝義寧元年（六一七）十二月条に「（李）淵使二李世民将レ兵撃一レ之。又使下姜謩・竇軌倶出二散關一、安二撫隴右一、

左光祿大夫李孝恭招二尉山南一、府戸曹張道源招中尉山東上」とある。

(44) 慧琳『一切経音義』巻六に「不徇、旬俊反。『集訓』云、以レ身從レ物曰徇」とある（徐前掲註（35）『一切経音義』六一二頁）。

(45) 『宋書』巻八一・顧覬之伝に「殉レ節投レ命、馴レ義忘レ已」とある。

(46) その歌詞に「我が馬維れ駒、六轡濡うが如し。載ち馳せ載ち駆り、周く爰に咨諏す」といい、詩序に「皇皇者華、君遣二使臣一也、送レ之以二禮樂一、言三遠而有二光華一也」という。

(47) 庾信「哀江南賦」で侯景追討を述べた件に「蒼鷹・赤雀、鐵軸牙檣」とあり、清の倪璠注に「皆戰艦也」とする（許逸民校點『庾子山集注』中華書局、二〇一一年、一四二～一四三頁）。『太平御覧』兵部・戦艦条にこの文を引くほか、『宋書』巻六一・江夏文献王義恭伝に「上以御二所レ乘蒼鷹船上一迎レ之」とみえる。

(48) 「汎海」「淩山」はともに後掲の木華「海賦」にみえ、その李善注に「東方朔對レ詔曰、淩レ山越レ海、窮レ天乃止」とあるのによれば極大の意となるが、「海賦」の文脈は華夷を往来する内容で、謝霊運の「初発石首城」に「越レ海陵二三山一、游レ湘歷二九嶷一」とあり（『文選』巻二六）、「三山、蓬萊・方丈・瀛洲也」とする李周翰注によれば、「汎（越）海・淩（陵）山」はともに東海を渡る意にとることもできる。但し李善注は顕慶三年（六五八）の上表で、禰軍墓誌のちょうど二〇年前にあたるため、同時代の解釈として極大の意味にとっておく。

(49) 『文選』巻七・司馬相如「子虚賦」に「弓不二虛發一、中必決レ眥」とあり、『淮南子』墬形篇に「其人脩形・兌上、大口・決眦」とある。後者について王念孫は「説文、眥、目匡也。鄭注郷射禮曰、決猶レ開也。開眥謂大目也。大口・決眥、意相近」という（『讀書雜記』巻九之四、江蘇古籍出版社影印版、二〇〇〇年、八〇五頁）。

(50) 『山海経』海外東経に「朝陽之谷、神曰二天吳一、是爲二水伯一。在二虹虹北兩水間一。其爲レ獸也、八首人面、八足八尾、背青黃」とあり、『文選』巻二二の謝霊運「游赤石進帆海」に「川后時安流、天吳靜不レ發」とある。『山海経』の「陽谷」を重視すれば、この河は東夷の地にある。具体的には禰軍が熊津都督府から出立したことを暗示するか。

(51) 『大唐西域記』巻一一に「天馬乃騰二驤雲路一、越二濟海岸一」とある（季羨林等『大唐西域記校注』中華書局、一九九五年、八七三頁）。

(52) 原文「若乃偏荒速告、王命急宣、飛駿鼓楫、汎レ海淩レ山。於レ是候二勁風一、揭二百尺一、維二長綃一、挂二帆席一、望レ濤遠決、冏然鳥

逝。鷁如二驚鳧之失一レ侶、倏如二六龍之所一レ掣。一越二三千一、不レ終レ朝而濟レ所レ届。」（『文選』巻一二）「鷁・倏、疾也」（張銑注）。

（53）「禑」は「音呉、福也」（『玉篇』）。王連龍は「禍」と釈するが、図版および早大訳注により訂する。

（54）「大首望」は各氏族を代表する者の意。『周書』巻三六・劉志伝に「高祖隆、宋武帝平二姚泓一、以二宗室首望一、召拝二馮翊郡守一」とある。

（55）原文「特在簡帝」を、東野・西本は「特に帝に簡ばるること在り」とよみ、早大訳注は「特に帝に在簡せられて」とよむが、いずれも漢文の語法にかなわない。とはいえ、『論語』の「簡在帝心」の記憶違いとすると「特」の位置がおかしい。ここは「簡帝」を『論語』に基づく熟語とみて訓むしかない。なお、葛継勇「『禰軍墓誌』についての覚書」（『専修大学社会知性開発研究センター東アジア世界史研究センター年報』六号、二〇一二年）は、この「帝」字を「帝王」と解し、ここに平出ないし闕字がない点を問題にしているが（一六九頁）、『論語注疏』に「帝、天也」というように、これは帝王の意味ではない。

（56）東野前掲註（2）「百済人禰軍墓誌の『日本』」四頁。

（57）西本前掲註（39）「禰軍墓誌の『日本』と『風谷』」八九頁。

（58）葛継勇「国号『日本』とその周辺」（『國史學』二〇九号、二〇一三年）。葛前掲註（55）「『禰軍墓誌』についての覚書」とともに長編であるが、全文日本語で書かれており、その意味でも労作といえる。

（59）白鳥庫吉「扶桑国について」（『白鳥庫吉全集』九巻、岩波書店、一九七一年）。

（60）『王子安集注』三二七・三二九頁。「熊山」「狼潭」ともに遼寧の地名、「稽」は稽延、遅らせる・逃れる意。「鼇丘」は蓬莱山、「黿鼉」は深海の意。「七縦」は七擒七縦、諸葛亮が南方の酋長を七回とらえて七回ゆるした故事。

（61）『資治通鑑』巻二百（中華書局校点本、六三二一〜六三二七頁）を参照。但し「浿江の戦」の時期を『唐書』により訂した。喬鳳岐『隋唐皇朝東征高麗研究』（中国社会出版社、二〇一一年）第五章参照。

（62）禰軍は唐に降ったとはいえ、百済の遺臣である。そのかれが、またはかれのために墓誌を書いた作者が、百済の遺臣を「原虵」などと書くだろうかという疑問は残るが、例えば「扶余隆墓誌」に福信らの挙兵を「馬韓餘燼、狼心不レ悛、鴟二張遼海之濱一、蟻二結丸山之城一」といい、その掃討を「剪二滅姦匈一、有レ均レ沃レ雪」という。禰軍の墓誌が「葬事所レ須、並令二官給一」とあることからも明らかなように、墓誌はあくまでも唐の立場から書かれるのである。

(63) 陳鉄民『王維集校注』(中華書局、二〇〇八年) 三一八頁。

(64) 拙稿「『日本』国号的成立」(浙江工商大学日本文化研究所主催「東アジア文化交流―学術論争の止揚をめざして―」国際シンポジウム基調講演、二〇〇九年九月。のち『東亜文化的伝承与揚棄』中国書籍出版社、二〇一一年。また拙著『虚偽的「日本」』に再録、社会科学文献出版社、二〇一二年)。

(65) 「僭帝」はいうまでもなく皇帝を僭称する者の意味であるが、後叙に顯慶五年(六六〇)の年紀をもつ張楚金『翰苑』倭国条に「阿輩鶏彌、自表二天兒之稱一」、「今案、其王姓阿毎、国《ママ》號爲二阿輩鶏(彌)一、華言天兒也」とあり(吉川弘文館影印、一九七七年)、これと顯慶元年に完成した『隋書』の倭国伝に「日出處天子」とあるのを考えあわせれば、ここで倭王を「僭帝」と称しても不思議ではない。

(66) 吉川真司『飛鳥の都』(岩波新書、二〇一一年) 九九頁参照。封禅に参加したのは倭人の捕虜とみる説もあるが、唐側は八月の盟約、九月の遣使と予定どおりに事を進めており、そうした姑息な手段をとる理由はない。

(67) 前掲「扶余隆墓誌」に「尋奉二明詔一、修二好新羅一、俄沐二鴻恩一、陪二觀東嶽一(泰山)」とある。

(68) なお、「僭帝一旦稱レ臣、仍領二大首望數十人一」の「仍」で主語が禰軍本人に戻ると解したが、仮に前文の「僭帝」中大兄本人が貴族を率いて入朝したとみても、以下に述べるように新羅王も参加していないので、この種の文章の誇張表現として、とくに問題は生じないであろう。

(69) その盟文に「授二前百濟太子司稼正卿扶餘隆一爲二熊津都督一、守二其祭祀一、保二其桑梓一」とある。『天地瑞祥志』巻二〇(前掲『中国史料』五四二頁) および『旧唐書』百濟傳参照。

(70) 以下、詳細は拙稿「偽りの『日本』」(『国際日本學』一〇号、二〇一三年) を参照されたい。日本語版は拙著『偽りの日本古代史』(同成社、二〇一四年) 所収。

(71) 牛島徳次『漢語文法論 (中古編)』(大修館書店、一九七一年) 四八～四九頁。

(72) 牛島前掲註 (71)『漢語文法論 (中古編)』四四頁。

(73) 拙稿前掲註 (64)「偽りの『日本』」。なお、東野前掲註 (2)「日本国号の研究動向と課題」には以下の卑見を批判したとみられる箇所があるが、この点については別稿「倭習漢語としての国号『日本』」(本書第七章) で反駁を試みている。

第九章　古代日本の講学とその来源――「漢字文化」の受容と変容

われわれは東アジアの古代文化を指してよく「漢字文化」という。確かに朝鮮・日本・ベトナムなどが、それぞれの母国語の違いを越えて、漢字を公用したことは事実である。しかしそれは中国と同じ文化が古代東アジア諸国にそのまま行われたことを意味しない。そこには必ず受容と変容の過程が存在し、その過程の検討をふまえながら「漢字文化圏」というものの実態を考えなければならない。

この問題を考える上で、古代の史料を比較的多く保存する古代日本文化の研究は非常に大きな意義を有する。そこで本章では「学習」という日常的な営為が中国から日本に受容された際に、どのような変容をみせたかについて考察する。「学習」をテーマにしたのは、それがわれわれの思考や言動・文章作成の方式を基礎づけるものであり、われわれがまた「漢字文化」というものを考える上で基礎的なテーマを提供しうると考えたからである。さらに、このような考察を通して、中国文化そのものについても新しい見方を提示できるであろう。中国文化の普遍性と特殊性という問題もまた本章の射程のなかにある。

一　「読者」と「講者」――『学令』先読経文条の意味

孔子が「学之不ㇾ講」を「吾憂」としたように（『論語』述而篇）、「学」とはすべからく講ぜられるべきものであった。その講学の教科は「子の雅言とする所」、すなわち詩・書・執礼であり（同上）、後に『礼記』『左伝』を大経とし、『毛詩』『周礼』『儀礼』を中経とし、『周易』『尚書』『公羊伝』『穀梁伝』を小経とし、『孝経』『論語』『老子』を兼習とする唐学令へと発展した[1]。日本の『養老令』学令先読経文条に、

　凡學生先讀二經文一、通熟、然後講レ義。每レ旬放二一日休假一。假前一日、博士考試。其試二讀者一、每二千言内一試二一帖三言一。講者、每二二千言内一問二大義一條一、惣試二三條一。通レ二爲レ第、通レ一及全不レ通、斟量決罰。

とあり、学生はまず経文を読み、これに通熟して後に講義を受けた。ゆえに学生に「読者」と「講者」の別があり、試験もこれに応じて読者の暗誦力を問う「帖試」と講者の理解力を問う「口試」とが行われた。以上は日唐共通で、ただ日本の学生が音博士について経を「白読」音読することからはじめた点のみ異なる[2]。

唐学令によると、博士・助教や直講らが経を分かって業を授けたが、『孝経』『論語』は一年、『尚書』『公羊』『穀梁』は一年半、『周易』『毛詩』『周礼』『儀礼』は二年、『礼記』『左伝』は三年と授業の年限が定められ、学生は必修の『孝経』『論語』を読んだ上で、二経以上（大小各一、または中経二）に通じないと出仕（貢挙）できず、また一経を終講して他経に進む規定であったから、最短でも六年は講義を聴かねばならない。読者は千言ごとに一帖三言[3]、講者は二千言ごとに大義一条で計三条の「句試」を受ける規定であったから、読者は十日に千言の経を読み、講者は六千言の講義を聴いたことになる[4]。さらに、学年末の歳試では講者のみに大義十条を問い、落第が三年つづくか、九年で卒業できない者は退学させられた[5]。

養老令には講説期限の規定をみないが、弘仁大学寮式逸文に大経七七〇日、中経四八〇日、易三一〇日、書・論二〇〇日、孝経六〇日とあり[6]、ほかは唐学令とほぼ同様であるから、日本でも指定された各経の注釈書をもとに（学令教授正業条）、本格的な講義が行われたのであろう。なお先読経文条の集解によると、日本では兼習の書と挙送に必要な二経の音読を修めた後に講義を聴いたというから（後述）、日本の講説日数が唐より著しく少ないのは内容の精粗と

ともに、唐のそれが読者の日数をふくむためでもあろうか。延喜大学寮式によると、講説にあたっては事前に書名と担当博士を式部省に申告し、開講および終講の日には式部輔以下と学生が講堂に会集して、諸博士による論義を聴いた。なお、講説に疑義があれば、その旨を式部省に申告したという。(7) この開講論義の規定は唐令にみえない。

このように日中の講学式は「読者」と「講者」という二つの課程に分かれていた。(8) なぜこのように分かれているのか。この問題を考える上で、宋版の「単疏本」は大きな示唆を与えてくれる。例えば、『毛詩正義』の単疏本をみると、経文・毛伝・鄭箋のそれぞれについて、最初と最後の二三文字だけを挙げて「正義曰……」と書いてある。(9) つまり経文にせよ、注にせよ、原文を引用せずに、解釈（正義）だけを述べている。この形式は読者が経や注の原文を暗記していることを前提としているわけで、これが「読者」の課程に相当する。そして「正義」とは、経と注を暗記した「講者」のための講義録そのものであり、単疏本の形式はこのように学令の課程に相即したものとなっているわけである。

二　漢代画像石講学図解

もとより古代日本の経学は、その所依の注釈から中国南朝の講経の学を受容したとされ、その南朝の学は、後漢の白虎観における講論の伝統を受け継ぎつつ、六朝に隆盛した仏教の論義の法を学んで興ったものとされている。(10) 趙翼によれば、漢代以来の講経の学が、経学を談弁の資とする六朝の清談の習によって変じ、論義に麈尾を用いる習もその玄談より出たという。(11)

牟潤孫は、「都講」「高座」「発題」の三事と論難の質的変化とをあげて、仏教の講経儀式が儒家の講学に多大な影響を与えたとした。(12) 僧講のはじめは魏の朱士行といわれ、(13) 東晋の道安がその儀式を定め、(14) 南北朝、とくに梁代において盛行したようだが、その講義の子細は不明な点が多い。一方、『後漢書』などに散見する私的講学の場としての「精舎」

を、仏教が襲用したとの指摘もある。(15)

唐代以前の講経儀式についてはすでに牟潤孫が多くの史料を挙げて紹介しているが、その史料の多くは断片的で、当時の講学が具体的にどのようであったかについては明らかでなく、また彼の関心が「義疏」の成立過程にあるため、唐学令の「読者」と「講者」の課程がどのようにして形成されたかについても全くふれられていない。そこで本章では、牟潤孫が利用しなかった史料――漢代画像石の「講学図」に注目して、学令の講学式の形成過程を考えてみたい。

まず、山東省諸城県前涼台画像石墓の講学図をみると、(16)堂上に師と弟子一人とが対座し、他の弟子達が堂下に座している。墓主孫琮は後漢晩期の豪族の出身で、漢陽太守・侍御史などを歴任した人といい、(17)この図は赴任先か郷里での教導を記念したものと思われる。

但しこのような理解については異論もある。王恩田は庭中の坐者が一三人で、孫琮が太守を務めた漢陽郡の所轄一三県と対応すること、この図の師とその上段にある宴飲図の主人の風貌が異なることから、これを「上計図」とみ、手に捧げた簡冊を「計簿」とした。(18)

しかし敦煌・居延漢簡の簿籍群が多く一尺（23センチ）の標準簡であるのに比して、(19)図の簡冊はかなり長い。経書の簡は「二尺四寸」などとされ、郡学の経師とされる墓から出土した武威漢簡『儀礼』は、その寸法に一致する。(20)また「横経受業」という慣用句があり、(21)それは弟子の図のような簡冊のもち方から出たものと思われる。さらに、師弟がかぶる三角形の冠は、儒士の象徴「進賢冠」である。以上の点から、この図は講学図とみて間違いないだろう。

まず堂上の師弟の図について。『礼記』曲礼上によると、先生と講問の客との間は一丈（これを「函丈」という）、対面して指画する余地をとる。(22)「指画」とは、師が音義などを説く際に漢字を指または杖や笏で書いてみせることで、今の板書にあたる。講学では言葉の意味を声で伝えねばならない。ゆえに「函、猶レ容也」と講釈するばあい、「容」と同音の語と誤解せぬよう指画してみせた。注疏によくみられる熟語の多用も、同様の配慮からであろう。講学の師

図 17　諸城講学図（『文物』1981 年 10 期より）

図 18　成都講学図（『巴蜀漢代画像集』より）

が指画しつつ講じた様子はこの図の師の身振りからもうかがわれる。

また、『管子』弟子職の「受業之紀」によると、弟子は危坐（正座）して先生に向かい、年長者から順番に業を受けて年少者におよぶ。受業の中身は「誦」、経の読習で、始業の時は起つ。但し二周目以降は長幼によらず、起立もしないという(23)。弟子職はもと単行の書で（『漢書』芸文志）、郷校と思われる学校の細則を述べたものだが、その「受業」は弟子が順々に師の教えを受ける個別指導方式であったことがわかる。弟子たちが庭で待機する図は、その順番を待つものであろうか。あるいは、庭の牆壁を背にして座る図と、『礼記』文王世子の「遠近間㆓三席㆒、可㆓以問㆒、終則負㆑牆」とが対応する点から、問答の場面とも考えられる(24)。

いま一つの史料は、四川省成都站東郷青杠坡三号墓の画像石である(25)。この「伝経講学図」

は師をとりかこむ形で弟子が列座しており、同じ後漢晩期の諸城講学図と大きく異なる。曲礼の「函丈」に合致するとの指摘もあるが(26)、講問の客は師と一丈の間をとって対面するのであり、それに該当するのは一番右手の弟子一人だけである。かれの腰には環柄の書刀がみえ、何か添削する用があったらしい。手前の三弟子は視線を中央に集約させて奥行を出し、また師に近い者を小さく描いて師の偉容を浮き彫りにする(27)。弟子の座が席で、師の座が一段高い榻なのは、牟潤孫が問題にした高座（講座）との関連を思わせる。師の頭上には承塵（天蓋）がみえ、師弟ともに衣冠を整えている。前漢の文翁が成都市中に立てた蜀の学官ではないが(28)、この図は郡学レベルか、かなり地位の高い経師の私塾と思われる。師の左右に弟子が並ぶ形は、『礼記』仲尼燕居などにみる高弟との談論風景に近いものを感ずるが、これは明らかに堂上講学の図であって、室内燕居の縦言の図とはいえない。

　この構図に近い例をあげるとすれば、それは釈奠および視学の講学式がもっとも近い。釈奠については日唐ともに学令に規定があり、その式次第は『大唐開元礼』やこれを継受した日本の延喜大学寮式および『儀式』以下の儀式書に詳しい。釈・奠ともに「置く」の意で、酒食を供えて孔子を祭る儀式をいい、本来講学とは別儀であった。『開元礼』では〈釈奠―講学〉、大学寮式では〈釈奠―講学―宴〉というように、講学はこの祭儀に付属する形で行われた。また視学とは皇帝や皇太子の御前で〈講学〉のみを行う儀で、これらの講学の場面を抜き出すと、以下の通りとなる。

①a執讀、讀㆓所㆑講經㆒。b執經、釋㆑義。訖、c行㆓如意㆒。侍講者、執㆓如意㆒、就㆓論議座㆒、以㆑次論難。（『開元礼』巻五二、皇太子視学(29)）

②a執讀、讀㆓所㆑講經㆒。b釋㆑義。訖、c執㆓如意㆒者、以㆓如意㆒授㆓侍講㆒。侍講興受、進詣㆓論議座㆒北面、問㆑所㆑疑。執經者、爲通㆑之。訖、興退、以㆓如意㆒授㆓執者㆒、退還㆓本座㆒。執㆓如意㆒者、以㆓如意㆒次授㆓諸侍講者㆒、如㆓上儀㆒。（『開元礼』巻五三、皇太子釈奠於孔宣父(30)）

③a執讀、讀㆓所㆑講經㆒。b執經、釋㆑義。訖、c寮官人執㆓如意㆒授。（中略）願㆑問㆑疑者、受㆓如意㆒興、進詣㆓論議

座之南一、立稱二官位姓名一、再拜就レ座、問レ所レ疑。執經、爲レ之通。訖、置二如意一、退還二本座一。諸侍講者以レ次問難、皆如二上儀一。講論訖退出。（延喜大学寮式講論条[31]）

④a執讀、讀レ文。訖、b執經、講說。訖、c大學允起座進、升レ自二西階一、執二如意一（注略）。次授二侍講四位已下及問者等一。受二如意一者、（中略）進二立問者座南一東向、稱二官位姓名一。再拜就レ座。論議訖、置二如意於座上一、把レ笏降レ座（下略）。（『儀式』巻七、釋奠講論儀[32]）

右はいずれも、a「執讀」が経文を音読し、b「執經」がその文義を講釈し、cしかる後に「侍講」と執経との間で問答が行われた次第を述べている。その面位は執経が南面、執読がこれに相対して北面、侍講らが東面、臨席する皇太子以下が西面であるが、①視学では皇帝が執経と並んで南面し、②唐の釈奠のみ侍講らの論議の座が執経の前に北面する。これらはいずれも皇帝や皇太子などを迎えて行う特別な儀式であるが、このa～cの内容そのものは「講者」を対象とした日常の講義と大体同じであったと考えてよいだろう。

ここで「成都講学図」に戻ると、この図も唐代の視学と同様、四面対座であり、しかも師が座る榻も『開元礼』に「監司設二講榻於北壁下一南向」とあるものと合致する。画面の師を仮に南面とすると、北面の一人と西面の二人は儒士の進賢冠をかぶり、拓本ではハッキリしないが写真では南面の師も進賢冠である。これに対して東面の三人の冠は明らかに違い、おそらく公卿・大夫が儀式に用いる委貌冠ではないかと思われる[33]。つまり、彼らは唐代の講学式にいう「侍講」、すなわち聴衆に相当し、南面の師は「執経」、北面の儒士が「執読」にそれぞれ当たるわけで、ただこの図では西面の儒士二人が唐代視学の皇太子以下と相違するのみである[34]。そして、師を除く全員が手に簡冊をもつところから、これは後漢の明帝が「正坐自講、諸儒執レ經問二難於前一」という有名な講論と同じような（『後漢書』儒林伝）、「執經問難」の図であると断定できる。

以上、二つの講学図をみてきたが、その違いはまず、諸城講学図が個別指導であるのに対して、成都講学図は四面対座の一斉指導方式である点に求められる。

郭斉家は、漢代における絹帛の増産や紙の普及が教学方法の変化を促し、師法・家法の個別口授・問答方式から、講堂における一斉教授方式への転換を可能にしたと述べた(35)。しかし、以上にみた二点の講学図がともに後漢晩期の作品であるとすれば、個別指導から一斉指導へという単線的な理解は否定されねばならない。

また、これらの講学図をみると、学生はみな簡冊を捧げもつだけで、誰も開いていない。先に紹介した「横経受業」という言葉が物語るように、実際に開かなかったのであろう。そもそも五六センチもの簡冊を開いて読むのは骨が折れる仕事にちがいない。つまり、経書の学習は基本的に「音声」を介して行われたのであって、文字は「指画」するとき以外には使われなかった。これは「読者」と「講者」を区別した意味を考える上でも重要である。というのも「文字」を基礎にして学習するならば、そもそも暗記させる必要はなく、したがって「読者」の課程も必要ない。「読者」の課程を設けるのは、まず経書の文字を頭のなかに書き写す必要があったからであり(36)、そのコピーを完了したあと、脳裏の文字をもとに文義を聴いた。それが「講者」の課程であり、彼らが手にもつ巻物は、彼らが頭にかぶる進賢冠と同じ、装飾的な意味しかもっていなかったのである。

これを簡単にいえば、読者は文字を学び、講者は意味を学ぶということである。そして結論を先にいうなら、諸城講学図は読者の課程に対応し、成都講学図は講者の課程に対応する。文字を学ぶのに個別指導をもってし、意味を学ぶのに一斉指導をもってするのは、きわめて合理的な課程の構成といえよう。しかし、このような形に定着するにはそれなりの演変があった。その形成過程をつぎに述べておこう。

三　学令講学式の形成過程

『礼記』学記によると、大学に学ぶ者は一年目から隔年ごとに学業（離経・敬業・博習・論学）と徳行（弁志・楽群・親師・取友）の考査を踏んで七年目に小成し、九年にして知類通達・強立不反と認められ、大成した[37]。この内、離経は経文の句読を切ること、敬業は受業でのつつしみをいう。大学の教学は時教の正業と退息の居学とからなる[38]。居学とは操縵（琴瑟）・博依（比興）・雑服・六芸を余暇に修めて正業に資することをいう。博習はその成果であろう。時教とは四術を司る楽正の下、春秋に礼楽、冬夏に詩書を学ぶことをいう[39]。また、曲礼上に「請業則起、請益則起」とあり[40]、『管子』弟子職に「始誦必作、其次則已。……若有ㇾ所ㇾ疑、捧ㇾ手問ㇾ之。師出、皆起」とあって[41]、当時の講学は「請業」経書の講誦と「請益」質疑応答からなっていたことがわかる。鄭玄はこの曲礼の文に注して、

子路問ㇾ政。子曰「先ㇾ之労ㇾ之。」「請ㇾ益。」曰「無ㇾ倦。」

という『論語』子路篇の文を引く。恐らく子路は「捧手」して「請益」と言ったのだろう。このようにわれわれは『論語』の問答からも当時の講学を彷彿として知ることができる。

以上、古籍にみえる講学の課程をまとめたが[42]、漢の高祖に包囲された魯の諸儒が「尚講誦習ㆭ禮樂ㆬ、弦歌之音不ㇾ絶」という『史記』儒林伝の記載は、孔子以来の「詩書執礼」の学をうかがうに足ると同時に、上記の講学課程の実在を証するであろう。「孔子以ㆭ詩書禮樂ㆬ教、弟子蓋三千焉。身ㆭ通六芸ㆬ者七十有二人」といい（孔子世家）、孔子自身「興ㆭ於詩ㆬ、立ㆭ於禮ㆬ、成ㆭ於樂ㆬ」と語り（『論語』泰伯篇）、また学は「誦経に始まり、読礼に終る」と荀子もいうように（勧学篇）、詩書の講誦は礼楽の実習と一体不可分であり、かつ礼楽を基礎づける「身芸」として実践的な意義を有していたのである。

一九八三年に湖北省江陵県で出土した張家山漢簡には、呂后二年（前一八六年）に施行された『二年律令』が含まれており、そのうちの『史律』には史・卜・祝の学童に関する規定がみえる[43]。

史・卜子年十七歳學。史・卜・祝學童三歳、學佴將詣二大史・大卜・大祝一、郡史學童詣二其守一、皆會二八月朔日一試レ之。

まず注意すべきは、史と卜の子のみが入学を許される点、すなわち史や卜の職が世襲であったこと[44]、そして史・卜・祝が同列に扱われていることである[45]。彼らは一七歳で入学し、三年間専門の課程を修めた後、中央では大史・大卜・大祝が、地方では郡守が、それぞれ試験を行った。ここで中央の学童を大史らのもとへ連れて行くという「學佴」は、下文に「不レ入二史・卜・祝一者、罰金四兩、學佴二兩」とあり、落第したばあいに学童本人とともに罰金の対象とされていることから、学童の教師または管理者であると思われる。「郡史」も同様であろう。

その試験の内容を史についてみると、「□（試）二史學童一以二十五篇一、能レ風（諷）二書五千字以上一、乃得レ爲レ史。有（又）以二八體（體）一試レ之」とあり、『史籀』十五篇の内五千字を暗誦していれば合格できた。これとは別に「八體」書法の試験もあったが[46]、中心は『史籀篇』の暗誦にあったとみてよい。『漢書』芸文志・小学類に「史籀十五篇、周宣王太史作二大篆十五篇一、建武時亡二六篇一矣」とあり、その序に「史籀篇者、周時史官敎二學童一書也、與二孔氏壁中古文一異體」とある。また、『説文解字』叙には「（李）斯作二『蒼頡篇』一、中車府令趙高作二『爰歴篇』一、太史令胡毋敬作二『博學篇』一、皆取二『史籀』大篆一、或頗省改」という。『説文』に「籀文」としてみえる異体字がその逸文に当たり、馬国翰『玉函山房輯佚書』が二三二字を集めているが、芸文志に「漢興、閭里書師合二蒼頡・爰歴・博學三篇一、斷二六十字一以爲二一章一、凡五十五章、并爲二蒼頡篇一」とあるのによれば、『史籀』より取材した三篇合冊の『蒼頡篇（三蒼）』でも三三〇〇字しかなく、『史籀篇』がその倍の字数を有したとしても、合格に必要な「五千字以上」とはほぼその全文に相当したとみなければならない[47]。その本文は『蒼頡篇』の出土例や後の『千字文』と同じく、「太史籀書」にはじまる四字句で文字を暗誦する形式であったと考えられているが、(48) ここで見方を変えて、『史律』の試験が実際どのように行われたかを考えてみると、「五千字以上」の暗記を確かめるには実際に五千字以上を言わせるか、唐令の「帖試」のような方式、つまり無作為に文字を隠して答えさせるしかないだろう。そして、実際に暗誦させる方式は、声に出して読むだけであるから、文字を覚えているかどうかを確認できないし、そもそも五千字の暗誦テストは簡単すぎるだろう。したがって、『史律』の試験も唐令と同じ「帖試」であった可能性が高く、また「五千字以上」とは『史籀篇』の字数そのものであった可能性が高いと私は考えている。(補注)

およそ漢代には書館・書師があって、『蒼頡篇』などの小学書を学び、書法を習得して史となる道があり、進んで『論語』『孝経』を経師について誦得し、さらに一経を修めて儒生となる道があった。小学書や『論語』『孝経』を受けて一経を修めぬ者はあっても、一経を修めて『論語』などを受けぬ者はなかったという。(49) この一経を二経とすれば、そのまま唐の学制となるが、(50) 諸城講学図がこのような経師を描いたものであることは、もはや疑いあるまい。では、成都講学図にみた一斉指導の講学は、どのようにして形成されたのであろうか。

『史記』儒林伝によると、春秋博士となった董仲舒は「下レ帷講誦、弟子傳以二久次一相受業、或莫レ見二其面一」という。また、後漢の馬融も門徒四百余のうち升堂して進む者五十余といい、鄭玄は「高業弟子」より伝授されて三年間、師に見える機会がなかったという（『後漢書』鄭玄伝）。つまり董仲舒や馬融は「高業弟子」にのみ講義し、その他の学生はその「高業弟子」に就いて学んだわけである。これは漢代における経学の発展によって学官に学生が集中し、経師が個別に指導することができなくなっていた情況を伝えている。ここに講学の課程が「読者」と「講者」に分岐する契機を認めることができる。また、ここにみえる「高業弟子」がやがて「都講」や「執読」といった助手として定着していったのであろう。そして、執読が一章ごとに読み上げ、経師が一句ごとに解説するという講学の形式が成立したところに、「漢儒章句の学」が形成されていったわけである。

このような漢代における経学の発展はやがて博士の家説を乱立させ、また孔壁から出た古文のテキストは今文古文の争いを招いた。ここに「五經同異」を確定し、家説の章句を統一する必要が生じて、しばしば会議が開かれた。前漢宣帝甘露三年（前五一年）の石渠閣会議や後漢章帝建初四年（七九年）の白虎観会議（その記録が『白虎通』である）がその著名な例であるが、このような会議がどのように行われたかについて大変興味深い史料がある。『後漢書』律暦志中熹平論暦条に引く『蔡邕集』逸文に、

（熹平四年）三月九日、百官會府、公殿下東面、校尉南面、侍中・郎將・大夫・千石・六百石重行北面、議郎・博士西面。戸曹令史當二坐中一而讀二詔書一、公議。蔡邕前坐二侍中西北一近二公卿一、與二光・晃一相二難‐問是非一焉。

とある。これは司徒府朝会殿で行われた暦をめぐる会議で[51]、司徒が東面、会議を監察する司隷校尉が南面、侍中以下の官僚が北面重行、議郎・博士が西面するなか、戸曹令史が中央に座して詔書をよみ上げると、記主の蔡邕が侍中と司徒の間に進み出て座り、暦の不正を上言した馮光や陳晃と是非を討論したという。漢代の会議では四面対座して討論したことがわかる。この形式が成都講学図の構図と対応することはいうまでもない。白虎観会議について『後漢書』章帝紀に「諸生・諸儒會二白虎觀一、講二議五經同異一」といい、その儒林伝に「時會二京師諸儒於白虎觀一、講二論五經同異一」というのは（同魏應伝）、講学式にみる講論が本来的に「議」であったことを示している[52]。

このように唐学令にみる講学式の原形はすでに漢代に成立しており、諸城講学図にみた経師の講学がそのまま「読者」の課程として継承される一方、成都講学図にみる講学は、漢代の「議」の形式に基づいて高弟（都講・執読）が経文を読み、博士が解釈を述べて、しかる後に経義の討論を行う「講議」を描いたものであり、これが唐令の「講者」の課程へと継承された。そして、このような日常の学習環境のなかから、いわゆる漢唐訓詁学が産み出されていったわけである[53]。

南北朝の時代、漢代の講学から唐代の講学へと展開するなかで生じた変化について一つだけふれておく。牟潤孫は

「都講」「高座」「発題」の三事を挙げて、それが仏教の講経儀式に影響されたことを指摘し、その影響によって南北朝に「義疏の学」が興ったと論じたが、本章ではこれら三事のうち、「都講」については漢代の「高業弟子」が助手として定着したものとみられ、また「高座」についても成都講学図にみる「講榻」をもって必ずしも仏教の影響とはいいがたいと指摘した。しかし、「発題（開題）」の一事は確かに仏教の影響であって、これが講学式にも少なからぬ変化をもたらした。

馬樞字要理、……六歳、能誦二孝經・論語・老子一。及レ長、博極二經史一、尤善二佛經及周易・老子義一。梁邵陵王綸爲二南徐州刺史一、素聞二其名一、引爲二學士一。綸時自講二大品經一、令三樞講二維摩・老子・周易一、同日發題、道俗聽者二千人。王欲レ極二觀優劣一、乃謂レ衆曰、「與二馬學士一論義、必使二屈伏一、不レ得三空立二主客一。」於レ是數家學者各起問レ端、樞乃依レ次剖判、開二其宗旨一、然後枝分流別、轉變無レ窮、論者拱默聽受而已。綸甚嘉レ之、將レ引二薦於朝廷一。

これは牟氏が挙げた『陳書』儒林伝の例で、『隋書』経籍志に梁蕃『周易開題義』十巻、梁武帝『毛詩発題序義』一巻などを著録するのは、この発題の記録にほかならない(54)。

上記の馬枢の例からも知られるように、この講論では「発題」のあと直ちに議論に移るのであって、経の読習はしない。この講論式は中国の文献にはみえないようだが、日本の儀式書には記載がある。

⑤a音博士讀二發題一〔七經輪轉講。……〕、b座主訓讀。……c問者一々起座、登二高座一論義。（『西宮記』巻五(55)）

⑥a都講先音二讀發題一、b次座主訓讀、畢、c問者博士以下、……昇二高座一論義畢。（『北山抄』巻一(56)）

⑦a音博士讀二發題一〔漢音、近代不レ讀。孝經・禮記・毛詩・尚書・論語・周易・左傳、輪轉講レ之〕。b座主訓讀。……c問者起座登二高座一、次論義〔問答二重〕（『江家次第』巻五(57)）

これも釈奠の講学式であるが、第二節に紹介した③『延喜式』や④『儀式』の内容とちがう。③④ではa経文音読、b釈義、c問答という構成であったが、ここでは「発題」をa音読してからb訓読し、直ちにc論義を行っている。

つまり⑤〜⑦では経文を読まない。これは③④の平安時代前期（九世紀）の規定から⑤の平安中期（十世紀）以降の規定へと変化したことを意味するが、その変化は中国の講学式を輸入したものというよりはむしろ日本で独自に仏教の儀式を取り入れたものであった（後述）。なお、「音博士」（都講）は中国語の発音（漢音）を教える教官であるが、平安時代後期（十二世紀）の⑦では発題の音読もしなくなっていた。これもあとに述べる「漢文訓読」の影響である。

唐代仏教の講経儀式についても日本に記録がある。遣唐僧円仁の旅行記『入唐求法巡礼行記』巻二の「赤山院講経儀」によると、この儀式は夏に『金光明経』、冬に『法華経』を二ヶ月間にわたり講じたもので、梵唄・開題・論義・入文読経講の次第からなる。[58]まず大衆（堂内の僧侶たち）が仏陀の名を唱えるなか講師が高座に昇る（つまり講師は仏陀として登壇する）。そして梵唄のあと講師が経の題目を唱え、その内容を三門（序分・正宗分・流通分）に分けて大意を説く。ついで会興の事由や施主・施物を紹介して論義に移る。講師は麈尾（払子）を挙げて問者の論難を聞き、問難が終わるとこれを傾け、また挙げて問者に謝してから答える。この時、問者は「大嗔人」の如き声で問難する。論義のあと、講読に入る。まず覆講師が昨日講じた経文を読み、「含義」重要な句ごとに講師が釈義を加える。こうして昨日の分を尽くしてから、講師はつぎの経文へと読み進める。毎日かくのごとし、という。

円仁は続けて「新羅一日講儀式」を記録しているが、これは簡単にいうと、上記の講経儀式から「入文読経講」を省いて開題と論義だけを行う儀式である。つまり、唐代仏教の講経儀式は基本的に開題・論義・講経からなり、一日講では経文を読まなかった。そして、上記の釈奠講学式にみた「発題」がこの「一日講」に相当することは明らかであろう。

日本では七世紀の聖徳太子の時代より奈良・平安時代を通じて「講会」と呼ばれる講経儀式が全国の寺院で盛んに行われた。[59]その影響が儒学の学習方法に及んで変化を促したとしても怪しむには足るまい。

四　漢文訓読と講学

日本の大学は六四五年の大化改新以後、唐律令制の導入とともに文書行政を担うべき官吏養成機関として設立されたが、平安中期以降、律令体制の衰退にともなって博士の官職が世襲されるようになり、平安末期（一一六七年）の京都大火により大学が全焼してからは復興されなかった[60]。日本で儒学の研究が盛んになるのは五山禅僧が宋学をもたらした室町時代以降、江戸時代まで待たねばならなかった。その意味で、日本古代の儒学は思想史研究の対象というよりはむしろ文字文化史、または漢文学史の対象というべき水準にある。

近年、木簡の出土などにより七世紀の文字文化に関する研究が進展しており、とくに四国徳島県観音寺遺跡出土の論語木簡と音義木簡は、講学とも関係して大変重要である[61]。

まず論語木簡は長さ六三・五センチの棒の四面に文字が書かれ、その一面に、

子曰　學而習時不孤□乎□自朋遠方來亦時樂乎人不知亦不慍

とある。地層から七世紀第二四半世紀、大化改新直前の木簡という。注目すべきはその形で、これは明らかに「觚」である[62]。前漢史游の『急就篇』を書いた敦煌漢簡は有名だが[63]、その第一章冒頭に「急就奇觚與レ衆異」といい、顔師古がこれに「觚者學レ書之牘、或以記レ事、削レ木爲レ之……其形或六面、或八面、皆可レ書」と注した[64]、ほぼそのとおりに文字が書いてある（但し三面のみ）。恐らく漢人はこの觚をまわしながら字を覚えたのであろう。また觚は笘ともいい（『廣雅』釋器）、『礼記』学記に「今之教者呻二其佔畢一、多二其訊一」とあるのは、王引之によると佔は笘の意、畢は簡の意味という（『経義述聞』巻一五）。学記はつまり「今の教師は觚や簡牘の文字を読み上げるだけで（文意を理解できず）、学生の疑問を増やしている」という意味で、觚は教師も用いた。観音寺木簡は大化以前の国造（『隋書』倭国伝

にいう「軍尼一百二十人」）の拠点から出たといい、この論語木簡はそうした地方豪族の学習情況を伝える貴重な資料である。[65]

論語木簡でもう一つ注意すべきは、その字の誤りである。「学而習時」はむろん「学而時習㆑之」が正しく、「□自朋遠方來」は「有㆘朋自㆓遠方㆒來㆖」が正しい。ではなぜこのような間違いを犯したかを考えてみると、この筆者は『論語』の原本をみずに、暗記した日本語の訓読をもとに書いたという。[66]「時習」は「時に習う」と訓読し、「朋自遠方來」は「朋、遠方より来たる」と訓む。周知のように、日本語と中国語では動詞や介詞の位置が反対になるから、この筆者は「時に習う」を「習㆑時」と書き、「朋、遠方より来たる」を「自㆓朋遠方㆒來」と書いたのであろう。[67]しかも彼は「時習之」の「之」を書き忘れている。「之」は助辞なので、訓読では訓まない。それで「之」字を忘れたわけで、この書き忘れがまた上記の推測を裏づけてくれる。

さらに、七世紀末頃とみられる音義木簡には「安子之比乃木／少司椿ツ婆木」とあり、「ツ婆木」は「椿」の訓「ツバキ」、「比乃木」は「檜」の訓「ヒノキ」で、植物の漢字とその訓を書いたものとみられる。これもまた漢文訓読の痕跡であるとともに、漢字とその訳語を定めた字書の存在をうかがわせる。遣唐使として三度にわたる渡唐経験をもつ境部石積が六八二年に完成した『新字』四十四巻などが、そういう字書であったと考えられる。[68]

このように、古代日本人は漢文訓読の方法で経書を学んでいた。だから唐学令の講学式を輸入する際には音読、つまり中国語の発音を学ばねばならなかった。その教官が音博士であり、六九一年に続守言・薩弘恪という中国人が音博士として『日本書紀』に登場する。[69]したがって「読者」の課程は七〇一年の『大宝律令』以前に存在したことになるが、学生にしてみれば、中国語の発音を学びつつ、十日で千字を暗記するのは大きな負担であった。『令集解』学令先読経文条穴説に、

問、「先讀經文」者、先讀㆓一經㆒歟、爲㆑當㆑讀㆓二經・論語・孝經㆒歟。答、讀文、先讀㆓二經・論語・孝經等文㆒也。

とあり、学生はあらかじめ専攻する二経と『論語』『孝経』を暗誦してから講義を聴いた。また、同条の古記には(70)、

「学生先讀經文」、謂讀二經音一也。次讀二文選・爾雅音一、然後講レ義。其文選・爾雅音、亦任意耳。

とあって、読者は経を音読したといい、おそらく二経と『論語』『孝経』を読了したあと、『文選』や『爾雅』をも音読した。これは『大宝令』学令経周易尚書条に「文選・爾雅亦讀」という注文があり、また考課令進士条に「凡進士……帖レ所レ讀、文選上帙七帖・爾雅三帖」とあって、進士の試験に『文選』と『爾雅』の帖試があったためであるが（後述）、してみると、日本の「読者」の課程は外国語学科という位置づけであったことがわかる。

ところが、この「先讀經文」について再び平安初期の「穴説」をみると、

「讀文」、謂讀レ訓亦帖耳。考課令進士条、「帖レ所レ讀、文選上秩七帖・尓雅三帖」、謂讀レ音帖也。醫生・大學生等之讀者、讀レ訓也。

とあり、進士の試験を受けない読者は訓読でよいと明言している。おそらくこれが当時の実態なのであって、例えば嵯峨朝の明経博士善道真貞は「以二三傳・三禮一爲レ業、兼能二談論一。但舊來不レ學二漢音一、不レ辨二字之四聲一、至二於教授一、物用二世俗踳訛之音一耳」という(71)。この春秋三伝と三礼に通じた大儒でも漢音を知らず、「世俗踳訛之音」呉音で読経したというのである(72)。この記事からはまた先にみた釋奠講学式と同様、日常の講義も経文を音読してから釈義を行っていたことがわかるが、さらに『養老令』考課令明経条には、

凡明經、試二周禮・左傳・禮記・毛詩各四條一、餘經各三條、孝經・論語共三條、皆擧二經文及注一爲レ問。其答者、皆須下辨二明義理一、然後爲上レ通。

とあり(73)、明経の試験には「経文及注」をそのまま出して解説させたらしい。経と注は読者の課程で暗記しているから、これはつまり、教官が普段やっている講義を学生にやらせた模擬授業にほかならない。しかもこれを唐考課令と比較すると(74)、

諸明經試二兩經一、每レ經十帖、『孝經』二帖、『論語』八帖、每レ帖三言、通六以上、然後試策。『周禮』『左氏』『禮記』各四條、餘經各三條、『孝經』『論語』共三條、皆録二經文及注意一爲レ問。其答者須下辨二明義理一、然後爲上レ通。

……

一見して明らかなように、日本令には傍線部の帖試がない。また、日本では経注を挙げて解説させたのに対し、唐令は「録經文及注意」、すなわち筆記試験である。仮に日本令がわざわざ唐令の「録」と「意」の二字を削ったとすれば、それは日本の経書学習の実態に合わせて改変した公算が大きい。

その学習の実態とは先の論語木簡にみた漢文訓読の方法にほかならない。漢文訓読は、助辞を除く原文を生かして翻訳するものであるから、きちんと訓読ができれば「辨二明義理一」ということになる。したがって明経科の試験における学生の答弁も、そして日常の博士の講義も基本的には訓読そのものであったと考えられる（そう考えれば、第一節に紹介した日本の講説期間の短さも説明がしやすい）。また、このような方法で経書を読んでいれば、原文を音読する必要もない。ゆえに帖試がないのである。これは唐代の明経科で帖試が重視されていたことと著しく対照的である[75]。

代宗の大暦五年（七七〇）八月、釈奠を行うにあたり、国子司業の帰崇敬は「自二艱難一已來、取レ人頗易、考試不レ求二其文義一、及第先取二於帖經一、遂使二專門業廢、請益無レ從、師資禮虧、傳受義絕一」として国学の大胆な改革を献言した。まず「其舊博士・助教・直講・經直及律館・算館助教、請皆罷省」とした上で、「兼二通孝經・論語一、依二憑章疏一、講解分明、注引旁通、問レ十得レ九、兼德行純潔、文詞雅正、儀形規範、可レ爲二師表一者」という新たな博士を任用し、「每朝・晡二時請益、師亦二時居二講堂一、說二釋道義一、發二明大體一、兼敎以二文行忠信之道一、示以二孝悌睦友之義一。旬省・月試・時考・歲貢、以二生徒及第多少一、爲二博士考課上下一」と定めて、「其禮部考試之法、請無二帖經一、但於二所レ習經中一問二大義二十一、得二十八一爲レ通、兼論語・孝經各問レ十得レ八、兼讀二所レ問文注義疏一、必令三通熟者爲二一通一」などと述べた。この建議は「以二習俗既久一、重難二改作一」という理由で採用されなかったが、[76]帰崇敬の改革案は帖試を否定して「講義」だけを行うというもので、安史の乱後の「習俗」がその反対だったとすると、「音読」をせずに「講義」（訓読？）だけしていた日本の大学とはやはり好対照であったといえる。

このような違いが生じた背景として、日本人が漢文訓読を用いたということのほかに、中国側にも読書の伝統というべきものが作用していたと思われる。聖人の言を記した書を経と言うなら、経は竹帛に書するものであるとともに、頭に書き写すべきものであった。ゆえに漢代以来、学生たちは「横経」して聖人の言を貴び、暗誦を先として経書を学んできた。南北朝を通じて講学に変化はあっても、この伝統的な観念は変わることなく、読者の課程に引き継がれていた。これに対して、日本は五世紀の応神朝に百済人王仁が『論語』『千字文』を伝えたとはいえ、[77]『隋書』倭国伝に「敬二佛法一、於二百濟一求二得佛經一、始有二文字一」というように、日本人が文字文化を受容したのは六世紀中葉の仏教伝来以降のことであり、その頃にはすでに書物は竹帛ではなく紙を用いていた。紙の時代に書物を読みはじめた日本人にとって経書は外国書であり、まずはその音読よりも翻訳に力を注ぎ、漢文訓読という優れた翻訳方法を発達させたのは自然のなりゆきであった。

平安京遷都直前、七九二年の格に「明經之徒、不レ事レ習レ音、發聲讀誦、既致二訛謬一。靜言二其弊一、尤乖二勸誘一、宜レ令二大學及國學明經生等兼習レ音」とあり、[78]明経生が呉音で経を読んでいたので漢音を「兼習」させたという。つまり当時、明経生は音博士に音読を習っていなかったのである。その五年後には「大學生年十六已下、欲レ就二明經一者、先令レ讀二毛詩音一。欲レ就二史學一者、先令レ讀二爾雅・文選音一」とし、[79]明経科の新入生には『毛詩』を、史学（進士）科の新入生には『爾雅』と『文選』の音読を義務づけた。しかし先の『令集解』穴説にみたように、平安初期の大学では進士科の学生以外に音読する学生はいなかった。つまり、この頃にはすでに「読者」の課程がほぼ有名無実化していたわけである。

そこで政府は音読を基礎課程から専門課程へと切り替えた。まず上記の新入生の規定と同時に、「諸讀書出身人等皆令レ讀二漢音一、勿レ用二呉音一」と定めた。ここにいう「讀書出身人」とは帰崇敬のいう「取於帖經」、つまり帖試のみで官途に就く者にあたるが、[80]その受験者にのみ漢音の習得を義務づけた。八一七年に嵯峨天皇は「宜下擇二年卅已下聰令之徒入色四人・白丁六人一、於二大學寮一使上レ習二漢語一」という勅を出し（『日本紀略』弘仁八年四月十七日条）、この入色（下級官吏）四人を「音生」として（『弘仁格抄』式部下）、ここに「音道」が成立した。これは簡単にいえば中文系にほかならない。

このように音読の奨励は結局、大学では徹底されず、むしろこれを専門課程として特化する結果に終わったわけだが、仏教においては読経を功徳とする観念から音読が古くから行われた。正倉院文書の「智識優婆塞等貢進文」には得度すべき僧の読書歴が書いてある。[81]

僧靈福謹解　申貢二度人一事
　榎本連堅満侶〔年廿八／左京三條二坊戸主従八位上榎本連大食戸口〕
讀經
法花經一部〔音訓〕　即開題　最勝王經一部〔音訓〕
涅槃經一部〔音訓〕　注維摩經一部〔訓〕　方廣經一部〔音訓〕
彌勒經一部〔音訓〕　金剛般若一巻〔音訓〕　千手經一巻〔音訓〕
佛頂經一巻〔音訓〕　摩訶摩耶經一巻〔音訓〕　浄飯王經一巻〔音訓〕
誦經
法花經第一巻　理趣經一巻　藥師經一巻
千手陀羅尼〔了〕　佛頂陀羅尼　百法論

浄行八年

天平十四年（七四二）十一月廿三日

得度の制度は七世紀末にはじまり、(82)七三四年には「所レ擧度人、唯取下闇二誦法華經一部或最勝王經一部一、兼解二禮佛一、浄行三年以上者上、令二得度一」と定めた（『続紀』天平六年十一月戊寅条）。これが奈良時代の得度の基準となったが、これによると、上記の槻本堅満侶は『法華経』と『最勝王経』を音でも訓でも読めたが、「闇誦」は『法華経』第一巻のみで、得度の基準を満たしていない。とはいえ、『法華経』八巻ないし『金光明最勝王経』十巻の暗誦はいかにも難度が高く、また当時の政府は天皇の不予などに際して大量の度者を許していたから、この堅満侶のように二経を読みこなせれば得度できたのであろう（実際、彼の成績は「優婆塞等貢進文」のなかでもかなり優秀なものである）。

さらに政府は七九三年、明経生に漢音の兼習を義務づけた翌年に「自レ今以後、年分度者、非レ習二漢音一、勿レ令二得度一」とし、(83)その試験は音博士が行うこととした。(84)しかし、七九八年には「年分度者、例取二幼童一、頗習二二經之音一、未レ閲二三乘之趣一」という情況であったため、度者の資格を三五歳以上の「操履已定、智行可レ崇、兼習二正音一、堪レ爲レ僧者」と定めて、

毎年十二月以前、僧綱所司、請二有業者一、相對簡試。所レ習經・論、物試二大義十條一、取下通二五以上一者上。

という試験を行うことにした。(85)これは明らかに明経科の試験方法を応用したものであり、ここから反対に明経試の「擧經文及注爲問」が、ここにいう「相對簡試」であったことがわかる。そして八〇六年には、

宜三華嚴業二人・天臺業二人・律業二人・三論業三人・法相業三人、分レ業勸催、共令二競學一。仍須下各依二本業疏一、讀中法華・金光明二部經上〔漢音及訓〕。經論之中問二大義十條一、通二五以上一者、乃聽二得度一。……若有二習レ義殊高一、勿レ限二漢音一。

という勅令が出て年分度者の制度が確定した。(86)実は最澄の日本天台宗が国家の承認を得たのもこの時なのであるが、(87)

この勅により、奈良時代の得度の試験（年分試）にいう「闇誦」が実際には「讀法華・金光明二部經」（音訓）という形で運用されていたとの確信を得ることができる。したがって先の槻本堅満侶も必ずや得度できたであろう。但し彼の音読はおそらく呉音により、それは上記のごとく平安初期には漢音を得度の条件としたのであるが、八〇六年の「若有二習レ義殊高一、勿レ限二漢音一」という保留事項をみると、それもどれほど徹底されたのかは疑わしい。少僧都道昌の卒伝に「幼歸二佛道一、受二學三論宗之經典一。弘仁七年被二年分試一、音訓兼通。九年於二東大寺一受二具足戒一」とあるが、[88] わざわざ「音訓兼通」などと書くところをみると、やはり漢音の兼習は徹底されなかったのであろう。実際、仏典はいまも日本では呉音を用いることが多い。

かくして八三八年の遣唐使を最後に唐との国交が途絶えると、漢音の奨励もされなくなり、ついに音読は廃れていった。『宋史』日本伝に登場する僧侶たちはみな「不レ通二華言一」ゆえに筆談で会話せざるをえなかった。鎌倉の禅僧たちは懸命に華語を学び、[89] また江戸時代の荻生徂徠のように中国語で経を読むこと（直読）を強く奨励した学者も出たが、[90] 漢文訓読の伝統は根強く、今に至るまで中国の古典を中国語で読む習慣は定着していない。

五　「講学」から「講書」へ

養老令によると、大学の学生の定員は四百人、[91] これに対する教官は博士一人・助教二人が「講者」を教え、音博士二人が「読者」を教え、書博士二人・算博士二人が学生および算生三十人・書学生若干を教えた。[92] 学生は講者として二経以上に通じてのち、「大義十条」の卒業試験を通過して式部省に送られる。そこで「凡學生、雖二講説不レ長而閑二於文藻一、才堪二秀才・進士一者、亦聽二擧送一」とあるように、「講説」に長じた学生は明経科の試験を受け、そうでない者は秀才・進士科または明法科の試験を受けた。[93] このうち、明経科の合格者は多く官吏とならずに教職を志向したという。[94]

一方、秀才・進士および明法科には、神亀五年（七二八）に律学博士二人と文章博士一人を置き、[95]その二年後には明法生十人・文章生二十人が置かれて、文章（紀伝）道と明法道が独立する。同時に明経生四人・文章二人・明法生二人・算生二人の「得業生」を置いたが、[96]ここに「四道」が確立するとともに、[97]四道得業生を置く理由をつぎのように述べている。[98]

大學生徒、既經㆓歳月㆒、習業庸淺、猶難㆓博達㆒。實是家道困窮、無㆓物資給㆒。雖㆑有㆑好㆑學、不㆑堪㆑遂㆑志。望請選㆓性識聰慧・藝業優長者十人以下五人以上㆒、專精㆓學問㆒、以加㆓善誘㆒。仍賜㆓夏冬服并食料㆒。

つまり得業生とはもともと奨学生にほかならないが、彼らは秀才・明経・進士・明法科の「対策」、すなわち登用試験の受験生として位置づけられた。『養老令』考課令明法条に、

凡明法、試㆓律令十条㆒〈律七条・令三条〉。識㆓達義理㆒、問無㆓疑滞㆒者爲㆑通。粗知㆓綱例㆒、未㆑究㆓指歸㆒者爲㆑不。

とあり、[99]この判定基準は唐令のままだが、唐令には「所㆑試律令毎㆑部試㆓十帖㆒」という帖試の規定があった。[100]これはもちろん唐の六学に律学があって、これを専門に学ぶ課程があったのに対し、日本ではもとより律令は正業ではなかったから、音読は重視されなかったのであろう。明法道の設立以降、その講説期間は『律』が『毛詩』などと同じ四八〇日、『令』は『尚書』『論語』と同じ二〇〇日とされ、唐令が「律生則六年」とするのと大きく異なる。[101]これもまた日本の律令の講義が訓読によって行われたことを暗示するが、その講義の内容は『令集解』によってうかがい知ることができる。

『大宝令』の注釈書「古記」は、その引用関係から天平十年（七三八）の成立と断定されているが、[102]この年は明法道が独立して十年後であると同時に、全人口の二五～三五％が死亡したと推計される天平の疫病（七三五～七三七）の直後にあたる。[103]青木和夫は古記に天平期の資料の引用が少ないこと、また文中に唐の口語がみられることから、入唐

請益生として天平七年に帰朝し、『問答』六巻を朝廷に献じた秦大麻呂を古記の作者とみたが、[104] 天平十年正月以降の資料がないことを重視すれば、この作者はやはり疫病に倒れた百万人の一人とみるのが自然であり、かつ明法道設立十年後にこのような注釈書が作られたのはやはり、その十年間の講義の成果とみるべきではないかと思う。また、七三〇年に明法生が置かれる以前は、全ての学生は正業として「読者」「講者」の課程を履修したはずであり、その音読の課程を通じて唐の口語に親しんでいたとしても不思議ではない。

古記云、問、注「文選尓雅亦讀」、未レ知必令レ讀以不。答、任意耳、不二必令一レ讀。下条「孝經論語皆須二兼通一」、即文選・尓雅、不レ合二試策一也。[105]

このように古記には問答が多くみえ、考課令に「問無二疑滞一」とある要件に対応しているとともに、『大宝令』の原文を挙げて説明を加えている。その原文が『大宝令』の貴重な逸文であると同時に、この講説方法は読文・釈義の講学式に則している。この問答形式や読文・釈義の方式は前節に紹介した「穴説」でも同様であり、『令集解』全体にわたって指摘できることである。また、「未レ知必令レ読以不」の「以不」は敦煌変文などにみる口語で「與否」の意、[106]「不レ合二試策一也」の「合」は「当」の意味で、これは『史記』や『漢書』などにみえる。[107] 唐代の口語といい三史の用字といい、正業・兼習の課程を経た学者の講義録とみるに足るであろう。

凡秀才試二方略策一条一。文理倶高者爲二上上一、文高理平・理高文平爲二上中一、文理倶平爲二上下一、文理粗通爲二中上一。文劣理滞、皆爲二不第一。

凡進士試二時務策一条一。帖所レ讀、文選上袟七帖・爾雅三帖。其策文詞順序・義理慥當、并帖過者爲レ通。事義有レ滞・詞句不レ倫、及帖不レ過者爲レ不。

これは文章生が受験する秀才・進士科の試験方法であるが、[108] 周知のように唐では高宗の頃すでに秀才科は廃止されて専ら進士科が行われたのに対し、[109] 日本では進士科はほとんど行われず、専ら秀才科が行われた。その原因は秀才科合格後の官位が進士科より高いためと言われているが、[110] その試験内容からみれば、秀才の方略試は「多聞博学」の知識を試み、進士の時務策は「治国之要務」を問う。いわば学問と政治の違いであり、そもそも隋文帝が進士科を設立した目的は学生以外の人材を登用することにあったのであるから、日本の学生が学問の方略試を選んだのはむしろ当然のなりゆきといえる。また進士科には『文選』と『爾雅』の帖試があり、これが文章道にのみ「読者」の課程が残された原因なのであるが、これを忌避したという事情もあるかもしれない。

　文章生は明法生とともに「簡二取雑任及白丁聡慧一、不レ須レ限二年多少一也」といい、一般の学生よりも低い階層に開かれていたが、[111] 政府が大学入学を忌避する貴族層に対して就学を奨励したこともあって、[112] 平安時代になると貴族がここに殺到し、やがて明経道を圧倒するようになる。菅原清公（道真の祖父）が桓武天皇の延暦八年（七八九）頃「奉試補二文章生一」とあるのをはじめとして（『続日本後紀』承和九年十月十七日条）、定員二十人の文章生となるための試験が実施されるようになり、八二〇年には唐の昭文・崇文館に倣って、「文章生者取二良家子弟一、寮試二詩若賦一補」と定めた。[113] この進士科や文章生の設置趣旨に反する規定はのちに撤回されたが、大学寮が学生に試賦を試みる文章生試はその後も永く行われた。その翌年には文章博士を従五位下（通貴）の官に引き上げて、正六位下の明経博士の上に置き、[114] 八三四年にはその定員を二人に増やした。その後、文章博士を経て公卿となるものが少なからず、菅原道真（八四五～九〇三）が右大臣にまで昇ったことは周知のとおりである。

　その講ずるところは「三史・文選」[115]、これと令に規定する『爾雅』であり、これらの書が文章道の基礎教養となった。例えば七二〇年に完成した『日本書紀』の語句は文選・三史と欧陽詢『芸文類聚』から取ったものが多く、[116] 伝存する秀才の対策文や文人の詩序をみても同様であるという。[117] 天平年間のものという「読誦考試歴名」には、

　丹比眞人氣都讀毛詩上帙論語十卷

誦　毛詩三卷　孝經　駱賓王集一卷／百法論[118]

という、丹比気都なる女性（?）の読書歴が知られるが、彼女は『論語』全巻と『毛詩』二十巻の上帙（十巻）を読みこなし、さらに『毛詩』三巻や『孝經』全部、『駱賓王集』十巻の冒頭と『大乗百法明門論』一巻を丸暗記していた。ここにいう「讀」が訓読であるとしても、これは十分「読者」の課程を修了できる水準であろう。

また、正倉院文書に「李善注文選抜萃」という断簡がある。[119] 李善注『文選』巻五十二所収の四篇の論から、その本文と注を抄出したノートで、有名な魏文帝曹丕の「典論・論文」の抜き書きをみると、

（1）典論々文魏文帝（2）傅毅之於班固伯仲之間耳而固小」之與弟超書曰、（3）注東觀漢記曰……左傳注曰享《ママ》享通也、（4）斯七子者」咸以自騁驥騄於千里齊足而並馳以此相服」亦良難矣蓋君子審己以度人故能免於斯累」而作論文、……

とある。原文の引用は省略するが、（1）冒頭に題名と作者を掲げ、（2）原文冒頭の「文人の相軽んずること、古よりして然り」の一文を飛ばして、「傅毅の班固におけるや、伯仲の間のみ」とはじまる。「而るに固これを小とす。弟超に与える書に曰く」ときて、その班固が傅毅を難じた「書」の中身や、これに続く文帝の地の文を引かず、省略した文中にある里語「家に弊帚あり、これを千金に享す」に関する注をほぼ全文抜き出している（3）。つぎに、「今之文人」として列挙される人名を全部飛ばして、いきなり「斯の七子は」と続け（4）、「学において遺る所なく、辞において仮る所なし」の文と注を除き、以下、「而ち論文を作る」までの本文をほぼ忠実に抄出している。

「文選抜萃」の筆者は、その筆跡から、天平年間に写経所の校生であった志斐連麻呂と鑑定されており、[120] かれが「手近にあった李善注の写本から、自己の学習用に抜き書きしたもの」とされている。[121] しかしここには「文章經國之大業、不朽之盛事」のような著名な文を引かず、どちらかといえばあまり重要でないことばかり書かれている。おそらくこれは覚えにくい箇所やわかりにくい箇所を抜き出して覚えようとしているのであろう。文章道の大経とされる『文選』はその経と注を暗記しなくてはならない。事実、正史には「少遊㆓大學㆒、渉㆓獵史漢㆒、諳㆓誦文選㆒」といった記載が散

見する。(122)「文選抜萃」の筆者もまた、われわれがいま英単語を紙に書いて覚えるのと同様の努力をしていたのではなかろうか。

『文選』と『爾雅』の帖試は進士科で行われたが、日本の学生はほとんど進士科を受験しなかったのであるから、文章道で漢音音読が義務づけられていたとはいえ、それがどれほど徹底されていたかは、はなはだ心もとない。ましてその講義は訓読で行われた公算が大きいが、そのばあい、いわゆる文選読みということを考慮しなくてはいけない。

文選読みとは音を交えて訓読する読み方で、例えば「關關雎鳩」を「クワンクワンとやわらぎなける、ショキウのみさご」と訓む。カタカナが音読み、ひらがなが訓読みである。このような音訓交え訓みはとくに典雅な訓法として由来の古い訓読法とされてきた。しかし現存する訓点資料（漢籍・仏典に訓読の記号を付した資料）を調査した築島裕によると、文選読みの最古の資料は南都（奈良）の僧の手になるもので、とくに難解な語句につけてあることが多いという。(123)つまりとくに『文選』とは関係がないということであるが、ここまでにみてきたように、大学でも寺院でも音・訓両用で読経していたのであるから、口頭で文意を述べなくてはならない講義のような場面でこそ文選読みのような便法が活用されたであろうということは考えられてよいと思う。いなむしろ、それは読文（音読）・釈義（訓読）からなる学令講学式が見事に日本化された形式といえる。

しかし、この文選読みが特殊な訓法とされたように、やがて大学の講義においても訓読が主流となっていったようである。

小林芳規によると、漢籍の訓点資料にみえる「師説」は、平安初期の大学寮における講義録を伝えたもので、その内容は字句校異・字音・訓読・釈義考証にわたり、その考証も和漢の諸説に言及して合理的かつ学問的な性格を有していたという。(124)事例の多くが三史（史記・漢書・後漢書）に出るから、これは文章博士の講義内容と考えてよい。この師説と平安中期以降の訓読とのあいだには種々の異同があるといい、大江匡衡の「三史文選、師説漸絶」という証言も伝わるから、[125]大学の講義内容はこの時期を境にして大きな変化を遂げたと考えられる。

この点は第三節に述べた釈奠の講学式の変化によっても確かめることができる。釈奠の講学式は、学令講学式に対応する〈a読文・b釈義・c問答〉の形式から仏教の「一日講」に似る〈発題（a音読・b訓読）・c論義〉形式へと変化したが、その時期はつぎのように判明する。すなわち、音博士が「発題」を音読する場面で⑤『西宮記』は「七經輪轉講」と注するが、[126]その開始時期は承和年間（八三八年頃）とされる。[127]また、平安時代には釈奠の翌日に天皇の面前で「内論義」を行ったが、これも「我朝承和聖主」が「流例」とし、「累代相伝」したとされている。[128]つまり釈奠の講学式は承和年間に大きく変化した。この時期を境に、学令の講学式は衰退していったと考えてよいだろう。

一般に、平安初期に起こったヲコト点の型式は、平安中期には流派ごとに固定されたといわれる。[129]これは音読が廃れて、訓読の場が広がりをみせてきたことをしめすが、以上のような流れと呼応する形で平安中期以降、「講書」と呼ばれる講経儀式が盛んに行われた。

講書の代表例として「御書始」の儀をみると、博士（侍講）が経と点図を開き、尚復が「文」と唱えると、侍講が「御注孝経序」の五字を漢音で読む。そこで尚復が「ココマデ」としてしまうので、用意した角筆なども使わずじまいだが、[130]日本書紀の講書式をみると、尚復唱文・博士講読・尚復読と続く。[131]点図や角筆が置かれることから、講読とは訓読のこととわかる。つまり、唱文・訓読・復唱という次第であって、白読・講義からなる学令講学式とは大きく異なる。これが仏教の講経儀式の応用であることは明らかであろう。

平安時代の講書の内容は不明な点が多いが、幸い中世の講義録が数多く伝えられている。それは「抄物」とよばれる注釈書で、例えば室町時代の大儒清原宣賢（一四七五～一五五〇）『毛詩抄』は「關關雎鳩」についてつぎのように説明する。[132]

關關は音の和（やわらい）だ體ぞ。和いで鳴くはどこぞと云へば、河の洲にあるぞ。夫婦、志は深て、雙ではいぬぞ。君子は外を治て、婦は内を治るぞ。雎鳩の聲の和で、河の洲にあるをば、婦の内を治たに喩（たとへ）たぞ、河洲は深宮の中に喩へたぞ。……毛萇が注に興の詩ばかり「興也」と注して、賦・比をば注せぬは、賦・比の詩は見よいぞ、興の詩は見にくいほどにかうしたぞ。毛萇は萬事、簡略を好むほどにぞ。興はたとゆる時は去聲、をこす時は平聲ぞ。……

以上は決して宣賢独自の解釈ではなく、毛伝・鄭箋・正義および詩集伝の説を斟酌して述べたものであるが(133)、われわれはこの訓読による講釈から古代の講書のようすを想起することができるだろう。

結　語

本章では中国における学令講学式の形成とその日本における継承と改変の過程について述べてきた。この過程を通じて、われわれは古代日本人がいかに中国の学問を受け入れ、またそれを変形させていったかを知ることができる。日本人の中国学受容における最大の特徴は、彼らが漢語の発音を捨象している点である。清原宣賢の解説にもみたように、彼らは四声を知っていた。文章生試において常に問題となったのは詩病、つまり平仄の配置であり、そのために『作文大体』『新撰詩髄脳』などの参考書も作られたが(134)、このような学習法が日本の漢詩を著しい形式主義へと傾かせた。『宋史』日本伝に日本人の詩を「詞甚雕刻、膚浅無レ所レ取」と評したのは、その本質をよく表している。その一方で、日本人は漢詩を訓読するようになる。これを「朗詠」といい、平安中期の藤原公任『和漢朗詠集』などがその代表的な作品集であるが、これは要するに、詩の命ともいうべき韻律を、中国語の音ではなく、古代日本語の音に求めたのである。

この訓読は世界的にみてもきわめて正確な翻訳法といえるが、この訓読法の異様な発達が日本人の中国学の水準を著しく向上させたこともまた一面の事実である。奈良時代の段階で、すでに日本人は漢唐訓詁学の内容を理解していた。彼らは中国人のように「帖試」に煩わされることもなく、また日本語の論理という、中国人にない解釈の基準をもっていた。訓読は翻訳であるから、そこには当然、中国語の文献を日本語の論理によって吟味するという過程が入り込む。つまり批判的によむことができるわけで、この点は文献を鵜呑みにさせられる中国人と最も大きな相違点であるといえよう。これと同じ現象は中国人の仏典解釈でも指摘できるかもしれないが、ともあれ、本章で指摘した音読の捨象と訓読の発達という二つの特徴は、中国文化がいかに東アジアに伝播したかを考える一つの視座を与えるとともに、現在の日本中国学の特色と限界をも物語っているのではないだろうか。

註

（1）仁井田陞『唐令拾遺』（東京大学出版会、一九八三年）二七二～二七四頁、井上光貞等校注『律令』（岩波書店、一九七六年）二六三頁参照。以下、律令の引用はこれらの書による。

（2）『令集解』学令先読経文条釈説（吉川弘文館、一九七二年普及版）四四九頁。なお桃裕行『上代学制の研究（修訂版）』（思文閣出版、一九九四年）二二一～二二三頁、高明士『日本古代学制与唐制的比較研究』（学海出版社、一九八六年）一〇〇～一〇五頁参照。『令集解』は惟宗直本撰、九世紀後半に完成したとされる。

（3）『令集解』考課令進士条「古記云、帖、謂二一行三字一。以レ板覆隠令二讀過一、此板名爲レ帖也。」（六四七頁）

（4）『隋書』礼儀志四・釋奠条に「後齊制……學生毎二十日一給レ假、皆以二丙日一放レ之」とあり、また「隋制……學生皆乙日試レ書、丙日給レ假焉」とある。なお、講者の「六千言」について、後述するように、この数字は『正義』（解説）の字数であって、実際に博士が講義した単語数を数えていたわけではなかろう。例えば、このあと紹介する単疏本『毛詩正義』は四十巻、巻末に字数表記があり、一巻平均二万字前後とみると十日で六千字では一ヶ月に一巻を読了できない。『毛詩』の講説年限は二年であり、このなかに「読者」として経注を暗記する時間も含まれるとすると、かなり急いで教えなければならない計算であるから、六千字が単なる目安にすぎないことは明白である。また、『令集解』をみると、「惣試三条」の文意をめぐって混乱しているが、これは中国語の講義と日本語の講義の違いを考えれば無理もないところであろう。

(5) 『新唐書』選挙志上に「旬給二假一日。前レ假、博士考試、讀者千言試二一帖一、帖二三言一、講者二千言問二大義一條一、總三條。通レ二爲レ第、不レ及者有レ罰。歳終、通二一年之業一、口二問大義十條一、通レ八爲レ上、六爲レ中、五爲レ下。併三下與二在學九歳・律生六歳不レ堪レ貢者一罷歸」とある。

(6) 虎尾俊哉編『弘仁式貞観式逸文集成』（国書刊行会、一九九二年）七九頁。

(7) 『延喜式』（吉川弘文館新訂増補国史大系、一九五二年）五二三頁、講書条。「式部輔」は式部省の次官。『延喜式』五十巻は九二七年、藤原忠平等によって完成したが、その内容は先行する『弘仁式』四十巻（八二〇年）や『貞観式』二十巻（八七一年）の内容をも含む。拙稿「類聚の世紀」（『文史哲』二〇一二年第五期、中文）八五頁参照。

(8) 従来の教育史研究において、この点は必ずしも明白であったとはいえない。例えば、多賀秋五郎は「読者」の旬試を「読書力の考査」といい、「講者」のそれを「理解力」の試験と解している。『唐代教育史の研究』（不昧堂書店、一九五三年）一五〇頁。また、宋大川は「旬試は……読と講の二つの方式に分かれ、学生はその内の一つを任意に選ぶことができた」と述べている。『唐代教育体制研究』（山西教育出版社、一九九八年）一三三頁。

(9) 『南宋刊単疏本毛詩正義』（人民文学出版社、二〇一二年）。

(10) 神田喜一郎「飛鳥奈良時代の中国学」（『神田喜一郎全集』8、同朋舎出版、一九八七年）。

(11) 王樹民『廿二史劄記校証（訂補本）』（中華書局、二〇〇七年）一六七～一七一頁。

(12) 牟潤孫「論儒釈両家之講経与義疏」（『注史斎叢稿（増訂本）』中華書局、二〇〇九年）。

(13) 賛寧『大宋僧史略』巻上、僧講（『大正新修大蔵経』五四巻二三九頁中段）。

(14) 湯用彤校注『高僧伝』（中華書局、一九九二年）一八三頁。

(15) 〔宋〕王観国『学林』（中華書局、二〇〇六年）二四四頁。

(16) 諸城博物館・任日新「山東諸城漢墓画像石」（『文物』一九八一年一〇期）。

(17) 信立祥『中国漢代画像石の研究』（同成社、一九九六年）二一五頁。

(18) 王恩田「諸城涼台孫琮画像石墓考」（『文物』一九八五年三期）九五～九六頁。

(19) 李均明・劉軍『簡牘文書学』(広西教育出版社、一九九九年、八九～九五頁。

(20) 陳夢家「由実物所見漢代簡冊制度」(『漢簡綴述』中華書局、一九八〇年)二九三～二九四頁。

(21)『魏書』儒林伝序に「時天下承平、學業大盛。故燕齊趙魏之間、横經著錄、不レ可二勝數一」とあり(中華書局、二〇〇九年、一八四二頁)、また『北斉書』儒林伝序に「幸朝章寛簡、政網疏闊、遊手浮惰、十室而九。故横經受業之侶、遍二於鄉邑一、負笈從宦之徒、不レ遠二千里一」とある(中華書局、二〇〇九年、五八二～五八三頁)。

(22) 朱彬『礼記訓纂』(中華書局、一九九六年)一八頁。原文「若非二飲食之客一、則布レ席、席間函レ丈(謂二講問之客一也。函、猶レ容也。講問宜二相對一、容レ丈、足二以指畫一也。)」

(23) 黎翔鳳『管子校注』(中華書局、二〇〇九年)一一四五頁。原文「受業之紀、必由レ長始、一周則然、其餘則否。始誦必作、其次則已。」

(24) 朱彬『礼記訓纂』三一六頁。原文「凡侍二坐於大司成一者、遠近間二三席一、可二以問一(間、猶レ容也。容二三席一、則得二指畫相分別一也。席之制、廣三尺三寸三分、則是所レ謂函丈也)。終則負レ牆(却就二後席一相辟。)」

(25) 龔廷万ほか編『巴蜀漢代画像集』(文物出版社、一九九八年)第六一―六二図。

(26) 劉志遠等『四川漢代画像磚与漢代社会』(文物出版社、一九八三年)九九～一〇二頁。

(27) 長広敏雄『漢代画像の研究』(中央公論美術出版、一九六五年)一五三～一五四頁。

(28) 任乃強『華陽国志校補図註』蜀志(上海古籍出版社、一九八七年)一四一頁。

(29)『大唐開元礼』(光緒十二年洪氏公善堂校刊本影印、汲古書院、一九九三年)二九一頁。

(30)『大唐開元礼』二九七～二九八頁。

(31)『延喜式』五二二頁。

(32)『儀式』(『改訂増補故実叢書』三一巻、明治図書出版、一九九三年)一八四頁。『(貞観)儀式』十巻、貞観年間(八七三～八七七頃)の成立。

(33) 周錫保『中国古代服飾史』(中国戯曲出版社、一九八六年)七八～八七頁。

(34)『隋書』礼儀志に「後齊將レ講二於天子一、先定二經於孔父廟一、置二執經一人・侍講二人・執讀一人・摘句二人・錄義六人・奉經

二人一」とあって、すでに北斉の講経に執経・侍講・執読・摘句・録義・奉経の六役があり、また『晋書』車胤伝にも「孝武帝嘗講二孝經一、僕射謝安侍坐、尚書陸納侍講、侍中卞耽執讀、黄門侍郎謝石・吏部郎袁宏執經、胤與丹楊尹王混摘句、時論榮レ之」とみえ、さらに『論衡』別通篇には「經徒能摘、筆徒能疏」とあって、摘句・録義の原形が漢代にさかのぼることを思わせると同時に、これらの経徒・筆徒がまさに牟氏のいう「義疏」の筆者であることがわかるだろう。

（35）郭斉家『中国古代学校』（商務印書館、一九九八年）八五～八六頁。

（36）本来ここには、実際に文字を書き写す「書法」の指導も入っていたのだが、この点については別稿で論じたので省略する。拙稿「古代の学問と『類聚』」（『日本律令制の展開』吉川弘文館、二〇〇三年）、本書終章三三八頁参照。

（37）朱彬『礼記訓纂』学記篇、五四七頁。原文「一年視二離經辨志一、三年視二敬業樂羣一、五年視二博習親師一、七年視二論學取友一、謂二之小成一。九年知類通達、強立而不反、謂二之大成一。」

（38）朱彬『礼記訓纂』学記篇、五四九頁。原文「大學之敎也、時敎必有二正業一、退息必有二居學一。」

（39）朱彬『礼記訓纂』王制篇、一九五頁。原文「樂正崇二四術一立二四敎一、順二先王詩書禮樂一以造レ士、春秋敎以二禮樂一、冬夏敎以二詩書一。」また、文王世子篇に「凡學世子及學士必時、春夏學二干戈一、秋冬學二羽籥一、皆於二東序一。小樂正學レ干、大胥贊レ之。籥師學レ戈、籥師丞贊レ之。春誦夏弦、大師詔レ之。瞽宗秋學レ禮、執禮者詔レ之。冬讀レ書、典書者詔レ之。禮在二瞽宗一、書在二上庠一」とある（同上、三一四～三一五頁）。

（40）朱彬『礼記訓纂』曲礼上篇、二〇頁。鄭玄は「起、若二今摳衣前請一也。業、謂二篇卷一也。益、謂受レ說不レ了、欲二師更明說レ之」と注する。

（41）黎翔鳳『管子校注』（中華書局、二〇〇九年）一一四五～一一四六頁。

（42）なお、黄以周『礼書通故』学校礼通故一に「教法」の記載が集められている（中華書局、二〇〇七年）一三四三～一三五二頁。

（43）『張家山漢墓竹簡〔二四七号墓〕』（文物出版社、二〇〇一年）四六～四七頁、『張家山漢墓竹簡〔二四七号墓〕（釈文修訂本）』（文物出版社、二〇〇六年）八〇～八二頁、朱江林『張家山漢簡〈二年律令〉集釋』（社会科学文献出版社、二〇〇五年）二八〇～二八四頁。

（44）李学勤「試説張家山簡〈史律〉」（『文物』二〇〇二年第四期）。李氏が指摘するように、『説文解字』叙が引く『尉律』に本条と同じ内容がみえ（後述）、そこにはただ「學童十七以上」とある点から、後漢までにこの世襲の制限は外されたようである。なお、日本の『養老令』にも「凡大學生取二五位以上子孫及東西史部子一爲レ之」とあり、古墳時代から文字の記録を管掌してきた百済・新羅系渡来人氏族「東西史部」の子が優先的に大学に入学する資格を認められていた。

（45）曹旅寧『張家山漢律研究』（中華書局、二〇〇五年）一七五～一七七頁。

（46）『説文』叙に「自爾秦書有二八體一、一曰大篆、二曰小篆、三曰刻符、四曰蟲書、五曰摹印、六曰署書、七曰殳書、八曰隷書。漢興有二艸書一」とある。

（47）ちなみに『説文』は九三五三字であり、『史籀篇』の字数がこれを上回る可能性は低いだろう。『説文』叙に「尉律、學僮十七已上、始試レ諷二籀書九千字一、乃得レ爲レ吏。又以二八體一試レ之」といい、芸文志にも「太史試二學童一、能レ諷二書九千字以上一、乃得レ爲レ史。又以二六體一試レ之」とあるのは明らかに張家山漢簡『史律』と対応する漢律で、単純にいえば史の合格基準が高くなっているわけだが、上記の『蒼頡篇』五五章に三四章を増して作った楊雄の『訓纂』でも五三四〇字にすぎないから（顧実『漢書芸文志講疏』九〇～九一頁。上海古籍出版社、二〇〇九年）、その「九千字」という数字はかなり疑わしいものといわねばならない。

（48）李零『蘭臺萬巻』（三聯書店、二〇一一年）五九～七一頁。『北京大学蔵西漢竹書〔壱〕』（上海古籍出版社、二〇一五年）参照。

（49）王国維「漢魏博士考」（『観堂書林』巻四、中華書局、一九九九年）一七八～一八二頁。

（50）『論語』『孝経』を兼習とすることは武帝の五経博士設置以来であり、また『令集解』学令考課等級条釈説に「唐令云、孝經・論語共限二一年一、尚書・公羊・穀梁傳各一年半、周易・毛詩・周禮・儀禮各二年、禮記・左傳各三年、皆先讀二孝經・論語一、以讀二諸經一。有レ暇兼習レ書、日一紙。並讀二國語・説文・字林・三倉（蒼）・爾雅一」とある唐学令の規定は、学記の「居学」や「博習」に通ずる。このように唐の学制も古制に由来するところ少なしとしない。

（51）渡辺信一郎『天空の玉座』（柏書房、一九九六年）六三頁。「他には類例のない史料」という。なお、漢代以降の朝議では弁論内容が文書化されたという点も（二一一頁）、先述の摘句・録義と関連して注意される。

(52)　永田英正「漢代の集議について」（『東方学報』京都四三、一九七二年）参照。
(53)　私は陸法言『切韻』もこのような講論の形式を通して作られたと考えている。すなわち『切韻』序によると、開皇初年のある夜、顔之推ら八人が陸法言の家で酒を飲んでいたところ、韻書の異同に話が及び、六人がそれぞれ六部の韻書を読み上げて討論し、これを蕭該と顔之推の二人が判決して、陸法言がこれを記録した。その記録を後に整理したのが『切韻』であった。拙稿「『切韻』がつくられた夜」（『二〇〇四年分中国関係論説資料』四六号所収。論説資料保存会、二〇〇五年）参照。
(54)　牟潤孫「論儒釈両家之講経与義疏」一一二～一一三頁および一二八～一三〇頁。
(55)　『西宮記』（『改訂増補故実叢書』六巻。明治図書出版、一九九三年）一六〇～一六一頁。『西宮記』十八巻（尊経閣文庫蔵本）、源高明（九一四～九八三）撰。
(56)　『北山抄』（『改訂増補故実叢書』三一巻、明治図書出版、一九九三年）二六二頁。『北山抄』十巻、藤原公任（九六六～一〇四一）撰。その巻十の自筆草稿本が伝存する。
(57)　『江家次第』（『改訂増補故実叢書』二巻。明治図書出版、一九九三年）一四二頁。『江家次第』二十一巻、大江匡房（一〇四一～一一一一）撰。
(58)　円仁『入唐求法巡礼行記』巻二、開成四年（八三九）十一月二十二日条（『続々群書類従』第十二、国書刊行会、一九〇七年）一九八頁、白化文等『入唐求法巡礼行記校注』（花山文芸出版社、一九九二年）一九一～一九三頁。また、大谷光照『唐代の仏教儀礼』（有光社、一九三七年）六四～七〇頁参照。
(59)　堀一郎『上代日本仏教文化史』上・法要行事篇（大東出版社、一九四一年）、堀一郎「わが国学僧教育制度」（『学僧と学僧教育』未来社、一九七八年）、関山和夫『説教の歴史的研究』（法蔵館、一九七三年）一一～四九頁、海老名尚「平安・鎌倉期の論議会」（『学習院史学』三七号、一九九九年）など参照。
(60)　日本古代の大学の歴史については、桃前掲註（2）『上代学制の研究』および高明士『日本古代学制与唐制的比較研究』に詳しい。
(61)　『観音寺木簡』（徳島県埋蔵文化財センター、一九九九年）、和田萃「徳島・観音寺遺跡」（『木簡研究』二一号、一九九九年）。
(62)　胡平生・馬月華『簡牘検署考校注』（上海古籍出版社、二〇〇九年）六六～六九頁。

(63) 羅振玉・王国維『流沙墜簡』（中華書局、一九九九年）一三～一四頁、甘粛省文物考古研究所編『敦煌漢簡』上冊（中華書局、一九九一年）一九七二簡。

(64) 管振邦『顔注急就篇訳釈』（南京大学出版社、二〇〇九年）一～二頁。

(65) 但し他の三面の文字は釈読されておらず、部分的に読める字からみても『論語』と一致しないという（『観音寺木簡』一二頁）。したがって漢代の「觚」と全く同じではない（それはまた言うまでもないことだ）が、その形状からこの論語木簡を「觚」と称することは許されるだろう。なお、最近この木簡の年代を七世紀後半に引き下げる意見があるようだが、「地方豪族の学習状況を伝える」とする本文を改める必要はあるまい。

(66) 犬飼隆「七世紀木簡の国語史的意義」（『木簡研究』二三号、二〇〇一年）一八八～一九〇頁。

(67) この種の語順の誤りは七二〇年に完成した『日本書紀』などにもよくみられる。森博達『日本書紀の謎を解く』（中公新書、一九九九年）一四六～一五〇頁。

(68) 『日本書紀』天武十一年三月丙午条（『日本古典文学大系』六八巻、岩波書店、一九七九年）四五一頁。小島憲之「文字の揺れ」（『万葉以前』岩波書店、一九八六年）一八四～一九一頁参照。

(69) 七世紀末から八世紀にかけて史書にみえる音博士は続守言・薩弘恪と袁晋卿の三名のみで、みな中国人である（桃裕行『上代学制の研究』五〇～五一頁）。このうち、続守言は白村江の戦いのあと捕虜として来日し、袁晋卿は七三五年、遣唐使が連れ帰った人で、『文選』『爾雅』の音に通じ、帰化して音博士に任じたあと、大学頭にまで昇った（『続日本紀』宝亀九年十二月庚寅条）。のちに空海は晋卿を「誦二両京之音韻一、改二三呉之訛響一。口吐二唐言一、發二揮嬰學之耳目一」と高く評価した（『性霊集』巻四「為藤真川挙浄豊啓」）。

(70) 『令集解』古記は『大宝令』（七〇一年完成）の注釈書で、七五七年に施行された『養老令』以前、つまり八世紀前半（特に天平年間）の律令学を伝えるとともに、散逸した『大宝令』の条文を復原する根本資料である。

(71) 『続日本後紀』承和十二年（八四五）二月丁酉条（『新訂増補国史大系』三巻、吉川弘文館、二〇〇〇年）一七六頁。なお、大宝・養老令の段階では『左傳』のみを「大經」としたが、七九八年になって公羊・穀梁二伝を「小經」として編入された。桃前掲註（2）『上代学制の研究』八〇～八一頁参照。

(72) 日本の漢字音は一般に呉音・漢音・唐音の三種類に分けられ、これを漢字の三音という。呉音は朝鮮三国の百済から伝えられた六朝由来の古い漢字音であり、漢音は遣唐使が直接長安からもち帰ったもので、こんにち一般に用いる漢字音がこれであり、唐音は中世の禅僧などがもたらした宋元の新しい漢字音であるが、一般にはほとんど使わない。たとえば、「馬」は呉音でma、漢音でbaと読むが、この漢音は唐代長安方言にみる「非鼻音化」(ma＞mba)という音韻変化をそのまま現代に伝えたものである。

(73) 井上等前掲註(1)『律令』三〇〇〜三〇一頁。

(74) 仁井田前掲註(1)『唐令拾遺』考課令復原第五〇条、三五四頁。

(75) 呉宗国『唐代科挙制度研究』(北京大学出版社、二〇一〇年)一一七頁。

(76) 『唐会要』巻六六(中華書局、一九九〇年)一一五七〜一一五九頁、『旧唐書』巻一四九帰崇敬伝(中華書局、二〇〇八年)四〇一六〜四〇一九頁。

(77) 『古事記』応神天皇条(日本思想大系1、岩波書店、一九八九年)二一四頁。

(78) 一条兼良『令抄』学令条(『群書類従』六巻所収。続群書類従完成会、一九三二年)一五七頁。

(79) 同上。桃前掲註(2)『上代学制の研究』一二七頁参照。

(80) 『延喜式』式部式上に「凡試二白讀諸生一者、除二大學・典藥學一之外、非二奉勅宣一、不レ得二奉行一」とある「白讀諸生」は、このあとに述べる音生を指すのであろう(四八六頁)。

(81) 竹内理三編『寧楽遺文』中(東京堂出版、一九六二年)五〇八〜五三四頁。なお、鬼頭清明「天平期の優婆塞貢進の社会的背景」(『日本古代都市論』法政大学出版局、一九七七年)参照。

(82) 『日本書紀』持統十年(六九六)十二月己巳朔条「勅旨、縁レ讀二金光明經一、毎年十二月晦日、度二浄行者一十人一」(五三三頁)。得度の制度については、前掲註(59)「わが国学僧教育制度」五五七〜五六〇頁参照。

(83) 『日本紀略』延暦十二年四月丙子条(新訂増補国史大系一〇巻、吉川弘文館、一九三四年)二六七頁。

(84) 『延喜式』大学寮に「凡試二年分度者一、遣二音博士一人一、就二僧綱所一試二漢音一」とある(五二五頁)。

(85) 『類聚国史』巻一八七仏道一四度者条(新訂増補国史大系六巻、吉川弘文館、一九四四年)三一三〜三一四頁。なお、三五

歳以上という年齢制限は三年後、二〇歳以上に修正された（同上三一四頁）。

(86)『日本後紀』大同元年正月辛卯条（新訂増補国史大系三巻、吉川弘文館、一九四四年）。

(87) 韓昇『遣唐使和学問僧』（中華書局・上海古籍出版社、二〇一〇年）八三頁。

(88)『日本三代実録』貞観十七年（八七五）二月九日条（新訂増補国史大系四巻、吉川弘文館、一九四四年）三五八～三五九頁。

(89) 玉村竹二『五山文学』（至文堂、一九六二年）一七二～一七八頁。

(90) 吉川幸次郎「徂徠学案」（『荻生徂徠』日本思想大系三六巻、岩波書店、一九七三年）六四八～六五一頁。

(91)『養老令』学令大学生条に「凡大學生取二五位以上子孫及東西史部子一爲レ之。若八位以上子、情願者聽。國學生取二郡司子弟一爲レ之。〈大学生式部補。国学生国司補。〉並取二年十三以上十六以下聰令者一爲レ之」とある。

(92) 以上、職員令による。『養老令』学令博士助教条に「凡博士・助教皆取二明經堪レ爲レ師者一。書・算（博士）亦取二業術優長者一」とある。なお、「書学生」は職員令にみえず、学令書学生条にみえる。

(93) 以上、学令による。『養老令』選叙令秀才進士条に「凡秀才取二博學高才者一。明經取下學通二二經以上一者上。進士取下明閑二時務一、并讀二文選爾雅一者上。明法取下通二達律令一者上。皆須二方正清循、名行相副一」とあるように、明経・秀才・進士のほかに明法科があり、選叙令秀才出身条に「凡秀才出身、上上第正八位上、上中正八位下。明經、上上第正八位下、上中從八位上。進士、甲第從八位下、乙第及明法甲第大初位上、乙第大初位下。其秀才・明經得二上中以上一有レ蔭及孝悌被二表顯一者、加二本蔭本第一階一叙。其明經通二二經一以外、毎二一經一通加二一等一」というように、合格者は位階を授けられて官吏となった。

(94) 桃前掲註（2）『上代学制の研究』七四頁参照。

(95)『令集解』官位令所引神亀五年七月廿一日格、一八～一九頁。この時、明経科にも「直講三人」が増員され、直講・律学博士・文章博士とともに明経の助教の地位に準ずることとなった。

(96)『令集解』職員令大学寮条に「天平二年（七三〇）三月廿七日奏、……明法生十人・文章生二十人、簡二取雜任及白丁聰慧一、不レ須レ限二年多少一也。得業生十人（明經生四人・文章生二人・明法生二人・算生二人）、並取二生内人性識聰慧・藝業優長者一、賜二夏人別絁一疋・布一端、冬絁二疋・綿四屯・布二端一。食料米日二升、堅魚・海藻・雜魚各二兩、鹽二夕。天平（延暦）廿一年（八〇二）六月八日格云、明法生元十人、二十人今定。算生元三十人、二十人今定」とある（八〇頁）。

(97) ここにいう「道」とは課程の意であって、これが後に芸術の「道」（芸道）の意に転じたのであろう。
(98) 『続日本紀』天平二年三月辛亥条（新日本古典文学大系一三巻、岩波書店、一九九〇年）二三〇〜二三三頁。なお、この時通訳養成課程をも設けている。「又諸蕃異域、風俗不レ同。若無二譯語一、難二以通一レ事。仍仰二粟田朝臣馬養・播磨直乙安・陽胡史眞身・秦忌寸朝元・文元貞等五人一、各取二弟子二人一、令レ習二漢語一」。
(99) 井上等前掲註（1）『律令』三〇二頁。
(100) 仁井田前掲註（1）『唐令拾遺』考課令復原第五二条、三五五〜三五六頁。
(101) 『延喜式』大学寮、五二三頁、『唐令拾遺』学令復原七条、二七六頁。
(102) 井上光貞「日本律令の成立とその注釈書」（前掲註（1）『律令』所収）七八〇〜七八一頁。
(103) 吉川真司『聖武天皇と仏都平城京』（講談社、二〇一一年）一三〇〜一三二頁。当時の日本の人口は約四五〇万人であるから、この疫病で一〇〇〜一五〇万人が死んだことになり、この死亡率は中世ヨーロッパ社会を激変させたペスト流行と匹敵するものという。
(104) 青木和夫「古記の作者について」（『日本古代の政治と人物』吉川弘文館、一九七七年）。
(105) 『令集解』学令経周易尚書条、四四七頁。
(106) 蒋礼鴻『敦煌変文字義通釈』（上海古籍出版社、一九八八年）四九二〜四九四頁。
(107) 楊樹達『詞詮』（中華書局、二〇〇四年）一一五〜一一六頁。
(108) 『養老令』考課令秀才条および進士条、井上等前掲註（1）『律令』三〇〇〜三〇一頁。
(109) 呉宗国前掲註（75）『唐代科挙制度研究』二二一〜二二五頁。
(110) 桃前掲註（2）『上代学制の研究』八六頁。また高前掲註（2）『日本古代学制与唐制的比較研究』二八五〜二八六頁参照。
(111) 前掲註（96）『令集解』職員令大学寮条「天平二年三月廿七日奏」。
(112) 『続日本紀』天平十一年（七三九）八月丙子条に「太政官處分、式部省蔭子孫并位子等、不レ限二年之高下一、皆下二大學一向學問焉」とあり（三五四頁）、留省する（未就職の）五位以上の子孫および六位以下八位以上の嫡子に大学入学を義務づけた。さらに、『日本後紀』大同元年（八〇六）六月壬寅条には「又勅、諸王及五位已上子孫十歳以上、皆入二大學一、分レ業教習」として、五位以上子孫の皆学を義務づけたが、これはさすがに行き過ぎであったようで、八一二年に撤回された。しかし八二四年には再び「宜㆔五位已上子孫、年廿以下者、咸下㆓大學寮㆒」という命令が出ている。『類聚三代格』巻七公卿意見事（新訂増補国史大系二五巻、吉川弘文館、一九七四年）二八四頁。

（113）『本朝文粋』巻二官符「応補文章生并得業生復旧例事」（新日本古典文学大系二七巻、岩波書店、一九九二年）一四五〜一四六頁。

（114）『類聚三代格』巻五弘仁十二年（八二一）二月十七日格、二三三頁。

（115）『延喜式』大学寮講書条に「三史・文選各准㆓大經㆒」とある（五二三頁）。三史はいうまでもなく『史記』『漢書』『後漢書』を指し、天平年間に吉備真備が三史を大学の教科に組み入れたといい（桃前掲註（2）『上代学制の研究』三七〜三九頁）、この三史を担当する教官として八〇八年に紀伝博士が置かれたが、八三四年にはこれを文章博士と変更して（『類聚国史』巻一〇七大学寮、六一〜六二頁）、その定員を二人とした。

（116）小島憲之『上代日本文学と中国文学』上（塙書房、一九八八年）四〇〇〜四〇二頁。

（117）小島憲之「上代官人の『あや』その二」（『万葉以前』）。なお、八二七年完成の『経国集』（『群書類従』八輯所収。続群書類従完成会、一九三二年）には平安初期までの対策文二六篇を収める。

（118）『正倉院文書』続々修二六帙五裏、『大日本古文書』二四巻（東京大学出版会、一九八三年）五五五頁。

（119）『正倉院文書』続々修四四帙一〇巻、『南京遺芳』（八木書店、一九八七年）第二九図。

（120）内藤乾吉「正倉院古文書の書道史的研究」（『正倉院の書蹟』日本経済新聞社、一九六四年）三六頁。

（121）東野治之「奈良時代における『文選』の普及」（『正倉院文書と木簡の研究』塙書房、一九七七年）二〇〇〜二〇一頁参照。

（122）『続日本後紀』承和七年（八四〇）四月戊辰条、参議藤原常嗣卒伝（新訂増補国史大系三巻、吉川弘文館、一九四四年）一〇一頁。藤原常嗣は最後の遣唐大使。

（123）築島裕「文選読」（『平安時代の漢文訓読語につきての研究』東京大学出版会、一九六五年）。

（124）小林芳規『平安鎌倉時代に於ける漢籍訓読の国語史的研究』（東京大学出版会、一九六七年）第二章第六節、また序章第二節も参照。

(125)『江談抄』六（新日本古典文学大系32巻、岩波書店、一九九七年）五四五頁。

(126)「七經輪轉講」については『江家次第』⑦に「孝經・禮記・毛詩・尚書・論語・周易・左傳、輪轉講レ之」とあり、これは学令の七経より『周礼』と『儀礼』を削り、『論語』『孝経』を入れたものだが、毎年二・八月に行う釈奠ごとに一経ずつ順番に講論することをいう。

(127) 弥永貞三「古代の釈奠について」（『日本古代の政治と史料』高科書店、一九八九年）、臺蔵明「平安朝釈奠に於ける『七経輪転』の一考察」（『皇學館論叢』八一四号、一九七五年）参照。

(128)「昔漢明帝聚二諸儒於白虎觀一、講二論五經疑義一。我朝承和聖主、當二仲秋釋奠一、翌日召二明經儒士并弟子等於紫宸殿一、解二釋滞疑一、以成二流例一。餘列侍臣、傾レ耳感レ心。白虎觀中談義日、紫宸殿上解レ疑時。永平故事承和例、累代相傳不レ失レ期。」大江匡衡『江吏部集』中・帝徳部（『群書類従』第九輯）二二七頁。倉林正次「釈奠内論義の成立」「釈奠内論義の構成」（『饗宴の研究（歳事索引編）』桜楓社、一九九二年）参照。

(129) 古田東朔・築島裕『国語学史』（東京大学出版会、一九七二年）二九頁以下。また、桃前掲註（2）『上代学制の研究』三四八頁以下参照。なお、「ヲコト」とは訓読の際に付加する助辞のこと。

(130)『江家次第』巻一七・御読書始事、四四八〜四五一頁。

(131)『西宮記』巻一一・読日本紀、一七〇頁。

(132) 清原宣賢講述『毛詩抄（一）』（岩波文庫、一九四〇年）四九頁。

(133) 雒江生編著『詩經通詁』（三秦出版社、二〇〇〇年）一〜二頁参照。また清原宣賢については王暁平『日本詩經學文獻考釋』（中華書局、二〇一二年）三五二〜三五七頁参照。なお現在、日本の汲古書院より「清原宣賢漢籍抄翻印叢刊」が刊行中である。

(134) 小沢正夫「作文大体の基礎的研究」（『説林』一一号、一九六三年）、山崎誠「智山書庫蔵『作文大体』翻刻と解題」（『国文学研究資料館文献資料部調査研究報告24』二〇〇三年）など参照。

〔補注〕『史律』の試験方法について、本文では「能く書五千字以上を風（諷）ずれば」とよみ、「書」は『史籀』をさすと解したが、「書」を書くという意味にとって「能く五千字以上を風（諷）書すれば」ともよめる（大西克也教授のご教示による）。これは書法（八体）の試験とは別に、答案を書かせたという解釈であるが、そのばあいでも五千字をそのまま書かせたのではなく、やはり「帖試」の形をとったのではないかと思われる。

第十章　「変若水」考――元正天皇「養老行幸」をめぐって

はじめに――女帝の世紀

七世紀から八世紀、中国では隋唐帝国が台頭し、朝鮮半島では高句麗・百済が滅亡して統一新羅が成立した頃、日本では首都を奈良盆地の飛鳥や平城に置き[1]、遣隋使や遣唐使を派遣して中国の律令と文物を直接学びはじめた。聖徳太子の政治改革（憲法十七条制定・冠位十二階施行、六〇四年）から大化改新（六四六年）をへて『飛鳥浄御原令』（六八九年）『大宝律令』（七〇一年）『養老律令』（七一八年完成・七五七年施行）へと律令体制が形成される一方、七世紀前半の「飛鳥文化」からその後半の「白鳳文化」へと着実に唐の文化を吸収して、八世紀の奈良の都に「天平文化」が花開き、日本古代の政治制度と文化芸術はここに一つの頂点を迎えた。しかし、この時期は同時に「女帝の世紀」と呼ばれ、政変が頻発する不安定な時代でもあった。日本最初の女帝推古天皇（五九二～六二八年）にはじまり、皇極（六四二～六四五年）・斉明天皇（重祚、六五五～六六一年）、持統天皇（六八六～六九七年）、元明天皇（七〇七～七一五年）、元正天皇（七一五～七二四年）、そして孝謙（七四九～七五八年）・称徳天皇（重祚、七六四～七七〇年）と延べ八代六人の女帝が王位にあった。[2] このあと江戸時代の明正天皇（一六二九～一六四〇年）まで女帝は現れず、後桜町天皇（一七六二～一七七〇年）を最後に姿を消して、今に至る。

本章ではこの古代女帝のうち、元正天皇の「養老行幸」に注目して、当時の養生思想と習俗の一端を明らかにしたい。

一　元正天皇と養老行幸

元正天皇は天平二十年（七四八）に六九歳で崩じた。したがって天武九年（六八〇）の生まれで、『続日本紀』巻七冒頭に、(3)

日本根子高端淨足姫天皇、諱氷高、天渟中原瀛眞人（天武）天皇之孫、日並知（草壁）皇子尊之皇女也。天皇神識沈深、言必典礼。

とあり、また同書霊亀元年（七一五）九月庚辰条、母元明天皇の譲位詔には、

一品氷高内親王、早叶㆓祥符㆒、夙彰㆓徳音㆒、天縦寛仁、沈静婉孌、華夏載佇、謳訟（頌）知㆑歸。今傳㆓皇帝位於内親王㆒。公卿百寮、宜㆔悉祇奉以稱㆓朕意㆒焉。

とある。いずれも常套の賛辞だが、穏やかでつつしみ深い女性であったらしい。ただ一点だけ、「婉孌」の語は『詩経』斉風・甫田篇に、

婉兮孌兮、総角丱兮。未㆑幾見兮、突而弁兮。

とある詩に出て、毛伝に「婉孌、少好貌。總角、聚㆓兩髦㆒也」とあるように、総角の児童の美しさをいう。即位の時すでに三六歳の元正天皇の形容としてはそぐわないが、中年女性の可愛らしい美貌をそのように形容したものと考えておく。

即位から二年後の霊亀三年（七一七年）九月、元正天皇は美濃国（今の岐阜県）多度山の美泉を見に出かけた。こ

れが「養老行幸」である。

丁未（十一日）、天皇行二幸美濃國一。戊申（十二日）、行至二近江國一、觀二望淡海一。山陰道伯耆以來、山陽道備後以來、南海道讃岐已來、諸國司等詣二行在所一、奏二土風歌儛一。甲寅（十八日）、至二美濃國一。東海道相模以來、東山道信濃以來、北陸道越中以來、諸國司等詣二行在所一、奏二風俗之雜伎一。丙辰（二十日）、幸二當耆郡一、覧二多度山美泉一。賜二從駕五位已上物一各有レ差。戊午（二十二日）、賜二從駕主典已上及美濃國司等物一有レ差。郡領已下雜色卌一人、進二位一階一。又免下不破・當耆二郡今年田租及方縣・務義二郡百姓供二行宮一者租上。癸亥（二十七日）、還至二近江國一。賜二從駕五位已上及近江國司等物一各有レ差。郡領已下雜色卌余人、進二位一階一。又免下志我・依智二郡今年田租及供二行宮一百姓之租上。甲子（二十八日）、車駕還レ宮。

九月十一日、女帝は平城京から琵琶湖（淡海＝近江）に遊び、その東岸に沿って美濃国に入り、二十日から七日間ほど美泉に遊んで平城京に戻った。この遊覧に先立ち、近江で山陰・山陽・南海道諸国が「土風歌儛」を、美濃では東海・東山・北陸道諸国が「風俗之雑伎」を奏した点が注意される(4)。

そして十一月十七日、女帝は美泉を「大瑞」とみなして改元を宣言する。

天皇臨レ軒詔曰、「朕以二今年九月一、到二美濃國不破行宮一、留連數日。因覧二當耆郡多度山美泉一、自盥二手面一、皮膚如レ滑。亦洗二痛處一、無レ不二除愈一。在二朕之躬一、甚有二其驗一。又就而飲二浴之一者、或白髪反レ黑、或頽髪更生、或闇目如レ明。自餘痼疾、咸皆平愈。昔聞、『後漢光武時、醴泉出。飲レ之者痼疾皆愈』。符瑞書曰、『醴泉者美泉、可二以養レ老、蓋水之精也』。寔惟、美泉即合二大瑞一。朕雖二庸虚一、何違二天貺一。可下大二赦天下一、改二靈龜三年一、爲中養老元年上」

ここで天皇は「臨軒」、つまり百官の前に姿を現して、美泉の効能により痛みが消え、手や顔の皮膚が滑らかになったと言っている(5)。こう聞けば誰もが「春寒賜レ浴華清池、温泉水滑洗二凝脂一」という白居易の「長恨歌」（八〇六年）を思い出すであろうが、当時まだ楊貴妃（七一九〜七五六）は生まれていない。なお、ここに引かれる「醴泉」の故事はみな『太平御覧』巻八七三・醴泉部にみえている。

東觀漢記曰、光武中元元年、祠二長陵一、還（洛陽宮）、醴泉出二（於）京師一。飲レ之者痼疾皆愈也。[6]

孫氏瑞應圖曰、醴泉者水之精也、味甘如レ醴。泉出流所レ及草木皆茂、飲レ之令二人壽一也。

白虎通曰、德至二淵泉一、則醴泉湧。醴泉者美泉也、狀如二醴酒一、可二以養一レ老也。[7]

『太平御覧』（九八四年完成）は北宋の類書だが、北斉の『修文殿御覧』など先行事典類を編集したもので、[8]その百五十年前に日本で編纂された同じ千巻の類書『秘府略』（八三一年・滋野貞主撰、現存二巻）の内容とも一致する。「養老改元」詔の作者が、このような類書をみて作文したことは間違いない（ゆえに文中の「符瑞書」が何であるかを詮索する必要もない）。また、祥瑞を大・上・中・下の四等に分け、醴泉が大瑞にあたることは『唐六典』および日本の『延喜式』にみえている。[9]

こうして元号を「養老」に改めた翌十二月には、

丁亥（二十二日）、令下美濃國立春暁挹二醴泉一而貢中於京都上、爲二醴酒一也。

とあって、醴泉の水を平城まで取り寄せている。よほどお気に召したのであろう。明けて養老二年二月、女帝はまたこの醴泉に出かけている。

二月壬申（七日）、行二幸美濃國醴泉一。甲申（十九日）、從駕百寮至二于輿丁一、賜二絁・布・錢一有レ差。己丑（二十四日）、行所二經至一美濃・尾張・伊賀・伊勢等國郡司及外散位已上、授レ位賜レ祿各有レ差。三月戊戌（三日）、車駕自二美濃一至。

今回は琵琶湖を経由せず、奈良の都から伊賀・伊勢（いまの三重県）をへて美濃の醴泉に直行した。前回より長い、一月近い遊覧であったが、前回行われた東西諸国の歌舞演奏は行われなかった。

以上が『続日本紀』に伝えられる、元正天皇「養老行幸」の全容である。

二　「醴泉」と「変若水」

「養老行幸」は霊亀から養老への改元をともなう、政治的にも重要な行事であったが、その核心にあったのが「當耆郡多度山美泉」、すなわち醴泉である。

元正天皇が訪れた美濃国当耆郡多度山の醴泉は現在、岐阜県養老郡養老町にあり、一般に「養老の滝」の名で知られている。名古屋を擁する濃尾平野の西壁、その山並みを養老山地といい、その北部に養老山があって、今は養老公園となっている。さらに北へ行くと、戦国末期の天下分け目の戦いの舞台として知られる関ヶ原があり、古代には不破の関といった。不破の関は、中央政府の有事の際にこの不破（東山道）と伊勢の鈴鹿（東海道）、そして越前の愛発《あらち》（北陸道）の「三関」を封鎖して反乱を防遏したもので、女帝が「朕以二今年九月一、到二美濃國不破行宮一、留連數日」といっている行宮はこの地に置かれた。一方、「又免二不破・當耆二郡今年田租一」といっているのは、不破と同様、当耆郡すなわち醴泉の近くにも行宮が設置され、その造営に当地の百姓が徴発されたからであろう。

天平十二年（七四〇年）の秋、九州で勃発した藤原広嗣の乱に対し、聖武天皇は「有レ所レ意」として「関東」すなわち鈴鹿・不破以東の諸国を巡歴した。これを「関東行幸」といい、またその後天平十七年まで平城京に帰らなかったことから「彷徨の五年間」といわれるが、その冒頭に天皇は美濃の「多藝行宮」に立ち寄り、そこで大伴東人が和歌を詠んでいる。

古《いにしへ》ゆ人の言ひける老人《おいひと》の変若《をつ》とふ水そ、名に負ふ滝《たぎ》の瀬（『万葉集』巻六・一〇三四番）

これこそ養老の滝を詠んだ作品であり、「この有名な滝は、古来言い伝えてきた、老人が若返る（をつ）という水だよ」という意味の、五七調・四句切れの和歌であるが、歌に「滝」といい、行宮の地を「多藝」「當耆」という。とも

に古語でタギ tagi と訓み、「名に負ふ」とあるから、郡名のタギはこの養老の滝から取られたのであろう。(10)

そして、ここに若返りの水が詠まれている。『万葉集』の原文に「変若」とあり、これを「をつ」と訓む。『万葉集』には他にも若返りの水が詠まれていて、

わが袂《たもと》まかむと思はむ大夫《ますらを》は変水《をちみづ》求め白髪生ひにたり（巻四・六二七番）

白髪生ふる事は思はず、変水はかにもかくにも求めてゆかむ（巻四・六二八番）

天橋も長くもがも、高山も高くもがも、月夜見《つくよみ》の持てる越水《をちみづ》い取り来て公《きみ》（君）に奉りて越《を》ち得てしかも（巻十三・三二四五番）

このように「変水」「越水」と書かれている。「越」はヲチ wöti の訓仮名、「変」は一〇三四番歌にいう「変若」の省筆であろう。三二四五番歌では「越ち得」と動詞に用いている。

このヲチはヲトコ（男）・ヲトメ（乙女）のヲト wötö を活用した形で、コとメは男女の意味であるから（例、彦ヒコ・姫ヒメ）、ヲトは若いという意味で、これが動詞になって、若くなる、若返るという意味になったのであろう。(11)

このように、日本古代では若返りの水を「をち水」といい、「変若水」と書いた。これが欧米の伝説にいう「青春（若返り）の泉 Fountain of Youth」と同様の、日本の古い霊水信仰であろうというのが一般的な見方である。しかし、この見方には大いに疑問がある。

三　立春「若水」考

『延喜式』巻四十・主水司に、

御生氣御井神一座祭〔中宮准レ此〕。

五色薄絁各二尺、倭文二尺、木綿一斤、鍬一口、酒五升、糟米飯各一斗、鰒・堅魚・腊各一斤、海藻二斤、鹽三升、商布一段〔已上祭料〕。

絹篩一口〔一尺五寸〕、缶一口、土椀一合〔加レ盤、下皆准レ此〕、片盤五口〔已上汲レ水料〕。

右随二御生氣一擇二宮中若京内一井堪レ用者一定。前冬土王、令二牟義都首渫治一即祭レ之。至二於立春日昧旦一、牟義都首汲レ水付レ司擬二供奉一。一汲之後廢而不レ用。

春宮坊御生氣汲水料雜器、絹篩一口〔一尺五寸〕、缶一口、土垸一合〔備レ盤〕、片盤五口。

とあって[12]、冬の土王（土用）の日に「生氣」に該当する宮中ないし京内の井戸の神を祭り、立春の朝にこの井戸から水を汲み、主水司から天皇・皇后・皇太子に奉る行事があった。このことは、平安時代の天皇御所に設置された『年中行事御障子文』（八八五年）にも、

立春日、主水司獻二立春水一事。

とみえて[13]、平安前期（九世紀）から行われていたことが明らかであり、また、平安後期の大儒大江匡房（一〇四一～一一一一）の『江家次第』巻一には、

供二立春水一事。舊年封二御生氣方人家井一、一用之後廢而不レ用レ之。自二御厨子所一付二臺盤所女房一、供二之於朝餉一、土高坏上置二折敷一〔押二紙面一〕、大土器盛二立春水一、居〔据〕二折敷一供レ之。陪膳居〔据〕二之於高坏上一。一度飲御、畢撤レ之。

とあり[14]、また前掲『年中行事御障子文』に注釈を加えた年代不詳の『年中行事』にも、

立春水、主水司先舁二立於弓場殿一、入二大瓶一立二於三几丁之上一。次充二供御一。

立春日、主水司獻二立春水一事〔謂二之若水一〕。主水司、舊年土用以前、擇二御生氣方宮中井京内井一祭レ之、不レ可二他用一。立春早旦、令二牟義都首〔人姓也〕一汲、盛二之於白土瓶一居〔据〕レ臺〔件臺以二日蔭一巻レ之〕。官人以下令レ

昇付二女官一、女官盛調付二女房一、女房〔着二釵子一、不二髪上二〕於二朝餉御座一供レ之。主上向二生氣方一飲御〔件水者盛二土器一、居二折敷一而押二白綾一、居二土高坏一。二本各居二一所二〕。

とあって、[15]天皇に献上する作法がやや詳しく書かれている。これらによると、立春の水を「若水《わかみづ》」といい、この水を「白土瓶」に入れて運び込み、「大土器」に注いで天皇に渡す。天皇は御所の朝餉間で「生氣方」という吉方《えほう》を向いて一口飲む。[16]ここで、食器に全て土器を用い、[17]また土瓶を置く台に「日蔭」（新嘗祭などに用いる飾り）を巻いていることから、一見して由来の古い儀式であることを思わせるが、「生氣」という陰陽家の知識を用いていて、比較的新しい要素も混在する。

諸家はこの立春の「若水」を養老行幸の「醴泉」に結びつけて理解する。[18]まず、行幸のあと「令下美濃國立春暁挹二醴泉一而貢中於京都上」とあって、立春に醴泉の水を取り寄せている。つぎに、若水を汲む「牟義都首」が美濃の豪族であり、養老行幸では行宮を置いた不破・当耆二郡とともに「方縣・務義二郡百姓供二行宮一者」の田租も免じたが、この「務義」こそ「牟義都首」の本拠地、美濃国武芸郡である。つまり、これは養老行幸に「牟義都首」が奉仕したことを暗示し、そのあと立春に醴泉の水を貢献したのもかれらであって、これが「若水」の儀の濫觴となった。ちなみに、「若水」の民俗は全国に分布する。[19]

このように、養老行幸の「醴泉」と宮廷行事の「若水」を結びつける根拠は、行幸後の立春に醴泉の水を京進させた記事と、若水を汲む「牟義都首」の二点にあるが、結論からいうと、この推論は成立しない。まず、「令下美濃國立春暁挹二醴泉一而貢中於京都上」という記事だが、この記事はつづけて「爲二醴酒一也」と書いている。「爲」は造るの意味である。

『延喜式』造酒司には天皇に供御する「御酒」「醴酒」「御井酒」などの材料や醸造法についてくわしく書いているが、[20]このうち醴酒は、

醴酒者、米四升・蘗二升・酒三升、和合醸造、得二醴九升一、以レ此爲レ率、日造一度、起二六月一日一盡二七月卅日一、
供二日六升一（中宮准レ此）。

とあるように、夏に飲む甘酒である。先にふれた『延喜式』治部省・祥瑞条でも、「醴泉（美泉也。其味美甘、狀如二醴酒一）」とあり、してみると、元正天皇は醴泉の水が甘かったので、醴酒を造る水にふさわしいと思い、わざわざ取り寄せたのであろう。つまり、この水は天皇が直接飲むものではない。したがって、「若水」とは直接関係がない。

しかし、醴泉の水をわざわざ「立春暁」に汲ませたのは、[21]むしろ「若水」の風習を前提に、そう命じたと考える根拠となる。つまり、養老行幸のあと「若水」がはじまったのではなく、それ以前から「若水」の風習は存在したと考える。その根拠が「牟義都首」である。

日本では大化改新以前を「大化前代」と呼び、中国の律令体制を導入したあとの時代と区別する。その大化前代の朝廷では大夫—伴造制という原始官制が組織され、[22]氏族制社会を基礎に各氏族の代表が王権に奉仕していた。これを「負名氏（なおいのうじ）」といい、例えば、中臣氏と卜部氏は神官《かむづかさ》となり、高橋氏は内膳司《かしわで》として天皇の食膳に奉仕した。美濃の牟義都氏は、おそらく水取《もひとり》として宮廷の井戸を管理してきたのであろう。この大化前代からの職務に、立春という暦の知識が加わり、[23]のちに「生気」といった方忌みの風習も加わって、「立春水」の行事が形成された。方忌みの導入は平安前期に下るだろうが、[24]立春の行事としては養老以前に成立していた。これはおそらく仏教の「閼伽水」「井華水」の風習が影響しているのであろう。[25]そして、「若水」の語は長元年間（一〇二八～一〇三七）成立とされる歴史物語『栄華物語』の巻名としてみえる例が古く、おそらく正月の子日に「若菜《わかな》」を摘む風習が平安中期より盛んに行われ、[26]そこから立春水を「若水」と呼ぶようになったのであろう。鎌倉初期（十三世紀）の成立とされる『年中行事抄』に、

立春日、主水司獻二立春水一事。女官傳供レ之。於二朝餉一向二御生氣方一飲御之。咒云、「万歳不變水、急々如律令」。

女房稱二之若水一。

とあり(27)、「若水」は女房（侍女）から出た呼称とする。つまり「変若水」から「若水」になったのではない。また、天皇が若水を飲むとき唱える咒文に「不變水」とあるが、これは「不老」の意味で「不變」と言っているのであろう。つまり「不變水」もまた「変若水」から出たのではない。もとより「万歳不變水」というのは咒文としても変則的で、決して古いものではあるまい。

結局、養老の「醴泉」と立春の「若水」は直接関係がない。ただ後者が牟義都首の名に負う古い行事であり、その立春の水を汲むのと同じ作法で、醴泉の水を汲んでこさせたというにすぎない。そもそも牟義都首が立春の水を汲むのは「宮中若京内」の井戸であって、養老の醴泉などではない(28)。そして醴泉の水は醴酒を造るためにもってこさせたのであり、また立春の水はおそらく仏家の「閼伽水」の風習をまねたものと思われる。

四　「月夜見の持てる変若水」

「若水」は「変若水」から出たのではない。「若水」は立春水、つまり新しい水であり、これに「生気」という辟邪招福の作用を加えたものである。一方、「変若水」は不老不死の水であり、養老の醴泉がそれであったことはすでに『万葉集』の和歌により確認した。これまでの学説では、「変若水」と「若水」を結びつけることで、不老不死の水の民俗が日本の古今東西に遍在すると考えてきた。これに対して私は「変若水」と「若水」の関係を断ち切り、不老不死の水の民俗を否定するつもりなのである。

史上、醴泉がはじめてみえるのは、『日本書紀』持統七年（六九三）十一月条に、

己亥（十四日）、遣二沙門法員・善往・眞義等一、試飲二近江國益須郡醴泉一。

とあり、翌年三月に、

己亥（十六日）、詔曰、「粵以二七年歳次癸巳一、醴泉涌二於近江國益須郡都賀山一。諸疾病人停二宿益須寺一而療差者衆。故入二水田四町・布六十端一、原二除益須郡今年調役雑徭一。國司頭（長官）至レ目（四等官）、進二位一階一。賜下其初驗二醴泉一者葛野羽衛・百濟士羅々女、人絁二匹・布十端・鍬十口上」。

とある記事で、(29) その発見者が百済士羅々女という渡来人であること、疾病に効果があると聞いて三人の僧侶を派遣し試飲させていることから考えて、この記事はおそらく日本人が醴泉の効能を認識した最初のものと考えてよいだろう。(30) つまり「変若水」なるものの存在を、七世紀末までの日本人は知らなかった可能性が高い。

また、「をち水」とか「をつ」という言葉の用例も、ほぼ『万葉集』にしかみえない。例外は『延喜式』祝詞の「出雲国造神賀詞《かむよごと》」に、

彼方《をち》の古川岸《ふるかわぎし》、此方《こち》の古川岸に生《お》ひ立つ若水沼間《わかみぬま》の、いや若《わか》えに御《み》若えまし、すすぎ振るをどみの水の、いやをちに御《み》をちまし、……

とあるのがほぼ唯一で、(31) ほかは「をちかへる」という複合動詞の例である。

ほととぎすをちかえり鳴け、うなゐ子がうち垂れ髪の五月雨の空（『拾遺集』一一一六番）

これは『古今和歌集』（九〇五年）撰者の一人、凡河内躬恒の作品であるが、(32) この「をちかえり」は若返りの意味ではなく、帰ってくる、くり返しの意味に用いている。

石綱のまたをちかへり青丹よし奈良の都をまたも見むかも（巻六・一〇四六番）

ふたたび『万葉集』にもどると、これは天平十二年（七四〇年）の恭仁京遷都後、「彷徨の五年間」に詠まれた「傷二惜寧楽（平城）京荒墟一作歌三首（作者不審）」の一首で、「岩を這う蔓が春に生き返るように、あの美しい奈良の都をまた見たい」という意味だが、この「またをちかへり」は「また帰ってきて」という意味にもとれ、躬恒の歌の用法

に近い。「よみがえる（生き返る）」が「黄泉・帰る（黄泉の世界から帰ってくる）」という意味であるように、「をちかへる」のヲチは上の神賀詞にもみたように「彼方 wöti」と同音なので、「彼方・帰る（遠くから帰ってくる）」という意味にもとれる。躬恒は実際、そのように理解して用いているのだろう。つまり、「をち」は平安時代の歌人にとってもすでに意味のわからない歌語（うたことば）なのであった(33)。

してみると、「をち」とか「をち水」という言葉は奈良時代の、それも天平年間を中心とする、ごく短い間に流行した言葉であったことがわかる(34)。

わが盛《さか》りいたくたちぬ、雲に飛ぶ薬食《は》むともまたをちめやも（巻五・八四七番）

雲に飛ぶ薬食むよは都見《み》ば賤《いや》しき我が身またをちぬべし（巻五・八四八番）

天平二年（七三〇）正月、大宰帥大伴旅人が大宰府の自邸で開いた梅花の宴の和歌三二首に付随する「員外思故郷歌両首」で、老いや賤しさを嘆きつつ、飛雲の仙薬を食べて若返るということを歌う。おなじ頃、大宰府にいたとおぼしい「大伴宿祢三依離復相歡歌」。

我妹子《わぎもこ》は常世《とこよ》の国に住みけらし、昔見《み》よりをちましにけり（巻四・六五〇）

ここでは恋人の若さを「常世の国」に託して歌っている。常世の国は記紀神話において少彦名神《スクナビコナ》の住む国とされ、海の彼方の異郷という意味であったが、その名前「トコヨ」が永久不変の世界という意味であり、かつ少彦名神が大《オオ》国主神《クニヌシ》の「国造り」を助けて「復爲二顯見蒼生及畜産一、則定二其療レ病之方一。又爲レ攘二鳥獸・昆虫之災異一、則定二其禁厭之法一。是以百姓至レ今咸蒙二恩頼一」とされ（『日本書紀』神代上・第八段）、医療および農業の神とみなされたことから、中国の神仙思想と習合して「蓬萊山」に擬され、不老不死の世界を意味した。その意味で、上の歌は「彼方《をち》帰り」の歌ともいえる。

これらの歌は天平年間に「をち」を用いた和歌であるとともに、仙薬や仙界をモチーフにした歌であるが、ここで

あらためて「をち水」の用例をふりかえると、

わが袂《たもと》まかむと思はむ大夫《ますらを》は変水《をちみづ》求め白髪生ひにたり（巻四・六二七番）

白髪生ふる事は思はず、変水はかにもかくにも求めてゆかむ（巻四・六二八番）

これは佐伯赤麻呂という男と「娘子」の贈答歌で、娘がまず「あなたは変若水を求めて、反対に白髪になってしまった」と皮肉をいい、これに対して赤麻呂は「白髪のことは気にせず、これからも変若水を求めてゆこう」と応じている。ここでは変若水が常世のような仙界にあるものとして歌われている。一方、

天橋も長くもがも、高山も高くもがも、月夜見《つくよみ》の持てる越水《をちみづ》い取り来て公《きみ》（君）に奉りて越《を》ち得てしかも（巻一三・三二四五番）

この歌では変若水が「月夜見」の手にある。月夜見は記紀にいう「月読命」、「国生み」のあと伊弉諾《イザナキ》命の「御禊《みそぎ》」によって生まれた三貴子の一人であるが、姉の天照大神《あまてらすおおみかみ》や弟の須佐之男《スサノヲ》命にくらべると、あまり存在感のない神である。「夜の食国《をすくに》」を支配し、(35)保食神《うけもち》を斬って五穀を出した、というのが月読命の主な業績であり、上述の少彦名神とちがって不老不死の属性はない。したがって、変若水をもつ「月夜見」は月読命ではなく、月の神という一般名詞の意味であろう。すでに指摘されているように、(36)『淮南子』覧冥篇に、

羿請二不死藥於西王母一、姮娥竊以奔レ月、悵然有レ喪、無二以續レ之。

とあり、(37)『初学記』天部には、

淮南子曰、羿請二不死之藥於西王母一、羿妻姮娥竊レ之奔レ月、託二身於月一、是為二蟾蠩一、而為二月精一。

とある、(38)月の女神姮娥（嫦娥）が「月夜見」の正体であると思われる。

今先に答えを出してしまったが、「月夜見の持てる変若水」は通常、「月の盈欠《みちかけ》を死と復活とに擬し、そこから、月に若返りの水の存在が想像されている」とし、(39)あるいはこれを「想像」にとどめず、「若水」の行事と結びつけて、日

本の古い民俗ないし信仰として位置づけられてきたのである。(40)

確かに、大化前代の祭祀には、予祝―収獲（祈年祭―新嘗祭）の年中行事のルーティンとともに、神今食《かむいまけ》（神祭り）―大祓《おおはらえ》という「月次祭《つきなみさい》」のルーティンがあり、(41)それは朔日《ついたち》（月立ち）の神祭りにより原始のパワーを回復し、晦日《つごもり》（月籠もり）の祓えによって穢《けが》れを清めるというものであった。とくに神祭りは月次祭―新嘗祭―大嘗祭というように月ごと、年ごと、代替わりごとにくり返され、天皇権力は不断に更新されねばならなかった。

しかし「変若水」の思考は、どうやら日月とともに普段に更生される力の信仰から出たのではなく、もっと表層の、知識人の神仙思想受容という基盤のうえに組み立てられた。実際、『竹取物語』の不死の薬は月の使者がもってきた。(42)では、『万葉集』ではなぜ仙薬ではなく、「変若水」なのか。それは養老の醴泉を「変若水」と見立てたからであろう。

養老行幸のあと、元正天皇は平城宮の大極殿に姿をあらわして、その醴泉の効果を百官にみせた。壇上に女帝の肌をみた百官たちは、まさに出雲国造の神賀詞よろしく、「いやをちに御をちまし（いよいよお若くなって）」と感じたにちがいない。その四半世紀後に、大伴東人が養老の滝を「老人の変若といふ水そ、名に負ふ滝の瀬」と詠んだのは、女帝が「変若水」の実在を証明したからにほかならないだろう。

東人の歌の八年後に元正天皇は崩じた。それ以降、「変若水」という言葉も姿を消すのは、もとより流行の核心が失われたからでもあろうが、藤原広嗣の乱のあと、橘奈良麻呂の変（七五七年）、恵美押勝の乱（七六四年）、宇佐八幡宮信託事件（七六九年）、氷上川継事件（七八二年）、藤原種継暗殺事件（七八五年）と政変や叛乱が相次ぎ、「変若水」の記憶は歴史の荒波のなかにいつしか消えていったのであろう。

おわりに

本章は『万葉集』にみえる「変若水」の考証をとおして日本古代の養生思想の一端をしめすつもりであったが、あに図らんや、「変若水」が中国の不老不死の仙薬という知識を養老の醴泉に投影したものにすぎないことを明らかにしてしまった。「変若水」の思考は「若水」の信仰として展開することなく、天平文化の徒花として消え去ったのである。

これは中国の神仙思想ないし道家思想が本格的に受容されることなく、ただ文学のうえでのみ享受されたことをしめしている。遣唐使の時代、七世紀から九世紀にかけて日本人は大量の中国文化を享受したが、道教だけはきれい切り取って受け入れなかった(43)。それは古代日本の仏教への過度な傾斜が直接の原因ではあるが、日本人の養生への希求が中国のそれと異なっているという要因もあるように思われる。養生と表裏の死の観念のありようも含めて(44)、今後追究すべき問題であろう。

最後に、「変若水」といわれた養老の滝の水質を紹介しておこう。「水質はカルシウム・マグネシウム・カリウムなどのミネラル成分を豊富に含んでいる」（環境省選定名水百選）。「この水は通常の鉱泉水とは成分に違いがあり、カルシウムとマグネシウムとナトリウムの比率が10：5：1という配合である」（ウィキペディア「養老サイダー」）。

註

（1）首都を主に飛鳥（奈良盆地の南端）に置いた六・七世紀を飛鳥時代といい、七一〇年にこれを奈良盆地の北端に移した平城遷都以降を奈良時代と呼ぶ。さらに七九四年、首都が今の京都に移った平安遷都以降を平安時代と呼ぶ。

（2）このほか、『日本書紀』において『三国志』の卑弥呼に比定される神功皇后、また「臨朝称制」したとされる飯豊皇女も女帝に准ずべきだが、一般には歴代天皇に含めない。

(3)『続日本紀』(『新日本古典文学大系』一三巻、岩波書店、一九九〇年)二一～二三頁。以下、同書の引用は本書による。『続日本紀』四十巻は菅野真道等撰、『日本書紀』に次ぐ第二の正史で、延暦十六年(七九七)に完成した。

(4)この歌舞演奏の目的については、拙稿「元正政権論」(『日本古代の天皇と祭儀』吉川弘文館、一九九八年)第三節参照。

(5)管見では古代漢語に「如滑」のような用法はない。これは「皮膚滑らかなるが如し」という古代日本語の漢字表記(倭習漢語)と考えられ、この詔勅が「宣命」、すなわち日本語で宣制されたことをうかがわせる。

(6)呉樹平『東観漢記校注』(中華書局、二〇一一年)一三頁により誤字などを訂した。

(7)陳立『白虎通疏証』(中華書局、一九九四年)二八五・二八七頁参照。

(8)胡道静『中国古代的類書』(中華書局、一九八二年)一一九頁参照。

(9)仁井田陞『唐令拾遺』(東京大学出版会、一九八三年)四八六～四八九参照。

(10)『古事記』には倭建命(ヤマトタケルノミコト)が東征の後、この地に至り、「たぎたぎしくなりぬ(疲弊して動けなくなった)」と言ったので多芸郡という、とあるが、これは牽強付会の伝説にすぎない。但しこの地は古来、東山道の要衝であり、倭建命が疲れて留まる場所としてはふさわしい。

(11)大野晋ほか校注『万葉集』二(『日本古典文学大系』三巻、岩波書店、一九五九年)一八二～一八三頁。

(12)『延喜式』(『国史大系』吉川弘文館、一九五三年)八九六～八九七頁。『延喜式』五十巻は神祇官・太政官以下諸官司の規則を集成した書で藤原忠平ら撰、延長五年(九二七)完成、康保四年(九六七)施行。なお、〔　〕内は原文の双行注、以下同じ。

(13)『続群書類従』第一〇輯上、一四二頁。

(14)『江家次第』(『改訂増補故実叢書二』明治書院、一九九三年)三二一頁。

(15)『続群書類従』第一〇輯上、一五五頁。いま一条兼良『江次第抄』(『続々群書類従』第六・法制部、六二六頁)により誤字を訂した。

(16)「生氣」とは年齢により占定される方忌みの一つで、生気と定められた方角に向かうことは一般に邪気を払い、福を招くものとされ、現代でも盛んに行われている(例、恵方巻)。

（17）日本では五世紀ごろ渡来人がもたらした新しい陶器「須恵器」と、それ以前の陶器「土器（どき・かわらけ）」を区別する。土器は庶民が食器に用いたほか、貴族も飲酒などに用いた。

（18）新谷秀夫「『月夜見の持てるをち水』小考」（『日本文芸研究』四三（一）、一九九一年）、和田萃「養老改元」（『日本古代の儀礼と祭祀・信仰』中、塙書房、一九九五年）など。

（19）鈴木棠三『日本年中行事辞典』（角川書店、一九七七年）五二～五四頁。

（20）前掲註（12）『延喜式』八八四～八八六頁。

（21）ちなみに、この命令を出したのは十二月二十二日で、養老元年の立春は当時の暦（唐の儀鳳暦）によると十二月二十八日、元旦前であった。野村忠夫『古代の美濃』（教育社・歴史新書二七、一九八五年）一六六頁。

（22）鎌田元一「七世紀の日本列島」（『律令公民制の研究』塙書房、二〇〇一年）七～一二頁参照。

（23）一般に日本の暦法は、欽明十四年（五五三）の百済から派遣された「暦博士」にはじまり、推古十二年（六〇四）にはじめて暦日（中国南朝の元嘉暦）を用いたという（『政事要略』巻二五、『国史大系』吉川弘文館、九九頁）。

（24）日本の陰陽道は暦法とともに伝来し、奈良時代まで祥瑞災異思想と占術を中心とし、平安時代に入って「方忌み」が流行した。生気は上述のように方忌みの一種である。村山修一『日本陰陽道史概説』（塙書房、一九八一年）、ベルナール・フランク『方忌みと方違え』（岩波書店、一九八九年）参照。

（25）有名な東大寺の修二会（十一面悔過法）は天平勝宝四年（七五二）以来つづく行事だが、その別名「お水取り」は本尊に供える閼伽水を汲む儀式にちなむ。

（26）山中裕『平安朝の年中行事』（塙書房、一九七二年）一二二～一三二頁。

（27）『続群書類従』第一〇輯上、二六二頁。なお、ほぼ同時期に成立した『年中行事秘抄』（『群書類従』第六輯所収）も同文。

（28）厳密にいえば、「令下美濃國立春暁挹二醴泉一而貢中於京都上」という命令は美濃国司に出されたもので、美濃の国府は不破郡にあった。したがって、この命令を受けた国司が、国府に近い当耆郡多度山の醴泉の水を、国府から東（つまり都から遠く）に離れた武芸郡の牟義都氏に奉仕させるのは、不合理である。この水が醴酒に使われる以上、それは造酒司の管轄であって、主水司の職務とも関係がないからである。

(29)『日本書紀』(『日本古典文学大系』六八巻、岩波書店、一九七九年)五二二～五二五頁。『日本書紀』三十巻は神代より持統天皇(七世紀末)におよぶ日本最初の正史、舎人親王撰、養老四年(七二〇)完成。同様に神代以来の歴史を叙述する『古事記』(太安万侶撰、七一二年完成)とともに「記紀」と称する。

(30) もちろん当時の日本人は温泉の効能を知っていたが、その記事も神話の類を除けば七世紀前半の舒明天皇以降に限られる。

(31)『古事記・祝詞』(『日本古典文学大系』一巻、岩波書店、一九六九年)四五六～四五七頁。『延喜式』は上記の成立年代であるが、その祝詞のなかには七世紀段階にさかのぼるものもある。この出雲国造神賀詞は国造の代替わりごとに行われたもので、初見は元正天皇霊亀二年(七一六)二月だが、大化前代の国造による服属儀礼の伝統を、代表的な国造である出雲に限って残したものといえ、その祝詞も八世紀にさかのぼるものとみて大過ないだろう。

(32) 寛平八年(八九六)六月以前の作という。小町谷照彦校注『拾遺和歌集』(『新日本古典文学大系』七巻、岩波書店、一九九〇年)三四～三五頁。

(33) ちなみに、上に紹介した『古今集』につづく第二勅撰和歌集『後撰和歌集』(十世紀中葉)の撰者集団「梨壺の五人」は、もともと特殊な万葉仮名で書かれた『万葉集』の解読のために召集された。

(34)『万葉集』二十巻の成立過程は江戸時代の国学者契沖以来、第一部(巻一～一六)と第二部(巻一七～二〇)に分けて構想され、第一部は天平十六年(七四四)以前に完成し、のちに大伴家持が自作の和歌を中心とする第二部を加えたと考えられている(『日本古典文学大辞典(簡約版)』岩波書店、一九八六年、一七三三頁参照)。そして、本章が引用する『万葉集』の和歌はすべて第一部のものである。

(35)「食国」とは生産物の貢納によって支配を確認する国家体制をいう。拙稿「天皇の食国」(拙著前掲註(4)『日本古代の天皇と祭儀』所収)参照。

(36) 増尾伸一郎『万葉歌人と中国思想』(吉川弘文館、一九九七年)二一九～二二二頁参照。

(37) 何寧『淮南子集釋』上(中華書局、二〇一一年版)五〇一～五〇二頁。

(38) 徐堅等『初学記』(中華書局、一九八五年版)四頁。

(39)『時代別国語大辞典　上代編』(三省堂、一九七一年版)八三五頁。

(40) 新谷前掲註(18)「『月夜見の持てるをち水』小考」、和田前掲註(18)「養老改元」参照。

(41) 拙稿前掲註(35)「天皇の食国」一二六〜一三二頁参照。

(42) 物語のヒロイン、かぐや姫が月に昇天する際、この不死の薬を天皇に贈り、天皇はこれを富士山の山頂で焼いた。ゆえに「不死《ふし》」の山といい、またその薬を多くの武士たちに運ばせたので「富士」の山という。これが『竹取物語』の結びである。

(43) 新川登亀男『道教をめぐる攻防——日本の君王、道士の法を崇めず』(大修館書店、一九九九年)。

(44) 吉原浩人編『東洋における死の思想』(春秋社、二〇〇八年版)参照。

第十一章　御体御卜考――古代日本の亀卜

はじめに

御体御卜は「おほみまのみうら」と訓み、平安時代には、六月と十二月の年二回、それぞれ向こう半年間の天皇の身体の無事をうらなう行事であった[1]。すでに専論もあり、よく知られている儀式でもあるが、亀卜の特殊性と資料の制約とから、十分に明らかにされていないところも多かった。本章はこの二つの問題に正面から取り組んだ基礎研究であり、古代の亀卜文化を総合的にとらえなおす足場となるよう試みた序説でもある。

一　『延喜式』にみる「御体御卜」

御体御卜の行事について、『延喜式』巻一・四時祭上はつぎのようにいう（以下、「延喜四時祭式上」などという。なお、引用文中の〔　〕は双行注、［　］は諸本の異文、（　）内および訓点とひらがなのルビは筆者注、カタカナのルビは依拠した原本による。以下同）。

卜二御体一〔辞曰二於保美麻《おほみま》一〕。

卜庭《ウラハノ》神祭二座〔御卜始終日祭レ之〕。

布二端、庸布二段、木綿八兩、麻一斤、鍬二口、酒一斗、鰒・堅魚・海藻各四斤、鹽二升、盆一口、杯〔坏〕二口、匏一柄、槲四把、食薦二枚、席一枚〔已上、祭料〕。

龜甲一枚、竹廿株、陶椀《スエツキ》四口、小斧《ヲノ》二柄、甲掘《カタホリ》〔堀〕四柄、刀子四枚〔已上、卜料〕。

　右、所司預申レ官（太政官）。官頒二告諸司一、若有二侵レ土者一、具注移送。即、中臣官二人、宮主一人、卜部八人、並給二明衣一〔中臣細布、宮主已下調布〕。始レ自二朔日一、十日以前、卜訖奏聞。其日平旦、預執二奏文一〔納二漆函一、置二案上一〕、候二於延政門外一。即、（神祇官）副已上執二奏案一、進二大臣一。大臣昇二殿上一。宮内省入奏訖、出召二神祇官一。稱唯、伯與二副若祐一昇レ案入置二庭中一。勅曰、「參來《マウコ》」。伯稱唯、共昇レ案、置二殿上簀子敷上一。中臣官、便就二版位一、自餘退出。内侍取二奏文一奉。御覽畢、勅曰、「參來」。中臣官稱唯、就二殿上座一、披二奏案一、微声奏。勅曰、「依レ奏行レ之」。大臣稱唯、次中臣官稱唯、退出。闈司昇レ殿撤レ案、置二庭中一。神祇官昇出[2]。


ここにみるように、御体御卜は三つの行事からなる。一は卜庭神祭、二は御卜、三は奏御卜である。『儀式』奏御卜儀はこれよりくわしいが、ともに記述の重点は三にある。

そこで、『儀式』を参照しつつ、「奏御卜」について解説しておく。式場は内裏、その東面南寄りに位置する「延政門外」で、大臣は御卜の奏の案文（写し）を受け取り、先に昇殿する。「殿上」とは内裏の正殿たる紫宸殿（南殿）で、『延喜式』『儀式』とも記述を欠くが、天皇はすでに出御している。その南に臨む「庭」（南庭）の中央に、奏者が立つ「版位《へんに》」があり（前に「簀」を敷いてある）、ここに宮内輔が立って、「宮内省申さく、御体〔詞に於保美麻と云う〕御卜供《つか》へ奉《まつ》れる事申し給へむと神祇官姓名（実名が入る）候ふと申す」と奏上する宮内省奏があり（『儀式』はその前の闈司《いし》奏＝叫門の儀をも詳述する）、「喚之《よべ》」という勅語をえて、神祇官が召される。そこで、「ヲヲ」と称唯《いしょう》（応答）して、神祇伯と副ないし祐が奏の案（つくえ）をもって入場し、「まうこ（来なさい）」という勅許を得て昇殿する。

つくえを殿上に運んだあと、中臣氏の神祇官人のみそのまま版位にとどまり、ほかは退出。内侍が奏文を天皇にみせて勅許が出たあと、中臣は昇殿し、奏の案文（控え）をひらいて小声で読み上げる（『儀式』ではこの時、大臣が持参した奏の写しをみてチェックするという）。天皇は奏の指示にしたがって対処するよう命じ、大臣・中臣ともに称唯して、退出する。闈司がつくえを庭中にもどすと、神祇官がこれを引き上げる（『儀式』は大臣の奏案を太政官の曹司に納めると注記する）。

以上が弘仁・貞観・延喜の式文にみる「奏御卜」の行事であるが、これは必ずしも九・十世紀の実態を反映していないらしい。『三代実録』元慶八年（八八四）六月十日条には、

> 天皇、御二紫宸殿一、神祇官大副従五位上大中臣朝臣有本、昇レ殿、讀二奏御體御卜一。左大臣正二位源朝臣融、行レ事。其事、具注二別式一。承和以後、是儀停絶。是日、尋二舊式一行レ之。

とあって、紫宸殿での奏御卜が承和（仁明朝）以前の行事であったことを伝える。この年の二月に陽成天皇の退位、光孝天皇の即位が実現され、これが即位後はじめての奏御卜儀であったためか、この「旧式」の復活も、藤原公任の『北山抄』巻二の注記によると、

> 元慶八年、御二南殿一、奏レ之。其後、無二出御之例一。

と、一度きりであったらしい。そういうわけで、『九条年中行事』や『西宮記』『北山抄』『江次第』といった平安中期以降の儀式書には、『延喜式』などとはやや異なる式次第が書かれているが、その変化の説明は、さしあたり本論に必要がないので省略する。

二　『宮主秘事口伝』にみる「御体御卜」

「御卜」の内容は、一日から十日までに卜しおわるというほかは、四時祭式に「卜料」の物品が列挙されるだけで、儀式書などには全くみえない。それは、この御卜が神祇官で行われたためでもあろうが、神祇官の行事を記した『神祇官年中行事』でも、

六月／一日、旬日如レ例。今日、御體御卜始也。中臣一人・宮主一人幷卜部官人・氏人等、參二本官一始レ之。中臣、儲二酒肴一。（中略）／御體御卜儀〔除二公家御衰日幷子日一、卜レ之〕。當日、中臣・宮主・卜部官人・氏人等、參二本官一行レ之。／季御卜幷伊勢宮司・禰宜・神戸司等、五畿七道秡等事。（中略）／十日、御卜奏。上卿、着レ陣奏レ之。本官奏書二通、一通伊勢宮司・禰宜等秡事、一通七道秡事。長官以下官人加署奏レ之。又同案二通、長官以下、加判行〔宮主兼〇《「書」脱カ》置也〕。抑件秡、伊勢秡宮主勤、七道秡長官進二止之一。／（中略）御體御卜始、中臣一人・卜部八人參二勤之一。同齊卜、以二去日一行レ之。

とあるだけで、亀卜のことにはほとんど何もふれていない（「／」は改行箇所、以下同）。

そのなかにあって、「御卜」の内容をくわしく記述したのが『宮主秘事口伝』である。その諸本の整理と本文の校訂を行った安江和宣によると、同書は吉田（卜部）兼豊の撰で、康安二年（一三六二）の成立(3)。内容はおもに「宮主《みやじ》」の所役を行事ごとに記したもので、ことに御体御卜はくわしく書いてある。なお、宮主とは延喜臨時祭式に、

凡宮主、取二卜部堪レ事者一任レ之。其卜部取二三國卜術優長者一〔伊豆五人、壱岐五人、對馬十人〕。若取二在レ都之人一者、自レ非二卜術絶レ群、不レ得二輙充一。其食、人別日黒米二升・鹽二勺、妻別日米一升五合・鹽一勺五撮。

とあるように、卜術に秀でた者を任じ、天皇および東宮・中宮に一人ずつ置かれた。

さて、『秘事口伝』の御体御卜の記述だが、その本文は一見して錯簡が多く、利用には注意を要する。そこで、本文の配列を整理しつつ、その要点を書き出してゆこう。

六月御体御卜　奏。／御体御卜、第一之重事也。自二六月朔日一、於二本官一始行レ之。以二此日一名二甲破一也。号二甲破一者昔者於二本官一、今日破二亀甲一也。中古以来不レ然。宮主、兼日於二里亭一書二調季札一、幷平兆竹《ヒラサマシタケ》五・丸兆竹一・小兆竹百許〔近代四五十也〕、令二用意一、参二本官一也。或束帯、或衣冠也。（中略）(4)（傍書）「御卜始事」。近年朔日御卜始儀。／宮主参二本官一、入レ自二北門一、参二著東庁一。先史生、進二手水一。於二東庁東傍一沙二汰之一。／次著座〔近代中臣官人不レ参〕。／季札・亀甲二枚・兆竹等、令二随身一。／次作二兆竹一事、近代自二里亭一沙汰具之間、不レ及二此沙汰一。／次季札、同レ前也。自二里亭一書用二意之一。／次官掌、進二波々賀《ははか》木一。此木、官掌自二大和国笛吹社一請取也。／次誓卜。甲入二御卜筥一、納二御厨子一。兆竹・季札、同レ之。宮主可レ付レ封之処、近代無二其儀一也。／（以下、錯簡部分省略(5)）

又云、／三献畢後、如レ此付二著到一、書様云、／

六月

一日　始二御体御卜所一。

某　書二実名一。

六月一日の「御卜始儀」である。いわゆる「政始《まつりごとはじめ》」で、着座、用具の制作、酒肴（三献）からなる。(6)ここには「本官」（神祇官庁）の「東庁」とあるが、『秘事口伝』の「当時儀」には「北舎」とあって、はっきりしない。ただ、神祇官庁は齋（西）院と東院に仕切られ、東庁・北舎と呼ばれる建物はともに東院にある。そこで中臣・宮主・卜部の諸官人が所定の座に着くことによって、御卜の行事所の発足を儀礼的に表現し、次いで、兆竹の制作と季札の記入、「中古」以前は亀甲の作成をも行い、これらを北舎の御厨子に納めて、酒肴となる。そして、宮主は「著到」（出勤簿）

にサインをして退出する。

ここで準備される「季札」「平兆竹五・丸兆竹一・小兆竹百許」については図示があり、それによると、季札は長さ三尺八寸、幅六寸の板で（近代は長さ三尺、幅五寸という）、これを縦にして、その上段中央に「推之」と大書し、二段目右から地・天・神・人・兆の五相卜、三段目に十条祟（以上、後述）、最下段に八人の卜部の名を書いた。

また、平兆竹とは皮を削った長さ八寸の竹簡状の札で、長さをほぼ三分する位置に上下二箇所「キザミメ」（折り目）を入れ、下端を少し尖らせるように丸く削る。これを五枚つくり、つぎのように書く（「＝」は刻み目）。

天皇自来七月至于	＝	十二月平安御坐哉	＝	一
神祇官仕奉諸祭	＝	者無落漏供奉莫祟	＝	二
供奉親王諸臣百	＝	官人等事聞食者莫祟	＝	三
風吹雨降旱事	＝	聞食者莫祟	＝	四
諸蕃賓客入朝	＝	聞食者莫祟	＝	五

つぎの丸兆竹も平兆竹とほぼおなじだが、こちらは「マロクシテ、スコシフトク」作り、折り目も入れず、おもてには何も書かない。「准御体兆竹也」という。校訂者は「御体の兆竹に准う」と訓むが、御体兆竹というものが別にあるわけではないので、「御体に准う兆竹」と訓むべきであろう。天皇の身体を象徴するものらしい。小兆竹も長さ八寸だが、図によるとかなり細く、下端を少し曲げておく。数は百二十、百ばかり、七八十ばかり、四五十ともいう。小兆竹は卜占のたびに使うので、その数は亀卜の実施回数に対応する。

かくして「斎卜」となる。『秘事口伝』の「斎卜次第」にいう[7]。

先於二北舎東壇上一手水〔史生役レ之〕。／次於二同所一著二明衣一〔史生役レ之〕。但有下無二沙汰一事上。／次著座〔北面〕。／父著座之時、其子不レ同レ座、著二南面一。舎兄之儀同レ前也。／次史生置二手文一。／次加二判於季札一。又宮主者加レ名之処、近年者自二里亭一悉書整之間、不レ及二此儀一也。／次宮主召二官掌一、可レ納二季札於御厨子一之処、近年御厨子有名無実之後、宮主持二帰里亭一之間、不レ及二此儀一。／次宮主持二問札一（副二持笏一）。／次史生備二進供神物一。／次宮主仰二官掌一、於二南庁跡一修二大祓一。／次仰二官掌一、塩湯・縵木綿献レ之。／次詔戸師申二詔戸一。／次宮主、兆竹等立レ之。／先丸兆竹ヲ立。次枚（平）ヲハ刻目ヨリ折テ、一二三ヲ次第ニ立之。／次問札少々読レ之。／次灼レ甲。／史生、先置二水火一也。／次問札ニ直卜・交卜等可二注付一之処、近年自二里亭一書付。

要点を拾いだすと、まず、中臣・宮主・卜部らが北舎の東壇上で手水をつかい、明衣を着て着座。史生が「手文《てぶみ》」（季札・問札）を置き、季札に加判、これは上述の図の「季札書様」によると、宮主が季札の裏に年月・位署と斎卜の日を書くことをいう。これを御厨子に納め、宮主は問札を笏にそえてもつ。神祇官庁の斎院にある八神殿に供物をそなえ、東院の南庁跡で大祓を修し、清めの塩湯などを（亀卜の場に？）供える。[8] 次に祝詞を読む。その文は『秘事口伝』にみえない。こうして亀甲を灼く段となる。宮主が丸兆竹を立て、平兆竹は刻み目のところを折り、一の「天皇」云々と書いた兆竹から順番に立ててゆく。これは、奏御卜で読み上げる奏文の書き出しに、

天皇我御体御卜尓卜部等止太兆尓卜供奉須留状奏久、③親王・諸王・諸臣・百官人等、⑤四方国能賓客之政、④風吹雨零旱事聞食於折放置弖問給倍良久、①自二来七月一至二于十二月一、御在所平介久御坐夜登卜供奉須留御卜乃火数一百廿四火之中、（下略）

とある内容に合致する（『秘事口伝』奏書書様）[9]。この兆竹を折ることは、『儀式』奏御卜儀に「中臣二人（折二卜竹一）・宮主一人・卜部八人、並賜二明衣一」とみえ、古く宮主ではなく、中臣が兆竹を折ったこと、そしてこの卜法が少なくとも平安前期にまでさかのぼる古儀であったことがわかる。なお、この注が追記などでないことは、次節で明らかとなる。

つぎに宮主は問札を読み上げ、甲を灼いて出た卜兆により「直卜」「交卜」などと問札に書き込んでゆく。『秘事口

伝』には「中古問文」（問札書様）という問札の文例があり、百行にもわたる長文の文書で、これを長さ一メートル、幅二〇センチほどの板に書いた。(10) その内容は、亀卜の記録そのものであり、これによって御卜の概容を知ることができる。

「問文」はまず「年号六月問《トヒ》」と書き出し、一日から九日までの日程を書く。とはいえ、一日（甲子）は「此日依二子日一」、二・三・五・八日は「此日依二諸司物不レ具一」、四・六・七日は「此日、依二四廃日一」として、それぞれ「不レ始二御卜一」とあり、九日になって「此日、始二御卜一」とある。(11) このあとに、亀卜の結果が書かれる。

まず、平兆竹の一の「御体平安」が卜問される。

問、天皇《スヘラ》自二来《キタラン》七月一至《イタテ》二于十二月《シハスニ》一御体平安御坐哉《ゴタイヘイアムニマシマスヤ》。

吉哉《ヨケンヤ》八火　直卜五火　交卜三火

凶哉《アシケンヤ》八火　直卜四火　交卜四火

二日、弥《イヨイヨ》仰《アフリ》　吉哉八火　直卜三火　交卜五火

凶哉八火　直卜六火　交卜二火

三日、返問《カヘシトフ》吉哉八火　直卜三火　交卜五火

凶哉八火　直卜四火　交卜四火

ここにみる「火」は「灼甲」の数をいい、「直卜」「交卜」とは、「斎卜事」に「直卜者、吉凶（ママ）兆也、今卜合、祟神是也。交卜者、吉兆之間、不レ合也。以レ之号二交卜一也」とあって、文意がややとりにくいが、後述の集計結果からすると、直卜が「卜不合」に、交卜が「卜合」に対応するらしい。したがって、一度目の御体平安の卜問では、吉に不合が二火多く、凶に合不合相半ばし、二度目（弥仰）は吉に卜合多く、凶に不合多しと出、三度目（返問）は吉に合多く、凶に合不合相半ばすると出たことになる。(12) つぎに、「十条祟」にうつる。

問、時推之内、可レ有二土公祟一歟　卜合
可レ有二水神祟一歟　卜不レ合　（下略）

このようにして、土公・水神の祟りをはじめ、「行幸祟」「御膳過祟」「竈神祟」「北辰祟」「鬼気祟」「御身過祟」「神祟」「霊気」の十条の祟りを推問する。「中古問文」では、卜合が「土公祟」と「神祟」の二条のみで、他の八条は卜不合と出ているが、これは口伝によるものらしい。『秘事口伝』の「斎卜事」に、「御体御卜祟者、十条内、二箇条之祟也。一箇条ニハ神祟也。（下略）」とあり、十条の祟りは二箇条で、その一方は「神祟」と決まっていた。その「神祟」から求めてゆく。

問、時推之内、神祟合者、
坐二伊勢国一太神宮祟給歟　卜合
豊受宮祟給歟　卜合　（下略）

このほか、「坐二宮中一神」「坐二京中一神」「坐二五畿内一神」「坐二七道一神」のいずれが「祟給歟」を推問する。ここでは伊勢内外宮のほか、七道が卜合と出ているが、これも口伝による（「斎卜事」に「神宮之祟者、定事也」とある）。

そこで、つぎのようにつづける。

問、時推之内、大神宮幷豊受宮祟合者、
依二近仕人等過一歟　卜不レ合　（下略）

こうして、「近仕人等過」をはじめ、「宮司等過」「御常供田預等過」「神戸司等過」「御厨司等過」と、どの関係者の過失による祟りであるかを推問する。ここでは御常供田預等と神戸司等とが卜合と出たので[13]、さらにつぎのように問う。

問、時推之内、御常供田預等過合者、

安濃東郡歟　卜合　（下略）

右の「安濃東郡」と「西郡」が卜合、「朝明郡」は卜不合と出た。同様に神戸司も、

問、時推之内、神戸司等過合者、

遠江本《浜名也》神戸司歟　卜合　（下略）

と問う。ここでは右のほか、「（遠江）新神戸司」が卜不合、「伊賀神戸司」「河曲神戸司」が卜合と出た。こうして祟りの原因がつきとめられたので、つぎにその対処法を問う。

問、時推之内、太神宮幷豊受宮、御常田預・神戸司等祟合者、

可レ科二上秡一歟　卜合

可レ科二中秡一歟　卜不レ合

可レ科二下秡一歟　卜不レ合

「秡（祓）」とは「祓物《はらへつもの》」、すなわち贖罪の料物で、（大）上・中・下のランクがあり、そのいずれを科すべきかを推問する。[14] 以上で神宮の卜問をおえ[15]、ひきつづき七道に移る。

問、時推之内、坐二七道一神祟合者、

坐二東海道一神祟給歟　卜合　（下略）

以下、「坐二北陸道一神」「坐二山陽道一神」を推問し、三道とも卜合と出た。[16] そこでまず、

問、時推之内、坐二東海道一神祟合者、

坐二伊賀国一鳥坂神歟　卜合

坐二尾張国一河曲神歟　卜合　（下略）

このように、国ごとに一神ずつ推問してゆく。右のほか、「参河国稲前神」「遠江国於侶神」「駿河国御穂神」「伊豆

国部多神」「甲斐国笠屋神」「相模国阿夫利神」「武蔵国椋神」「安房国天比理神」「上総国姉埼神」「下総国蛟蝄神」「常陸国藤内神」をあげ、みな卜合とある。なお、伊賀と尾張とのあいだに伊勢・志摩の二国が抜けているが、『秘事口伝』の奏書・陣解文・差文の文例（書様）には、「伊勢国鴨神」がみえるので、誤脱であろう（但し志摩国はみえない）。また、延喜神名式（神名帳）をみると、安房国の天比理神のほかはみな小社で、いかなる基準で選択されたのか不明である。[17] つぎに北陸道。

問、時推之内、坐二北陸道一神祟合者、

坐二若狭国一若狭比古神歟　卜合　（下略）

以下、「越前国織田神」「加賀国出水神」「能登国相見神」「越中国高瀬神」「越後国三嶋神」「佐渡国度津神」をあげ、すべて卜合とある。これらも、名神大社の若狭比古神社を除くと、みな小社である（但し相見・高瀬・度津の各社は各国神名帳の冒頭にある）。

問、時推之内、坐二山陽道一神祟合者、

坐二播磨国一宇留神歟　卜合　（下略）

山陽道は右のほか、「美作国壹粟神」「備前国大神神」「備中国鼓神」「備後国賀羅加波神」「安芸国速谷神」「周防国石城神」「長門国荒魂神」をあげ、みな卜合とする。これもまた、名神大社である長門の荒御魂神社を除くとすべて小社である（宇留・速谷・荒魂神は各国神名帳の冒頭）。かくして、伊勢神宮同様、科祓の卜問を行う。

問、時推之内、東海北陸山陽等道神祟合者、

可レ科二上秡一歟　卜合　（下略）

中秡・下秡は卜不合。さらに、二条の祟りのもう一方、土公の祟りについて推問する。

問、時推之内、土公祟合者、

可ㇾ有㆓来秋季㆒歟　卜不ㇾ合

可ㇾ有㆓冬季㆒歟　卜合

以上で「神祟」「土公祟」という二条の祟りにかんする卜問がおわる。なお、ここでは冬季の土公の祟りに対する科祓などを推問していないが、これは前節に紹介した延喜四時祭式に「(太政)官、諸司に頒告して、若し土を侵す者有らば、具さに注して移送せしむ」とあることによるのであろう。事前に侵土の所在を注進させてあるので、その場所を祓い清めればよいわけである。(18)

問、時推之内、所ㇾ祟貳条事、行治《ヲコナヒヲサメ》 忌《イミ》 慎《ツヽシミ》 給《タマハヽ》者、御体平安御坐哉《マシマスヤ》。

荒清《アラキヨメ》 吉哉四火　直卜三火 交卜一火

真清《マキヨメ》 吉哉四火　直卜二火 交卜二火

凶哉四火　直卜三火 交卜一火

已上火数百廿九火　直卜五十五火 交卜七十四火

地相卜十九火

天相卜十八火

神相卜十四火

人相卜十三火

兆相卜十火

右の火数の集計について、『秘事口伝』の「斎卜事」には、「此意者、『天皇御体平安御坐哉』ヨリ『荒清・真清』マテノ御卜之火数ヲ、朔日ニ作レル細兆竹ニテ計挙タル義也」とある。そこで、右の火数の算出法をしらべてみると、まず、交卜七四火はその下の地・天・神・人・兆の五相卜の火数を足した総数になっているが、はじめとおわりに御体平安の吉凶を推問して出たのは直卜三三、交卜二七で、これを右の集計から引くと、直卜二二と交卜四七が残る。

一方、二条の祟りの推問で出た「卜合」の数は四七で、これは交卜の不足分と一致する。「卜不合」の数は二〇で、直卜の不足分には二火足りないが、これは前述の伊勢・志摩二国の脱落をもって補えば足りる。(19) この処置で誤りなければ、直卜は卜不合、交卜は卜合に対応するといえる。したがって、右の結果は「凶哉」「荒清吉哉」が卜不合、「真清吉哉」が合不合相半ばとなり、結局、後者を採用したのであろう。

以上が斎卜の内容であるが、『秘事口伝』の「斎卜次第」はつづけていう。

次可レ行二春宮御卜一之処、是又近年自二里亭一令二書整一、斎卜日、以二鎰取一令レ渡二春宮々主一。／次仰二官掌一、修二南門大麻一。／次又詔戸。／次各脱二明衣一。／次行二神盞一。史生等陪膳。宮主拍レ手飲レ之。／次行二例事一〔有二饗膳酒肴一〕。

次宮主著到。／書様、

六月某日　御体御卜

書二実名一略レ官也。

次退出。官掌揚二車簾一。

すなわち、東宮の御卜(20)をへて南門の祓、祝詞とつづき、明衣を脱いで神盞・酒肴となる。このあと、御卜の結果をもとに奏書・陣解文・差文を作成するが、ここでは省略する。

以上、「斎卜次第」（「近代略次第」とはことなる）と「中古問文」とによって、御卜の内容をみてきたのであるが、それらがいつ頃のものであるかは明らかでない。『秘事口伝』と前後する北畠親房『神皇正統記』（延元四年〔一三三九〕成立）に「光孝より上つかたは一向上古なり」というところからすると、「中古」は宇多朝以降、つまり平安中期以降となるが、『朝野群載』巻六に収める御卜の奏文二通をみると、さらに下るようである。

承暦四年（一〇八〇）六月十日付の一通は惣火数一六〇、神宮の祟として、神事過穢の伊賀・参河・遠江の神戸等や服織殿の神部等に一律「上祓」を科し、また、七道は北陸道が若狭国二神、越前五神、加賀二神、能登二神、越中四神、越後五神、佐渡四神をあげ、山陰道は丹波三、因幡二、伯耆三、出雲三、南海道は淡路二、阿波四、讃岐四、伊予三神をあげて、社司等の神事過穢により祟り給うとし、一律「中祓」を科している。さらに、秋季に土公祟と鬼気祟があるとして、季初に大宮・京の四隅と山城国の六境とを「祭治」し、その祭日に「御禊」するよう求めたうえで、以上の「参条事」（神・土公・鬼気の祟）を「行治忌慎給波、御在所平気久可㆓御座㆒」と奏する。

康和五年（一一〇三）六月十日付の一通は、惣火数一八三、神宮の祟として神事過穢の織殿麻績らや三重・多気郡司、柴田郷専当や一志・安濃・河曲の神戸預等に中祓を科し、また、七道は東山道が近江四、美濃三、信濃二、上野三、下野二、陸奥九、北陸道は若狭三、越前四、加賀三、能登三、越中五、越後四神をあげて、社司の神事過穢により中祓を科し、さらに、冬季に土公の祟ありとして右と同様の「祭治」「御禊」を求めたうえで、以上の二条（神・土公）の事を行い治め忌み慎み給わば、御在所平けく御座すべしとする。

右の平安後期の実例に照らすと、惣火数が多く、[21] 十条祟でも二条と固定せず、神宮の祟にもあまり作為が感じられない。また、七道を二三に分けることは行われていたようだが、一国に複数の祟神があげられており、「中古問文」とはまだ距離があるようである。以上から、本書の内容はさかのぼっても平安末、ほぼ鎌倉時代のものとみておくべきであろう。

三　『新撰亀相記』にみる「御体御卜」

『宮主秘事口伝』にみる「御卜」の内容が、ほぼ鎌倉時代のものであるとして、これをもとに平安時代の内容をうかがうことも可能であろう。現に、「御体御卜」について論究した安江和宣や西本昌弘は、『秘事口伝』に近い斎卜次第が八・九世紀にさかのぼる可能性を想定している。[22] しかし、一般に『新撰亀相記』の名で知られている書物に、御卜

の次第がくわしく書かれていることは、従来ほとんど注目されてこなかったようにおもわれる。(23)

●供二奉 六月十二月 御體御卜一火數事

惣卌八火〔吉哉廿四火、凶哉廿四火〕

去延暦以前所レ灼○(「吉」脱カ)哉 八十火、凶哉八十火、物(惣カ)一百六十火。

神祇大副従五位上大中臣朝臣智治麿、大同元年奉二

揚梅天皇 詔一〔平城太上天皇也。揚梅者山陵〕、爲二卌八火一。

●供二奉 御體御卜一之方

神祇中臣官二人〔若不レ足二二人一、取二化(他カ)中臣一、不レ論二散位二〕、給二明衣一料、各細布一端〔座料茵一枚、加レ箒(24)〕。宮主一人、給二明衣一料、調布二丈七尺〔但暑(有カ)二五位者一、准二官人一細布一端給レ之。座料茵一枚、加レ箒(簀)。夜鋪二設薦一枚一、夏・冬因レ之。一枚冬柳薦夏二枚（ママ）〕。

ト長上二人・卜部六人、惣八人〔謂二此四國卜部二〕、毎レ國二人〔若天(无カ)二其人一、則通二用北國(四カ)一、據二擇身才所レ用〕、就レ中 灼手四人〔長上二人、卜部二人〕、相量四人。給二明衣一料布、同二宮主一。座料長疊二枚、夜鋪設同二宮主一。

物十一人、十箇日給二百度食一。

西院北堂座レ之。

中臣二人〔一人座向レ東、一人座向レ南。宮主座次レ之、長上已下座次レ之、西頭東下〕。

ト庭祭神二座〔大(太)祝詞神一座、櫛眞乳神一座〕。堂西第二間、立二大案一、其上加二搆(榻カ)一枚・茵一枚一〔當二宮主座一可レ向〕、茵上以二庸布二段・疊二枚一更加、謂二此兩神之座一。其案上・榻下、敷二薦一枚一、其上・榻之左右、以二調布二端・鍫(鍬)二口一、毎レ日奠レ之、謂二此神軾一。毎月一日祭二件神一、其祭物不二料理一。御卜説日(ママ)祭レ之、其祭物料理。兩曰(日カ)祝詞、宮主申レ之。朔日不レ扣(拍)レ手、後日扣(拍)レ手兩段二度〔不二唯稱(ママ)一、但賀耳〕。朔日以二長疊一枚一向レ西敷レ之、相量

四人着レ座。中臣以レ坏肩綿試レ之、謂二此誓卜一。隨而灼レ之、共對レ所レ問、即得二虚實一、然後供二奉　御卜一。大同以往、卜二神今食日一、在レ前奏

進、謂二此日問之卜一。而弘仁年中、永定三十一日班レ幣幷供二神今食一。仍今不レ卜。

朔日立二卜串一。丸竹一隻〔長八寸、不レ差(着カ)レ節、以擬二御體一〕。枚(平)竹五枚之中、

一枚注曰、天皇自二此六月一至二于來十二月十日一平安御座哉。

一枚注、神祇官仕奉　諸祭者無二落漏一供奉　莫レ祟。

一枚注、供奉　親王・諸王・諸臣・百官人等事聞食者　莫レ祟。

一枚注、風吹　雨降旱事聞食者　莫レ祟。

一枚注、諸蕃賓客入朝聞食　莫レ祟。

宮主注レ之、中臣折レ之。宮主先申二設詞一、然主(立カ)レ之。

長上一人、取二甲四枚一、先稱二肩乞祝詞一。其祝詞、具二上章一。

四人倶灼。吉哉各二火、凶哉亦二火、決二吉凶説一〔宮主注レ之〕。

長上更取二甲四枚一曰、彌仰吉哉・凶哉〔同レ上〕。

二曰(日カ)、問吉哉各二火、凶哉各二火〔同返(問カ)之卜〕。

兩曰(日カ)各灼二十二火一〔吉六火、凶六火〕。四人惣卌八火〔吉廿四火、凶廿四火〕。

推二決吉凶一之方

稱二吉哉一卜以二外相一爲レ凶〔地神○(「相」脱カ)繼・火(地カ)切振、天神相繼・天切振、神押次切、兆士(上カ)也〕。

稱二凶哉一卜以二内相一爲レ凶〔地廻内相繼、天白内相繼、人押次起伏之、兆相也〕。

取二如レ此支兆一、決二憂喜一求レ祟。録云二問文一。卜部已上共署。

更注二奏文一、十日奏聞（大同以前、十一日奏レ之。而今、十日奏レ之）。中臣二人署レ之。起レ自二十《（一カ）》日一至二于給《（終カ）》日一、所レ灼火數之中、卌八火謂二此荳《（荒火カ）》大一。此内所レ交、載二奏文一云、交卜若干、地相卜若干、天相卜若干、神相卜若干、人相卜若干、兆相卜若干（是卜求レ所レ祟云。自金《（余カ）》謂二此土《（直カ）》卜若干一）。

龜甲

紀伊國十七枚　阿波十三枚　土左十枚

但紀伊國十七枚（中男）　五枚（主税甲）

「本云《（傍書）》」天禄四年六月廿八日書訖（庚戌）龜卜得業生正六位上卜部宿禰雅延

右の御卜の記述は、これまで翻刻されていないようであり、『新撰亀相記』の影印本も近年入手しがたいため、あえて全文を翻刻した（八二〇～八七二行目・二九～三〇条）。

まず、「火数事」では、大同元年（八〇六）の平城天皇の詔により、延暦以前の惣火数一六〇が四八に減じたことを述べる。その詔を奉じたという大中臣智治麻呂は、大同三年四月三日に右少弁従五位下で神祇大副を兼ね、同年十一月十七日に従五位上となるので（『日本後紀』）、この記事は正確とはいえない。しかし、大胆な行政改革を断行した平城天皇が、御卜の火数を大幅に削減するということは、大いにありうべきことといえる。

つぎに、「御体御卜之方」では、支給される明衣や座の料物をくわしく記すが、ここで延喜四時祭式に「卜部八人」と書かれた内容がわかる。『秘事口伝』の「季札書様」には「但無二人数一之時、或三四人、或五六人ナリトモ書レ之」とあるから、この「御卜之方」は明らかに古い。また、中臣以下には「百度食」（給食）が十日間支給されるという。[25]

ついで、西（斎）院北堂に着座し、東面する中臣官人一人を右手にみて、ほかの十人が南面西上に居並ぶ座体を述べる。これは他書に全くみえない記述であるが、『儀式』などによると、斎院北堂は祈年祭などを行う神祇官庁の正殿であるから、東院を式場とし座を北面とする『秘事口伝』よりも、こちらの方が本来のかたちであろう。

さらに、『亀相記』は「卜庭神祭」の次第を詳述する。これも弘仁・貞観・延喜の式文にみえながら、『秘事口伝』には全くみえなかったもので、その祭神とされる「大（太）祝詞神」と「櫛真乳神」とは延喜神名式上、京中坐神三座のうち「左京二条坐神社二座」の「太詔戸命神《フトノトノミコト》」「久慈眞智命神《クシマチノミコト》」とみえる神々である。『江次第』巻七に、「神祇官人、自二朔日一籠二本宮［官］一、迎二大［太］詔神一」とあり、『古事談』巻六に、「龜甲御占ニハ、春日南、室町西角ニ御坐スル社ヲバ、フトノト（太詔戸）ノ明神ト申、件社ヲ此占之時ハ奉レ念」とあって、『亀相記』によると、太詔戸神の本社は壱岐・大和・対馬の三国、櫛真智神のそれは壱岐・大和の二国にあるという（五六七〜五七〇行目・一五条）。

この神々を斎院の北堂に迎えて祭る神座は、北堂の西第二間、南面する宮主と対面する位置に設置した。この神座の料物や祭物を、第一節にあげた延喜四時祭式とくらべると、「（調）布二端」「庸布二段」「鍬二口」「席一枚」は一致するが、木綿・麻や酒食の類が『亀相記』にはみえない（「食薦《すごも》二枚」は供物の敷物であろう）。原文の「料理」が酒食の供進をさすとも考えうるが、文脈上やはり前文の「奠《おく》」と同義に解すべきだろう。

卜庭神は「御卜の始終の日に祭る」（前掲延喜四時祭式）。その両日には宮主が祝詞を読み上げる。長文だが、その全文を掲げよう（『亀相記』五三六〜五六六行目・一四条）。

⓫今略二述龜誓一。「皇親神魯岐《すめむつかむろき》（天照大神乞［之］謚也）・神魯美命《かむろみのみこと》（高御産巣日神之謚也）、荒振《アラフル》神者掃平《タヒラケ》、石木・草葉《クサハ》断《タツ》二其語一、詔二群神一、『吾皇御孫《すめみま》命者、豊葦原 水（ママ）穂國安平《ヤスケク》知食、天降《アマクタリ》 奉《マツリシ》レ 寄《ヨサセ》之時、誰《イツレ》神、皇御孫尊朝《アシタ》之御食《ノミケ》・夕《ユ》之御食《ミケ》（尋常之御膳也）・長之《ナカノ》御食・遠之御食々《トホノミケニメス》（聞食カ） 聞（聞二食大嘗會昏暁一御膳也。故事、已上皆以卜食）、可二仕 奉《ツカムマツル》一』、神問賜《トヒタマハム》之時、住二天香山一白眞名鹿《シラマナカ》（一説云、白《シラ》眞男鹿）、『吾將二仕奉一。我之肩骨内抜《ウツヌキ》々出、火《ホ》成《ナシ》卜以問之』、問給之時、已致《ス》二火《ホ》 僞《イツハリ》一。太詔戸《フトノトノ》命進啓《マ》（天按持《アマクラモチノ》神女、住二天香池《ノ》一龜津比女命。今稱二天津詔戸太詔戸命一也）、『白眞［名］鹿者、可レ知二上國《ウハツクニ》之事一、何知二地下《シタツクニ》之事一。吾者能知《レリ》二上國・地下・天神《アマツヤシロ》・地祇《クニツヤシロ》一。況復人情憤悒《イキトホリヲヤ》。但手足容貌、不レ同二群神一。故皇御孫《ミマ》命、放二天石座《クラ》一別《ワ》二八重雲一天降坐《マ》、立二御前一下來《オリ》也《レリ》。住レ川產《ウフメ》者、

昼喫《ヒルクラヒ》㆓野鳥㆒、夜喫《クラ》㆓山《ノ》獸㆒。故原《カレタツネ》㆓水路㆒往㆓大海《オエ》㆒、下水者魚放矢《イル》、上水者鳥放矢、浮㆓沈中水㆒、海菜《アマナシ》爲㆑食、鹽途《シホチ》爲㆑床《トコ》、石屋爲㆑家《イヘ》、潮落《シホオチ》以爲㆓羽翼《ハネ》㆒。海子《ノ》下《ク》㆑釣、吾若《モシステ》舎㆑釣、放㆓棄掉《サヲ》［棹］梶《カチ》㆒、不㆑用㆓其舩㆒、將㆑爲㆓大咎《ナルトカ》㆒。雖㆑損復生《イケラン》㆑命、敢《ハ》莫㆓恨咎《トカムルアマノコ》㆒。海子以㆑叉《ヒシヲツイ》撞㆑之、以㆓八十村災㆒、雖㆓海子食㆒、朝夕《クラフトアサユフ》不《シ》㆑有㆓咎祟《アラ》㆒。吾八十骨〔甲也〕乾㆓曝日《カハキサラシ》㆒、以㆑斧打《ウチ》〔小斧〕、天之千別《アマノチワキ》千別、甲上《コウノノ》・甲尻《ノ》眞澄《マスミ》鏡取作之〔甲表無㆑瑕《キス》如㆑鏡也〕、以㆓天刀掘《アマノかたほり》㆒町刾（剌）掃之〔穴體似㆑町〕、採㆓天香山之布毛理木㆒、造㆓火燧《ヒキリ》㆒、揩《スリ》㆓出天香火㆒、吹㆓着《フキツケ》天母鹿木《ハヽカノ》㆒、取㆓天香山之无《キ》㆑節竹《フシ》㆒、折㆓立《ヲリ》卜串㆒問之〔今佐万師《さまし》也。不㆑着㆓其節㆒木（本）辭如㆑之〕。曳《ヒカ》㆑土者〔灼也〕、下津國《ノ》八重將《ニテ》㆑聞。曳《カマム》㆑天《ソラ》者、高天原八重將㆑聞。通㆓灼《トホシヤカン》神方㆒者、衆神之中、天神地祇將㆑聞。正青山成《ナシカラヤマ》㆑枯、々山成㆑青、青《アヲヤマ》河成㆓白《シ》川㆒、白川成《ヲ》㆓青《サン》河㆒。國者限㆓退立㆒〔八《は》挺《て?》也〕、天雲者陰〔限〕㆓壁立㆒〔四方之雲、如㆑立㆑壁也〕、青雲者限㆓棚曳㆒〔東雲且（ママ）也〕、白雲者限㆓向《ムカ》伏㆒〔西雲夕没也〕、日正從《タヽサマニ》（縦）〔西東也〕、日正横《ヨコサマニ》〔南北也〕、將㆓聞《カミトホサム》通㆒焉。陸道者、限㆓馬蹄之所㆑詣《イタル》、海路者、限㆓船艫《ノヘノ》之所㆑泊《トヽマル》焉。灼《ヤカ》㆓人方㆒者、衆人《モロ》心中、欝悒《イキトホリ》之事、聞正將㆑知。七年《トシ》之内、病苦《ヤミクルシフ》之人、聞《モ》㆑不《カマハ》㆑死者、將㆑生《イキナム》焉。石根木《イハネコノ》立草《タチクサノ》之片葉《カキハ》、雖㆓踏砕英雄《フミクタクマスラヲナリ》㆒、聞㆑將㆑死者《ム》、一時死㆑之。故雖㆔打置者如㆑國之広、曳立者如㆓高天《タカマノ》㆒、罪無㆓隠遁㆒』申。」／龜誓如㆑之。故六月・十二月御體之卜、先誦㆓此辭㆒。

「亀誓」とは、ここにみるように、亀神が皇祖神に述べた誓詞《うけひ》の意で、卜部兼方の『釈日本紀』にも「龜兆傳曰、凡述㆓龜誓㆒」としてほぼ同文が引かれている。(26) はじめに亀卜の鹿卜に対する優越と、亀卜が天孫降臨に由来することとを述べ、河海における亀の生態をたどったあと、海子（卜部であろう）が亀を捕るさまを語り、その甲を磨き上げて、町（甲の裏に火をあてるための小さな穴）を掘り、火燧の火をハハカの木につけて、卜串を折り立てて問う、ことの次第を述べる。そして、町の土（地）・天・神・人の順にハハカの火をあてる作法（後述）にことよせて、亀卜の全知なることをうたう。

この亀誓を、御卜に先んじて誦ずる。それは、ここに迎えた太詔戸神（亀津比女）の前で、神の誓詞のままに亀トが実修されることを意味したであろう。神意を問う北堂は、この神の登場によって神聖な「卜庭」と化す。と同時に、亀神の言霊を得て御卜の霊力は高まる。総じてマツリゴトには、ことの成り立ちを神代に帰してこれを儀礼的に再演し、原初に回帰することで、現在を活性化し秩序を更新する意味をもつものが多い。古代の人びとの神代との交わりは、このように、いま在ることと表裏するものであった。

御卜の終日にこの祝詞をよみあげる時には四度拍手するが、朔日は拍手せず、ただちに長畳一枚を西、つまり中臣の官人に向けて敷き、吉凶を推決する相量四人がここに着座。おそらくその対面の中臣が、坏をもって「肩髆」を試みる。『亀相記』の「卜雑事」条に、

　凡用二新甲一、先試二肩髆一、得レ實用レ之（肩者肩也（ママ））、受レ威（盛カ）也。髆、休［体］也、主二死氣一。問者以レ器藏隠曰、「此物肩哉」。卜者誓曰、「地直・天直・（神起・）（行カ）人直起・兆次」。（中略）問、「此物髆哉」。誓曰、「地内繼・天廻・神起・人伏押・兆相」。（下略）

とあるのによれば（六五〇～六五五行目・二八条）、これは、亀甲の虚実（善し悪し）を試すものらしい。[27]これを「誓卜」といい、そのままこれを灼いて問う所にこたえ、虚実を得たのち、御卜を供奉するとあるのは、右の問者と卜者とのやりとりをさすのであろう。

ここで、大同以往は神今食の祭日を卜して事前に奏進していたが、弘仁年中に月次祭と神今食の日を十一日と定めたことにより、今はこの「日問之卜」はないという。[28]月次祭は幣帛の制作期間などを要するので、おそらく御卜の前に祭日を卜定していたのであろう。

ついで、「卜串」を立てる。「御体に擬う」丸竹をまず立て、平竹五枚を宮主が書き、中臣がこれを折る（これは上述の『儀式』の注記と一致する）。宮主が「設詞」を申すというのは、平竹の文句をよみあげるのであろうか。その文は折り目をあけて書くところも『秘事口伝』と同様だが、一枚目が六月から十二月十日までとなっている点が注意さ

れる。これは、御卜の予言が奏上直後から発効し、次の御卜までを対象としていたわけで、翌月以降とする『秘事口伝』の平兆竹や『朝野群載』の奏文よりも、古い書式とおもわれる。

かくして「灼甲」の段となる。卜長上一人が亀甲四枚を取り、「肩乞祝詞」をとなえる。「上章に具なり」というその文句は、確かに『亀相記』の前文にある（六〇六〜六〇八行目・二一〜二二条）。

●凡爲レ卜者、夕且〔思〕朝定、心意和須〔順〕、無レ有二邪思一。齋戒沐浴、朝旦卜レ之。」誦曰、益卜詔戸〔勝レ自二白鹿一也〕、天津詔戸太詔戸命〔龜之益〔謚〕也〕。古昔亦誦二櫛間道命一〔母鹿木神也〕。而今不二必誦一。

目録によると、右は「爲卜齋戒一條」「爲卜肩乞詞一條」とあり（三九五〜三九六行目）、肩乞祝詞は「誦曰」以下の十二字とみられる。(29) 注によると、鹿卜に勝る亀卜の神、太詔戸命よ、という意味らしい。古くはハハカの木の神である櫛間道神もとなえたという。

こうして灼手四人が吉凶各二火ずつ同時に甲を灼く。この灼甲の次第について、『亀相記』二五条はつぎのようにいう（六一五〜六二〇行目）。

●凡灼卜之方、本レ々末レ々、先灼二地天一、發レ自レ下曳二於上一、然後充レ水〔下曰二斗《と》於《お》一、上曰二實（寳カ）於二〕。更取二甲横一〔本在レ右、末爲レ左〕、先灼二可弥《かみ》一〔手末方也〕、次灼二依弥《えみ》一〔寄レ身方也〕、然溝（後カ）充レ水〔先可弥、後依弥〕。假令五分中〔斗〕、於《より》二寳《ほ》於《お》一一分繼二可弥一、斗於一一分繼二依弥一、中央一分謂二此多米一。上古所レ灼兩支上下之別、中古爲レ別、惣稱二五兆一〔々、支也〕。其〇（ママ）息レ之。

「仮令」以下は火をあてる町に「十」のしるしをつける作法を述べたもので、その縦棒の下をトオ、上をホオといい、左上の横棒をカミ、右下のそれをエミ、その中間をタメという。これを灼く時には、まず甲を縦にもって、ハハカの火をトオからホオへとあて、ひびが出やすいように（?）水を差す。つぎに甲を横にして、手先の方のカミ、体に近い方のエミの順に火をあて、同様に水を差す。この灼甲の作法は、伴信友『正卜考』が本伝として依拠した藤原斉延

の『対馬国卜部亀卜次第』（元禄九年〔一六九六〕刊）に、

> サテ波々加ノ木ニ火を付テ、町ノ中ニ指スナリ〔火ハ以前ニ鐩リテ設置也〕。指シヤウハ、トノ方ヨリホの方へ指シテ通ル事三度。次ニカミノ方ニ火ヲ指ス也。是モ内ヨリ初テ外へ指ス也。指テ通ル事是モ三度ナリ。次ニエミノ方ニ火ヲ指スナリ。是モ内ヨリ初テ外へ指テ通ルナリ。是モ三度ナリ。其後ハ幾度ナリトモ甲ノ破レ響マデ指ス也。

とみえる手順とほぼ一致する。[30] しかし、トオ・ホオといった呼び方は「上古」のもので、「中古」以降は地・天・神・人・兆の「五兆」を称したという。『亀相記』二―六条にも、

> 斗於、居二北方一爲レ陰、主二冬・地・黒色・水・脚・婦女・母一〔主レ地合注（故カ）二地字一号二斗於一〕。寶於、居二南方一爲レ陽、主二夏・天・赤色・大〔火〕・頭・夫一〔主レ天故、注二天字一号二寶於一〕。可弥、居二東方一爲二男子一、主二春・木・青色・神・外・在〔左〕手一〔主レ神故、注二神字一号二可弥一〕。依弥、居二西方一爲レ女〇（「子」脱カ）、主二秋・金・白色・内・右手一〔人主（ママ）故、注二人字一号二依弥一〕。多米、居二中央一爲レ土、主二四季・月・黄色・心・腹一〔在二神人兩兆之間一故、注二兆字一号二多米一〕。古説如レ前。而後人以二其主治一、改二注地天神人兆一。五兆惣有二一百卅七卦一。（下略）

とあって（六二三～六二九行目）、「五兆」が後人により「改注」されたことを明記する。[31] この「上古」「古説」、「中古」「後人」の年代について、後述する卜部遠継の序のなかに、

> 寶龜五年、始置二卜長上一。中古以前、有二術優者一、以無レ爲レ記。大夫菅生忍人、畫レ卦示レ圖、頗有二遺略罪一。（下略）

とあり（五九八～五九九行目・二〇条）、この卜長上設置は宝亀六年（七七五）に訂正すべきだが（『類聚三代格』巻四）、「大夫菅生忍人」は天平宝字八年（七六四）正月に叙爵した実在の人物で（『続日本紀』）、かれが画いて図に示したという「卦」は右の「五兆惣有二一百卅七卦一」に相当するものであろうから、中古以降の五兆の説とは、およそ奈良時代後半ごろ、おそらく遣唐使のもたらす知見などによって導入されたものではなかろうか。[32]

さて、灼手四人が甲四枚を灼いたあと、その卜兆の吉凶を相量四人が推決して、(33)宮主が記録する。卜長上はさらに甲四枚を取って「弥仰吉哉・凶哉」といい、上記の灼・決・注をくり返す。これで朔日は終わるらしく、二日になって、また吉凶各二火ずつを問う。こうして二日間で三度、各二二火を卜し、灼手四人の総計が四八火となるという。

ここで二つ疑問が生ずる。一つは甲の枚数で、右の次第では少なくとも八枚、三度目も同様とみると一二枚必要になるが、はじめに掲げた延喜四時祭式には「亀甲一枚」とあり、数が合わない。しかし、延喜式の他の卜料、「竹廿株、陶椀四口、小斧二柄、甲掘四柄、刀子四枚」は、『亀相記』の記載とよく合致するようである。まず、前掲の亀誓によると、「小斧」は亀甲を破る具で、甲を取る「卜長上二人」の料、「刀掘」（甲掘）は町を掘る具で「灼手四人」または「相量四人」の料であり、ともに木工寮が造備する「卜鑿四柄・钁二口」を用いた（延喜木工寮式）。また、「陶椀」は甲を灼く時に使う水を入れる器、「刀子」はけだし町に「十」のかたちを刻む具で、これらも灼手ないし相量の料であろう。さらに丸竹・平竹・兆竹は「竹廿株」から切り出したもので、この竹は神祇官内の閑地に植えて採用した「年中御卜料兆竹」である（同臨時祭式(34)）。ちなみに、波々賀木は「大和国有封社」に採進せしめた「年中御卜料婆波加木皮」（同上）、亀甲は紀伊・阿波・土佐の中男作物および交易雑物による「年中所ㇾ用龜甲」五十枚の内より用いた。(35)以上を神祇官が事前に太政官に申請して取り寄せるわけだが、亀甲の枚数だけが著しく相違するのは不自然であり、竹と同様に一枚の亀甲を裁断したか、単純な誤記と考えるべきであろう。(36)

今一つは火数の問題である。総計四八火は前文の「火数事」にいうところと合致し、また『秘事口伝』にみた御体平安の卜問と対照しても、その数は一致する。さらに、二度目の卜問を「弥仰」といい、三度目を「同（問）返之卜」とする点や、「此の如く文兆を取りて憂喜を決し、祟りを求む。録して問文と云う」とある点も、『秘事口伝』の記述とよく対応している。この問文をもとに奏文を作成することも、同様であったらしい。すると、平城天皇が一六〇火より減じたという四八火は、その後もながく継承された御体平安の卜問の火数であって、御卜全体の惣火数ではなかっ

たことが明らかであろう。(37)

したがって、「延暦以前」の一六〇火も惣火数ではなく、御体平安の火数であったことになる。卜部八人が灼手四人・相量四人に分かれ吉凶各二火ずつ一六火卜問したとして、一六〇火はこれを十回くり返した数である。この数は、御体御卜の式日が十日間とされ、「大同以前、十一日奏レ之」という『亀相記』の注記とも符合する。そこでもともと朔日から十日まで、一日一回卜問を実施したと考えてみると、『秘事口伝』の「中古問文」のはじめに「一日」「三日」と書かれていたことも腑に落ちる。ところが、『亀相記』では三度目の卜問を「二日（日）」とし、三回分の総計を「両日（日）各灼二十二火一」と奇妙な書き方をしている。そこで、これは「延暦以前」、つまり八世紀段階に一六〇火＝十回の卜問を一日二回、五日間で行っていた名残であり、九世紀初頭に御体平安の卜問が三回に減じたあとも、古式のまま一日二回としていたが、『亀相記』の式文以後に、一日一回の三日間とされて、それが「中古問文」に反映したと考えれば、説明がつくだろう。

では、八世紀において、一六〇火の卜問のあと、残る五日間でなにを占っていたのか。『秘事口伝』の問文によると、御体平安の卜問にはその下位に「十条祟」の推問があり、さらにその一条ごとに「神宮祟」「七道神祟」といった推問が設定される。こうした祟りの捜索とその対処の可否が八世紀でも推問されていたことは、ほぼ間違いない。

例えば、大伴家持の自署があることで知られる宝亀三年（七七二）正月十三日官符は、先学の指摘があるように、御体御卜の行事やその奏文の作成が八世紀にさかのぼることを証する文書であるが、これによると、山背国の「雙栗神」に「田壹段」、同「乙訓神」に「神戸壹烟幷幣帛」を充てている。(38)延暦二十年（八〇一）に科祓のランクを定める前には（註（14））、田や神戸を奉納していたことがわかる点でも貴重だが、この二神の祟が御卜に出たことは確実で、したがって、その御体平安の卜問が「神祟」に及んでいたことも確実視してよい。(39)むろん、「十条祟」などは歴史的に形成されたものに違いないが、上位の卜問が下位の推問の選択肢（メニュー）をひらくという御卜の基本設定は、八世紀にさかのぼる可能性がきわめて高い。

これと同時に注目されるのが、平竹（卜串）の残りの四本である。『亀相記』や『秘事口伝』にみたこれらの卜串は、奏文にその文句が盛られるだけで、あまり意味もなく卜庭に立てられていた。しかし、軒廊《こんろう》御卜の次第をみても明らかなように、卜串は卜問のために折り立てるものである。[40] 奏文をみても、卜問の対象になっていないこれらの文句がなぜ書かれているのか理解に苦しむ。むしろ、五本ある平竹の存在こそ、八世紀段階に五つの卜問が実施されていたことを裏づける物的証拠とみるべきである。

おそらく、残る四つの卜問も、御体平安のそれとおなじく、それぞれ下位の推問の選択肢があって、卜兆の合不合により、あらゆる祟りを特定していったのであろう。例えば、「神祇官仕奉諸祭者無二落漏一供奉莫レ祟」と卜問して、祟りありと出れば、祈年祭以下の諸祭を推問し、「供奉親王・諸王・諸臣・百官人等事聞食者莫レ祟」では親王・諸王・諸臣・百官、さらに八省以下へと選択肢をひらき、「風吹雨降旱事聞食者莫レ祟」であれば風・雨・旱に関わる神々を、「諸蕃賓客入朝聞食莫レ祟」ならばその国々を推問していった。[41] 以上は類推にすぎないが、「延暦以前」の御卜の内容がおよそこのようであったとして、御体平安と残る四つの卜問が十日の式日をほぼ折半して実施されていたとすると、これは莫大な労力を要したに違いない。これが大同の火数削減とともに廃絶した可能性は十分にあるとおもわれる。このように、御体御卜はもともと天皇の身体をめぐる世界全体を対象とした、スケールの大きなうらないであったと考えられる。[42]

『亀相記』にみる御卜の記載は、このように八世紀段階の行事を推定する有力な根拠となるのであるが、その記載にみる行事そのものは大同以降、『秘事口伝』の「中古」以前ということになり、おおむね平安時代の内容といえそうである。ところで、『亀相記』は一般に天長七年（八三〇）、卜部遠継の撰とされており、したがって右の御体御卜の記述も、天長七年を下限とするところまで絞りこめるはずであるが、この通説には疑問がある。そこで、最後にこの問題についてふれておきたい。

現行の『新撰亀相記』は、梵舜自筆の『亀卜抄』と題する書の後半部分として伝存したものである。その冒頭に「新撰龜相記甲」という内題があり（三六二行目）、つづく序文に甲乙丙丁の四巻にまとめたとあって、さらにそのあとの目録には、三〇条にわたる甲巻の細目と、五兆の「称候」（卜兆の説明）を残りの三巻に分けたとする簡目がみえるので、現行本は甲巻のみを写したものと知られる。[43] なお、五兆の称候は『亀卜抄』の前半部分、「亀卜抄」という内題をもつ三六一行目までの本文に詳述されているが、それが『亀相記』の乙巻以下と対応するかどうかは、「亀卜抄」そのものの考察をふまえてから結論すべきであろう。

そこで、『亀相記』天長七年成立説の根拠であるが、それは甲巻の途中、六〇五行目に、

天長七年八月十一日卜長上従八位下卜部遠繼尓曰

とあることによる。これを『亀相記』の奥書とみるわけだが、「尓曰《しかいう》」は通常、「序」の書き止めに用いる句で、奥書にはふさわしくない。実際、この部分はまさしくなにかの序であって、五八五行目の「両儀開闢、乾坤定位」以下、右の「尓曰」までが一連の文章と認められる。[44] 内容は伏義の書契以来の書籍の歴史をふりかえりつつ、卜術の口伝を関係者五人とともに詳議して書き記したというもので、これが書物の序文であることは疑いない。しかも、「旧辭爲レ先、龜相烈［列］レ後、不二敢良媒一」とあるから、これは『亀相記』の大体の構成とよく似るが、『亀相記』には上述のように序がある。では跋文かというと、文章といい書き止めの「尓曰」といい、これは序としかみえないし、跋文を甲巻の途中に置く点も理解しがたい。結局、これは先行する卜術書（原「亀相記」？）の序文を『新撰亀相記』が引用したものとみるのがよく、右の一文をもってこの書の成立を定めることはできない。もとより、『亀相記』はその序に「擧二古今一發二連類一、將レ緝二一軸一」というごとき雑纂の書であって、このような引用があっても何ら不思議ではないだろう。

では、『亀相記』の成立はいつかといえば、それは御卜の記載の末尾に「本云」とある天禄四年（九七三）を目安とするほかない。この「卜部雅延」が円融朝の人であったかどうかは未確認だが、この年次は上述の御卜の行事の推定年代とまったく齟齬しない。そこで、卜部雅延が著者であれば、天禄四年が成立下限となり、書写した人であれば、これをさかのぼる時期となるが、十世紀中頃とみておけば大過あるまい。つまり、『亀相記』にみる御卜の次第は大同以降、天禄以前、ほぼ平安前期から中期にかけてのものと推定されるのである。

おわりに——「古意」と「漢意」との間

本章は御体御卜の基礎研究として、『延喜式』『宮主秘事口伝』『新撰亀相記』の記述を考証してきた。結果、この行事の古代・中世における全容がほぼ明らかになったと考える。以下、本章の成果の上に立ち、克服すべき問題や若干の展望などを列挙しておく。

御体御卜は、天皇の身体をめぐる祟りの捜索と対処の提示を亀卜によっておこなう行事として注目されるが、八世紀段階では天皇の身体だけでなく、祭事・政事・天災・外交と、より広汎な卜問を展開していたことが判明した。それは天皇が接続する世界全体を対象としたもので、古代天皇制の世界認識と祟りという新たな課題が提起されたものといえる。

また、御体御卜は亀卜という特殊技能を駆使した独自の行事であると同時に、月次祭・神今食といった祭事と連動する行事でもあった。かつて筆者は宮廷祭祀を整理し、古くは月はじめの〈月次祭・神今食〉と晦日の〈御贖・大祓〉からなる月次祭祀が毎月行われ、

白鳳四年、以㆓小花下諱部首作斯㆒、拜㆓祀官頭㆒、令㆑掌㆘叙㆓王族㆒・宮内禮儀・婚姻・卜筮㆖。夏冬二季御卜之式、始

起二此時一。

と『古語拾遺』が孝徳朝のこととしていう、御卜の二季化とともに、「月次」祭祀も二季にわかれたと考えた(45)。その時主たる論拠としたのは、御贖や神今食に類する祭儀が令制下でも「毎月」行われていた事実であったが、今回とりあげた『亀相記』によると、「卜庭神祭」もまた「毎月一日」に行われていた事実が明らかとなった。したがって、大化前代の月次祭祀には〈御体御卜〉もふくまれていた公算が大きくなったと考える。

一方、卜甲・卜骨の出土により、弥生時代より奈良時代におよぶ卜占の様相が考古学的に解明されつつあり、かつて伴信友が論じたような、日本固有の鹿卜（太占《ふとまに》）から舶来の亀卜へという理解も修正を余儀なくされてきた。しかし、『亀相記』の「亀誓」や「肩乞祝詞」にみたように、亀卜側の鹿卜に対する敵愾心ともいえるものが濃厚にみてとられることも事実である。古墳時代後期に町を「＋」形に掘る卜法が流布し、また奈良時代後半ごろに「十」形の「五兆」が導入されたらしいことは本論に述べたが、その間に、卜部の台頭や鹿卜の追放というようなせめぎ合いがあったことは、十分に想定できよう。

また、卜部が海人であったことは「亀誓」みずからが語るところであるが、その技術の伝来経路は、依然謎である。というのも、亀卜に適したウミガメなどは温暖な海域でしか捕獲できず、また、古代朝鮮における亀卜の記録は意外に少ないのであって(46)、現状では単純に朝鮮半島から対馬・壱岐・伊豆の卜部へという経路を想定するわけにもいかないのである。

亀卜の技術の輸入については、本章で遣唐使による中国のそれを示唆したが、『亀相記』には「亀経」という書が引用されている。目録一二条の「略述龜經・凡龜大意」、一三条の「同經四時交用五色龜・忌日」がこれであるが、これらとほぼ同文が『亀卜抄』の冒頭や、『唐六典』巻一四の太卜署にみえ、またその一部は『初学記』巻三十などにもみえている(47)。もとより、一二条は「亀有二九種一」として「江亀」「河亀」「淮亀」といった亀の名をあげるので、その「亀経」が和書であるはずはないのだが、右の対応関係によって、『亀卜抄』や『唐六典』が「亀経」を引用していることが判明する。「亀経」なる書は、『隋書』より『宋史』に至る正史の書目録および『玉海』などに著録されるが、『初学記』に「柳隆（氏）亀経曰」とあることから、これは柳世隆『亀経秘要』二巻と考えられる。(48) そこで注目されるのは、『初学記』所引の「柳氏亀経」に「何以言之」の句をみることで、この句は『亀卜抄』に頻出する独特な文句である。(49) してみると、『亀卜抄』は「柳氏亀経」ないしこれに類似した亀卜書の抄本である可能性が出てくるわけで、しかも『唐六典』に引用されることから、それは唐制が準拠した亀卜の説である公算が大きい。日本への伝来の経緯や『亀相記』の乙巻以下との関係などもふくめ、この失われた「亀経」の追究は、魅力ある課題といえるだろう。(50)

その中国では、殷墟の甲骨文はもとより、近年『周易』「日書」といった占いの文献や、占いの記録が相次いで出土している。その記録の一つ、包山楚簡の「卜筮祭禱簡」をみると、戦国時代の楚の懐王に仕えた邵㐌という司法官（墓主）が、前三一八年から三一六年にかけて、貞人（卜人や筮人）たちに、一年間の無事（歳貞）や病気の原因（疾病貞）を占わせている。とくに歳貞は、「出入事レ王、盡二卒歳一、身身尚毋レ有レ咎」といった内容を、年度はじめに複数の貞人に卜筮させたもので、その貞問も、①我が身に咎なきかを占い、②咎や祟りがある時はその解除法を占う、という二層構造になっている。(51) これらは本章で明らかにした、御体御卜の行事やその卜問の基本構造に驚くほど類似している。楚文化との対応関係はこれにとどまらない。『楚辞』離騒篇の王逸注に「楚人名二結レ草折レ竹卜一曰レ篿」とあり、『荊楚歳時記』逸文に秋社のとき「折レ竹以卜」して「來歳豊歉」を占うというのは、竹簡状の「卜串」を折り立てて占う御卜の作法に一定の示唆を与えるだろう。

もとより占いは、不確実な未来を予知しようと願う人間の心に根差し、古今東西にその例をみる普遍的な風習であって、科学技術を信奉する現代においても、廃れるどころか、つぎつぎと新しい占いが登場している。他方、日本・韓国・中国における出土文字資料の劇的な増加が、各国の古代研究を一新しつつある現在、中国の戦国・秦漢期を起点とした漢字文化圏の形成にともなって、朝鮮半島や日本列島にも波及した文化のうねりと、固有の文化とのせめぎ合いを、東アジア古文化という枠組においてとらえ直す必要があるが、その重要性を、われわれはまだ十分に認識しているとはいえないのではないか。「占い」という普遍的なテーマは、そうした現状を打開する突破口となるようにおもわれる。

註

（1）「おほ」は接頭語、「みま」は天孫の意で天皇をさし、「うら」は占い、天皇の身体を占うので「みうら」と尊称する。「うら」の動詞形に「うらふ」（下二段）と「うらなふ」（四段）とがあり、前者は「卜・合」の熟合、後者は事をなす意の接尾語「なふ」がついた語とされる（「になふ」「うべなふ」の類）。ただし下文にみるように、「卜合」は御卜に頻見する語で、古訓に「卜合」を「うらふ」と訓む例もあるが、一方で「卜不合」という言い方もあり、これを「うらへず」と他動詞に訓むと、文意が通じない。「うら（に）あはず」と訓むべきで、ここから「うらなふ」に転じた可能性もあるようにおもわれる（「もちあぐ→もたぐ」「うちあげ→うたげ」の類）。

（2）『本朝月令』所引弘仁四時祭式逸文もほぼ同文だが、弘仁式逸文は延喜式の「伯輿副若祐、舁案入置庭中」を「置庭中簀上」、「闈司昇殿撤案、置庭中」を「置簀上」に作り、さらに「披奏案、微聲奏」の「案」字を欠く。逸文が「簀上」に作る事由は、『儀式』奏御卜儀に、「其日平旦、主殿寮、樹二幔於殿庭東西一。掃部寮、立二大臣床子一脚於殿上一（御座東南去二許丈、西向〔面〕一）、敷二簀一枚於版位前一」とみえる敷設に対応し、また、逸文が「案」字を欠くのは、「案」に案文とつくえの二つがあって紛らわしいからであろう。なお、弘仁式逸文については、虎尾俊哉編『弘仁式貞観式逸文集成』（国書刊行会、一九九二年）を参照した。

（3）安江和宣『神道祭祀論考』（神道史学会、一九七九年）一三七頁以下参照。なお、下文の『宮主秘事口伝』（以下、『秘事口伝』と略す）の引用は、同書所収の「校訂宮主秘事口伝」による（字体も原文ママ）。

（4）このあと（安江氏の校訂本二一二頁6行目）、「例事役」（酒肴などの弁備）にかんする長文の書き付けがあるが、前文に酒肴の記述などなく、竄入とみられる。下文の「斎卜事」あたりからの混入か、あるいは校訂本二五七頁1行目などのあとにつづくものかとおもわれる。

(5) この「近年朔日御卜始儀」(「近年」の二字、文中に「近代」の略儀を注するので不審)には、甚しい錯簡が認められるが、結論だけを述べると、安江氏の校訂本二一四頁4行目の「近代無其儀也」は、けだし「酒肴」にかんする数行分の脱文を隔てて、二一九頁の「又云」(二一九頁)につづき、「著到」をもって結ぶこと、本文にしめしたとおり(あるいは「著到」の前後に「退出」の文も脱するか)。その中間が錯簡部分で、a「当時儀」(二一四頁5行目〜13行目)、b「季札書様・兆竹作様」(二一五頁1行目・10行目〜二二〇頁4行目)、c「近代略次第」(二一五頁2行目〜9行目)からなる。bの冒頭、二一五頁1行目に「季札書様・兆竹作様、先考被レ図絵レ之間、彼正本継二加之一。亀甲同持帰也」とあるように、bは後で貼り継いだものだが、傍線部はaの文末、二一四頁末行の「宮主如レ元令二随身一退出云々」につづくべき文であるから、aとbとはもともと連続していたものとおぼしく、ここに、永徳年間(一三八一〜一三八四)の例を応永十一年(一四〇四)に注したと明記するcが混入したのであろう。混入と断定するのは、cに「甲を灼く」などとあって斎卜の「略次第」であることが明白だからである。おそらく「当時儀」のつづきとして貼付してあったものを、誤ってbの2行目に挿入して書写したかしたのであろう。

(6) この御卜始が「政始」であることは、「著到」の書様に「始御体御卜所」とあって、「所始」と観念されていたことから明らかである。なお、「政始」については拙稿「儀礼の場としての国府・郡家」(『民衆史研究』六六、二〇〇三年、本書第三章)を参照されたい。

(7) この「斎卜次第」(校訂本二三五頁1行目〜二三七頁8行目)は、上述の「近年朔日御卜始儀」につづいて二二〇頁3行目の後に入り、4行目の「当家以二太竹一立二右方西一事」(「太竹」は丸兆竹のことであろう)をはさんで「斎卜事」(二二四頁5行目まで)へとつづく。この「斎卜事」の末尾は、後述の「中古問文」(同6行目〜二三四頁1行目)を隔てて、二三四頁2行目に接続し、その末行から飛んで二四九頁の「陣解文二ヶ条事」、さらに二五六頁1行目へつづき、次頁2行目以下の衍文をはさんで(二四七頁7行目以下の「差文事」はここに入るか)、そのまま奏御卜の次第書(同7行目〜二五八頁10行目)へと移る。そのあと、二三七頁9行目以下の各種「書様」がつづいたと考えられるが、これも当然、「奏書」「陣解文」、「差文」

「春宮御卜」の順に差し替えられるべきであろう。

(8)「供進物」を八神殿のものとしたのは、「斎卜事」に「八神殿供進物」とあることによる。これは、吉田家や萩原家の亀卜書が日本国中の神祇を降ろして卜すというのに近く、延喜式にいう「卜庭神祭」の名残とはいえないであろう。なお、下文の「縵木綿」は『秘事口伝』鎮魂祭条にも「進二縵木綿一」とみえ（二九四頁）、これは延喜大蔵省式の鎮魂祭条にいう「鬘木綿」にあたる。「肩縵（縵）」とは無関係であろう。

(9) この書様の実例というべき平安後期の奏文が、『朝野群載』巻六に二通あり（後述）、国史大系本はいずれも「折放置」を「抑放置」に作るが、これは『秘事口伝』に従い改めるべきである。筆者はかつて「天皇の食国」という旧稿で「仰放置」と意改してこれを引用したが（『日本古代の天皇と祭儀』吉川弘文館、一九九八年、一四四頁）、これはまったく不適切な処置であった。ここに謝して訂正する。

(10) 問札については、『秘事口伝』の「斎卜事」に、

問札者、如二去朔日季札一、以レ木横書レ之。長三尺八寸、広六寸也。但近年者長二尺許、広四五寸許也。至レ裏書レ之。／迄二中古一者、宮主参二著本官一、令レ卜書付。／伏見院・後二条院以後者、中臣官人、大略不参、宮主自二里亭一令二書整一也。御卜之合否、猶以自二里亭一書二付之一

とあって、鎌倉末期以降は宮主が事前に卜占の結果を書いてきたものらしい。ここにかかげる「中古問文」は、右の証言によると、実際に卜して書かれたものとみてよさそうである。

(11) 九日を御卜始とすることは前掲『神祇官年中行事』でもふれているが、『秘事口伝』「斎卜事」には、斎卜は三日以後の吉日を選んで行い、四・六・七日は四廃日として御卜をはじめず、子の日も同様とすることが明記されている。『江次第』巻一八・軒廊御卜の「亀卜忌日」でも、「朔日」や「子日」は忌日とされるが、四廃日は「斎卜事」と内容がことなる（註(50)参照）。

(12) 安江和宣「御体御卜に関する一考察」（安江前掲註(3)『神道祭祀論考』所収）は、この御体平安の総火数が直卜二五火、交卜二三火となり、直が二火多いことから「平安である」とし、このあと、平兆竹の二〜五の内容についても「同じように卜してゆく」とされたが（一七一頁）、『秘事口伝』にはそうした記述はみえない。また、かりに御体平安で全く祟りなしと出たならば、このあとの卜占は必要ないはずであるし、二〜五の卜問をおこなったとすると、「中古問文」の末尾の集計と数が合

わなくなる。古儀の次第はともかく、ここは「問文」のとおりに解しておくべきであろう。

(13)　校訂本の底本は「宮司等過」を卜合とするが、一本に「不」字あるにしたがう。註(15)に述べるように、「斎卜事」は内外宮の祢宜にかんする口伝を記すので、宮司の推問は省かれたとも考えうるが、宮司を特定する推問のみ行われないのは、やはり不自然であろう。

(14)　科祓の料物とランクは『類聚三代格』巻一所収延暦二十年五月十四日官符に規定がある。なお、『類聚符宣抄』巻一・御体御卜に収める応和二年(九六二)八月廿二日太政官符は、伊勢神宮の御厨案主および神戸預等に祓を科すべく、駅鈴を与えて神祇官人を派遣することを伊勢国や大神宮司に通告した文書だが、御厨案主の秦茂興は「修㆓三寶㆒事」により、同新家恒明・真行は「過㆓穢神事㆒」により「豊受神宮祟給」として「科㆓上祓㆒可㆑令㆓祓清奉仕㆒事」とし、また、同宮鈴鹿郡神戸預等も「依㆑過㆓穢神事㆒祟給」として「科㆓下祓㆒可㆑令㆓祓清奉仕㆒事」とする。これによると、十世紀中頃には人物とその過失を特定したうえで個別に祓を科していたことがわかるが、『秘事口伝』の「差文書様」などには人名まで書かず、また書けという指示もない。さらに『朝野群載』所収の奏文では一律に祓を科している。しかし全体としては「中古問文」とほぼ同様の次第であったと推察される。ちなみに、『秘事口伝』によると、「諸国清秡祭物・雑事用途者、宮主之恩禄也」といい、近年は有名無実化していたという(二五六～二五七頁)。

(15)　『秘事口伝』斎卜事は、伊勢神宮の卜問にかんする口伝としてつぎの四箇条をあげる。①六月に太神宮の祢宜一人、豊受宮の祢宜二人を卜合したら、十二月には太神宮の祢宜二人、豊受宮の祢宜一人を卜合し、年内に同じ人が二度卜合しないようにする。②遠江本神戸司と新神戸司のうち、六月に本神戸司を卜合したら、十二月には新神戸司を卜合する。③伊賀神戸司と河曲神戸司も②と同じ。④上中下の祓は一季に一つずつ「輪転」して卜合させる。これらは本文の「中古問文」に必ずしも合致せず、宮主が事前に問札を書くようになったあとの作法であろう。

(16)　安江氏の校訂本によると(二三〇頁)、東海道・北陸道との間を一行分空白とする本があり、そこに「坐㆓東山道㆒神」が入るとする注記があって、安江前掲註(12)「御体御卜に関する一考察」もこれによってか、六月に東海・北陸・山陽・東山道、十二月に山陰・南海・西海道および五畿内を卜したとされているが(一六七頁ほか)、「斎卜事」には「次坐㆓七道㆒神祟事。是又七道ヲ二ニモ三ニモ別テ可㆑卜也」とあり、また後述するように、「中古問文」の集計は、東海道で脱落している二国を補うと帳尻が合うので、東山道を入れる余地はない。ゆえに、東山道は補うべきではないと考える。

(17)　なお、『朝野群載』巻六・神祇官に収める康和二年（一一〇〇）六月二日の宮主卜部兼良解によると、御卜で式外社を卜合とすることもあり、たとえ不合でも式外社を問文に注することは「常例」であるとして、延久五年（一〇七三）十二月の陣解文、同六年六月の問文、承暦四年（一〇八〇）六月の奏案、承保二年（一〇七五）十二月の問文各一巻を、証文として提出している。これは、式内社がみな卜不合と出て式外社を卜したのか、神社行政のありようの変化に基づくのか、不明であるが、件の兼良は、「苟伝二祖父之問文一、専致二霊亀之占兆一」と述べているので、この「常例」は少なくとも十一世紀中頃までさかのぼるものとみられる。

(18)　『類聚符宣抄』巻一・御体御卜に収める天暦六年（九五二）十二月十日太政官符には、「應レ行御卜祟参箇条事」として「御膳水神、依二人過穢一、爲レ祟」、「來年春夏兩季、可レ有二鬼気祟一」、「自二御在所一南西方諸司所レ犯レ土祟」をあげ、御膳水神には「仰二預人一可レ令二掃清祭治一事」とし、鬼気祟には「季初祭二治大宮四隅・京四隅一、兼祭日可レ供二奉御禊一事」とし、犯土の祟は「中務・民部・主税・内匠・造酒・内膳・右兵衛・左馬・右馬等省寮司府所レ犯」として、「可二鎮謝一事」とする。これによると、十世紀中頃には十条祟が行われていたが、二条に固定化していなかったこと、土公祟に相当するものは、犯土の諸司を注進させたうえで、その方角を卜して特定し、これを鎮めるためにあとで地鎮祭を行ったらしいことが知られる。

(19)　なお、伊勢・志摩二国を卜不合として補ったばあい、先述の奏書などの書様に伊勢の鴨神社をみることと矛盾するが、これらの書様と「中古問文」とは必ずしも対応しておらず（例えば、伊勢神宮あての差文に御常供田預のことがみえず、山陽道のかわりに東山道あての差文があるなど）、問題はないとおもわれる。なお、「中古問文」の末尾には「但近代之義《（儀）》、毎レ事略義《（儀）》也。道許ヲ書トテ諸国神ヲハ令レ略也。此外猶令レ略レ之。是併末代之義《（儀）》也」とある。

(20)　東宮の御卜については、『秘事口伝』に「春宮御卜書様」があり（校訂本二四二頁以下）、これによって大体のことがわかる。天皇の御卜とのちがいは、十条の祟りが五条のみで（土公・水神・竈神・御膳過・霊）、その推問が伊勢神宮や七道におよばない点である。なお、この「斎卜次第」では、東宮の御卜を天皇とともに一括して行うこととし、東宮の宮主は関与しないようであるが、これが本来の方式であったとはおもわれない。

(21)　なお、火数の内訳をみると、承暦四年の奏では惣火数一六〇で直卜一一〇・灾（交）卜一一とあり、康和五年では惣火数一八三で直卜一〇三・灾（交）卜一九と、いずれも数が合わない。しかし、この直・交の火数と、その灾（交）卜の内訳である地天神人兆の五相卜の数を足すと、それぞれの惣火数とほぼ一致するので、これはおそらく、惣火数と直卜以下の数が合わないとみた書写者が、（五相卜が交卜の内訳とは知らずに）適宜数字を書き改めてしまったのであろう。

(22) 安江前掲註（12）「御体御卜に関する一考察」、西本昌弘「八世紀の神今食と御体御卜」（『続日本紀研究』三〇〇、一九九六年）、一五五頁。

(23) 以下、椿実解題『東大本新撰亀相記　梵舜自筆』（大学書院、一九五七年）の影印によりその行数（および条数）を引用文の前後に指示する。なお、改行・闕字（字間アケ）などは原本のままとしたが訓点や（　）内の注記は卑見による。以下同。

(24) 「箒」字、観智院本『類聚名義抄』に「ス」と訓み、「貫箒、ヌキス」とあることから（僧上・七一）、「簀」字の異体とみられる。茵をしくのに簀を要したのは、この北堂が、卜串を折り立てていることからもわかるように、土壇の建物であったためであろう。

(25) なお、延喜宮内省式に「凡供二奉六月・十一月・十二月神事一御卜官人已下、並給二百度食一」とある規定は、宮内省における小斎卜定にかんするもので、御卜とは別の規定とみるべきだろう。

(26) ただし、『釈紀』巻五には「海子」の件と「土叓かば」以下の後半部分は省略されている。伴信友はこの「亀兆伝」の文を引き、鹿卜を亀卜に先行した日本固有の卜占（太占《ふとまに》）とする立場から、この亀誓を「虚説」と断じている（『正卜考』巻二、『伴信友全集』二・五〇七頁。国書刊行会、一九〇七年）。なお、『亀卜秘伝』（『古事類苑』神祇部四二所引）の亀卜次第には「祭文」として亀誓の全文が引かれるが、吉田家の亀卜書などではおおむね「手足容貌」以下から海子の件にかけてと、「七年之内」以下の文がみえず、書き止め部分も若干異なっている。出村勝明「吉田神道における亀卜研究について」（『神道史研究』三九巻二号、一九九一年）参照。

(27) 「坏」は四時祭式の祭料にみえるので、これを用いたとみるのが自然のようだが、「随而灼之」とつづく点や「卜雑事」に「凡用二新甲一」云々と明記する点、さらに『秘事口伝』「御卜始」にみた「誓卜」も「甲」を納めることと連動する点から、亀甲と解した。なお、「縍」は「縵」の俗字で「慢」に通じ、「肩」は「堅」に通ずる。「蔵隠」はしまいこむ意。

(28) 中村英重『古代祭祀論』（吉川弘文館、一九九九年）は、この文を「大同以往（前カ）卜神今食曰（日カ）在前奏、進謂此日問レ之卜、而弘仁年中永定二十一日班幣幷供神今食一仍今不レ卜」と訓み、「在前」を天皇と解して、a神今食の日を卜占して奏上したのか、b御卜の奏上が神今食の日に行われたのか明確でないとされたが（一三七～一三九頁）、引用文にしめしたように、「謂此」は「此れを……と謂う」とよむべきで、「日問の卜と謂う」のであれば、aの解釈になることは明白であろう。

(29)　なお、目録の二三条「分用龜甲條數」に対応する本文は、後掲の「●凡龜甲有二首尾一」の文であるから（註（36））、目録の「肩乞詞」が「誦曰」以下の本文をさすことは間違いない。影印本の椿実の解題は「肩乞祝詞」を「亀誓」と同一視しているが（九〇頁以下）、その根拠はしめされていない。但し、『秘事口伝』の斎卜の前後に「詔戸師」がよむ「詔戸」は亀誓とみてよい。御卜が一日に短縮され、卜庭神祭もないために、両日の祝詞が斎卜の前後によまれたのであろう。

(30)　伴信友『正卜考』巻一（『伴信友全集』二、四五九頁）による。なお、前掲註（26）『亀卜秘伝』の亀卜次第に引く「伊勢祭主伝」もほぼ同文で、これらの書では灼甲の前に陶器の水を亀甲と兆竹（平竹）につけているが、『亀相記』では灼いた甲に水をつけている。「灼卜用レ水〔龜元住レ池、故令レ聞〔用〕レ水〕」ということだが（五七二行目）、おそらく先を曲げた小兆竹の先に水をつけて甲に充てたもので、サマシ竹とはこの謂であろう（出村前掲註（26）「吉田神道における亀卜研究について」によると、上山直矩『亀卜伝口授』がこのように説く）。灼甲ごとに用いたあと、火数をかぞえる具としたもので（『秘事口伝』「斎卜事」）、折り立てる「卜串」とはもとより別物とおもわれる。

(31)　「改注」後の五兆の「主治」（配当）にあたるとおもわれるものは、前文の『亀卜抄』の一一～三一行目にみえる。なお、引用した「古説」の方角は、甲の裏につけた「┼」（町形《まちがた》）を表からみたもので、これは甲の裏に火をあてて出た表のひび割れをト兆とみるためである。

(32)　もっとも卜部遠継自身は、ひろく飛鳥・奈良時代をさして「中古」といっているらしい（後掲註（44）参照）。五兆に絶対年代が与えられるとすると、亀誓の後半部に土・天・神・人の称をみる点が問題となる。この後半部には祈年・月次祭の祝詞によるとみられる表現などがあり、あまり古いものとはおもわれないのだが、一方で地を土とし、兆に言及しない点も看過できない。神澤勇一氏によると、古墳時代後期以降、町を「+」形に作る卜法が一般化するが（『古代の占い』『占いとまじない』別冊太陽七三、平凡社、一九九一年）、亀誓の町の呼び方はむしろこの「+」形に対応し、「┼」には対応しないともいいうる（前掲『亀相記』二五条にいう「上古所レ灼両支土下之別」が「+」にあたるか）。「┼」形と五兆が対応するとして、亀誓の原形は「上古」以前にさかのぼり、現行の文は「中古」以来の文飾を加えたものとみるべきかもしれない。

(33) この「推二決吉凶一之方」は前文（『亀卜抄』三二六〜三二八行目）にほぼ同文がある。

稱二吉哉一卜以二外相枝一爲レ凶〔地神相繼・地切振、天神相繼・天切振、神次・兆上也〕。

稱二凶哉一卜以二内相枝一爲レ凶〔地廻内相繼、天見内相繼、人押次起伏、兆相是也〕。

なお、『亀卜抄』第一葉裏の図によると、「外相」とは町の左側、「内相」は右側をいうらしい。

(34) なお、延喜民部式下に「凡神祇官卜竹及諸祭・諸節（会）等所レ須箸竹、柏生蒋、山藍等類、亦仰二畿内一令レ進」とあるが、これは「御卜料」ではないとみるべきであろう。また、同宮内式に「凡神今食・新嘗祭所レ須卜坏廿口、卜竹廿株、日影二担、並申二（太政）官一請受」とあるのも、宮内省庁で行った小斎の卜定の料で、御卜の料物ではないだろう。

(35)『亀相記』の下文には「龜甲／紀伊國十七枚、阿波十三枚、土左十枚」などとあるが、これは延喜臨時祭式に「凡年中所レ用龜甲、惣五十枚爲レ限〔紀伊國中男作物十七枚。阿波國中男作物十三枚、交易六枚。土佐國中男作物十枚、交易四枚〕」とある年料に対応するのであろう。なお、これらはみな民部式下および主計式上にもみえている（但し、阿波の中男作物のみみえない）。

(36) 亀甲の制作について、『亀相記』二三・二四条にはつぎのようにある（六〇八〜六一五行目）。

●凡龜甲有二首尾一、中二於首尾一、破二於正從一、分爲二兩枚一、枚別辟得二六條一〔惣十二條〕。百［所］レ破之背、謂二此甲尻一〔一曰レ本也〕、緑［緣］謂二甲上一〔一曰レ末〕。其頸之左右各一條、謂二此頸甲一、亦曰二圭甲一〔似レ圭〕。次一條謂二之廣羽一〔自二衆條一廣長也〕。次一條謂二之无レ溝。次一條謂二之高羽一。次一條謂二之元［无レ溝］〔廣羽・高羽惣四主［條］者、上有レ如レ溝。而此條者、無レ也［之］故〕。溝《(衍カ)》巳上、御卜用レ之。圭甲・神《(ママ)》羽、凡卜充レ之。」凡供二奉御卜一、兩人安座、一人取二甲二枚一誓レ之〔甲元《(乙カ)》也〕、兩人容［各］灼、謂二此相手一。二火・兆十〔兆、支〕、以レ是論二吉凶一、定二憂喜一。

右によると、亀甲は二枚、十二条に裁断され、それぞれ御卜・凡卜の料とされた。前注の臨時祭式にいう亀甲はしたがって裁断前の本体とみられ、また「白亀一枚」などと数えた例もあるので（『文徳実録』嘉祥三年八月丙辰条）、卜料の「亀甲一枚」も裁断前とみれば八ないし一二枚は確保できよう。ただ、年料五〇枚の内、夏・冬の御体御卜で二枚しか使わないというのも、少なすぎるようである。なお、二四条（「凡供奉御卜」以下）の「御卜」の次第は御体御卜とは別の御卜であろう。

（37）　一六〇火が四八に圧縮されたのに、月次祭と神今食の式日は十一日に固定されたので、御卜の行事は間延びすることとなり、『亀相記』の段階では朔日からただちに斎卜をはじめていたのが、卜問結果の固定化などもあって、『秘事口伝』では九日にはじめるようになったのであろう。なお、伴信友は「亀卜ヲスル者、前斎七日」という本伝の記述と関連づけて、一日に卜庭神を迎え、八日の斎（中七日）をへて九日に御卜を行ったと解しているが（『正卜考』巻一）、これはもとより結果論にすぎず、むしろ前斎七日が中七日おく慣例から出た可能性もあるだろう。

（38）　弥永貞三「大伴家持の自署せる太政官符について」（『日本古代の政治と史料』高科書店、一九八八年）参照。なお、註（18）に参照した天暦六年官符は、ここに紹介した宝亀三年官符と同種の文書であるが、西本昌弘は、これらの官符がひく神祇官解を『秘事口伝』にいう「陣解文」と解した（西本前掲註（22）「八世紀の神今食と御体御卜」一五二～一五四頁）。確かに天暦六年官符の引用する官解は、『秘事口伝』の「書様」の書き止め文言、「依レ例供二奉御体御卜一、所レ祟　奏聞既訖。仍録二祟状一謹解」とほぼ一致するので（校訂本二五三頁）、陣解文とみてよかろうが、宝亀三年官符もこれと同列にみてよいかは問題がある。というのも、宝亀三年と天暦六年の官符をくらべると、後者はおそらく御卜の結果をすべて盛り込むが、前者は山城国の二神の祟りを記すのみである。むろん、これが宝亀二年十二月の御卜のすべてであった可能性もあるが、その内容はむしろ個別の祟りに対処するものとみるべく、宝亀と天暦との間に隔たりがあったことをうかがわせる。これはおそらく御卜が紫宸殿出御儀から、左近衛陣経由で奏上されるようになったことと関係がある。天皇が内裏正殿で大臣と中臣に「依レ奏行レ之」と同時に命じていた承和以前は、大臣がすでに奏文の内容をチェックしているので、奏文とおなじ内容の解文をあらためて太政官に提出する必要はない。ただちに個別の祟りに対処する解文を作成し、その奉行を命ずる官符を得た。宝亀三年官符はその一つで、御卜から一月近く時間を要したのは科祓の田や神戸の手配のためであろう。これが左近衛陣を経由するようになると、天皇に奏文をみせて勅許を得、そのあと、太政官に同じ内容を申告して（これが陣解文）、その奉行を命ずる官符を得（これが天暦六年官符に相当）、それから個別の祟りに対処する「差文」を作成し（『朝野群載』巻六所収の長治二年十二月二十二日付差文および『秘事口伝』二三七～二四一頁参照）、これを施行するための官符を得る（註（14）の応和二年官符がこれに相当）、という手順になる。もっとも、『秘事口伝』の奏御卜の次第では奏文・陣解文・差文を一括して上卿に渡しているが（二五七頁）、以上の推測に大過なければ、宝亀まで陣解文をさかのぼらせるのはやはり穏当でなく、また承和以前には、宝亀三年官符と同様の文書が、対処すべき祟りの数だけ作成されたことを想定することができるだろう。

（39）このほか、宝亀五年八月二十七日官符に「御卜所レ祟」として、正税に混合されていた「多気・度会二箇神郡百姓逃亡口分田地子」を神税に改めた例がある（『類聚三代格』巻一）。

（40）例えば、源師時の『長秋記』保延元年（一一三五）四月二十二日条に、つぎのようにある。

（前略）軒廊御卜〔霖雨事〕。（中略）仰云、「霖雨渡レ旬、有二何咎祟一哉。令二（神祇）官・（陰陽）寮卜申一」者。（中略）卜部神祇祐兼長（中略）、座前置二辛櫃一、開レ之取二出手文一、開レ之取レ紙、先書二事趣一。次折二立細竹《サマシタケヲ》一東向。次葉若《ははか》木を入レ火。次取レ甲、其北左右ノ（ヲ）指二入水一。次咒、以レ面向二身方一。次焼緞《ママ》了、以二葉若木無レ火之方一入レ水、滴二甲上一、見レ兆。次置レ甲、書二卜形一、次圖二焼目一、次加二礼紙一置二座傍一、指二入畳端一也。（下略）

右の「卜形」は「┼」、「焼目」はひびのことで、この卜兆により「巽艮方大神、依二不浄不信一致レ祟也」と推決したという。また、「咒」は肩乞祝詞であろうか。なお、『秘事口伝』にも軒廊御卜の卜者次第がみえる（校訂本二七八〜二八〇頁）。神今食や新嘗祭の小斎《をみ》卜定でも卜串を折り立てるが、『儀式』にみる宮内省の儀では、卜串を折り立てたあと卜問の次第がない。しかし、『西宮記』などをみると、確かに宮内省で八男・八女などを卜定していたようである。

（41）西本前掲註（22）「八世紀の神今食と御体御卜」は、諸蕃の平竹をあげて「外国使節がさかんに来朝した七〜九世紀でなければ問題にならないもの」と指摘している（一五五頁）。

（42）八世紀段階の御卜がかくも大規模であったとなると、その縮小は祟りの放置をもたらすわけで、これを埋め合わせるような手段の開発が祭事・政事・天災・外交の各方面で行われた可能性もでてくる。そうした観点から、九世紀の宗教政策などをとらえなおすこともできるだろう。なお、大江篤「『祟』現象と神祇官の亀卜」（『続日本紀の時代』塙書房、一九九四年）は、宝亀年間を「祟」現象の展開における画期とし、この時期から神祇官の亀卜が重視されてきたと指摘したが、むしろそうした急激な変化が、御卜の規模縮小を促したとも考えられる。

（43）なお、神道大系本の翻刻を担当した秋本吉徳は、『亀相記』の目録にいう二一条（肩乞詞）および二八（卜雑事乞卜詞方）・二九（供奉御体卜火数増減）・三〇条（供奉御体卜吉凶称候）の本文がみあたらないとする一方、乙巻以下の内容が圧縮して六二九〜六四八行目に組み入れられたとし、六四九行目以下は『亀相記』ではないとみて翻刻から除外した（神道大系古典編一三所収解題、および同「新撰亀相記の研究」『清泉女子大学紀要』二六号、一九七八年）。しかし、『亀相記』ではないとした六四九行目は「●凡卜雑事、誓所レ云吉凶得不、往來等方」とあって、これはみあたらないとし、二九・三〇条や二二条の内容が『亀相記』にあることは、本章に述べたとおりである。また、乙巻以下を組み入れたとされる部分も、五兆一三七卦の概述にすぎず、総論部分にあたる甲巻にあっても不思議はない。したがって目録によるかぎり、現行本が『亀相記』甲巻の写本であることは疑いない。ただし、この目録は本文の分章符「●」に対応せず、恣意的に項目を取り出したものも多いことから、個人的関心に基づくインデックスともいうべく、原著者の手になるものとはおもわれない。

また、工藤浩は『亀相記』の諸本を調査し（「『新撰亀相記』諸本について」『古代研究』二八号、一九九五年）、その校本を提供しているが（「校本　新撰亀相記」同上二六号、一九九四年）、その本文は三六二～六〇五行目で、それ以下は翻刻されていない。これは諸本のうちに六〇六行目以下を欠く本があるためかとも推察されるが、右の諸論考にその理由は述べられていない。

他方、木下文理は目録と本文の対応関係について、卑見とほぼおなじ見方をしめしつつ、五九八～六〇五行目を「跋文」とし、それ以下を乙丙丁三巻にあたるとしたが（「『新撰亀相記』の構成について」『古事記年報』四二、二〇〇〇年）、目録の甲巻二一～三〇条が乙以下三巻にあたるというのはやはり矛盾するのではないか。なお、「跋文」説については下文に述べる。

（44）寓目のかぎり、五八五～六〇五行目を一連の文とみた説はないようなので、原文を掲げておく。

兩儀開闢、乾巛(坤)定レ位、人民茲起、世質無レ文。伏義造二書契一代二結縄一、書二易卦一通二鬼神一。然則五經・六籍、非(不カ)下與二天地一所上レ生也。案二古事記一、飛鳥清御原宮御宇天皇詔、諸家之所レ賫帝紀及本辭、既違二正實一、多加二虛僞一。當今所レ改、曷稱二其眞一。舎人稗田阿禮、年具［是］廿八、爲レ人聰明。詔二阿禮一令レ誦二皇帝曰［日］繼及先代舊辭一。運移世異、無レ成レ記焉。和銅四年、正五位上勳五等太朝臣安万、奉レ詔撰録也。志貴嶋宮御宇天國排開廣庭(欽明)天皇、始注二年代一。此御代、百濟獻二佛法一。小治田宮御宇推古天皇御代、百濟國僧觀勒、將二暦術・道［遁］甲・藥方術書一來獻レ之。飛鳥板葺宮〇(「御宇」脱カ)軽(孝カ)万德天皇大化二年、新羅國貢二五經博士一。案二此書記［紀］一、上古以往、不レ傳二書籍一。中古之後、書未［來］禮樂備也。況復今是上都二神所レ化、上代舊辭、皆以二口誦一。龜卜亦復如レ是。宝亀五年、始置二卜長上一。中古以前、有二術優者一、以無レ爲レ記。大夫菅生忍人畫レ卦示レ圖、頗有二遺略之罪一。以因［同］學遠繼、才識不レ撰、任二長上一、朝畏夕慄、伏深二戰越(ママ)一。卜之興雖二元是口傳一、歴世爲レ用、彼其至妙、不レ可二勝謀〔計〕一。故舊辭爲レ先、龜相烈〔列〕レ後、不二敢良媒一。與二大史正六位上卜部勝謀麻呂・宮主正六位上伊豆嶋直益長・後〔從〕六位上勲八等卜部嶋繼・散位正六位上壹岐直氏成・齋宮主神司宮從七位下直廣吉一、辭議注レ之。天長七年八月十一日卜長上從八位下卜部遠繼尓曰。

なお、坤を「巛」に作るのは古文の字体で（『広韻』『古文四声韻』など）、異体字ではない。

(45) 拙稿前掲註（9）「天皇の食国」一二七〜一三二頁。

(46) 朝鮮総督府『朝鮮の占卜と予言』（調査資料第三七輯、一九三三年）参照。

(47) 参考に、『亀相記』一二・一三条と『亀卜抄』『唐六典』『初学記』の原文を掲げておく。

・『亀相記』一二条、「●略案二龜經一、[a]龜有（依カ）二九種一〔石龜・泉龜・蔡龜・江龜・洛龜・海龜・河龜・淮龜・旱龜〕。雖三龜同二大類一、用則異◯（「辨」脱カ）其九。[b]龜有二五色一、用授二四時一。春用二青靈龜一、夏用二赤靈龜一、秋用二白靈龜一、冬用二黑靈龜一、四季之日用二黃靈龜一。[c]春三月灼二前左足一、夏三月灼二後左足一、秋三月灼二前右足一、冬三月灼二後右足一〔所レ謂左右前後之足、此謂二申〔甲〕之左右一〕。[d]春忌二庚辛日一、夏忌二壬癸日一、秋忌二甲乙日一、冬忌二丙丁日一〔案、陰陽相剋之理也〕。以レ錠〔鑽〕灼レ之。又醫家曰、以レ甲充レ藥、骸骨用レト。」

・『亀相記』一三条、「●案二龜經一、[b]四時之月、用二五色龜一。忌日多焉。令〔今〕此聖廟〔朝〕、一種海龜用レ之、不レ論二甲乙一、[d]唯忌二子日一〔古老傳曰、子卜レ之、九鬼罰向、及卜不レ吉〔告〕二其實一。故忌レ之。今子日所レ不〔卜〕無二其眞一〕。」

・『亀卜抄』一〜一〇行目、「龜卜抄／[a]石龜第一　泉龜第二　蔡龜第三／江龜第四　洛龜第五　海龜第六／河龜第七　淮龜第八　早（ママ）龜第九／龜雖二大類是同一、用則有レ異、辨二其九一。[b]龜有二五色一、依二四時一用レ之。／春用二青靈龜一、夏用二赤靈一、秋用二白靈一、冬用二黑靈一、四季用二黃靈一。／[d]卜忌日〔春三月忌二庚辛日一、夏三月忌二壬癸日一、秋三月忌二甲乙日一、冬三月忌二丙丁日一〕。是四時四度日、不レ可レ卜レ之。」

・『唐六典』巻一四・太卜署条、「凡龜占、辨二龜之九類・五色一、依二四時一而用レ之〔[a]一曰石龜、二曰泉龜、三曰蔡龜、四曰江龜、五曰洛龜、六曰海龜、七曰河龜、八曰淮龜、九曰旱龜。[b]春用二青靈一、夏用二赤靈一、秋用二白靈一、冬用二黑靈一、四季之月、用二黃靈一。龜、上員（圓）象レ天、下方法レ地。甲有二十三文一、以象二十二月一、一文象レ閏。邊翼甲有二二十八匡一、法二二十八宿一。骨有二六間一、法二六府一。匡有二八間一、法二八卦一。文有二十二柱一、法二十二時一。故象二天地一、辨二萬物一者矣。欲レ知二龜神一、看二骨白如レ銀。

欲レ知二亀聖一、看二亀千里徑正一。欲レ知二亀志一、看二亀十字一。c分二四時所レ灼之體一而用レ之。春灼二後左足一、夏灼二前左足一、秋灼二前右足一、冬灼二後右足一」。」

・『初学記』巻三十・亀、「柳氏龜經曰、龜一千二百歳、可レ卜二天地之終始一。何以言レ之。三千四十二占二於天地一。千歳之龜、甲黒。b龜有二五色一、依レ時用レ之。」（『太平御覧』巻九三一所引「柳氏亀経」も同じ）

・同右、「柳隆龜經曰、b龜有二五色一、依レ時用レ之。青靈之龜、春宜レ用レ之、西坐東向。赤靈之龜、夏宜レ用レ之、北坐南向。」

以上を簡単にまとめておくと、『亀相記』所引の「亀経」には亀のa九種・b五色、c灼法、d卜忌日などが書かれているが、このうち、『亀卜抄』にabd、『唐六典』にabc、『初学記』にbがみえている（ただしcは『周礼』大卜の鄭玄注ないし『三礼図』を出典とする）。

(48)　『南斉書』巻二十四の柳世隆伝に「著二『龜經秘要』二巻一、行二於世一」とある。なお、『新唐書』芸文志に柳世隆と柳彦詢の『亀経』三巻が別個に著録されるが、世隆の字は彦緒で（前掲本伝）、両者は同一の書である公算が大きい。これらの『亀経』は、ちょうど『漢書』芸文志の亀卜書が隋唐までにすべて失われたのとおなじく、宋代以降ほとんど散逸したようで、逸文が『初学記』『太平御覧』や『五行大義』などに若干みえるものの、亀卜を包括的に考証した清の胡煦撰『卜法詳考』などにも、ほとんど反映されていないようである（四庫全書総目参照）。

(49)　一例をあげると、『亀卜抄』五一～五二行目にはつぎのようにいう（卜兆の図は省略）。

卜二征伐一、可レ勝。何以言レ之。地内・天内逢、爲レ得レ實。以二神押一、主レ敗レ他。以二人次押一、主二兵仗一。故可レ勝。

これは卜問の答えを提示して、「どうしてそう言えるのか」と自問し、その理由を五兆の解釈により述べたもので、『亀卜抄』にはこうした卜兆の解説が五一条あるが（三二一～二〇三行目）、そのほとんどに「何以（以何）言之（知之）」の文句があり、際立った特徴となっている。

(50)　なお、『江次第』巻十八・軒廊御卜条には、卜忌についてつぎのような興味深い記事がある。

『史記』龜策傳曰、卜禁日〔曰〕（傍書）、子・亥・戌、不レ可二以卜及殺一レ龜。日中如食已レ卜、暮昏龜之徼也、不レ可二以卜一。庚辛日可二以殺及以損〔鑽〕一也。／「龜卜忌日、出二眞人水鏡（ママ）第下一」。一、五子日〔不レ卜。龜本姓蔡、名敎、字子禹、以二甲子一死。故子不レ卜、甲子彌忌〕。／一、庚辛日〔不レ卜〕、是殺レ龜日也。／一、反支日〔不レ卜〕、子・丑朔〔六日〕、寅・卯朔〔五日〕、辰・巳朔〔四日〕、午・未朔〔三日〕、申・酉朔〔二日〕、戌・亥朔〔自反支〕。／寅月午、卯月未、辰月未、／巳月申、午月申、未月酉、／申月酉、酉月戌、戌月戌、亥月戌(亥カ)、子月巳、丑月午。／一、四廢日〔不レ卜〕、時亦准レ之。／春〔庚・辛〕、夏〔壬・癸〕、秋〔甲・乙〕、冬〔丙・丁〕。／一、朔日〔不レ卜〕。／一、正・九〔子〕、十・五〔巳〕、四・八・十二〔酉〕、二〔戌〕、六〔卯〕、三・七・十一〔午〕、不レ卜。／青龜〔春用レ之、西座東向〕紫(赤カ)—〔夏用、北座南向〕／白龜〔秋用レ之、西向〕黒—(亀)〔冬用、南座北向〕／黄龜〔四季用、向二其月建一〕／『史記』龜策傳曰、卜必(北向カ)向レ北。／四日・七日・廿日、以上、神不レ在。／無レ神日勿レ用。卜レ之亦不レ中。／神所レ在。／一日〔前左足〕、二日〔右翼、一云、二三並在〕、三〔右翼〕、五〔左足、一云、左翼〕、／六日〔右翼〕、八日〔頭〕、九〔前左足〕、十〔左翼〕、／十一〔右翼〕、十二〔後右足〕、十三〔後左足〕、十四〔右翼〕、／十五〔前左足〕、十六〔後右足〕、十七〔前右足〕、十八〔前左足〕、／十九〔左足〕、廿一〔右足〕、廿二〔後左足〕、廿三〔後右足〕、／廿四〔在レ頭〕、廿五〔前左足〕、廿六〔左翼〕、廿七〔後左足〕、／廿八〔尾〕、廿九〔前右足〕、卅〔左翼〕。／六壬卜忌日、／子日。／龜卜必具二五行一。水〔灌レ之〕、火〔故〔放〕レ之〕、木〔立レ之〕、金〔爲二懸レ水器一〕、土〔以二龜甲一徹〔之〕〕。／水〔卜〕、火〔ホ〕、神〔カミ〕、人〔エミ〕、／土〔ため〕。金〔エミ〕・人(傍書)、木〔カミ〕・神(傍書)。

右のうち、「五子日」「四廃日」や五色の亀の記述は、『亀相記』や『亀卜抄』のbdに対応するものであるが、右に引いた前田家巻子本（尊経閣善本影印集成一〇）の傍書にいう「真人水鏡」とは、『隋書』『旧唐書』経籍志（子部兵書）に「十巻」「陶弘景撰」とみえる逸書である。この書は『梁書』の陶弘景の本伝にはみえず、また、逸文が『太平御覧』ほかにみえるものの、『江次第』の文とは対応しないのでその真偽は確かめえないが、この傍書は準拠するに足る説かどうかを確認したものであろうからその記載を疑う理由もなかろう。ゆえに『真人水鏡』のまとまった逸文（「六壬卜忌日」までか）として貴重なだけでなく南斉の柳世隆『亀経』などをうけて書かれた卜占書として、『亀卜抄』と『亀経』の関係を傍証するものといえるだろう。

(51)　引用は湖北省荆沙鉄路考古隊『包山楚簡』（文物出版社、一九九一年）により、釈読して通行の字体に改めた。なお、工藤元男「包山楚簡『卜筮祭禱簡』の構造とシステム」（『東洋史研究』五九巻四号、二〇〇一年）参照。

終章　漢字文化圏の形成

中国人は敦煌漢簡をみてもあまり驚かないだろうが、皇帝の命令が一字のちがいもなく辺境の地に届いていたという事実は、外国人にとって信じがたいことである。このように完璧なトップダウン・システムが二千年以上も前に完成していたことは、もはや世界史の奇跡といってよい。このシステムがあれば、だれが皇帝になっても全国を支配できる。古代日本人はそう考えて漢字文化を学び、律令制を輸入したのだと私は思っている。

二十一世紀に入ってから、私は情報技術史の研究に着手した。九〇年代の高度情報化――それは人類史上未曾有の情報革命であった――をへて、高度情報化以前の情報技術を明らかにすることが歴史家の義務であると考えたからである。そして現在、私が得た結論は驚くべき内容といえるだろう。それは、高度情報化以前の基本的な情報技術はすでに漢代に成立していたというものである。

一　「支配」の方法――漢字文化とはなにか

私はまず居延漢簡の研究から着手した。漢代の人びとは竹木の簡牘に文字を書き、これを編綴して冊書にした。漢代の冊書には特徴があって、『論語』『老子』などの書籍は上中下の三箇所を編綴する。これを「三道二段」という。その他の帳簿や書信の類は簡面を三分する位置に二本紐をわたす。「二道三段」である。書物の冊書が三道二段なのは、

図 19　甲骨・金文・古文の「冊」字

もちろん簡面の上下を固定してよみやすくするためである。一方、金文の「冊」字がみな二道三段になっているように、帳簿の類は古い冊書の形式を維持しているのだが、簡牘の写真をよくみると、帳簿の文字はこの形式に合わせてみな三段に書かれている。

例えば、ある単位に食料を支給した帳簿をみると、一枚の簡の上段には人名を、中段に支給額を、下段には受け取りに来た人の名が書いてある。そしておなじ書式の簡がその単位の人数分あり、最後の簡の上段にその単位の人数、中段に支給した食料の総額が集計される（本書第五章第一節参照）。つまり漢代の帳簿は一簡が一行、二本の紐が三段をなす、表計算の形式をとっていた。これはわれわれがエクセルなどを利用して情報を整理するのとまったくおなじであり、『史記』『漢書』の「表」がこの冊書の情報処理法を前提として作られたことは明らかであろう。ちなみに隷書も狭い簡面に文字を詰めて書く必要から扁平な字体になった。漢代の標準簡は長さ一尺（約二三センチ）、一段七センチのなかに十数字書き入れることもまれではない。

つぎに私は上段に人名がある簡を集めて調べてみた。するとそれは明らかに戸籍の記載を複写して作られていることがわかった。そしてその人物が居延に送られてどのような物を支給され、どのように勤務しているかまで詳細に記録されていた。これはつまり、戸籍を起点にして吏民の生活を詳細に把握する技術が漢代にはあったということである。私が恐ろしいと感じたのは、居延新簡に「候史広徳坐罪行罰檄」という一二〇センチの棒状の木簡があって、「候史広徳」の名のもとにかれ個人の過失とかれが管轄する一三～一八番の見張り台の過失の数々が列挙され、「督（杖罪）五十」という結論が書いてある。なんと、この木簡はかれを叩くためにわざわざ封緘して送られた「杖」そのもので

図 20　居延漢簡「永元器物簿」(4 篇の冊書を連結した案巻)

あった。司馬遷が『史記』になぜ編年体ではなく、紀伝体を採用したのか、理解できた気がする。漢代の官吏は、人を単位として情報を処理する方法を日常的に活用していたのである。

以上の内容を「中国古代における情報処理の様態」(『東洋文化研究』三、二〇〇一年)という論文にまとめて発表したあと、私はさらに「冊書の書誌学的考察」(『古代文化』五四巻三号、二〇〇二年)と「漢代の書府」(『東洋学報』八七巻一号、二〇〇五年)の二篇の論文を書いて、漢代の情報伝達と情報管理の方法を追究した。

漢代の官庁では帳簿などをどう保管していたのか。冊書は編綴すると最後に紐があまる。このあまった紐を別の冊書に結べば簡単につなぐことができる。こうして冊書を連結して巻いたものを案巻といい、その巻頭に帳簿の名称と年月を書いた札をつけて保管していた。案巻は冊書を紐でつなげたものであるから、簡単に着脱できる。これにくらべると、紙は糊で貼るから、一度貼り継いだら離せない。冊書はたいへん便利な情報ファイルであった。

また、漢代の県・郡・中央を往来する文書はすべて二部作成され、正本を相手に送付し、副本を書庫に保管する決まりであった。このように発信者と受信者がおなじ情報をもちあうことで、過失や偽造を防止する一方、それらの書類を案巻にして整理することで、円滑な文書行政を実現していた。こうした情報管理の徹底が、冒頭に述べた中央—辺境間の正確な情報伝達を可能にしていたわけである。

そしてこのような情報システムによって官僚機構を形成し、これを礼楽によって装飾し、律令によって統制する。これが中国の漢字文化であり、本来これに対置されるべき宗教や哲学も、この政治文化のなかに取り込まれている点が中国文化の特徴ではないかとおもう。道観では神々さえ官僚制を組織し（北京東岳廟の七十六司をみよ）、僧侶は釈迦を皇帝とよぶ。哲学者の多くは官界で活躍する。すべてが国家機構のなかにあり、これを漢字文化という情報システムが支えている。このような体系が漢代に完成して以降、中国の国家はこれまで根本的な変化を経験したことがあるのだろうか？　それほど漢代に完成された情報システムは「近代的」であったといえる。ここに近代の電信装置を加えても、変わるのはスピードだけで、システムそのものに改善の余地はあるまい。

中世ヨーロッパがラテン語を共有したのは、キリスト教という宗教がヨーロッパを支配していたからであった。しかし、古代東アジアの「漢字文化圏」の中心にあったのは儒教などではない。それは漢字文化が内包する情報システムであった。

二　「読書」の方法

王国維「漢魏博士考」によると、およそ漢代には書館・書師があって、『蒼頡篇』などの小学書を学び、文字と書法を習得して史となる道があり、進んで『論語』や『孝経』を経師について誦得し、さらに一経を修めて儒生となる道があった。

漢代画像石の「講学図」は当時の学習方法を伝える一級の資料である。後漢晩期の山東省諸城県前涼台出土の講学図と四川省成都站東郷青杠坡三号墓の「伝経講学図」が有名であるが、この二枚の講学図をよくみると、少しちがっている。前者は堂上に経師と学生が一対一で向かい合い、後者は榻上の師をふくめて四面対座の形をとる。これまでこの両者のちがいに注意した人はいないが、私はこのちがいが漢代学術の発展過程を物語っていると考える（本書第九章「古代日本の講学とその来源」第二節参照）。

　諸城講学図は先秦以来の古い講学の様相を伝えている。『管子』弟子職に「受業之紀、必由レ長始、一周則然、其餘則否。始誦必作（起）、其次則已」とあって、郷校では年長者から順番に一対一の形式で業を受けた。『礼記』曲礼上に「請業則起、請益則起」といい、弟子職に「若有レ所レ疑、捧レ手問レ之」とあって、授業は「請業」（経の暗誦）と「請益」（質問）からなり、わからないところがあれば挙手して経師に説明を求めた。鄭玄がここに注して「子路問レ政。子曰「先レ之勞レ之。」「請益！」曰「無レ倦。」」という『論語』子路篇をひくように、『論語』にみる対話篇は当時の講学の記録そのものであった。

　一方、漢代における経学の発展はやがて博士の家説を乱立させ、また孔壁から出た古文は今文古文の争いをまねいた。ここに「五経同異」を確定し、家説の章句を統一する必要が生じて、しばしば会議がひらかれた。前漢宣帝甘露三年（前五一年）の石渠閣会議や後漢章帝建初四年（七九年）の白虎観会議がその著名な例であるが、成都講学図は後漢の郡学における経の講義と討論の様相を描いたものと考えられる。

　『唐開元礼』の釈奠や視学の講学式をみると、助手が経文を音読し、博士がその文義を講釈し、聴衆が博士に質問するという方式であり、博士が南面、助手が北面、聴衆が東面、皇太子以下が西面という四面対座の形をとっていた。一方、成都講学図では手前の三人が委貌冠、他の師生が進賢冠をかぶっているが、委貌冠は公卿以下が儀式に用いる冠であるから、かれらは聴衆とみてまちがいない。このように成都講学図は唐の講学式とほぼ完全に一致し、唐代講学が漢代にさかのぼることを証している。

　漢の武帝が五経博士を置いて以来、学官には学生が殺到し、博士が一対一で学生に教授できなくなった。鄭玄が馬融に入門した時、門弟は四百人あまりいたが、馬融はそのうちの五十人にのみ教え、鄭玄は「高業弟子」に学んだという。ここに、漢代の講学が二段階の課程に分かれていたことがわかるが、これは唐の『学令』にいう「学生先讀二經文㆒、通熟、然後講㆑義」に対応する。

唐代の学生には「読者」と「講者」の区別があり、試験もこれに応じて読者の暗誦力を問う「帖試」と講者の理解力を問う「口試」とが行われた。読者は十日に千言の経を読み、講者は六千言の講義を聴いたが、宋版五経正義の「単疏本」をみると、経注の原文を引用せず、「正義」だけが書いてある。これは読者が経と注を暗記していることを前提として、講義だけを書いたものである。そして、その講義は「正義」の書式と唐代講学式から推測するに、助手が章ごとに経と注の本文をよみあげ、博士がこれに解説を加える形で進行したのであろう。これは成都講学図の講義と討論に相当し、その前提となる読者の課程は諸城講学図にみた「請業」に相当する。つまり『唐学令』にいう読者と講者の課程は、この二つの講学形式を複合して出来たものなのである。

このように漢唐の学生はまず経書の文字を頭のなかに書き写し、その脳裏の文字をもとに講義を聴いた。だから、博士の講義を聴く時にはテキストをひらいてみる必要がない。「講学図」をみると、だれも冊書を開かず、捧げもっている。当時これを「横経受業」といった。これは聖人の言を記した経とこれを解く師を貴ぶ礼法であった。

ちなみに、このような学習方法は宋代に一変する。唐代の進士はほぼ帖試によって採用された。安史の乱のあと、帖試を廃して講者を採るべしと唱える者も出たが、「習俗既久、重難㆓改作㆒」という理由で容れられなかった。ところが宋代になると、禅の清規にならって太学に三舎法を設けたが、その試験の内容は「経義」と「論策」であった。

宋代には印刷術が発達し、版本が普及した。これに対して巻物は展観しにくい。まして簡冊は重い。してみると、漢唐の学生が経書を丸暗記したのは、巻子本が不便だからであり、宋代に読者の課程がなくなったのは、冊子本が便利であったからといえるかもしれない。

三　「著作」の方法

宋代、朱熹はみずからの思想を表明するために『礼記』大学篇の章を入れ替えて『大学章句』を書いた。実はこれとおなじことが、漢代以前には盛んにおこなわれていた。

例えば『礼記』緇衣篇は唐の開成石経本（今本）と郭店楚簡・上博楚簡本（簡本）を比較すると、今本二五章と簡本二三章の順序がかなりちがっている。また、同楽記篇はもと単行の『楽記』二三篇から一一篇をとって『礼記』に編入したものだが、劉向の『別録』にみる篇目と今本『礼記』、そして『史記』楽書を比較すると、やはり篇の順序がちがう。

「篇」とは冊書を数える単位であり、「巻」はこれを収巻した状態を指す。だから一篇の冊書を巻いても一巻であり、数篇の冊書を連結して巻いても一巻である。たとえば漢代の『詩経』は二十八巻三百五篇、一巻に十数篇を連結した形であった。これに対して「章」は冊書のうえで「分章符」によって区切られた文の単位であるが、阜陽漢簡『詩経』は一章の詩を一簡に書き、また敦煌漢簡『急就篇』のように、一章の文を「觚」という多面体の木簡に書き写して学習に利用することもあった。

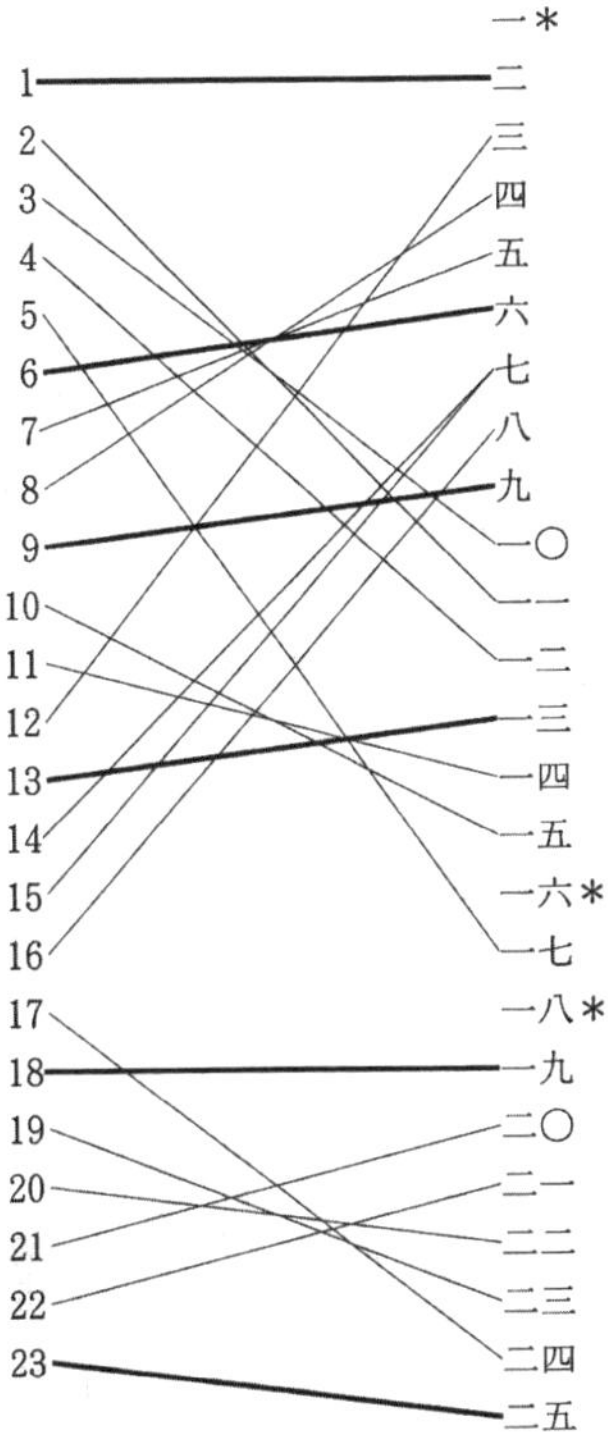

表8　『礼記』緇衣篇章序対照表（左が簡本）

上記のように、冊書は簡単に着脱でき

るし、觚や簡も容易にならべ替えることができる。緇衣や楽記なども、もともとこのようにつくられた篇書にちがいない。そうして派生した異本を「校讐」して定本をつくったのが劉向と劉歆であり、現行の古典籍はみなかれらの「校書」をへて、紙の時代の到来とともに本文が固定されたものである。

漢代の著作の方法について、王充は『論衡』正説篇に「其立レ篇也、種類相從、科條相附、殊レ種異レ類、論說不レ同、更別爲レ篇」といい、同超奇篇に「采二掇傳書一以上二書奏記一者爲二文人一、能精思著レ文、連二結篇章一者爲二鴻儒一」という。つまり、漢代の人びとは「種類相從」の文章を集めて篇となし、そうした「篇章を連結」したり「傳書を采掇（引用）」したりして作文し、意見を述べる人が文人・鴻儒であった。

漢代ではこういう学問の方法を「綴学」と呼んだ。『大戴礼記』小辨篇に孔子が「丘也綴學之徒、安知二忠信一」といい、清の孔広森は「綴學、捃二拾聞見一以爲レ學也」と注する。劉歆が「移書讓太常博士」のなかで「往者綴學之士、……分レ文析レ字、煩レ言碎レ辭、學者疲老、且不レ能レ究二其一藝（經）一」というのは（『文選』巻四三）、班固が『漢書』芸文志の六藝略大序に「説二五字之文一、至二於二三萬言一」という、漢儒章句の学のことである。

このように、漢代の著作や学問の方法は冊書の情報技術のうえに組み立てられていた。それは本来、文人・鴻儒といった知識人の活動を支える情報技術であったが、やがてその技術が創造性を喪失すると、「綴学」は「章句の学」と同様、衒学的な学風を指す言葉へと変化していった。これはおそらく上述の講学方式の変化と関係がある。

諸城講学図にみたような、請業・請益からなる古い講学では、学生がわからないところだけを質問した。ところが成都講学図のように助手が経を読み、博士が解説する方式では、経の全文を注釈しなくてはならない。班固の「説二五字之文一、至二於二三萬言一」とは、助手が五文字の本文をよみあげたあと、博士が二三万言の講義をしたわけで、これを記録すれば「注」「訓詁」「義疏」になる。事実、成都講学図には書刀をもつ弟子がおり、また漢代の会議には必ず議事録が作成された。一般に六朝の義疏学は仏教の影響を受けて盛行したといわれるが、その基礎はすでに漢代には整えられていたのである。

四　「類聚」——学術情報の処理方法

吐魯番文書に一二歳の少年が書いた『論語鄭氏注』の写本がある。この卜天寿という少年は、七一〇年三月一日に『論語』の公冶長に至る五篇を書き終えたあと、「寫レ書今日了……早放學生歸」という詩を書き、その二ヶ月後、「他道札書易、我道札書難」という詩を書いている。「札書」は「撮書」でノートをとることで、これを『唐学令』の「読文―講義」にくわえると「写書―読文・撮書―講義」という学習方式が復原される。すなわち、学生はまずテキストを書き写してから読者としてこれを暗記した。卜天寿が五篇を写して「寫書了」といっていることから、学生は『論語』二十篇を四回に分けて暗記したことがわかる。そしてこの暗記と並行してノートをとった。卜天寿は高昌県開覚寺の学生であり、中央の学生と同様、「講義」まで受けたかはわからない。

残念ながら卜天寿のノートは残っていない。しかし日本にはこのようなノートが残っている。一つは正倉院文書の「李善注文選抜萃」、もう一つは九世紀末の宇多天皇が書いた『周易抄』である。前者は八世紀中葉の写経生が書いたものとされ、主に理解しにくい文を抜き出しているが、宇多天皇のノートは重要な経文や注釈が筆記されている。ところが、このノートには奇妙なところがあって、『周易』のノートであることは自明であるのに、抜き出した文に「周易王注」という書名を注した例が一〇六条もある。

宇多天皇が抜擢した菅原道真は「學問之道、抄出爲レ宗、抄出之用、稾草爲レ本」といい、「抄出」すなわち「撮書」が学問の主要な方法だという。そしてその「抄出」は「稾草」すなわちカードにして用いていたという。そのカードは宇多天皇のノートにあるような、「原文＋書名」の形で書かれていたにちがいない。

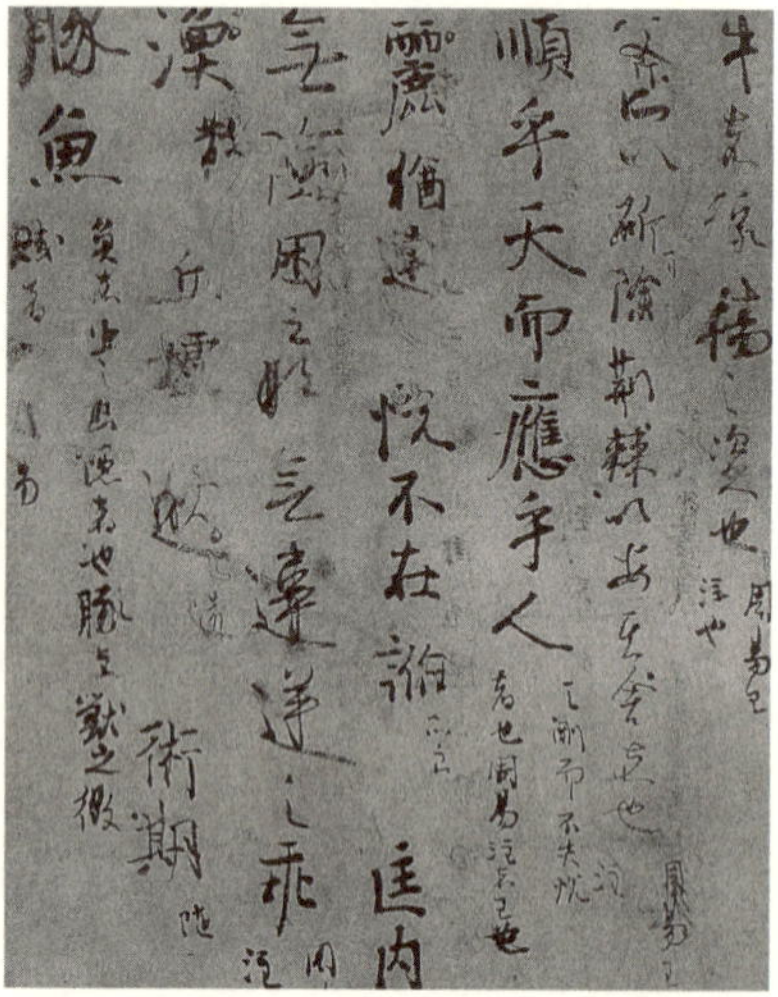

図 21　宇多天皇『周易抄』（毎日新聞社『東山御文庫御物』3 より）

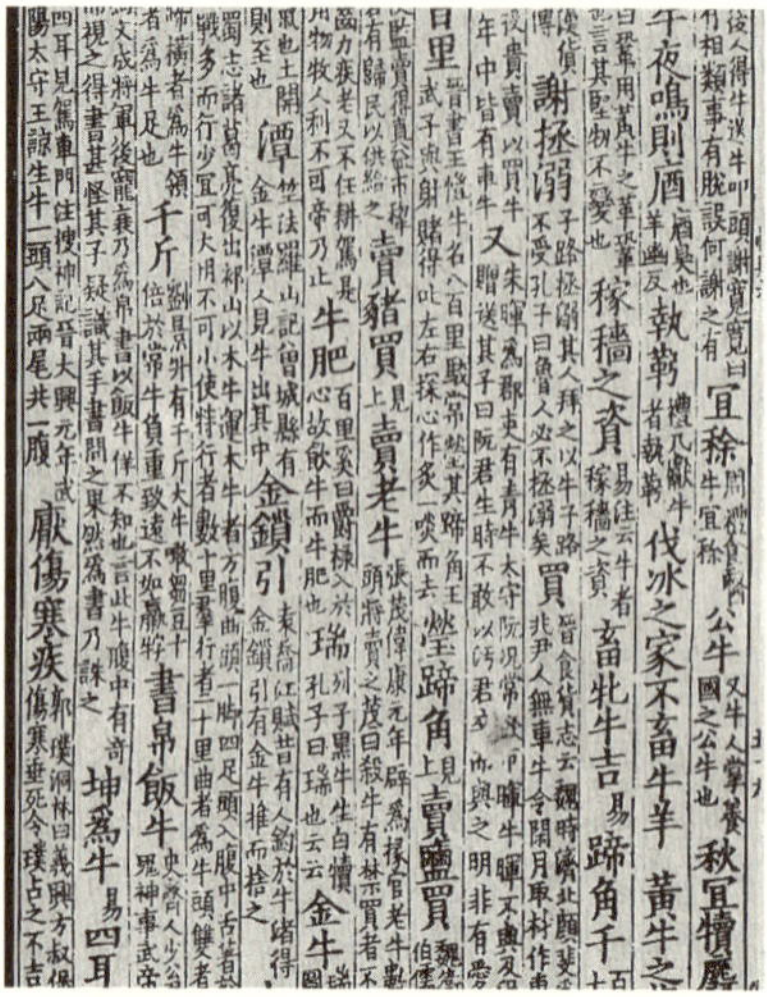

図 22　『白氏六帖事類集』牛部

道真はこうした「抄出之稾草」を書斎「菅家廊下」に保管して、作文に利用していた。『文心雕龍』書記篇に「簿者圃也。草木區別、文書類聚」とあって、これは菜園のように、官庁の帳簿が書庫に整然と分類されていたことを伝えるが、菅家廊下のカードも、それが文筆活動に利用される以上、整然と分類されていたにちがいない。すると、この書斎そのものが巨大な「類書」であったことがわかる。

『冊府元亀』を編纂した楊億の『談苑』逸文に、「白居易作二『六帖』一、以二陶家瓶數千一、各題二門目一、作二七層架一列二置齋中一、命二諸生一采二集其事類一、投二瓶中一、倒取レ之、抄録成レ書」という話がある。この書斎に瓶を並べて、そこに事類（抄出カード）を投げ入れて『白氏六帖事類集』をつくったという書斎は、道真の書斎と基本的におなじ状態であった。ゆえに道真がその抄出カードを取り出して書けば、『菅家事類』というべき類書が完成したはずである。

そのカードの書式が日中共通であったことは、『白氏六帖』「牛」部に「稼穡之資（易注云牛者稼穡之資）」とあり、宇多天皇の『周易抄』に「牛者稼穡之資也（周易王注也）」とあることからも明らかである。宇多天皇のノートから抄出カードをつくり、これを「牛」と書いた瓶か箱に入れて取り出せば、『白氏六帖』の本文のようになるわけである。

類書の創始は一般に魏の『皇覧』といわれているが、『文心雕龍』にいう「文書類聚」の状態は漢代の情報管理技術にさかのぼるし、「原文＋書名」の筆記様式は睡虎地秦簡の『秦律十八種』にまでさかのぼる。『秦律十八種』は現在、整理者により田律・厩苑律と律名ごとに排列されているが、律ごとに排列するつもりならば「条文＋律名」という書式をとる必要はなく、もともとは「類聚」されていた可能性がある。さらに類似のノートとして郭店楚簡『語叢』があり、これは「本文」のみで「書名」の注記はないが、「類聚」の技術は漢字文化の歴史とともに古いといえるだろう。

以上は「『礼記』の文献学的考察」（『東方学』一〇八輯、二〇〇四年）と「古代の学問と類聚」（『日本律令制の展開』吉川弘文館、二〇〇三年）という拙稿の概要であるが、これで漢代を中心とする中国古代の情報技術はおおむね説き終えたとおもう。以下、この技術が日本に伝えられて、どのように受け入れられたかについてまとめておこう。

五　日本の漢字文化

『隋書』東夷伝倭国条に「於㆓百濟㆒求㆓得佛經㆒、始有㆓文字㆒」というように、日本の文字文化は六世紀中葉の仏教伝来にはじまる。七世紀に入ると、聖徳太子が遣隋使を派遣し、六三〇年には遣唐使を派遣して、隋唐の文化を学びはじめるとともに、六四五年には大化改新を敢行し、唐の律令制を導入しはじめた。

文字を学びはじめてわずか百年足らずの倭人が、秦漢時代に完成してすでに千年近くの律令制を導入しようとするのは、はじめから無理な選択であったが、当時、高句麗遠征をくり返していた隋唐の脅威に対応するには、支配層の意思と力を結集するだけではなく、強力な国家体制を短時日に完成する必要があった。当時の遣隋唐使が「大唐國者法式備定之珍國也」といったように、唐の「法式」はそれだけ魅力的だったのである。

律令制は戸籍を起点とする。正確には西魏以来、「計帳・戸籍之法」を基礎として吏民を支配するシステムであった。倭人もこの点を理解して、六四九年ごろに唐の州県制に相当する国—評（郡）—五十戸（里）制を敷き、戸籍の作成を開始した。全国の戸籍が造られたのが六七〇年、六九〇年以降は『戸令』の規定どおり六年ごとに戸籍を作成するようになった。ところが唐の戸籍が父母と子供の核家族を一戸として「百戸一里」とするのに対し、日本の戸籍はイトコまでを範囲とする平均二十人の親族を一戸として「五十戸一里」とした。

なぜこんな複雑な方法をとったかというと、まず当時の日本では夫婦が同居していない場合が多かった。いわゆる通い婚である。もう一つは、戸籍を造る主目的が徴兵にあり、一戸一兵士を原則としたため、一戸の人数を多くせざるをえなかった。

しかし律令制は文書行政のシステムであり、その運用には大量の官吏を養成する必要がある。そこで六七〇年の戸籍を造るのとほぼ同時に、中央に大学を創設し、唐の『学令』をそのまま導入した。大学には貴族の子孫と五世紀の「倭の五王」の時代以来、倭国の外交文書などを担当してきた渡来人氏族の子が入学し、経文を読む「読者」の課程には六六三年の白村江の戦いで捕虜となった中国人を「音博士」として登用した。

日本は古来、漢字を用いているが、その読み方に音・訓の別があり、音読に呉音・漢音の区別がある。呉音は百済経由で伝えられた六朝の発音、漢音は遣唐使が直接伝えた唐代長安の発音で、たとえば「馬」は呉音で ma、漢音で ba という。これは唐代長安で m＞b という発音の変化（非鼻音化）が起きたためで、長い中国の歴史上このような音韻の変化がおきたのは唐代だけであるが、日本人はいまもこの唐代の発音（漢音）を守っている。日本人がどれほど中国文化を尊重していたかがわかるだろう。

一方、訓読は文字文化の開始以来、急速に普及した翻訳法であり、その特徴は助辞以外の原文を用いて日本語に翻訳できる点にある。四国徳島県の地方貴族の拠点から出土した『論語』木簡をみると、明らかに訓読の方法を用いていた痕跡がみられ、また六八二年に完成した佚書『新字』四四巻は、漢字の音訓を網羅した字典とみられている。なお日本人は文字を「名」といい、漢字を「真名」、日本語の表音文字を「仮名」と呼ぶ。この仮名が普及したのは平安時代、九世紀以降であり、八世紀の奈良時代までは基本的に中文で作文した。これを「漢文」という。

さて、日本の大学では音博士が「読者」に経の音読を教え、博士が「講者」にその文義を講じたが、『日本令』の注釈を集成した『令集解』をみると、『学令』の「學生先讀二經文一」について、八世紀前半の注釈には音読とあるのに、九世紀前半の注釈には進士を受験する学生以外は訓読でよいと書いてある。唐の科挙でははやく高宗の時に秀才科が廃止されてもっぱら進士科が行われたのに対し、日本ではもっぱら秀才科が行われて進士科はまったく振るわなかった。その理由は進士科に音読が義務づけられていたからであった。

このように日本では非常に早い段階から音読、つまり中国語の学習が放棄され、訓読が中国古典の学習方法として用いられた。これは漢文訓読が世界的にも非常に優れた翻訳法であったからであり、また中国の古典を「日本化」する作用をおよぼした。現在も日本人は基本的に中国語を学ばず、漢文訓読（古代日本語）によって中国の古典を読んでおり、それがまた今も高い水準にある日本の中国学の基礎ともなっている。

一方、おなじ頃、戸籍も造られなくなっていた。上述したように、日本では家族を把握しにくかったことに加え、八世紀を通じて浮浪・逃亡の問題が頻発したため、戸籍の作成が困難になった。また、戸籍はおもに徴兵を目的として造られたため、安史の乱後、唐の国力が衰退し、国際的な緊張が緩和されると、日本では七九二年に徴兵制が廃止され、戸籍の重要な意義が失われた。九世紀に入ると、律令制は衰退し、十世紀以降は戸籍も造られなくなった。その後、日本は荘園制社会へと移行し、その土地の争いをめぐって武士団が台頭してくる。そして十二世紀後半、源氏・平氏という二大武士団の抗争をへて、一一九二年に武士政権「鎌倉幕府」が誕生し、「室町幕府」「江戸幕府」と近代に至るまで武士が政権の座にありつづけた。

してみると、日本の律令制は十分に運用できなかったというべきであって、それは律令制の基礎となる漢字文化が十分に発達していなかったことに原因があるだろう。日本人が漢字文化を活用するようになるのは、律令制が解体する九世紀以降、六三〇年から八三八年に至る約二〇〇年間、遣唐使がもたらした文物や知識を十分に吸収してからであり、この時日本人が活用した情報技術が「類聚」であった（「類聚の世紀」『文史哲』二〇一二年五期）。

唐代の「貴族文化」が崩壊し、宋代に科挙官僚（読書人）を主体とする「士大夫文化」が形成されてゆく過程で、貴族文化の知識を体系的に整理するという事業が二代目の太宗の時代に推進された。すなわち、漢より宋に至る約七千篇の小説を集成した『太平広記』五百巻（九七八年）、北斉『修文殿御覧』以下、先行する百科事典類を再編した『太平御覧』一千巻（九八四年）、『文選』以降の二二〇〇人、約二万篇の詩文を集成した『文苑英華』一千巻（九八七年）、歴代「君臣事跡」や制度沿革を整理した『冊府元亀』一千巻（一〇一三年）であり、総じて宋代四大書といわれるが、この四大類書によって唐以前の経・史・子・集の知識は集大成され、これが宋代の新しい文化の基礎となった。

九世紀以降の日本でもこれとまったくおなじことが行われた。まず、有名な遣唐僧空海（七七四〜八三五）は唐の詩論を整理して『文鏡秘府論』をつくり、顧野王『玉篇』をもとに篆書を加筆して『篆隷万象名義』を編纂した。また、滋野貞主（七八五〜八五二）は『文選』『文苑英華』に相当する日本の漢詩文集『経国集』二十巻（八二七年、現存六巻）と『太平御覧』とほぼおなじ内容をもつ類書『秘府略』一千巻（八三一年、現存二巻）を完成させた。そして菅原道真（八四五〜九〇三）は『類聚国史』二百巻（八九二年、現存六十二巻）を編纂して、日本の正史（六国史）の記事を集大成した。おなじ頃、惟宗直本という明法家が『律集解』三十巻（佚書）と『令集解』五十巻（現存三十五巻）をつくり、その曾孫の允亮が『冊府元亀』に相当する『政事要略』百三十巻（一〇〇二年、現存二十五巻）と『類聚判集』一百巻（佚書）を編纂したほか、『延喜式』五十巻（九二七年）や『類聚三代格』二十巻（十一世紀）なども つくられて、日本の律令格式の知識もまた集大成された。ほかに古代中国の医書を集成した丹波康頼『医心方』

三十巻（九八四年）など、あらゆる知識が「類聚」された。

こうしたなか、模範とすべき和歌を類聚した紀貫之『古今和歌集』二十巻（九〇五年）や、訓読語（和名）を集成した源順『和名類聚抄』二十巻（九三一～九三八成立）が出て、和漢兼才の文人たちが皇室や大貴族の後見のもとに「国風文化」をつくりあげた。国風文化は仮名文学を最大の特徴とし、仮名は「女手」（手は書法の意）ともいわれたことから女性文学が主流を占めたが、日本文学史上の最高傑作とされる『源氏物語』の著者紫式部は大学の博士の娘であり、また日本最初の随筆作品とされる『枕草子』の著者清少納言もまた中国文学に通じ、彼女自身「ふみは（白氏）文集、文選」といっている。

このように日本人は、律令制の導入に失敗したものの、遣唐使がもたらした文物と知識を「訓読」と「類聚」の方法によって吸収し、独自の文字文化をつくりあげたといえる。その後、日本では平安貴族の国風文化を「古典文化」として継承しつつ、武士政権の時代に禅宗の文化と宋学（朱子学）を取り入れて、現在の「日本文化」の枠組が完成したのである。

結　語

以上、漢代に完成していた漢字文化＝情報技術の概要と、日本がこれをどのように受け止め、また変化させたかについて述べてきた。最後に二点ほど補足して結びに代えたい。

「律令」の形成過程について出土文献は興味深い知見を与えてくれる。張家山漢簡には漢律と漢令があるが、漢律は普通の条文であるのに、漢令には皇帝の制詔がならんでいる。これは漢代に制詔を「著令」する規定があったからである。ところが、睡虎地秦簡「爲吏之道」に引く「魏戸律」などをみると、これもやはり王の命令そのものであった。

これはまさに『漢書』杜周伝にいう「前主所レ是著爲レ律、後主所レ是疏爲レ令」であり、つまり「律令」という法典はその法律を定めた王の人格を解消して「条文化」したものであった。これは言い換えれば、文字が王の力を代行するということであり、文字が本来もつ権力性を如実にあらわしている。この、文字が人を支配するという本質を思うとき、日本人は漢字文化を正確には理解できなかったのかもしれない。しかし文字を支配から切りはなして文学を発展させた点は、漢字文化と文学の関係という興味深い問題を提起しているとおもう。

もう一つは現代の問題である。漢代の情報技術にみる最大の特徴は、はじめにもふれたように、その完成されたトップダウン・システムにある。これを現代の高度情報化、とくにその World Wide Web に代表される情報技術と比較すると、現代は双方向通信と情報発信の多元化にその最大の特徴があるといえる。つまり、かつては「一人」皇帝だけが把握し発信していた情報を、今はだれでも送受信することができる。この変化が意味するところは、世界史上かつてない「平等」がわれわれにもたらされると同時に、われわれはかつての皇帝と同じ権利をもつ「小皇帝」であり、またかつての皇帝が「君子」であることを求められたように、われわれもまた高い教養と的確な判断力、そして責任能力が要求されているということであろう。高度情報化社会には質の高い高等教育が求められており、未来にむけて大学の果たすべき役割は大きいのである。

あとがき

本書は、二〇一四年一二月に同成社より刊行した『偽りの日本古代史』の続編である。前著の「あとがき」にも記したとおり、もともと中国で出版した論文集『虚偽的「日本」』（社会科学文献出版社、二〇一二年）の日本語版を出さないかというお話があり、そこで七世紀史の再構築と古代官僚制の形成という二つのテーマに沿って論文を抜き出し、これを前後編に配して出版の準備を進めていたが、計画の変更があって、急きょ前編の六篇を単行本として世に問うことになった。そして今回、残された後編の内容に、「禰軍墓誌」関連の論文や漢字文化に関する論文を加えて再構成したものが本書である。

序章「マツリゴト覚書――所・座・ミコト」（『國文學』四四巻一一号、一九九九年九月）
第一章「律令官制成立史再考」（『日本史研究』四四〇号、一九九九年四月）
第二章「日本古代官僚制的本質」（『日本研究論集二〇〇七』『同二〇〇八』天津人民出版社、二〇〇七年一〇月・二〇〇八年一二月。中文）
第三章「儀礼の場としての国府・郡家―地方官衙の形成に関する一視角―」（『民衆史研究』六六号、二〇〇三年一一月）
第四章「「寄人」からみた戸」（『美濃国戸籍の総合的研究』東京堂出版、二〇〇三年一月）
第五章「中国籍帳と御野国戸籍」（同上『美濃国戸籍の総合的研究』）
第六章「唐から見た古代日本」（『国際日本学』一〇号、二〇一三年三月）

第七章「倭習漢語としての国号『日本』」（書き下ろし）
第八章「禰軍墓誌『日本』考」（『東洋学報』九五巻四号、二〇一四年三月）
第九章「古代日本的講学与其来源」（『北大史学』第一八期、二〇一三年一二月。中文）
第十章「『変若水』考─以元正天皇『養老行幸』為中心」（北京大学日本文化研究所主催「東方文化与養生」国際学術研討会報告論文、二〇一四年八月。中文）
第十一章「御体御卜考─古代日本の亀卜」（『古代日本の政治と宗教』同成社、二〇〇五年一〇月）
終章「漢字文化圏的形成」（『科学中国人』二〇一三年第一〇期。中文）

右の初出年月を一覧すると、二〇〇三年以前とここ二三年の論文に偏っていて、その間に何もやっていなかったように見える。一応、「マツリゴト」から「漢字文化」へという著者の関心の移り変わりを示すべく、首尾に総括的な文章を置いて全体を締めてみたが、そうしてみると、序章に語られる「フラクタル」のアイディアがそのまま第Ⅰ部第二・三章に展開されており、また第Ⅱ部第六～八章は前著に収めた「偽りの『日本』」の続編ないし付属論文で、第十一章などごく一部の論文を除けば、本書の核が一九九九年ごろ、つまり博士論文（『日本古代朝政の研究』『日本古代の天皇と祭儀』吉川弘文館、一九九八年）を公刊した直後と、つい最近の二つの定点にあることは明らかである。

その間、私は二度の飛躍をした。一度目は中国の出土文献に手を伸ばして「情報技術史」という新しい研究領域を開拓したこと。その中間報告は終章に総括し、第五章や第九章はその具体的な成果にほかならない。そして二度目は、文字どおり、海を渡って中国に飛び込んだことである（実際、私は神戸からフェリーに乗って、天津港に降り立った）。

海を渡る前の年（二〇〇五年）、私はある雑誌につぎのような短文を投稿した。

十数年来、内職で予備校の模試の採点をやっている。高等学校の歴史選択制採用以来、ここ数年顕著なのは日本史、なかでも古代史の知識の低下である。

また去年、『史学雑誌』の「回顧と展望」号で平安時代を担当させていただいた。そこで痛感したのは、論文のレベルの低下、あるいは緊張感のなさであった。私はその機会に、おおけなくも「古代史の危機」を訴えた。

今年の春、私の「朝賀」の論文を読んだというある方から、この儀式の話をしてくれと依頼された。出かけてみると、来聴者はほとんど私よりも年配の方々であったが、その目はキラキラと輝いていた。私は「これからの古代史を支えるのは皆さん、シルバー世代の方々です」と語った。

この夏、仕事でご一緒したある先生は、酔って古代史の危機をいう私に「アカデミズムのツケさ」と、にべもなくいわれた。私は返す言葉がなかった。

私は、大学の講義をもつ機会を与えられると、かならず出席点を与えることにしている。一人でも多くの学生に聴いてもらいたいからである。そういうわけで、この秋は二箇所の大学で延べ千人ちかい学生を前に、「一条朝」を論じている。こういうやり方には異論もあるにちがいないが、講師稼業の私には、ほかに手だてがない。

ここ十年来の学科再編によって、「文学部」は壊滅的打撃を被り、古代史など古い歴史の講座も、減少の一途をたどっている。大学で教わる機会が減れば、研究者を目指す学生も減り、古い歴史を正しく教えられる教師も減る。結果、正しい知識をもつ子どもも減る。いまを照らすシルバーの目の輝きは、古代史の先細りを暗示する風前の灯火にも映る。

こうした危機感を共有しない同学に対して、私は歴史家としての資質を疑う。歴史的なものの見方をすれば、古代史の終わりは目に見えている。これは予言ではなく、少子高齢化や財政破綻の問題同様、簡単な算数の問題である。そして、古代史の「老い先」となるか、「生い先」とするかの責任は、もとよりわれわれ一人一人にある。

この「古代史のおいさき」と題した小文は、いま読むとなんともしみったれた文章で、投稿した雑誌からも返事はなかったが、この叫びにも似た訴えは十年たったいまも私の心にある。ちなみに冒頭の予備校は最近、大幅な事業縮小を発表した。そこには多くの若い才能が糊口をしのいでいるであろうにと、海を隔てた異国の地で、独り心を痛めている。

二十一世紀に入る直前、古代史だけでは飯が食えないと判断した私は、古代の情報技術史という新しい領域の開拓に向けて、中国漢代の木簡、漢簡の研究に手を伸ばした。出土資料の研究は専門性が高く、なぜ日本史の人間がと不愉快に思われたりもしたようだが、とにかく死にものぐるいで勉強し、何とか一定の評価を得た。中国の音韻学を学んだのもそれが必要だったからである。そんな時、戦国時代の竹簡（楚簡）の読み方を教えていただいていた恩師から、中国の大学で日本史を教えながら楚簡の勉強をしてみないかというお誘いを受けた。私はこれをチャンスだと思った。そして二〇〇六年の夏休み、私は住み慣れた東京のアパートを引き払って、中国に飛び込んだ。

はじめに上陸したのは天津の南開大学であった。周恩来総理の母校として全国でも有名な大学である。そこで二年間、外国専家として日本史と日本語を教えたあと、今度は専任として北京大学に招かれた。ちょうどオリンピックが開催された夏に北京へ移ったのだが、そこで初めて中国語で講義するよう言われた。天津では日本語で授業をしていたし、もともと日本史だから中国語など全然話せない。だから毎週、講義の原稿をまず日本語で書き、それを自力で中文に訳してから、大学院生に直してもらい、さらに読む練習をして授業に臨んだ。あっという間に頭は白くなり、目は老眼になった。そうして二年間、それをくりかえす内にようやく原稿なしに授業ができるようになった……。

チャンスを生かせたかどうかはまだわからない。しかし私の日本に対する見方は大きく変わった。日本史にせよ日本語にせよ、日本人なら通じる話が中国人には理解できない。あらゆる場面でわれわれの「常識」を一般化、具象化しなくてはならない。これは一種の自己解体作業である。おかげで「一国史観」という言葉の意味もよくわかった。こういう作業は確かに日本でもできる。だが、日本を離れて違う世界に住むと否応なく直面することになる。その経験を生かしつつ、日本人の特長を生かすことが、私のいまの課題である。

（『日本書紀の謎と聖徳太子』あとがき。平凡社、二〇一一年）

私はこのように自己解体して日本古代史に復帰した。堕落論ふうにいえば、破壊のうえに自分を立て直した。日本にいる頃は地味に儀式の研究をしていた私が、いきなり遣唐使や「日本」国号の議論を始めて、面食らった方もいたようだが、それには私なりの必然性があった。そのあたりの事情は第七章に書いておいたが（なお、右に書き下ろしと書いたが、これはもともと二年ほど前、とある出版社の求めに応じて寄稿したものであり、今回事情があって、こちらに引き上げた）、要するに、日本国内にいると気づかない「非常識」に気がついた。例えば、日本の前方後円墳が全国に普及し、全長一〇〇メートルを超えるものが一〇〇基以上あるというと、中国の学生はエジプトのピラミッドを想起する。それはつまり、日本の古墳時代を過酷な奴隷制社会とみなすということだが、われわれはそれを「そんな馬鹿な」といって相手にしないだろう。そういう常識が日本の学界・読書界にはたくさんあるが、その常識は一度きちんと疑ってみる必要がある。「古代史の生い先」もまたそこにある、と私は考えている。

中国に来て大きく変わった点のもう一つは、論文の書き方である。本書を読まれた方は、飛躍の時間を挟んで前と後ろとでは文章のスタイルがちがうことに気づかれるであろう。前の方は註が詳しく本文もややまわりくどい印象なのが（当時の私はすべての文に註がつくように書いていた）、後の方は必要最低限のことしか書いていない。これは自然とこうなったもので、私は中国に来て以来、五〇を超える国際シンポジウムなどに参加してきたが、欧米や中国の研究者に比べると、日本人は明らかにプレゼンテーションの能力が低い。いつどこの話をしているのか、なぜその問題が重要なのかといった点を、かれらはパワーポイントを使いながら、実にわかりやすく解説する。こと古代史に関しては、一般に日本人の報告の方がずっとレベルは高いが、聴衆はそんなことを細かく研究して何の意味があるのかわからない。私のいまの書き方がいいとは思わないが、さりとて日本人の表現力・発信力不足も深刻な問題であると思う。

以下、ここまでふれてこなかった四篇について、簡単に述べておく。第Ⅰ部第一章は青木和夫論文が戦後古代官僚制研究の水平を開いたという内容であるが、発表後しばらくして、「私の論文をこれほど正確に読んでくれた人はいなかった」という私信をいただいた。私としては未熟ながらも戦後歴史学の歴史叙述《メタヒストリー》に挑んだつもりだったので、そのメインキャストに（お世辞でも）正解の太鼓判をいただけて、とても自信になった。

第四章はポスドク時代にお世話になった新川登亀男先生の院ゼミ「御野国戸籍」講読の成果だが、はじめ先生が「御野戸籍を読んでみようかと思う」と言われた時には、驚いて「戸籍は読むものなんですか」と反対した。そして三年間みっちり読みこみ、「寄人」という難題を振られたうえに、三度も書き直しを命じられ、必死になって書き上げた。その過程で正倉院文書の擦り消し書き直しなどが論証の鍵となりうることなどを学び、「実証」の厳しさと楽しさをあらためて教えていただいた。

第Ⅱ部第十一章は、どうして誰も使わないんだろうとずっと思っていた『新撰亀相記』の釈文と解説で、いろいろな方から「よくぞ出してくれた」と言われた。地味に儀式を研究していたおかげで読めたのだと思う。この研究の可能性については結びに述べたとおりで、いずれ全力を傾注して挑みたいと思っている。

最新の第十章は国際シンポの報告論文で、近々中文の論文集が出るはずであるが、結論で増尾伸一郎さんとおなじ考えにたどり着いたとき、その訃報に接した。かれは日中韓の文史哲に通じた人で、講師稼業であった頃からいつも温かく励ましてくれた。私が北京に移ってからは会うたびにシーバス・リーガルをおみやげに下さった。「こっちじゃこんないい酒、飲めないだろう」といわんばかりの笑顔が、忘れられない。

最後に、私事で恐縮だが、本書を亡き父の霊前に捧げることを許されたい。父は人並み外れた観察眼をもち、それが私の史料のよみに可能性を与えてくれた。私にとって史料をよむことは、父が授けてくれた能力を生かしつづけることにほかならない。

二〇一五年九月一七日　葬儀の夜に

井上　亘

古代《こだい》官僚制《かんりょうせい》と遣唐使《けんとうし》の時代《じだい》

■著者略歴■

井上　亘（いのうえ　わたる）

1967年　東京都に生まれる

1996年　学習院大学人文科学研究科博士後期課程史学専攻修了。博士（史学）

現　在　北京大学歴史学系教授

主要著書

『日本古代朝政の研究』吉川弘文館、1998年。『日本古代の天皇と祭儀』同上。『諧声符引き古音検字表附解説・図表：「詩経」をよむために』大東文化大学人文科学研究所、2006年。『虚偽的「日本」』中国社会科学文献出版社、2012年（中文）。『偽りの日本古代史』同成社、2014年など。

2016年3月5日発行

著　者　井　上　　亘

発行者　山　脇　洋　亮

印　刷　三報社印刷㈱

製　本　協　栄　製　本　㈱

発行所　東京都千代田区飯田橋4-4-8　（〒102-0072）東京中央ビル　㈱同　成　社

TEL 03-3239-1467　振替 00140-0-20618

ISBN978-4-88621-707-3 C3321

①古代瀬戸内の地域社会

松原弘宣著　三五四頁・本体八〇〇〇円

律令国家の地方行政制度のなかに瀬戸内地域はどのように組み込まれていったのか。大化前代から各地を支配した地方豪族に焦点をあて、文献史料と考古資料からその実態を解明する。

②天智天皇と大化改新

森田　悌著　二九二頁・本体六〇〇〇円

乙巳の変を断行した中大兄皇子を基軸に、大化から天智天皇朝にかけての政治改革および死後の天智天皇の評価などについて、原典史料に立ち返り丁寧に解読することで納得のゆく歴史像を提示。

③古代都城のかたち

舘野和己編　二三八頁・本体四八〇〇円

古代日本・中国の都城についてその形態や機能、空間構造、統治制度、理念、都城観、仏教との関わり、地方都市への影響などさまざまな問題を通して古代都城の特質に迫る。

④平安貴族社会

阿部　猛著　三三〇頁・本体七五〇〇円

貴族の生活を支える経済基盤や国司制度の実態、菅原道真と天神信仰など、多彩な史料から貴族の政治・社会的諸相を描き出す。付編として三善清行「意見十二箇条」の詳細な注解を収録。

⑤地方木簡と郡家の機構

森　公章著　三四六頁・本体八〇〇〇円

出土例が増加している多彩な木簡の分析や文献史料をふまえながら、郡家の人的構成・施設のあり方などの具体像を明らかにしつつ、古代律令制国家による地方支配の実像に迫る。

⑥隼人と古代日本

永山修一著　二五八頁・本体五〇〇〇円（品切）〈第36回南日本出版文化賞受賞〉

隼人＝「夷狄」とする従来の歴史観に疑問を呈し、律令国家によって征服対象とされた彼らの抵抗と戦いの歴史を描き、律令政府の支配論理を解剖する。

⑦天武・持統天皇と律令国家

天武天皇とその後継者・持統天皇を軸に、国家形成の観点より両朝の動向を追究。前著『天智天皇と大化改新』を承けて、国家以前の諸体制が律令国家へと収斂していく過程を考察してゆく。

森田　悌著　二四二頁・本体五〇〇〇円

⑧日本古代の外交儀礼と渤海

対外関係史と礼制研究という二分野からの別個のアプローチに限定され、他の諸分野に目を向けることの少なかった古代の外交制度研究に国文学の成果など新風を吹き込み、古代史全体像に迫る。

浜田久美子著　二七四頁・本体六〇〇〇円

⑨古代官道の歴史地理

歴史地理学の立場から、古代律令国家における諸施設に先行して作られた官道を復原的に考察。道路に限局されない時空の広がりを把握する鍵として検討する。

木本雅康著　三〇六頁・本体七〇〇〇円

⑩日本古代の賤民

賤民として社会の最下層に位置づけられてきた古代の人々の実態を、先行研究をふまえながら、おもに八世紀の現存史料をもとに描き出し、最下層から社会全体の解明をはかる試みの書。

磯村幸男著　二三八頁・本体五〇〇〇円

⑪飛鳥・藤原と古代王権

飛鳥・藤原地域の陵墓・寺院・宮都の実態分析を通じて、地域と古代王権との関係性を丹念に読み解き、文献史学の立場から、大藤原京説の批判をも試みる意欲的労作。

西本昌弘著　二三四頁・本体五〇〇〇円

⑫古代王権と出雲

なぜ記紀神話において出雲が重んじられたのか。膨大な史料と先行研究をひもとき、古代王権に対する出雲の存在意義と役割を徹底的に分析。新しい古代出雲史像を構築する。

森田喜久男著　二二六頁・本体五〇〇〇円

⑬古代武蔵国府の成立と展開

江口　桂著　三二二頁・本体八〇〇〇円

政治・経済・文化の中枢として多様な機能を有した古代武蔵国府。長年に及ぶ発掘調査の成果を検討し、主に遺構と遺物の緻密な分析を通して、その景観や規模、様々な機能と内実を明らかにする。

⑭律令国司制の成立

渡部育子著　二五〇頁・本体五五〇〇円

ヤマト王権下のミコトモチに始原を持ち大宝令に至って完成した国司制を、その制度的形態等、重要な意義をもつ諸契機を相互に関連づけ古代国司制を総括し、地方行政機構の解明を試みる。

⑮正倉院文書と下級官人の実像

市川理恵著　二七四頁・本体六〇〇〇円

正倉院文書の詳細な解読により従来の「貴族に虐げられた下級官人」像を覆し、古代国家の運営を支えつつ、富を築いた実力者たちの実像を描き出す画期的労作。

⑰日本古代の大土地経営と社会

北村安裕著　二六二頁・本体六〇〇〇円

大化以前から律令制確立を経て「初期荘園」期に介在する大土地経営について、実態と制度の双方向から照射し、後世を規定した権力による土地所有の公認という史的画期を描き出す渾身の労作。